北京大學國學研究院

國 學 研 究

第四十四卷

《文選》研究專號

主　　編　袁行霈

本卷主編　傅　剛

中華書局

二〇二〇年·北京

圖書在版編目(CIP)數據

國學研究.第 44 卷/袁行霈主編. —北京:中華書局,2020.11
ISBN 978-7-101-14918-0

Ⅰ.國… Ⅱ.袁… Ⅲ.國學-中國-文集 Ⅳ.Z126.27-53

中國版本圖書館 CIP 數據核字(2020)第 224005 號

書 名	國學研究(第 44 卷)	
主 編	袁行霈	
責任編輯	葛洪春	
出版發行	中華書局	
	(北京市豐臺區太平橋西里 38 號 100073)	
	http://www.zhbc.com.cn	
	E-mail:zhbc@zhbc.com.cn	
印 刷	北京瑞古冠中印刷廠	
版 次	2020 年 11 月北京第 1 版	
	2020 年 11 月北京第 1 次印刷	
規 格	開本/787×1092 毫米 1/16	
	印張 23¼ 插頁 2 字數 450 千字	
國際書號	ISBN 978-7-101-14918-0	
定 價	88.00 元	

本刊之出版，先後承蒙南懷瑾、查良鏞、駱英、林振芳等先生暨全國高等院校古籍整理研究工作委員會慷慨資助，特此致謝。

目　錄

編者按

　　《文選》是中國現存最早的文學總集,自先秦至南朝梁共選録八代一百三十多位作家作品,包括了當時主要流行使用的賦、詩、文等三十九種文體,所以它成爲中國古代的經典,流傳了一千多年,尤其是自唐初便建立了專學,使得"《文選》學"成爲中國古代學術的重要傳統之一。1919 年的五四運動,因應著文學革命的需求,在反封建思想指引下,五四運動先驅者將"《文選》學"作爲封建社會的文化代表,提出了"選學妖孽"的口號,使得《文選》學受到了巨大衝擊。毫無疑問,五四運動文學革命是中國社會需要變革的積極進步的力量,它選擇《文選》作爲革命的標靶,有它合理的理由,事實上,五四運動的文學革命是成功的。但自五四運動以後,中國社會轉入正常的歷史進程之後,中國古代的文學遺産,仍然需要後來者嚴肅認真地對待和繼承。《文選》作爲古代社會文化經典,在社會需要革新變化的時候,其作爲新文化建立的對立者,説明它的確代表了古代社會文化的特徵,這個特徵不適合新社會中新民衆的文化需求,所以需要在批判它的基礎上建立新文化需求的新文體。但當新文化建立以後,社會在進入正常前行的軌道之後,對歷史文化也應該採取正常的認識和繼承的態度,而《文選》作爲古代文化遺産,是需要我們從學術角度進行重新評判和認識的。正是這個原因,在中國進行改革開放之後的上世紀八十代末,中國學術界開始對《文選》重新評價和研究,又得到國家的認可,建立了中國《文選》學會。自那以後,新時代的《文選》學得到了長足的發展,並與傳統《文選》學不同,建立了具有新學術特徵的新《文選》學。2019 年,中國《文選》學會委託北京大學中文系在北京舉辦了第十四屆"百年《文選》學研究回顧與展望"國際學術研討會。一百年前,由北京大學發動向《文選》清算而提出的"選學妖孽",至 2019 年整整一百年了,中國社會發生了翻天覆地的變化,中國民衆的思想也發生了根本的變化,學術研究也同樣如此,而反映在《文選》學研究上,尤其帶有標誌性的特徵和某種思想意味。我們將上世紀八十年代復興的《文選》研究稱爲"新《文選》學",以與傳統《文選》學相區別。對於新《文選》學,許逸民先生在《再談選學研究的新課題》一文中,曾歸納爲六個方面:即 1.《文選》的編者;2.《文選》的選録標準;3.《文選》與《文心雕龍》的關係;

4. 沈約聲律論;5. 簡文帝蕭綱《與湘東王書》;6. 對《文選》的評價①。自上世紀八十年代以來,中國的《文選》學研究取得了十分顯著的成績,開闢了許多新領域,新《文選》學已不限於許逸民先生在上世紀所作的歸納。我在《百年〈文選〉學研究回顧與展望》中,總結自上世紀八十年代以來的研究成績後,對將來的《文選》研究提出了一些新的展望:1.《文選》學與漢魏六朝文學史研究如何結合;2. 建立《文選》文獻學;3. 加强文本細讀,建立基於文本的批評學、材料學、文學史學等。這個展望雖然還不全面,但很明顯表示新《文選》學的内容隨著學術的發展不斷在更新。正是在這樣的學術研究形勢下,《國學研究》開闢了《文選》研究專號,藉以表明當代中、外學者在新《文選》學研究上的進展。我們邀請了當前活躍在國内外《文選》研究界幾位較有代表性的學者,發表他們最新的研究成果。中國學者中有成長於改革開放以後、當年稱爲年輕一代的學者,也有當前湧現的學術新秀。海外學者主要是《文選》研究重鎮的日本學者以及韓國學者,顯示了《文選》研究的國際化視野。我們將一如既往地團結國内外學者,深入開展《文選》研究,讓這一個具有一千多年專學的學術傳統在我們這一代得到更大的發揚和進步。

傅　剛

2020 年 10 月

---

① 載《文選學論集》,時代文藝出版社 1992 年版。

中國文明的起源

嚴 文 明

提要:中國文明是在史前文化高度發展的基礎上獨立起源的,至今已有五千多年的歷史。其特點既是多元的,又是有中心有主體的,相互連接爲一個整體,也就是多元一體。這一結構保證了她能够生生不息,持續發展,成爲世界四大古代文明中唯一没有中斷發展的偉大文明,對建設以漢族爲主體的多民族國家具有深遠的意義。

一、爲什麽要研究中國文明的起源?

中國文明是一個曾經影響到整個東方,從而也影響到世界歷史進程的偉大文明。她是如何發生的? 有什麽特點? 對現代中國的發展有什麽影響? 乃是人們普遍關注的問題。以前我們只能根據古史記載和歷史傳說,推測黄帝是人文始祖。或者是把炎帝和黄帝並稱,説他們兩位是兄弟,約在五千年前共同締造了最早的中華上古文明,因此歷來就傳説中國有五千年文明史。直到20世紀初年的新文化運動時期,著名學者胡適等人提倡用科學的方法整理國故,以顧頡剛爲首的古史辨派在整理古書時發現有些古史的記載前後矛盾,有些明顯是後人添加的,應該用科學的方法加以整理和辯證,被稱爲"古史辨派"或"疑古派"。儘管指出了錯誤,真實的歷史是怎樣的却不甚了了。於是有些學者覺得應該寄希望於考古。但考古學者需要有科學的訓練,不是隨便什麽人都能做的。考古學研究的對象是古代人類社會留下的實物遺存,需要用科學的方法去逐步地探尋。對於發現的遺址需要選擇重點進行適度的發掘,發掘出土的遺跡遺物還需要進行深入的研究。在資料不多的情況下只能作適度的推測,不是一下子就能够説清楚的。只有通過長期的工作和研究,才能逐步地接近歷史的真實。我國的考古工作是從1921年河南澠池縣仰韶村的發掘才開始的。前30年進展緩慢,在資料不足的情況下,對歷史的解讀往往不得要領。過去有一種説法,以爲中

原地區的文化最先進,中原地區的文明起源後才影響周圍地區也先後走向文明。這叫做
"中原中心論"。可是從 20 世紀 80 年代開始,不少地方的考古學文化出現了走向文明的跡
象,好像一道道文明的曙光。"中原中心論"顯然不能成立。於是就有蘇秉琦的"滿天星斗
説",張光直的"相互作用圈説",我過去提出多元一體的"重瓣花朵説"①。到底哪一種更符
合實際呢? 這就是本文要研究的内容。

二、中國文明起源的地理環境和歷史背景是什麽?

人類社會離不開賴以生存的自然環境。不同的自然環境會對文明的形成和發展産生
不同的影響。中國的自然地理環境有什麽特點,對中國文明的産生和發展有什麽特別的影
響? 是需要認真分析和研究的問題。中國位於亞洲東部,地勢西高東低,背靠世界屋脊而
面向太平洋。中國的四周有高山、沙漠和大海作爲屏障,又遠離世界其他地區的古代文明。

中國地理環境的基本特點是自成獨立的地理單元,並且有一種天然的多元向心結構。
這需要作一點解釋。首先,中國的地形像一個大座椅,背對歐亞大陸而面向海洋。它的四
周爲高山、大川、沙漠、海洋所環繞,從而形成爲一個獨立的地理單元。在交通不發達的情
況下,很難同境外發生經常性的文化交流,因而中國史前文化基本上是本地起源和獨自發
展的,文明的發生和早期發展也基本上是在没有外界重大影響的條件下進行的。但中國又
是一個地域遼闊和地形非常複雜的國家。由於各地的自然環境不同,在漫長的史前時期,
逐漸發展出富有地方特色的文化,其發展水準也頗不同。例如廣大的西北和西南地區因距
海甚遠,地勢又高,雨量稀少,大陸性氣候十分顯著,在新石器時代難以發展農業,所以遺址
稀少,往往多細石器而較少陶器,文化發展也十分緩慢。東北地區因緯度較高,無霜期較
短,在新石器時代僅南部一些地區發展了農業,漁獵經濟則比較發達。陶器出現雖早,器形
却比較簡單,主要是筒形罐,文化的發展也是相對滯後的。華南氣候炎熱,雨量豐富,植物
繁茂,照理是非常適於人類生存和發展的。但豐富的食物資源可能正是阻礙農業發展的重
要原因,所以華南新石器文化發生雖然很早,却長期没有顯著的發展。

相形之下,黄河中下游和長江中下游氣候較適宜,又有較寬廣的平原和肥沃的沖積土
壤,因而分别成爲粟作旱地農業和稻作水田農業的起源地和中心區域,新石器文化得到迅
速的發展,在全國範圍内成爲文化最發達的區域,可稱之爲東方的兩河流域。

① 嚴文明:《中國史前文化的多樣性和統一性》,《文物》1987 年 3 月。

　　由於這個兩河流域位置比較適中，文化發展水準又比較高，所以在全國範圍的新石器文化中起了凝聚的核心作用。不過這個地區範圍仍然很大，不同地區的文化仍然有較大的差別。根據文化的特點和發展譜系，大致可以分為六個地區，即中原區、海岱區、燕遼區、甘青區、湘鄂區和江浙區。推測巴蜀也應自成一區，但至今因考古工作做得不夠，本身的譜系還不甚清楚。每個文化區既是相對獨立的，又是相互有聯繫的。假如把每個文化區比喻為一個花瓣，全中國的新石器文化就很像是一個重瓣花朵。這樣的格局對於後來文明的起源及進一步的發展產生了決定性的影響。

三、中國文明是什麼時候起源的？

　　中國有文字記載的歷史只能追溯到殷周之際。20 世紀 30 年代因為殷墟的發掘，知道商代晚期已進入文明時期；50 年代因為鄭州商城的發現，知道商代早期也已進入文明時期。從 60 年代起河南偃師二里頭的發掘，把文明起源的時期提早到了夏代。夏鼐提出文明的起源還要早些，應到新石器時代晚期去尋找，現已成為大家的共識。

　　文明起源有一個過程，不是一下子就從史前跨入文明的門檻。從現有的資料來看，中國文明的起源大致經歷了以下幾個階段。（一）大約公元前 4000 年前後是文明化起步階段，少數主要文化區出現了中心聚落。（二）公元前第四千年後期是普遍文明化時期，社會明顯開始分化，中心聚落和貴族墳墓出現，牛河梁、大汶口、大地灣等是很好的例子。（三）到公元前第三千年的時期則已進入初級文明或原始文明。這時農業經濟有了較大的發展，部分手工業從家庭中分化出來，出現了專門製造特殊陶器、玉器、漆器、絲綢、象牙雕刻等高級產品的手工業作坊，貧富分化加劇，戰爭頻仍，出現了許多城堡和都城遺址，例如良渚、石家河、陶寺等便是。這很像是五帝時代天下萬國的情形。（四）從夏代開始正式進入文明時代；商周則是古代文明的興盛時期。

　　近年來的考古發現和研究成果表明，中國新石器時代大約是從公元前 10000 年開始的，一般可再分為三個發展時期。早期（約公元前 10000 年至前 7000 年）的年代大約相當於西亞的前陶新石器，但中國各遺址中都已有了少量的陶器。這個時期最重大的成就可能是農業的發現，不過還沒有成為重要的食物資源。當時的生業主要還是狩獵和採集經濟。

　　中期（約公元前 7000 年至前 5000 年）是原始農業得到較大發展的時期，並已初步形成了南北兩個農業體系。北方的黃河流域已經普遍種植粟、黍等旱地農作物，單是河北省武安縣磁山遺址一處，便發現了成百的糧食窖穴，其中有大量粟和黍的朽灰，如果換算成新鮮糧食當在十萬斤以上。南方的長江流域多種水稻,近年在浙江上山文化的多處遺址中都發現有稻殼痕跡,年代在 8000 年以前,浙江蕭山的跨湖橋遺址也發現了 8000 年前的稻穀。在湖北省的城背溪文化和湖南省的彭頭山文化中,也都發現了稻穀遺跡,年代在 7000 年以前。位於淮河上游的河南省舞陽縣賈湖遺址,更發現了近 9000 年前的炭化稻米。到 5000 年左右以前,浙江餘姚的河姆渡和田螺遺址更發現了以十萬斤計的稻穀遺存,並有大量的骨耜等農具。由於農業的發展,形成了較長時期定居的農村,從而爲往後向文明社會的發展奠定了初步的物質基礎。

晚期(約公元前 5000 年至前 3000 年)是中國新石器時代文化大發展的時期,中原地區的仰韶文化,山東地區的大汶口文化,遼寧西部和内蒙古東部的紅山文化,長江中游的大溪文化、油子嶺文化和下游的馬家浜文化等,都是屬於這一時期的。這時農業聚落遺址分佈的密度明顯增加,規模也有所擴大。每一個聚落中往往有近百座房屋,按照凝聚式和向心式結構排列,體現集體的精神和平等的原則。這個時期還流行多人二次合葬墓,即在人死後先對尸體進行暫時處理,等肉體腐爛後再把骨骼收拾起來,同親近的人一起埋葬。每座墓合葬從數人到數十人不等,最多者可達一百餘人。各墓的隨葬品很少差別,而且也不强調個人所有,這顯然也體現著集體精神和平等的原則。

大約從公元前 3500 年起,這種狀況開始有所改變。我們看到無論是在聚落内部還是在聚落之間,都已出現了明顯的分化。在聚落内部,個別房子造得特別講究,規模往往也比較大,而大多數房子仍是簡易的窩棚。在多數聚落的規模並無顯著變化的同時,少數聚落却發展得特別大,出土遺跡遺物的規格也比較高,説明它們已發展成爲當時的中心聚落,是社會分化的一個明顯的標誌。墓葬的情况也發生了相應的變化。少數大墓開始設置木棺,有的在棺外還建一木槨,隨葬品可多達 100 多件,質地也特別精良。而絕大多數小墓則無棺無槨,隨葬品十分簡陋,有的甚至一無所有。貧富分化在這裏看得非常清楚。

在遼寧省西部的凌源牛河梁發現了一處紅山文化後期的祭祀中心和貴族墓群。所謂祭祀中心包括“女神廟”、方形祭壇和圜丘等一大群建築。所謂女神廟是一個半地穴式的房屋,現在僅清理表面的一部分堆積,就發現至少有五六個人體塑像和個別禽、獸的塑像。人體塑像有的和真人一樣大,有的還要大兩三倍。廟旁有用石頭護坡、表面平整的巨大的長方形祭壇。這組建築的前方數百米,在一處很顯眼的山坡上,用石頭砌成一個巨大的階梯式圜丘,推測也是作祭祀用的。

貴族墓葬分佈在祭祀遺跡的附近,有三十多處,每處一、二墓或四、五墓不等。每墓中心有石槨,隨葬玉器等貴重物品。墓上墊土,四周砌石。有的砌兩三層臺階,宛若祭壇。其週邊還往往豎置一週筒形陶器。有的墓旁還有若干小墓,也有石槨,有的也隨葬玉器。這些小墓的死者當是墓主人的隨從或近侍。這樣看來,牛河梁所反映的紅山文化後期的社會已經明顯地分裂爲貴族和平民兩個階層。貴族有自己單獨的墓地,而且由於這個墓地同祭祀中心結合在一起,可見宗教也是由貴族所把持的。可以設想,如果沒有一個相應的由貴族組成的權力機構,這些貴族的地位是難以維持的。這樣的社會,已經同過去那種人人平等、共同勞動、共同消費的原始共產主義社會有所不同了,這是走向文明社會所邁出的非常重要的一步。

　　大約從公元前 3000 年到前 2000 年的一千年間,生產技術已有較大的發展。除石器製作更加精良外,還能製造一些小件的銅器,種類有刀、削、錐、鑿、斧、鈴、齒環和指環等,在青海的齊家文化遺址中還發現了小型的銅鏡。這些銅器的質地不盡相同,有些是紅銅作的,也有少數是砷青銅或黃銅做的,後二者可能與礦石成份較雜有關。由於銅器在當時生活中已佔有一定地位,過去把這個階段的文化遺存統統劃歸新石器時代晚期的作法就不盡合適了,有必要列爲銅石並用時代,作爲新石器時代向青銅時代轉變中間的一個過渡時代。又由於這個時代的考古學文化主要是龍山文化及其同時代的諸文化,所以在考古學上又稱爲龍山時代。

　　龍山時代除農業較過去有較大發展外,手工業的成就更爲突出。一是銅器的製造已於前述。二是製陶業中普遍使用快輪,它需要有厚重的轉盤以加大慣性,要有既穩固磨擦系數又小的轉軸和軸承,還要有傳動設備,這大概是人類歷史上發明的第一種簡單機械,從而大大提高了陶器的生產率。三是玉器製造向高精方向發展。當時已經廣泛地用切割方法和管鑽法加工玉材,然後用琢磨和拋光方法使其潤滑光亮。有的學者甚至推測當時可能使用了先進的機械砣具。大部分玉器還用圓雕或半圓雕、浮雕、透雕和綫刻等方法進行裝飾,成爲藝術價值極高的工藝品。玉器的種類已很複雜,有專用於宗教儀典的琮和璧,有象徵軍權的鉞,有各種佩帶的裝飾品如髮笄、耳墜、手鐲、帶鈎和璜、管、珠等,還有很多穿綴在衣服或其他軟質物件上的飾件。有些玉器是作爲組裝件或鑲嵌物來使用的。例如一件玉鉞的木柄頭部要裝玉瑹,尾部要裝玉鐓,柄身還鑲嵌許多排列成花紋的玉珠。有些漆盤、漆杯和漆壺上面也鑲嵌很多玉珠或玉片。這些漆器顯然也同玉器一樣寶貴。當時還可能發展了絲綢業。因爲早在鄭州青台仰韶文化的甕棺葬中就發現了用以包裹嬰兒的絲織物。龍山時代的絲綢業應該有更大的發展。所有這些手工業的成就大部分是爲貴族所壟斷的,於此可見當時社會的分化達到了何種程度。

　　這個時期在建築業中也有巨大的進步。在一些房屋建築中已經大量地使用土坯砌牆,用石灰塗抹牆壁和地面。夯築技術更是得到了廣泛的應用,有的房屋有夯土臺基,有些墳山也用夯土築成。由於有了夯築技術,使得營建大規模的城垣成爲可能,而各種類型的城堡確實就在這個時候從地平綫上冒出來了。

到目前爲止,已經發現的龍山時代的城址大約有四十多處,分佈于河南、山東、湖北、湖南、四川和内蒙古等省及自治區。如果以後加强考古調查,相信還會發現更多的城址。河南和山東境内現已發現 10 座城址,其中較大的如河南輝縣孟莊和山東章丘城子崖的面積都有 20 萬平方米左右,較小的如河南淮陽平糧臺則僅有 3500 平方米。但後者做得比較講究,已發現有東、南、北三座城門,南門兩邊設有門衛房,門道的地面以下還設有通向城外的陶質排水管道。有的城周圍設壕溝,有的則由人工修成高坡。湖北和湖南境内發現了 6 座城址,有的呈方形,有的近似圓形或橢圓形。浙江省杭州市良渚遺址群的中心區更有一座規模宏大的古城,周圍還有若干祭壇和貴族墳山,組成一個巨大的遺址群。内蒙古的情況有所不同,那裏多隨山勢用大石頭砌築城垣,這種山城往往座落在險要的地方,多數應是軍事城堡,少數較大的山城裏面也有數量不等的常住居民。

城的出現應當是戰爭經常化和激烈化的産物,這是由於生産的發展,加深了貧富分化的程度,人們創造的許多財富爲少數貴族所佔有。他們貪多無厭,還要覬覦別人的財物,於是發動一次又一次的掠奪性戰爭。這個時期出現了大量製作精緻的石鉞和石箭頭,是軍事活動激烈化的直接反映;各地還發現許多亂葬坑,坑中往往丢棄數具乃至十數具屍骨。有的身首異處,有的作挣扎狀,有的骨骼上還帶有射入的石箭頭,顯然也是戰爭激烈化的直接證明。中國古代把城叫做國,城裏人叫做國人。國有時也包括部分鄉村,即所謂野。包括城鄉的政治實體有時也叫做邦。傳説黄帝時就有萬國,堯舜的時候有萬邦。大禹的時候也是“天下萬國”。萬者言其多也,並不一定就准是一萬個國家。總之是一種小國林立的局面。以後因爲相互征伐兼併,到商湯時只剩了三千餘國,周武王滅商時會於盟津的還有八百諸侯。龍山時代據放射性碳素測定剛好早于夏代,衆多城址的發現證明那時已處於小國林立的局面,與傳説中的五帝時代正好相合。所以我認爲龍山時代可稱爲中國的古國時代,是真正的英雄時代。

把前面的意見歸納一下,就是中國原始農業的發生和發展爲文明的起源奠定了初步的物質基礎。直到仰韶文化後期,即大約從公元前 3500 年開始,才邁開了走向文明的脚步。進入龍山時代以後則加速了走向文明的步伐,有的地方甚至已經建立了最初的文明社會。到了夏代,中國古代文明才基本形成。

四、中國文明起源的模式是什麼?

是單中心還是多中心? 是一元還是多元? 是直綫發展還是曲折發展? 現在看來,牛河梁、大地灣、石家河、良渚等都不在中原,"中原中心論"顯然不大符合事實。不過中原仍是一個地理中心,以後又逐漸演變爲文化中心。到商周時代地位更加突出,即使在這個時候,它的周圍也還有其他青銅文明。可見中國文明的起源是多元的,中國古代文明是以黄河、長江的中下游爲主體、以中原地區爲核心的多中心聯合體,或稱爲多元一體。拿一個形象的比喻就好像一個巨大的重瓣花朵,有人説這可以叫做重瓣花理論。花心是中原文化區,内圈的東、東北、東南、南、西南、西北和北部都自成一個文化區,其週邊從東南起按順時針方向數,有東越、閩越、南越、甌越、夜郎、滇、南詔、吐蕃、烏孫、匈奴、東胡、契丹、肅慎等,也各有其文化特點,只是走向文明的時間較晚。

讓我們逐一考察中原和内圈各主要文化區走向文明的具體情況,以及它們是怎樣相互影響而結成一個整體的。

首先講中原文化區。這裏最早的新石器時代文化是河南新密的李家溝文化,年代爲距今 10200 年—8450 年①。之後是裴李崗文化、仰韶文化和中原龍山文化。李家溝文化開始出現陶器,裴李崗文化有比較發達的旱地農業,種植粟和黍。仰韶文化是一個强勢文化,可分四期。其中第一期已有很規範的環壕聚落,到第二期即廟底溝期則已出現高於其他聚落的中心聚落。勢力範圍不但涵蓋整個中原,影響所及則東到山東,南抵湖北,西達甘青,北及燕遼。最核心的地方在河南靈寶的鑄鼎原,傳説那裏是軒轅黄帝鑄鼎的地方,漢唐均建有黄帝廟。那裏有多處仰韶文化遺址,其中最大的北陽平有 100 萬平方米,東邊的西坡遺址有 40 多萬平方米②。現僅在西坡進行了幾次考古發掘,發現中心部位有 5 座大房子。都是單間大堂,地面達數十乃至 200 多平方米。其中的 F104 地面 83 平方米,是比較小的。F106 地面有 240 平方米,F105 地面有 204 平方米,後者周圍有回廊,總面積則達 516 平方米③。這些房子的地面經過特殊的加工並塗以紫紅等彩色。如此高等級的建築應該屬於宫殿或宗廟的性質。周圍較小的房子才是住人的地方。這個聚落的南面有一條小溝,溝南是一片

---

① 鄭州市文物考古研究院、北京大學中國考古學研究中心:《河南新密李家溝遺址北區 2009 年發掘報告》,載《古代文明》第 9 卷,文物出版社,2013 年 12 月,177—207 頁。
② 河南省文物考古研究所:《河南靈寶鑄鼎原及其周圍考古調查報告》,《華夏考古》1999 年第 3 期。
③ 河南省文物考古研究所等:《河南靈寶西坡遺址 105 號仰韶房址》,《文物》2003 年第 8 期。

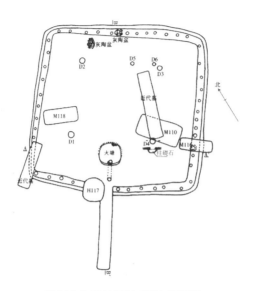

仰韶文化遺址西坡 F104 平面圖

墓地。現已發掘墓葬 34 座,從佈局看似乎還有未挖的墓葬,原來墓地的規模應該更大些。墓葬的規模明顯可以分爲四級,其中的一級大墓有 M8、M17 和 M27 共 3 座。二級墓有 4 座,三級 13 座,四級 11 座。大小墓葬穿插分佈,説明死者應該屬於同一個血緣集團[①]。M27 長 503,寬 336,深 192 釐米。有槨室,上面有木蓋板,板上蓋麻布。隨葬品僅 9 件陶器,包括一對釜竈以及壺、鉢、大口缸和簋形器,火候不高,似爲明器。

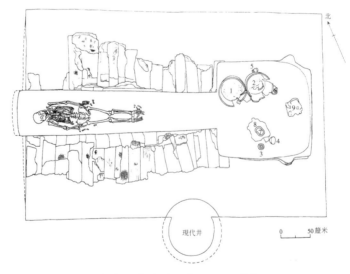

仰韶文化遺址西坡 M27 平面圖

---

① 中國社會科學院考古研究所等:《靈寶西坡墓地》,文物出版社,2010 年。

　　M8、M17 與 M27 大同小異,墓葬的規格都很高很有氣派,隨葬品却很一般,死者應該是聚落中那些宫殿式建築的主人,他們是首領級的人物,有崇高的身份和地位而並不看重財富。M17 隨葬了兩件玉鉞和一件石鉞,M8 也隨葬一件玉鉞,很明顯是强調軍權。石鉞和玉鉞都是最早的專門化武器。相傳爲東漢袁康所著《越絶書》中,在敘述兵器的發展史時説"黄帝之時以玉爲兵"。這裏既然傳説是黄帝鑄鼎的地方,而最高級的墓葬又隨葬玉鉞,是不是跟黄帝有些關係呢? 值得思考。與西坡同時期的陝西華縣泉護村也有一座同樣大的房子和一座同樣高規格的墓葬,陝西白水更有數座同樣大的房子但不集中。説明西坡確實是仰韶文化當時的一個中心。不過在河南鞏義還有一個中心叫雙槐樹,遺址有 100 多萬平方米,北部有一部分被黄河侵蝕了。這是一個有多重環壕的城址,城中有宏大的宫殿基址,殿前有一個大廣場,還有可能是祭天的多個遺跡。遺址内還發現有骨雕的家蠶。離鞏義不遠的滎陽青台也是一個 100 多萬平方米的大型城址,那裏曾發現包裹絲織物的嬰兒甕棺葬。最近在滎陽汪溝又發現了同樣的甕棺葬,是用尖底瓶的下部裝上嬰兒後再扣上陶盆。嬰兒身上包裹的絞經絲織物,是四經絞羅並脱膠染色,是很成熟的絲織品了。傳説黄帝的妻子嫘祖勸民養蠶,跟這些發現有没有關係呢? 雙槐樹那樣高等級的城址又跟黄帝有没有關係呢? 這些都是可以進一步思考的。到仰韶文化晚期,原先的格局出現較大的變動。各地開始出現不同的特點,加上周圍相關文化的影響,從而産生了幾個地方文化類型。河南中西部伊洛鄭州地區是秦王寨類型,山西南部汾水流域是西王村類型,陝西關中渭河流域是史家類型,内蒙古南部河套地區是海生不浪類型,陝西西部和甘肅東部的涇水流域是南佐類型,甘肅東部渭河上游是大地灣類型。

　　甘肅秦安大地灣是一個扇形山坡上的大型聚落遺址,從山下到山頂有一條中軸綫,將遺址劃分爲對稱的兩片。中心是處在中軸綫底端的 901 號大房子。這座房子由一個大型殿堂、後室和東西兩間厢房組成,總面積約 290 平方米。這種格局開啓了中國宫殿建築的先河。殿堂前面正中的大門外特設一個方形的門垛。大殿中間有一個大型竈臺,後面有東西兩個對稱的大柱。四面有加固牆壁的貼壁柱。殿堂的地基經層層夯築,地面抹多層三合土,看起來跟水泥一樣,十分光滑平整。房前的廣場也有兩排各六個柱礎。在這裏立柱更顯得十分氣派。聚落中軸綫的中段還有一座 401 號的大型房屋。中軸綫的兩邊則有數百座中小型房屋,儼然是一座都城的雛形①。

　　南佐類型的文化面貌接近于西王村文化,中心在甘肅慶陽南佐遺址。該處有一座超大

---

① 甘肅省文物考古研究所:《秦安大地灣》,文物出版社,2006 年,397—473 頁。

型房屋,坐北朝南,後面大殿有 195 平方米,中間有一個直徑 1.6 米,高 0.9 米的大火塘,偏北有對稱的兩個大柱洞。東西北三面貼牆各有四個半圓柱,每個用五根木棍緊箍並抹泥。地面抹五層白灰。南面有三個門道通向一個半開放的大廳。大廳北面也有兩個與大殿中的大柱洞相對稱的大柱洞。整個建築面積有 680 平方米。室內發現有陶人、喇叭口尖底瓶、骨鏃、骨匕,還有稻、粟、黍,以及杏、棗和榛子等。這座宮殿式建築的規模比大地灣 901 號房子還要大,只是整體構造比較簡單。它的東部還有許多鋪有白灰地面的方形房屋。這顯然也是一個都城級的聚落遺址。可惜由於發掘者早年離世,到現在連一個發掘簡報都沒有發表。我早就知道這個發現,後來從所裏發掘檔案中進行了核實。我想這項工作以後還是要做的,不能不了了之。像大地灣和南佐那樣高等級的聚落,在仰韶文化的中心地區還沒有見到,是值得特別關注的。其所以如此,也許與西部的戎羌部落的交往有關,這在文化特徵上已露端倪。

　　河南中西部的秦王寨類型中較大的聚落有鄭州大河村和洛陽王灣。大河村雖然沒有發現殿堂式的大型房屋,但有成排的分間式房屋。有一座四間套的房子,兩間居室和一間儲藏室,中間是一個大客廳,擺放了許多陶器,僅陶鼎就有 12 件之多。家庭的人自己用不了那麼多,可能是宴請賓客之用。另一座套間房 F19—F20 也有同樣的情況[1]。陝西關中高陵的楊官寨有一個史家類型的窰場,在一條小溝的北坡東西並排多座陶窰,每座陶窰旁邊有一座窰洞式房子。窰場西邊有一座放置陶器的倉庫,裏面放了許多小口尖底瓶。看來是專門爲交換而進行的專業化生產,值得注意。

　　其次講海岱文化區。這個文化區分佈于山東全境和江蘇、安徽北部的部分地區。早期的後李文化年代與中原地區的裴李崗文化相當,發展水準相若。已有初級的農業生產,種植粟和水稻。之後的北辛文化和大汶口文化則與仰韶文化相當。這個地方在早期歷史時期是夷人的天下。《説文》:"夷,從弓從大,東方之人也。"傳説夷人的首領后羿善射,而大汶口文化的男性平均身高 1.72 米,比仰韶文化男性平均身高 1.68 米要高大,他們的後裔現代還是山東大漢。大汶口文化的居民還有拔牙的風俗。無論男女在進入青春期時都要拔除上顎側門齒,因而被稱爲鑿齒民。《山海經》就有"羿與鑿齒戰于壽華之野"的記載。大汶口文化可分爲早中晚三期。早期與仰韶文化的廟底溝期相當,並且受仰韶文化的影響。中晚期與仰韶文化的晚期相當,但技術水準明顯高於仰韶文化,反過來深刻地影響了仰韶文化,並且大幅度地向西邊仰韶文化的地盤擴展。中期的社會已有初步的分化,到晚期社會分化

---

[1] 鄭州市文物考古研究所:《鄭州大河村》,科學出版社,2001 年,166—182 頁。

已很明顯。出現了若干中心聚落,有的地方已有土城。墓葬的分化更爲明顯。例如泰安大
汶口遺址晚期的墓葬就明顯分爲大中小三級。其中晚期的 10 號墓就有棺、槨,隨葬有象牙
梳、象牙雕筒、玉鉞、玉臂環和玉指環、三條不同樣式的項飾,和大量陶器。包括精美的黑
陶、白陶和彩陶,單是陶瓶就有 38 件之多。還有鱷魚皮蒙的鼉鼓殘片,兩個豬頭和若干豬下
顎骨等。幾乎集中了當時最珍貴的物品。可是死者僅是一位青年女性。在淩陽河和大朱
村也有類似的大墓。説明當時的社會已有明顯的分化,大量高檔次産品的出現,明顯標示
著文明曙光的出現。

大汶口 10 號墓平面圖及隨葬品綫圖

　　第三講燕遼文化區。這個文化區位于東北南部和内蒙古東南部,中心在内蒙古的赤峰
和遼寧的朝陽地區。這裏最早有小河西文化,其後依次爲趙寶溝文化、紅山文化和小河沿
文化。前三者陶器均以直筒平底灰陶罐爲主,被稱爲罐文化系統。興隆窪文化已有旱作農
業,種植粟黍並養豬,但狩獵和採集經濟仍佔有重要地位。多環壕聚落和地穴式窩棚,每個
聚落往往有上百個窩棚且排列有序,是一種嚴密有序的社會組織的表現。到紅山文化因受
仰韶文化的影響而出現了彩陶,文化面貌發生了重大變化。不但出現了若干中心聚落,還
出現了整個文化的中心——遼寧淩源牛河梁!紅山文化有三個顯著的特徵。一是人體藝
術特別發達,二是大規模的石砌墳塚,三是以豬龍爲代表的特色玉器。這三條在牛河梁都

有充分的體現。牛河梁遺址位於淩源、建平和喀左三縣交界處,是緊臨牤牛河的小山梁。梁上有 40 多個遺跡地點,主要是墳塚,還有祭壇、廟址和廣場等。第一地點在遺址的東北部,是一個多間的半地穴式的建築,平面不甚規則,牆壁上有幾何形彩繪和裝飾條帶。至今只發掘了表層和一個單室,發現了至少屬於六個泥塑人像的殘體,包括完整的頭像和部分肢體。復原起來比真人大得多,而且是貼在牆壁上的。室內還有大塊的泥塑鳥翅、鳥爪和豬嘴等。這可能是一座祭祀祖神的廟堂。牛河梁旁邊的東山嘴也發現有陶塑的婦女像,肚子特別大,像是懷孕的樣子。內蒙古敖漢旗四家子發現了一尊石雕人頭像,頭頂挽髻。敖漢旗興隆溝一座房子裏更發現了一個陶塑裸體人的坐像,頭上也挽髻。説明紅山文化特別注意人體藝術。

　　牛河梁第 13 地點在遺址東南,是一個巨大的祭壇。呈圓錐形,底座直徑超過 100 米,高約 15 米,被稱爲土築金字塔。壇頂似有祭天的聖火遺跡。

　　牛河梁遺址西南的第 16 地點在一座小山丘頂上,上面有夏家店下層的遺存,其下疊壓 11 座紅山文化的墓葬。其中的 4 號墓是迄今所知紅山文化中最大的墓葬,周圍的小墓可能是陪葬的。該大墓同樣開鑿在岩石上,墓穴深 4.68 米。在當時沒有任何金屬工具的情況下,只能以石攻石,或者再加上木棒和水火,這需要多麼大的決心和毅力啊!該墓死者爲一40—45 歲左右的男性,隨葬有玉人、玉天鵝、玉箍形器、玉鐲、玉環和綠松石墜飾等。是紅山文化所有墓葬中隨葬品等級最高也最豐富的,死者的身份無疑也是最高的,可否稱之爲紅山王呢?

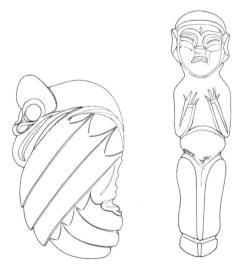

牛河梁第 16 地點第 4 號大墓出土玉天鵝和玉人

在以上三個標誌性地點的中間有約 40 處積石墳塚。較早的墳塚僅有幾座,都在第 2 地點,東西排列且都爲圓形,每座塚墓隨葬一件很大的彩陶罐。

牛河梁第 2 地點早期塚墓隨葬彩陶甕

其餘墳塚都是晚期的。有單個的,也有排成一列的。第 2 地點即在早期墳塚北邊排成一列,中間有一個圓形祭壇。每個墳塚埋葬前在岩石上開鑿一個墓穴,死者放入墓穴底部,用土塊和碎石填滿後在周圍用石塊砌成方框,再在上面堆成石塚,有的還要在塚頂放置一個陶製的塔形器。方框每邊長約十餘米,面積達百餘平方米。緊貼方框四周則排列大量彩陶筒形器,數量達數十乃至上百件,蔚爲壯觀。墓主人往往隨葬玉豬龍等玉器,而且只隨葬玉器,可謂惟玉爲葬。墳塚週邊往往還有一些陪葬的小墓。

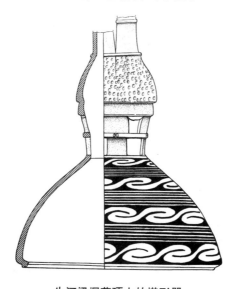

牛河梁塚墓頂上的塔形器

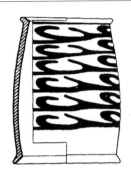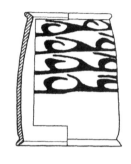

牛河梁塚墓周圍的彩陶筒形器

　　在紅山文化分佈的範圍内,還有十幾個地點發現有跟牛河梁同樣的大型積石墳塚。内蒙古敖漢旗四家子就有五六個一排積石塚,其餘地方都只有一座。可惜都沒有發現相應的聚落。像牛河梁這樣高度發達的文化遺址更應該有相應的大型聚落或城址,可惜至今還没有找到。不過就是已發現的這些遺跡,已足以反映出紅山文化早期文明的光芒。

　　第四講江浙文化區。這個區域包括浙江、江蘇、上海和安徽,環境比較複雜,文化頭緒也多,只有浙江比較穩定。這裏最早的新石器時代文化是浙江的上山文化,在將近 10000 年以前的陶器上就有稻穀遺存,約 9000 年以前就有最早的彩陶。之後的跨湖橋文化稻作農業和彩陶進一步發展,到河姆渡文化的餘姚河姆渡和田螺山遺址,都發現了大量的稻穀遺存,並且有非常先進的木構高腳屋,房屋上有各種雕刻的欄板。與河姆渡文化幾乎同時,在太湖流域有馬家浜文化,出現了最早的水稻田,同時有最早的玉鉞和石鉞。之後的崧澤文化的社會明顯分化,在江蘇張家港大墓和小墓分區埋葬。大墓中有玉鉞等上百件隨葬品。與崧澤文化差不多同時,安徽東南和江蘇南京地區出現了淩家灘——北陰陽營文化,玉器特別發達。其中安徽含山淩家灘在裕溪河北岸,面積達 110—140 萬平方米。有一個大型城址,有雙重城壕和大型房屋。屋後的土崗上有祭壇和墓地。墓葬排列有序,大墓均在南側,最大的 07M23 在南側居中。該墓可能有一個低矮的墳塚,上面放著一頭重達 88 公斤的石豬。大墓穴中間的小墓穴棺床上鋪滿 7 排石鏟,每排 4—5 件。上面有玉璜、玉鐲等,可能是死者佩戴在身上的。全墓共隨葬玉器 200 件,石器 97 件,綠松石 1 件和陶器 31 件。其身份當爲該城的最高首領,或可稱爲淩家灘王。其他大墓則出土有玉人、玉龍、玉鷹等。玉鷹的兩翅做成兩個豬頭,很是特別。還有一個玉龜,裏面裝著一個玉板,上面刻著表示方位的複雜圖案,很像是原始的栻盤。淩家灘的玉器加工精緻,使用了切割、砣機、拋光、管鑽等先進技術,紋飾不甚發達,但已有少量綫刻。淩家灘顯然已步入文明的初始階段,但其後續的發展至今不甚清楚。

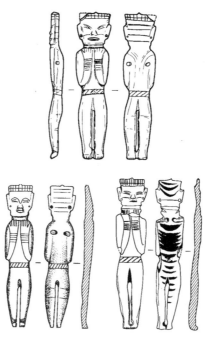

凌家灘出土的玉人

在江浙地區,繼承崧澤文化的是良渚文化。但崧澤文化的玉器不甚發達,良渚文化高度發達的玉器明顯是繼承凌家灘文化的。良渚文化的中心在浙江杭州西北的良渚鎮。那裏發現有良渚古城、貴族墳山和超大型水利工程等。良渚古城由宮城、王城和外廓城組成。宮城即莫角山,爲一正方形的高臺,面積達 30 萬平方米,發現有宮殿遺跡。王城達 300 萬平方米,城垣底部爲加固鋪墊大塊石頭,上面夯築黃土。工程浩大。城內有玉器作坊等手工業區,還有水道與城外河道相通。城西南的卞家山有河港和碼頭,可以通過良渚港通向外河乃至外海。城西的匯觀山和城東北的瑤山有王室的祭壇,祭壇上同時有高級貴族的墓地。王室墓地則在宮城西北角的反山。其中的 12 號大墓隨葬玉器即達 600 多件,包括琮、璧、鉞及大量裝飾品。最大的玉琮重 6.5 公斤,被稱爲琮王。上面刻畫了 8 個神人獸面紋,刻工的精細有如微雕。玉鉞上也刻畫神人獸面紋,鉞柄上則鑲嵌大量玉珠。

墓中還隨葬大型漆盤和漆杯,上面也鑲嵌大量玉飾件。墓主人顯然掌握了軍權、神權和財權,或許可稱爲良渚王。

古城的北部有塘山,那裏有一條東西向的運河,其西頭直通山下的大小水庫。那裏在各個山口築起了一系列水壩以攔蓄洪水,工程之艱巨令人歎爲觀止,在世界上也是少見的。古城往東的臨平茅山有大面積的水稻田,經探測至少有 80 多畝。而且規劃整齊,用田埂區分田塊,方方正正,每塊面積約一二畝,跟現代水田相似。根據稻田中矽酸體密度測算,稻

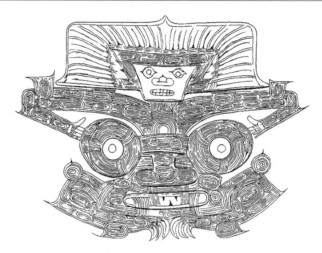

良渚墳山大玉琮上刻畫的神人獸面紋

穀畝産 140 多公斤,在當時已經是很高産了。稻田中發現有大量炭屑,説明當時的耕作方式是所謂"火耕而水耨"。與稻田相配合還有水塘和水渠。水渠中發現有 7 米多長的木船,以備運送糧草。整個茅山不啻爲一個國營農場。2010 年在莫角山宮城東邊發現有數萬斤燒焦的稻穀和稻米,那應當是王室糧庫被火燒毁的證據。2017 年夏在莫角山宮城西南的池中寺發現萬餘平方米被燒焦的稻穀堆積,包括成束的稻穗,估計有 20 多萬公斤之巨,那顯然是國家的糧倉所在①。由此可見當時的稻作農業生産達到了何等的規模! 良渚古城内外那些巨大的工程之所以能够完成,稻作農業的高度發展應當是最重要的物質基礎。

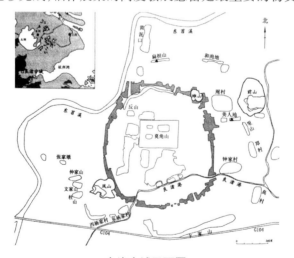

良渚古城平面圖

---

① 武欣、鄭雲飛:《良渚文化時期的農業》,載《浙江省文物考古研究所學刊》第十一輯,文物出版社,2019 年 10 月,569 頁。

　　在整個良渚文化分佈的太湖流域,除良渚古城外,還有許多中心遺址或貴族墳山,包括上海的福泉山,江蘇吳縣的草鞋山和張陵山,常州的寺墩,江陰的高城墩,無錫的邱城墩和昆山的趙陵山等。如果把良渚古城看作是良渚古國的首都,這些分佈於各地的中心遺址就好比下屬的郡縣。可見良渚文化早在5000多年前就已經率先發展爲一個區域性王國了。

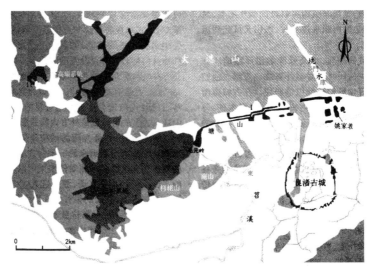

良渚古城周邊的水利系統

　　第五講湘鄂文化區。這個文化區包括湖北的江漢平原和湖南的洞庭湖平原。最早的彭頭山文化和城背溪文化,稻作農業已較發達。之後在湖南有石門皂市文化和湯家崗文化,此時在澧縣城頭山出現了最初的環壕城址。之後在大溪文化、屈家嶺文化和石家河文化時期不斷加固修築並略有擴大。與此同時,在江漢平原的湖北天門石家河的譚家嶺出現了油子嶺文化的環壕城址。接著在其週邊修建了屈家嶺文化的大型城址,面積達120萬平方米。此城一直沿用到石家河文化和肖家屋脊文化時期。

　　此時在江漢平原出現了一系列城址,石家河成爲其中心,其佈局幾乎同良渚文化別無二致。石家河城的中心在譚家嶺,那裏發現的房屋基址,牆壁的厚度即達1米。城內西北的鄧家灣是一個墓地兼宗教遺跡所在地。那裏發現的兩個小淺坑中竟有兩百多個陶人和數千個陶塑動物,個體都只有十厘米左右。陶人多著細腰長袍,頭戴軟帽。大部分盤腿而坐,手捧大魚。少數手舞足蹈。動物中有家畜豬、羊、牛、狗和雞,野獸有大象、猴等,還有許多長尾鳥,形象生動。鄧家灣兩座建築遺跡的邊緣擺放了大量圜底陶缸,相互套接,初看起來以爲是陶水管。一些陶缸上有刻畫符號,很像大汶口文化的大口尊。但大口尊多單個隨葬,而鄧家灣的陶缸似乎是一種宗教遺跡,且數量巨大,至少有上千件,除鄧家灣外,肖家屋

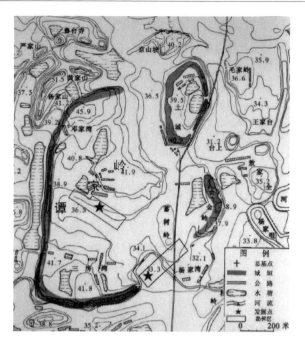

天門石家河城址平面圖

脊和西城垣邊的印信臺也有。城南的三房灣更發現有數十萬粗紅陶杯。杯內空間很小,根本不適用。不知道爲什麼做如此多不適用的杯子。石家河的幾處墓葬雖然有大小的明顯分化,但大墓只是多隨葬一些陶器,沒有特別高檔的物品,精美的玉器僅見於甕棺葬。石家河那麼大的城,應該與戰爭的防禦有關,但沒有發現石鉞之類專門的武器。只是在一個灰陶罐上刻畫一位高舉似乎是石鉞的武士。

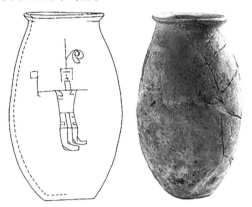

石家河灰陶罐上刻畫的武士像

　　龍山時代:約公元前 2900 年至前 2000 年。龍山時代的文化格局發生了很大的變化,燕遼地區的紅山文化悄然消失,繼起的小河沿文化似乎並非直接繼承紅山文化,發展水準也明顯下降。江浙地區高度發達的良渚古國更是突然傾覆而没有了下文。而在黄河流域的中原文化區和海岱文化區則快速發展,長江流域中游的江漢平原進一步發展,上游的川西平原也出現了文明的曙光。不過雖然有很大變動,整體格局還仍然是多元一體。

在中原地區,繼仰韶文化之後出現了中原龍山文化,其中又可分爲王灣文化、陶寺文化和客省莊文化等。這時農業和手工業經濟有了較大發展,各種石器已基本上通體磨製,還出現了個別青銅器。各地出現了許多環壕土城,到處都有被殺戮死者的亂葬坑,説明戰爭已成爲普遍和經常的社會現象。在這些土城中以山西襄汾的陶寺城址爲最大,傳説爲堯都平陽所在。城址可分三期,早期距今約 4300—4100 年,中期距今約 4100—4000 年,晚期在一度廢棄後又短期重建。其中外城約 300 萬平方米,宫城約 13 萬平方米。有專門的手工業區和公共墓地。在宫城中發現有宫殿的殘跡,包括大型的柱礎,刻畫幾何紋的白灰牆皮和平板瓦等。宫城内一個晚期的灰坑 3403 内出土了一件殘破的朱書扁壺,腹部寫了一個文字,另一面寫一個"命"字或"邑"字,這可能是中國最早的漢字。陶寺遺址有巨大的墓地,已發掘 1000 多座。如果全部發掘估計有一萬多座。在已發掘的墓葬中,90%一無所有,將近 10%有少量陶器,不到 1%的大墓隨葬品特别豐富,品位也很高。其中有龍紋盤、鼉鼓和大量漆木器等。在大城東南的小城内有一個中期的王陵區,其中的 22 號墓長 5 米,寬 3.6 米,深 7 米,是迄今所知史前時期最大的墓葬。可惜棺室已被早期盜擾,僅殘留玉石器 66 件,墓室内未被擾動部分出土有彩繪陶器 8 件,漆木器 25 件,玉器 18 件套,骨器 8 組,紅彩草編 2 件和全部劈成兩半的 10 頭豬等。有多件帶柄的石鉞和玉鉞,還有一根近兩米長的木杆,可能是旗杆。如此氣派的墓葬,死者非王莫屬。難道他就是大名鼎鼎的帝堯嗎?王族墓地中一座小墓 3295 號中出土了一件銅鈴,另一墓中出土一件疊壓在玉環上的銅齒環,兩件都是砷青銅,這是中國最早的青銅器。

與陶寺同時,在陝北神木有一個規模宏大的石峁山城。該山城位於一座小山頂上,有内城、外城和皇城三重結構。外城有石砌的墩臺、門墊和馬面等,東門更在白灰牆上畫紅、黄、黑色的幾何形彩繪。皇城是一座石砌的階梯型高臺,臺頂有宫殿和池苑等建築。宫殿的石砌構件上有雕刻的人、獸面等圖形。臺上發現有成千上萬的羊骨,上萬根骨針,成千個用骨片做的口琴。同時還出有大量玉鉞、玉牙璋和玉璜等。那裏也有一個青銅齒環疊壓在玉環上,還有鑄造青銅刀的石範。石峁有些陶器也跟陶寺相像,兩地很可能存在實際的聯繫。類似石峁的山城遺址還有許多,只是規模略小一些。那已經是中原的邊界地區了。

在中原地區,還有河南登封的陽城,那是一座 50 萬平方米正方形的城址。傳説禹居陽城或禹都陽城。那裏也發現過青銅容器的殘片。禹傳子啓,從此開啓了世襲王權。但啓的兒子太康好玩,被東夷的后羿給取代了,即所謂"因夏民以代夏政"。兒子仲康只好逃走,孫子少康逃到有仍當了牧正。後來在別人的幫助下恢復了夏代的統治,史稱"少康中興"。在新密新寨發現了一個環壕城址,年代略晚于王城崗,出土遺物除了本地傳統的因素以外,還有少量東夷岳石文化的因素。因此很可能是后羿代夏所建的都城。

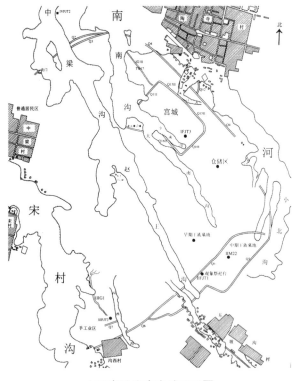

山西襄汾陶寺古城平面圖

　　回頭説海岱地區。那裏繼大汶口文化之後是龍山文化,這時也向西對中原龍山文化有較大的影響。大汶口文化的工藝水準已經非常高了,龍山文化時期又有新的發展。最突出的是所謂蛋殼黑陶器皿。其中以多種形態的杯、豆爲最。其厚度僅一二毫米,漆黑發亮,而且火候高,非常堅硬,敲之有金屬聲。經過實驗,應該是等坯體陰乾後放在車床上一遍遍地車削才可能做得那麼薄。而且一定要裝在匣鉢中焙燒才不至於損壞。龍山文化的玉器如鉞、圭、牙璧、牙璋和髮笄等同樣有非常高的工藝水準。龍山文化有多座城址,著名的有城子崖、兩城鎮、堯王城、桐林—田旺和丁公等。丁公的一塊陶片上還刻畫了 12 個文字,可能是一個傳遞資訊的文書,只是無法辨認。龍山文化的墓葬也已經有了明顯的分化。臨朐西朱封和泗水尹家城高等級的墓葬有一棺一槨和一棺二槨之分,可見有初步的禮制。

　　在江漢平原,繼石家河文化之後的肖家屋脊文化時期,明顯受到中原王灣文化的影響,論者多認爲與傳説中堯舜禹征三苗的故事有關。這時玉器特別發達,工藝水準很高。在譚家嶺即發現有 9 座甕棺葬,隨葬玉器達 200 多件。這些玉器基本上是一些小牌飾,但雕刻極爲精緻。大部分紋飾是淺浮雕,綫條圓潤。有立鷹紋、側面人頭和虎頭等。之前在肖家屋脊的 6 號甕棺中也曾出土了 56 件玉器,也都是小巧的袖珍品。其中有多件神祖的頭像。還有虎頭、蟬和飛鷹等。可謂獨樹一幟。

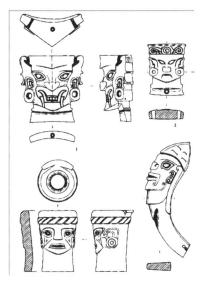

石家河肖家屋脊出土的玉雕神祖頭像

譚家嶺甕棺出土玉鷹牌飾

　　在長江上游的成都平原,這時也突然出現了一系列環壕土城,包括新津寶墩古城、郫縣魚鳧城、雙河古城、都江堰芒城、高山古城和三星堆一期古城等將近十座。從出土陶器來看應該是受到長江中游屈家嶺文化的影響。那裏河流縱橫,水網密佈,有利於種植水稻。其中寶墩古城最大,外城近圓形,約 300 萬平方米,城内大部分是水稻田,中間的許多小土包當是農家房舍所在。内城爲長方形,約 60 萬平方米。城内有宫殿式建築,可見寶墩古城即是成都平原最初的都城。後來中心移到了廣漢三星堆,并發展出了高度的青銅文明。

　　二里頭文化:龍山時代之後出現的第一個青銅文化就是二里頭文化。這個文化以河南偃師二里頭遺址命名。該遺址規模巨大,有宫城、青銅器作坊、緑松石作坊和祭祀區等。宫城位於遺址的中心區,爲南北向的長方形,面積約 10.8 萬平方米,包含多座宫殿基址。環繞宫城有規整的道路,上面有雙輪車轍印跡。看來奚仲造車的傳説還是有根據的。1 號宫殿位於宫城内西南角,有一個約 1 萬平方米的夯土臺基,上面建主體殿堂四周建圍牆和廊廡,佈局嚴謹。遺址中出土多件青銅爵,還有青銅鼎、斝、盉、鈴等禮樂器,開先秦禮樂器的先河。青銅器作坊中發現有銅礦石、坩堝、陶範等,從殘陶範來看,可鑄銅器的最大直徑達 30

釐米以上。在宮殿區的一座貴族墓中出土了一件綠松石鑲嵌的龍形器,長 65 釐米,中間放置一件銅鈴。二里頭還發現有多件鑲嵌綠松石的青銅牌飾,上面的圖案也略似龍紋。二里頭的玉器也很發達,主要有鉞、戈、刀等武器和璧、璋等禮器。其中牙璋最具特色。同樣的牙璋幾乎傳遍了全中國,最南甚至到了越南。可見二里頭文化影響之大。前面談到夏代傳到少康中興起來了,此後即再未遷都,這個都城非二里頭莫屬。中華文明到此即進入了成熟的階段,從多元一體到多元一統。從此生生不息,持續發展。

五、中國文明起源研究給我們什麽樣的啓示?

我想主要有以下三點啓示:第一,中國文明既然從起源到現在連續發展而没有中斷,證明她是世界上最有生命力的偉大文明。世界上的原生文明只有三個,一個是古埃及、兩河流域的蘇美爾、阿卡德和印度河流域的哈拉帕的西方文明,一個是中國古代的東方文明,一個是以瑪雅文化爲代表的美洲文明。西方文明和美洲文明體量都很小,經不起外力的衝擊,很快就湮滅了。只有中國文明生生不息,持續發展而從未中斷;第二,中國文明從多元一體到多元一統,是一個持續發展的過程,分裂是暫時的,最終總要走向統一;第三,中國文明的起源和發展一直是沿著多元一統的軌跡曲折前進,以至形成現在以漢族爲主體的多民族統一國家。因此我們在維護國家統一的同時,還要注意發揮各民族和各地方的特色,使中華文明豐富多彩,爭奇鬥豔,生生不息,永遠雄居於世界的東方。

[作者簡介]嚴文明:北京大學考古文博學院教授,北京大學資深教授,北京大學國學研究院博士生導師。

《文選》中的陶淵明

劉 躍 進

提要:文章圍繞《文選》所收陶淵明資料,集中討論三個方面的問題:第一是陶淵明的生平。關於陶淵明的生平傳記,除《文選》卷五十七"誄下"所收顏延之《陶徵士誄》外,陶淵明《五柳先生傳》、沈約《宋書·隱逸·陶淵明傳》等,也是非常重要的原始資料。第二是陶淵明的創作。《文選》收録陶淵明創作可以歸爲三類,包括行旅類二首,雜詩(雜擬)類六首。另外一類是韻文《歸去來兮辭》一首。第三是陶淵明的影響。蕭梁時代的蕭統,對於陶淵明的作品非常喜愛,最早編爲八卷,並作序,對於陶淵明的文學成就給予極高的評價。蕭統編輯《陶淵明集》問世后,先在南方流傳。魏孝武帝永熙三年,賀拔勝奔梁,陽休之隨之南奔,在江南生活了兩年。兩年後才北返抵鄴。陽休之在蕭統所編《陶淵明集》八卷本基礎上參合不同版本,編爲十卷。從此,《陶淵明集》主要有兩個版本系統,一是蕭統編輯的八卷本系統,二是陽休之編纂的十卷本系統。此外,唐宋著録還有五卷本、九卷本,只是篇目分合略有不同,而推終原始,皆始於《文選》。

《文選》中與陶淵明有關的作品主要有三類,第一類是關於生平傳紀的文字,如卷五十七"誄下"所收顏延之《陶徵士誄》;第二類是陶淵明的作品,如卷二十六"征旅上"收録的《始作鎮軍參軍經曲阿作》、《辛丑歲七月赴假還江陵夜行塗口作》兩首,卷二十八收録的《挽歌》一首,卷三十"雜詩下"收録的《雜詩》二首、《咏貧士》一首、《讀山海經》一首,同卷"雜擬上"收録的《擬古詩》一首,卷四十五"辭"類收録的《歸去來兮辭》一首;第三類是擬作及評價,如卷三十一"雜擬下"所收江淹《雜體詩》三十首中擬陶淵明《田園》詩。還有《文選》編者蕭統所作《陶淵明集序》也涉及此一內容。

一、陶淵明的生平

關於陶淵明的生平傳記，除《文選》所收顏延之《陶徵士誄》外，陶淵明《五柳先生傳》、沈約《宋書·隱逸·陶淵明傳》等，也是非常重要的原始資料。《五柳先生傳》，見於《宋書》本傳：

> 先生不知何許人，不詳姓字，宅邊有五柳樹，因以爲號焉。閑靜少言，不慕榮利。好讀書，不求甚解，每有會意，欣然忘食。性嗜酒，而家貧不能恒得。親舊知其如此，或置酒招之，造飲輒盡，期在必醉，既醉而退，曾不吝情去留。環堵蕭然，不蔽風日，裋褐穿結，簞瓢屢空，晏如也。嘗著文章自娛，頗示己志，忘懷得失，以此自終。

詩人説"先生不知何許人"，這只是一種托詞，明顯是作者的自況。《宋書》本傳還引用了他的《與子儼等疏》，其中有這樣一段話：

> 少年來好書，偶愛閑靜，開卷有得，便欣然忘食。見樹木交蔭，時鳥變聲，亦復歡然有喜。嘗言：五六月中，北窗下臥，遇涼風暫至，自謂是羲皇上人。

顯然，五柳先生就是作者自己，忘情得失，詩酒自娛。所以《宋書·陶淵明傳》引録後稱："其自序如此，時人謂之實録。"中古時期，文人編輯文集，通常把自序放在最後，如《史記·太史公自序》、《漢書·敘傳》、《法言序》、《論衡·自紀》、《潛夫論·敘録》、《文心雕龍·序志》等都放在最後一篇，此外，司馬相如、揚雄皆撰有自序，也應置文集最後，只是文集散佚，後人編輯時隨意放在集中。《五柳先生傳》亦應置於文集之後，大致可以推斷。

第二篇是顏延之的《陶徵士誄》：

> 夫璿玉致美，不爲池隍之寶；桂椒信芳，而非園林之實。豈其深而好遠哉？蓋云殊性而已。故無足而至者，物之藉也；隨踵而立者，人之薄也。若乃巢高之抗行，夷皓之峻節，故已父老堯禹，錙銖周漢，而綿世浸遠，光靈不屬，至使菁華隱没，芳流歇絶，不其惜乎！雖今之作者，人自爲量，而首路同塵，輟塗殊軌者多矣。豈所以昭末景，泛餘波！

> 有晉徵士尋陽陶淵明，南嶽之幽居者也。弱不好弄，長實素心。學非稱師，文取指達。在衆不失其寡，處言愈見其默。少而貧病，居無僕妾。井臼弗任，藜菽不給。母老子幼，就養勤匱。遠惟田生致親之議，追悟毛子捧檄之懷。初辭州府三命，後爲彭澤令。道不偶物，棄官從好。遂乃解體世紛，結志區外，定跡深棲，於是乎遠。灌畦鬻蔬，爲供魚菽之祭；織絇緯蕭，以充糧粒之費。心好異書，性樂酒德，簡棄煩促，就成省曠。

殆所謂國爵屏貴，家人忘貧者與？有詔徵爲著作郎，稱疾不到。春秋若干，元嘉四年月日，卒于尋陽縣之某里。近識悲悼，遠士傷情。冥默福應，嗚呼淑貞！

夫實以誄華，名由謚高，苟允德義，貴賤何筭焉？若其寬樂令終之美，好廉克己之操，有合謚典，無愆前志。故詢諸友好，宜謚曰靖節徵士。其辭曰：

物尚孤生，人固介立。豈伊時遘，曷云世及？嗟乎若士！望古遥集。韜此洪族，蔑彼名級。睦親之行，至自非敦。然諾之信，重於布言。廉深簡絜，貞夷粹温。和而能峻，博而不繁。依世尚同，詭時則異。有一於此，兩非默置。豈若夫子，因心違事？畏榮好古，薄身厚志。世霸虛禮，州壤推風。孝惟義養，道必懷邦。人之秉彝，不隘不恭。爵同下士，禄等上農。度量難鈞，進退可限。長卿棄官，稚賓自免。子之悟之，何悟之辯？賦詩歸來，高蹈獨善。亦既超曠，無適非心。汲流舊巘，葺宇家林。晨烟暮藹，春煦秋陰。陳書輟卷，置酒弦琴。居備勤儉，躬兼貧病。人否其憂，子然其命。隱約就閑，遷延辭聘。非直也明，是惟道性。糾纏斡流，冥漠報施。孰云與仁？實疑明智。謂天蓋高，胡愔斯義？履信曷憑？思順何置？年在中身，疢維痁疾。視死如歸，臨凶若吉。藥劑弗嘗，禱祀非卹。傃幽告終，懷和長畢。嗚呼哀哉！

敬述靖節，式尊遺占。存不願豐，没無求贍。省訃却賻，輕哀薄斂。遭壤以穿，旋葬而空。嗚呼哀哉！

深心追往，遠情逐化。自爾介居，及我多暇。伊好之洽，接閭鄰舍。宵盤晝憩，非舟非駕。念昔宴私，舉觴相誨。獨正者危，至方則礙。哲人卷舒，布在前載。取鑒不遠，吾規子佩。爾實愀然，中言而發。違衆速尤，迕風先蹶。身才非實，榮聲有歇。叡音永矣，誰箴余闕？嗚呼哀哉！

仁焉而終，智焉而斃。黔婁既没，展禽亦逝。其在先生，同塵往世。旌此靖節，加彼康惠。嗚呼哀哉！

李善注引何法盛《晋中興書》説："延之爲始安郡，道經尋陽，常飲淵明舍，自晨達昏。及淵明卒，延之爲誄，極其思致。"顔延之作誄，主要表彰陶淵明的人品，并爲懷才不遇表示惋惜。在韻文部分，關鍵詞就是"畏榮好古，薄身厚志"。序言先稱引古代隱士巢父、伯夷、叔齊，稱贊他們抗行峻節，名聲顯赫。但是歷史上也有一些值得紀念的人，隨著歲月的流逝，反而被人遺忘。作者爲陶淵明作誄，就是要人們記住他。作者希望，最應記住的是陶淵明的人品，至於生平事蹟，反在其次。序言略有言及，其要點不過如此：第一，潯陽南嶽隱士，"弱不好弄，長實素心"。素心，没有功利之心，没有矯情自飾。第二，官位只是説到"初辭州府三命，後爲彭澤令"。韻文中提到"世霸虛禮，州壤推風"二句，陳景雲《文選舉正》説："此謂宋高祖也。曹王《七啓》中稱魏祖有翼聖霸世之語,此作者所本,叙靖節高蹈,首舉霸朝加禮言之,則宋業漸隆,恥事異代意,亦微而顯矣。"陶淵明所以應邀出任彭澤縣令,就是爲了養家糊口的需要:"母老子幼,就養勤匱。"生活並不富裕。"孝惟義養,道必懷邦。"義養,就是供養親人。第三,性情方面,"學非稱師,文取指達","心好異書,性樂酒德"。何謂"異書"?《抱樸子自叙》説自己年輕時前往洛陽"欲廣尋異書",《高僧傳》記載支謙"遍學異書",劉孝標自北南歸後亦"更求異書",《後漢書·蔡邕傳》也稱《論衡》爲異書,可見所謂"異書",多數是指難得尋見的書籍。當然,也可以有另外一種理解,也就是獨具特見的書籍。第四,因爲性格所致,陶淵明四十一歲那年,"賦詩歸來,高蹈獨善"。所謂賦詩歸來,就是吟誦著《歸去來兮辭》,急流勇退,永遠告別了官場。這一年,作者四十一歲。"亦既超曠,無適非心",也就是忘記是非。誠如《歸去來兮辭》序説"質性自然,非矯勵所得;飢凍雖切,違己交病。嘗從人事,皆口腹自役,於是悵然慷慨,深愧平生之志"。"隱約就閑,遷延辭聘"二句是説他辭官之後,曾被徵召著作郎,稱疾不到。

誄文説陶淵明於宋文帝元嘉四年死於痁疾,"春秋若干",未記載其享年。韻文説他"年在中身,疢維痁疾"。這"中身"二字出於《尚書·無逸》:"文王受命惟中身,厥享國五十年。"而據《禮記·文王世子》説:"文王九十七而終。"中身,應當是四十九歲,與後面所引《宋書·陶淵明傳》六十三歲卒的記載不符。《與子儼等疏》中説"吾年過五十",則四十九歲之説靠不住。五臣注劉良説"上壽百二十年,中則六十也",則與《宋書》記載相近。宋張縯據《游斜川》"開歲倏五十"。以爲辛丑年五十歲,迄元嘉四年終,得七十六歲①。此一説法,距史實相去較遠,尚未得到學術界的廣泛認可。

在誄文的最後,作者接連四段用了"嗚呼哀哉"表示自己的傷痛之情。第一是説他通達天命,"視死如歸,臨凶若吉。藥劑弗嘗,禱祀非恤"。不以生死爲憂,不以禱祀求福。第二是説生前好友共謚靖節,尊重陶淵明的遺願,"存不願豐,没無求贍。省訃却賻,輕哀薄斂"。訃,即訃告。賻,補。通常情況下,古代官員死後,要發佈訃告,朝廷則予以適當的補助。而陶淵明勸誡好友省去這些,務從儉約。我們讀他的《挽歌》,他早已想到自己死後的情形:

> 荒草何茫茫,白楊亦蕭蕭。嚴霜九月中,送我出遠郊。四面無人居,高墳正嶕嶢。馬爲
> 仰天鳴,風爲自蕭條。幽室一已閉,千年不復朝。千年不復朝,賢達無奈何。向來相送
> 人,各已歸其家。親戚或餘悲,他人亦已歌。死去何所道,托體同山阿。

幽室,即墓室。誄文説"遭壤以穿,旋葬而窆",説墓室封閉,儀式完結。"向來相送人,各已

---

① 注參見袁行霈《陶淵明享年考辨》,《陶淵明研究》,北京大學出版社1997年版,第211頁。

歸其家。親戚或餘悲,他人亦已歌。死去何所道,托體同山阿。"一般人誰還會想起他? 所以,與其在形式上悲悲切切,還不如順其自然,歸土爲安。第三個"嗚呼哀哉"是説作者自己失去老友的失落。"深心追往,遠情逐化。自爾介居,及我多暇。"失落之餘,感歎老友没有聽從自己的勸告,落得這樣的下場:"獨正者危,至方則礙。哲人卷舒,布在前載。"這四句主要化用《荀子》"方則止,圓則行"的典故。説"身才非實,榮聲有歇"。這裏,顔延之强調,身與才,都靠不住,榮華聲名也會隨時而滅。不能恃才傲物,憑寵陵人。陶淵明《飲酒》也寫到鄉間友人的這種勸誡:"舉世皆尚同,願君汩其泥。"這兩句是從《楚辭・漁父》中借用而來的:"屈原曰:舉世皆濁我獨清。漁父曰:何不汩其泥而揚其波?"汩,即把水攪混。這幾句勸慰,正如《歸去來兮辭序》所説:"親朋多勸余爲長史。"應當説是一片真情的關注。詩人爲這些好話所感動,每次勸誡,陶淵明也都表示敬佩。誄文稱:"取鑒不遠,吾規子佩。"子,指陶淵明。但詩人仍然改變不了既定的決心。因爲"稟氣寡所諧"。稟氣,也就是天生的氣質。正如劉楨詩所寫"豈不罹凝寒,松柏有本性"。這種本性很少與世俗之情能合得來的。《飲酒》詩又有"紆轡誠可學,違己豈非迷"二句,則從世俗與己志的對比中顯露出自己的心志。紆轡,指馬轡鬆開,有拘束地行走,比喻人的委屈出仕。這樣的行爲不是不能學,但却違背了自己的心願。正像《歸去來兮辭》所説"飢凍雖切,違己交病",自己"質性自然,非矯勵所得"。《陶征士誄》又寫道:"爾實愀然,中言而發。"中言,即由衷之言。這裏用《禮記》"孔子愀然作色而對"的語意,表明陶淵明雖然贊同顔延之等友人的見解,但是自己還是不能隨波逐流。正如《飲酒》詩結尾所説:"且共歡此飲,吾駕不可回。"

顔延之很感慨,認爲這樣做的結果,只能是"違衆速尤,迕風先蹶"。尤,責備。蹶,倒下。李蕭遠《運命論》所説:"木秀于林,風必摧之;堆出於岸,流必湍之;行高於人,衆必非之。"就是這個意思。而今,"叡音永矣,誰箴余闕"。叡音,即智慧之音。永,永隔。箴,規勸。説老友永逝,没有人再規勸自己的過失了,所以發出第三個"嗚呼哀哉!"顔延之在陶淵明墓前再一次稱陶淵明"仁焉而終,智焉而斃",是任智之士。這番表達,就不僅僅是惋惜,似乎還有某些懺悔的意味。最後一個"嗚呼哀哉"回應開篇,儘管陶淵明生前名聲並不顯赫,但是由於他的高風亮節而獲得了靖節先生的謚號,顔延之相信,陶淵明必將追隨著此前的著名隱逸之士而永遠進入歷史。

作爲官方史書,《宋書》第一次爲陶淵明立傳:

> 陶潛字淵明,或云淵明字元亮,尋陽柴桑人也。曾祖侃,晉大司馬。潛少有高趣,嘗著《五柳先生傳》以自況,曰(略)。其自序如此,時人謂之實録。親老家貧,起爲州祭酒,不堪吏職,少日,自解歸。州召主簿,不就。躬耕自資,遂抱羸疾,復爲鎮軍、建威參

軍,謂親朋曰:"聊欲弦歌,以爲三徑之資,可乎?"執事者聞之,以爲彭澤令。公田悉令吏種秫稻,妻子固請種秔,乃使二頃五十畝種秫,五十畝種秔。郡遣督郵至,縣吏白應束帶見之,潛歎曰:"我不能爲五斗米折腰向鄉里小人。"即日解印綬去職。賦《歸去來》,其詞曰(略)。

義熙末,徵著作佐郎,不就。江州刺史王弘欲識之,不能致也。潛嘗往廬山,弘令潛故人龐通之齎酒具于半道栗里要之,潛有脚疾,使一門生二兒舉籃輿,既至,欣然便共飲酌,俄頃弘至,亦無忤也。先是,顔延之爲劉柳後軍功曹,在尋陽,與潛情款。後爲始安郡,經過,日日造潛,每往必酣飲致醉。臨去,留二萬錢與潛,潛悉送酒家,稍就取酒。嘗九月九日無酒,出宅邊菊叢中坐久,值弘送酒至,即便就酌,醉而後歸。潛不解音聲,而畜素琴一張,無弦,每有酒適,輒撫弄以寄其意。貴賤造之者,有酒輒設,潛若先醉,便語客:"我醉欲眠,卿可去。"其真率如此。郡將候潛,值其酒熟,取頭上葛巾漉酒,畢,還復著之。

潛弱年薄宦,不潔去就之跡,自以曾祖晉世宰輔,恥復屈身後代,自高祖王業漸隆,不復肯仕。所著文章,皆題其年月,義熙以前,則書晉氏年號,自永初以來唯云甲子而已。與子書以言其志,並爲訓戒曰:

天地賦命,有往必終,自古賢聖,誰能獨免。子夏言曰:"死生有命,富貴在天。"四友之人,親受音旨,發斯談者,豈非窮達不可妄求,壽夭永無外請故邪。吾年過五十,而窮苦荼毒,以家貧弊,東西遊走。性剛才拙,與物多忤,自量爲己,必貽俗患,僶俛辭世,使汝幼而饑寒耳。常感孺仲賢妻之言,敗絮自擁,何慚兒子。此既一事矣。但恨鄰靡二仲,室無萊婦,抱茲苦心,良獨罔罔。

少年來好書,偶愛閑靜,開卷有得,便欣然忘食。見樹木交蔭,時鳥變聲,亦複歡爾有喜。嘗言:五六月北窗下臥,遇涼風暫至,自謂是羲皇上人。意淺識陋,日月遂往,緬求在昔,眇然如何。

疾患以來,漸就衰損,親舊不遺,每以藥石見救,自恐大分將有限也。恨汝輩稚小,家貧無役,柴水之勞,何時可免,念之在心,若何可言。然雖不同生,當思四海皆弟兄之義。鮑叔、敬仲,分財無猜,歸生、伍舉,班荊道舊,遂能以敗爲成,因喪立功,他人尚爾,況共父之人哉。潁川韓元長,漢末名士,身處卿佐,八十而終,兄弟同居,至於沒齒。濟北氾稚春,晉時操行人也,七世同財,家人無怨色。《詩》云:高山仰止,景行行止。汝其慎哉!吾複何言。

又爲《命子詩》以貽之曰:

悠悠我祖，爰自陶唐。邈爲虞賓，歷世垂光。御龍勤夏，豕韋翼商。穆穆司徒，厥族以昌。紛紜戰國，漠漠衰周。鳳隱于林，幽人在丘。逸虬撓雲，奔鯨駭流。天集有漢，眷予愍侯。於赫愍侯，運當攀龍。撫劍夙邁，顯茲武功。參誓山河，啓土開封。臺臺丞相，允迪前蹤。渾渾長源，蔚蔚洪柯。群川載導，衆條載羅。時有默語，運固隆汙。在我中晉，業融長沙。桓桓長沙，伊勳伊德。天子疇我，專征南國。功遂辭歸，臨寵不惑。孰謂斯心，而可近得。肅矣我祖，慎終如始。直方二臺，惠和千里。於皇仁考，淡焉虛止。寄跡風運，冥茲愠喜。嗟余寡陋，瞻望靡及。顧慚華鬢，負景隻立。三千之罪，無後其急。我誠念哉，呱聞爾泣。卜云嘉日，占爾良時。名爾曰儼，字爾求思。温恭朝夕，念茲在茲。尚想孔伋，庶其企而。厲夜生子，遽而求火。凡百有心，奚待於我。既見其生，實欲其可。人亦有言，斯情無假。日居月諸，漸免於孩。福不虛至，禍亦易來。夙興夜寐，願爾斯才。爾之不才，亦已焉哉。

潛元嘉四年卒，時年六十三。

儘管陶淵明的享年爭議很大，但是其卒年確是明白無誤的，即宋文帝元嘉四年（427）。顏延之的誄文亦作於此後不久。這一年，顏延之四十四歲[1]，而《宋書》的最初撰者何承天五十八歲。何承天小陶淵明五歲，大顏延之十四歲。與顏延之同朝爲官。陶淵明死後的第八個年頭，即元嘉十二年，顏、何二人還就佛教問題展開激烈爭論，見於《弘明集》的就有：何承天《達性論》、《答顏永嘉》、《重答顏永嘉》，顏延之《釋達性論》、《重釋何衡陽》、《又釋何衡陽》。《高僧傳·慧嚴傳》又載："時延之著《離時觀》及《論檢》，帝命嚴辯其同異，往復終日。帝笑曰：'公等今日，無愧支、許。'"又三年，元嘉十五年（438），朝廷開設玄、儒、史、文四館。何承天掌管史學館，開始《宋書》的撰寫。這時距離陶淵明之死才十年。何承天死於元嘉二十四年（447）八月。兩年後，裴松之重受詔續成何承天《宋書》，未遑述作，"其年終於位"（見裴子野《宋略總論》）。其後，蘇寶生續作。大明二年（459），蘇寶生因高闍謀反叛亂而不啓聞，結果被殺，徐爰領著作郎，續撰《宋書》，作《議國史限斷表》。當時很多著名文人如丘巨源亦參與其中。劉宋滅亡後，南齊永明五年（487）春，沈約奉敕撰《宋書》。這一年他四十七歲。越一年書成上奏。所以如此神速，就是因爲有此前五十年的積累[2]。我們這裏詳細描述《宋書》的修撰過程，不過想説明，《宋書》的修撰沿革，班班可考，且最初撰者何承天與顏延之的關係非常密切，因此，《宋書》所載陶淵明傳，應當可信。

---

① 參見繆鉞《顏延之年譜》，《讀史存稿》，生活·讀書·新知三聯書店1963年版，第139頁。
② 參見曹道衡、劉躍進《南北朝文學編年史》相關條目，人民文學出版社2000年版。

　　《宋書》又提供了那些細節值得注意呢？第一是他的家世，《命子詩》説他是陶唐之後。西晉大將陶侃乃其曾祖。第二是他的名與字。陶淵明《晉故征西大將軍長史孟府君傳》、《祭程氏妹文》等皆自名淵明，顔延之《陶徵士誄并序》稱"有晋徵士尋陽陶淵明"等亦如此。沈約《宋書・陶潛傳》載："陶潛字淵明，或云淵明字元亮。"始見歧異。蕭統《陶淵明傳》載："陶淵明字元亮，或云潛字淵明。"名與字已混淆不清。《南史・陶潛傳》："陶潛字淵明，或云字深明，名元亮。"深明當是避諱，改"淵"爲"深"，自來無異説。其他則迄今未有一致的意見。第三是他的妻子與他同甘共苦，"公田悉令吏種秫稻，妻子固請種秔，乃使二頃五十畝種秫，五十畝種秔"。兩人育有五子：儼、俟、份、佚、佟。而《責子》詩則舉其小名曰舒、宣、雍、端、通。陶儼居長。第四，他的朋友很多，晉宋之際，游走於當時各個軍閥之間，且上廬山，與當時社會名流多所交往[1]。這些朋友中，最近的當然首推顔延之。第五是他的仕途：一爲江州祭酒，不堪吏職，少日解歸。二爲鎮軍、建威參軍，俸禄過低，求遷他職。三爲彭澤令，在職八十天就挂冠歸隱。此後，曾被徵著作佐郎，亦未就職。第六是他的性格，好喝酒，自尊心很强。江州刺史王弘想見他，他不肯前往。郡遣督郵來視察工作，他不肯屈身迎接，便永遠告別官場。這裏又有很多潛臺詞值得我們關注，譬如陶淵明與琅琊王氏的關係，與沛縣桓氏的關係，與彭城劉氏的關係，都值得我們進一步思考。

二、陶淵明的創作

　　《文選》收録陶淵明創作可以歸爲三類。詩分兩類，一是行旅類二首，二是雜詩（雜擬）類六首。另外一類是韻文《歸去來兮辭》一首。

　　行旅類創作兩首是指《始作鎮軍參軍經曲阿作》、《辛丑歲七月赴假還江陵夜行塗口作》。依照寫作時間，《辛丑歲七月赴假還江陵夜行塗口作》應當在前。辛丑，即晉安帝隆安五年（401）。此時，陶淵明正在桓玄幕下任職。這年七月回到潯陽休假，此詩乃在歸途所作，流露出對於仕途的厭倦之感。沈約《宋書》説，陶淵明"自以曾祖晉世宰輔，恥復屈身後代，自高祖王業漸隆，不復肯仕。所著文章，皆題其年月，義熙以前，則書晉氏年號，自永初以來唯云甲子而已"。永初爲劉裕稱帝後的年號。隆安爲司馬德宗年號。這裏稱爲"辛丑"而未稱年號，無所謂恥仕異代的問題。據此，沈約看法未必確切。陶淵明所厭倦的是仕途，這種厭倦，似乎出自本能。

---

[1] 參見袁行霈《陶淵明與晉宋之際的政治風雲》，《陶淵明研究》，第78頁。

閑居三十載,遂與塵事冥。詩書敦宿好,林園無世情。如何舍此去,遙遙至西荆。

叩栧新秋月,臨流別友生。涼風起將夕,夜景湛虛明。昭昭天宇闊,晶晶川上平。

懷役不遑寐,中宵尚孤征。商歌非吾事,依依在耦耕。投冠旋舊墟,不爲好爵縈。

養真衡茅下,庶以善自名。

詩人自幼酷愛詩書,樂遊園林,二十九歲第一次出仕,然後不久就掛冠歸隱,所以稱自己"閑居三十載,遂與塵事冥"。詩人在桓玄幕下任職,是第二次。西荆,即西荆州。"五臣本"又作"南荆"。距離家鄉越來越遠。這次回家,星夜兼程,歸心似箭。叩栧,叩船舷。友生,友朋。"涼風起將夕,夜景湛虛明。昭昭天宇闊,晶晶川上平"四句爲江上夜景。湛,澄明。晶晶,月光照在水上,明亮平净。在這樣的月光下,詩人孤獨啓程,深夜前行。遑,閒暇。不遑,没有閒暇之心。"商歌非吾事,依依在耦耕。投冠旋舊墟,不爲好爵縈。養真衡茅下,庶以善自名。"由此孤征,詩人又想到曾經的志向。《淮南子》記載,齊桓公時,甯戚聽説齊桓公要興霸業,很想成就一番事業,可惜無人引薦,於是商歌車下以吸引注意,桓公慨然而悟。這裏用"商歌"表示干謁求仕。耦耕,躬耕田野。《論語》使子路問道,長沮、桀溺發表一番議論而耦耕自逸。這是詩人所嚮往的生活。爵縈,有的本子作"爵繁",或者"爵縈",其義相同。掛冠歸隱,營養真性,結尾二句落在"真""善"二字上。衡茅,茅屋。庶,希望。養真鄉間,爲善留名。

《始作鎮軍參軍經曲阿作》作于晉安帝元興三年(404)。李善注引臧榮緒《晉書》曰:"宋武帝行鎮軍將軍。"説明此時陶淵明正在劉裕幕下。據《晉書·安帝紀》《宋書·武帝紀》,晉安帝元興三年,建武將軍劉裕率劉毅、何無忌等聚義兵於京口。三月,桓玄司徒王謐推劉裕行鎮軍將軍、徐州刺史、都督揚、徐、兖、豫、青、冀、幽、并八州諸軍事。詩題"始作",則係參任鎮軍參軍之始,大約在元興三年或稍後。

弱齡寄事外,委懷在琴書。被褐欣自得,屢空常晏如。時來苟宜會,宛轡憩通衢。

投策命晨旅,暫與園田疏。眇眇孤舟遊,綿綿歸思紆。我行豈不遥,登降千里餘。

目倦修塗異,心念山澤居。望雲慚高鳥,臨水愧游魚。真想初在衿,誰謂形跡拘?

聊且憑化遷,終反班生廬。

頭四句寫自己的旨趣。事外,塵世之外。委懷,安懷。自幼寄情琴書,忘懷塵世。如劉歆《遂初賦》所説"玩琴書以條暢"。被褐,身著裋衣。屢空,家貧無資。《孔子家語》曰:"原憲衣冠弊,並日而食蔬,衎然有自得之志。"《漢書》曰:"(揚雄)家産不過十金,乏無儋石之儲,晏如也。"這裏,作者以原憲、揚雄自比,正如《五柳先生傳》所説:"環堵蕭然,不蔽風日,短褐穿結,簞瓢屢空,晏如也。"然而,時命不舛,不得不爲生計而出仕。苟,苟且。時命既來,姑且與之相向而行。宛轡，即屈駕長往之意。憩，小息。通衢，大路。這裏比作仕途。作者離開自己的家鄉，踏上征程，孤舟遠遊，内心十分鬱結。“望雲慚高鳥，臨水愧游魚”二句爲點睛之筆。謝靈運《登池上樓》“薄霄愧云浮，栖川怍淵沉”所寫亦同一境界，言愧對魚鳥浮雲。愧對的内容是什麽呢？也就是下文所説“真想初在衿，誰謂形跡拘？”《老子》曰：修之於身，其德乃真。《淮南子》曰：全性保真，不虧其身。所謂真想，就是順性自然，不拘行跡。而今，誤入仕途，也只能暫且委屈自己，最終還是要回到自己的家鄉。由此看來，作者這次出仕，確有很多無奈。

　　雜詩類創作六首，即卷二十八收録的《挽歌》一首，卷三十“雜詩下”收録的《雜詩》二首、《咏貧士》一首、《讀山海經》一首，同卷“雜擬上”收録的《擬古詩》一首。《挽歌》已見前面徵引，暫且不論，我們集中流覽其他五首。

　　題目《雜詩》二首，《陶淵明集》收在《飲酒》二十首中，且前有小序：

　　　　余閒居寡歡，兼比夜已長，偶有名酒，無夕不飲，顧影獨盡，忽焉復醉，醉之後，輒題
　　　　數句自娱，紙墨遂多，辭無詮次，聊命故人書之，以爲歡笑耳。

由此可見，這是組詩，且非一時之作。作者另有《雜詩》十二首，《文選》所題《雜詩》二首並不在其中。因此，還是稱作《飲酒》二首爲好。詩曰：

　　　　結廬在人境，而無車馬喧。問君何能爾？心遠地自偏。采菊東籬下，悠然望南山。
　　　　山氣日夕佳，飛鳥相與還。此還有真意，欲辯已忘言。

　　　　秋菊有佳色，裛露掇其英。泛此忘憂物，遠我遺世情。一觴雖獨進，杯盡壺自傾。
　　　　日入群動息，歸鳥趨林鳴。嘯傲東軒下，聊復得此生。

據專家考證，這組詩應作于詩人第二次辭官歸隱期間。我們知道，陶淵明二十九歲初踏仕途，任江州祭酒，少日歸解。從前面所引《辛丑歲七月赴假還江陵夜行塗口作》看，詩人供職于桓玄幕下是晉安帝隆安四年（401），時年三十六歲。翌年辛丑七月告假。這年冬天，以母喪辭職。《始作鎮軍參軍經曲阿作》作于晉安帝元興三年（404），題曰“始作”，即初仕劉裕幕下。從401年至404年大約三年間，詩人隱居鄉間。這組《飲酒》大約作於這個期間。

　　關於第一首詩還牽涉到一椿文字公案，“悠然見南山”，有的版本作“悠然望南山”。《蔡寬夫詩話》説：“采菊東籬下，悠然見南山。此其閒遠自得之意，直若超然邈出宇宙之外。俗本多以‘見’爲‘望’字。若爾，則便有褰裳濡足之態矣。乃知一字之誤，害理有如此者。”①蘇東坡

①《蔡寬夫詩話》，郭紹虞《宋詩話輯佚》，中華書局1962年版，第29頁。

也以"見"爲佳,説:"此詩景與意會,故可喜也。無識者以'見'爲'望'。白樂天效淵明詩,有云:'時傾一樽酒,坐望終南山',則流俗之失久矣。"黄侃《〈文選〉平點》本清代何焯之説,以爲"望字不誤。不望南山,何由知其佳耶? 無故改古以伸其謬見,此宋人之病也"。詩的結尾如前引兩詩一樣,又落在"真"字上。詩人一而再,再而三地論及"真"字,就因爲只有鄉間生活,才能保持本真。而這種本真又如《莊子》所説,得意而忘言。

由采菊東籬,引入第二首"秋菊有佳色,裛露掇其英"。裛,濕也。掇,拾也。此二句言露水尚濕時,採摘鮮花,泛之於酒。這樣的生活,會使詩人忘却塵世的煩惱。誠如潘岳《秋菊賦》所説"泛流英於清醴,似浮萍之隨波"。忘憂物,即秋菊美酒。"一觴雖獨進,杯盡壺自傾。"謂其一人獨飲。他在《雜詩》中説:"欲言無予和,揮杯勸孤影。"當然,詩人也會接待友朋來訪。如前引《宋書・陶潛傳》記載陶淵明"嘗九月九日無酒,出宅邊菊叢中坐久,值弘送酒至,即便就酌,醉而後歸。潛不解音聲,而畜素琴一張,無弦,每有酒適,輒撫弄以寄其意。貴賤造之者,有酒輒設,潛若先醉,便語客:我醉欲眠,卿可去"。其真率如此。"日入群動息,歸鳥趨林鳴"可以有兩種理解。就樂觀而言,這種日出而作,日入而息的生活,自然快意無比。當然也可以有另外的理解。曹植《贈白馬王彪》寫到自己歸藩的路上,與兄弟分別:"原野何蕭條,白日忽西匿。歸鳥赴喬林,翩翩屬羽翼。孤獸走索群,銜草不遑食。感物傷我懷,扶心長太息。"同樣是歸鳥,同樣是孤獸,心境不同,色彩迥異。從陶淵明的相關詩作來看,很難説陶淵明的心境完全是明快自懌的。儘管鄉間有這樣那樣的難處,但是詩人寧願"嘯傲東軒下,聊復得此生"。還是那句話,這裏有達生之樂,有自然之美。

《咏貧士》的寫作年代不易確定,從内容推斷應當作於晚年。詩云:

　　萬族各有托,孤雲獨無依。曖曖虛中滅,何時見餘輝。朝霞開宿霧,衆鳥相與飛。

　　遲遲出林翮,未夕復來歸。量力守故轍,豈不寒與飢。知音苟不存,已矣何所悲!

孤雲,比喻貧士孤苦無靠。詩人爲此感慨,儘管萬物有托,唯有孤雲漂泊流蕩,就像自己一樣。"曖曖虛中滅,何時見餘輝。"曖曖,昏暗貌,給人孤苦的聯想,貧士永無榮富之望。"朝霞開宿霧,衆鳥相與飛。遲遲出林翮,未夕復來歸。"當天空明朗,那些得志之人,如衆鳥結伴而飛的時候,只有貧士遲遲在後,早早而歸。"量力守故轍,豈不寒與飢"二句寫貧士量其微力,守其故跡,忍受飢寒。對於詩人來講,物質的貧困其實還不是最大的問題。"知音苟不存,已矣何所悲"則點出了困惑所在。誠如古詩所説,"不惜歌者苦,但傷知音稀"。《楚辭》也有這樣的感慨:"已矣,國無人兮莫我知。"屈原可以遠遊,那麼陶淵明的出路在哪裏? 由這最後一句,我們聯想到宋玉的《九辯》,感受到"貧士失職而志不平"的憤慨。

陶淵明《飲酒》二十首之四依然表現這樣一個主題:

> 棲棲失群鳥,日暮猶獨飛。徘徊無定止,夜夜聲轉悲。厲想思清遠,去來何依依。
> 因植孤生松,斂翮遙來歸。勁風無榮木,此蔭獨不衰。托身已得所,千載不相違。

失群鳥猶如孤雲,無依無靠。夕陽西下時分,同伴都已回到鳥巢,惟有自己徘徊無定,悲鳴不已。這裏,詩人强調的是“夜夜”聲悲,天天渴望,渴望走出黑暗,早日找到靠山。他想象著在空曠的原野上,失群鳥終於看到一株大樹,在狂風暴雨之後依然獨立于世,傲然挺拔。這給詩人帶來希望,似乎找到托身之所,可以得到勁松的庇護,千載相依,永不分離。在陶淵明的筆下,孤鳥、遊雲,是最常見的意象,看似自由,却將詩人内心的孤單感表達得淋漓盡致。

《讀〈山海經〉》共十三首,《文選》僅録一首:

> 孟夏草木長,繞屋樹扶疏。衆鳥欣有托,吾亦愛吾廬。既耕亦已種,時還讀我書。
> 窮巷隔深轍,頗回故人車。歡言酌春酒,摘我園中蔬。微雨從東來,好風與之俱。
> 泛覽周王傳,流觀山海圖。俯仰終宇宙,不樂復何如。

從第一首詩中可以知道,詩人所讀除《山海經》外,還有《穆天子傳》,由於讀史便生出許多的感慨,其中頗多借古咏今。這一首敘寫幽居耕讀的樂趣,以下十二首分別咏歎二書所記奇異事物。如第二首歌頌了精衛和刑天的堅强鬥爭精神,寄托著詩人慷慨不平的心情。魯迅先生説,陶淵明不僅有“采菊東籬下,悠然見南山”的飄逸静穆的一面,同時還有“刑天舞干戚,猛志故常在”的金剛怒目的另一面。由此可見,詩人的晚年,心情並不平静。儘管如此,他始終没有改變自己的選擇,以至終老。最後一首旁及齊桓公不聽管仲遺言,任用易牙、開方、豎刁,三人專權,繼而爲亂,桓公渴餒而死事,似乎是爲晉宋易代而發。這組詩有起有結,當是入宋以後同一時期的作品。

《擬古》一首的主旨是人生多變,榮樂無常:

> 日暮天無雲,春風扇微和。佳人美清夜,達曙酣且歌。歌竟長歎息,持此感人多。
> 明明雲間月,灼灼葉中花。豈無一時好,不久當如何?

春風吹拂,夕陽西下。佳人相伴,酣飲達旦。這本是一個多麼美好的夜晚,但是,歌竟而歎,樂極生悲。明月再好,鮮花再豔,也不過轉瞬即逝。

《歸去來兮辭》是陶淵明辭賦創作的代表。《文選》李善注僅節引小序。而宋本《陶淵明集》所引序較爲完整:

> 余家貧,耕植不足以自給。幼稚盈室,缾無儲粟。生生所資,未見其術。親故多勸余爲長吏。脱然有懷,求之靡途。會有四方之事,諸侯以惠愛爲德。家叔以余貧苦,遂見用爲小邑。于時風波未静,心憚遠役。彭澤去家百里,公田之利足以爲酒,故便求

之。及少日，眷然有歸歟之情，何則？質性自然，非矯勵所得。飢凍雖切，違己交病。嘗從人事，皆口腹自役。於是悵然慷慨，深愧平生之志。猶望一稔，當斂裳宵逝，尋程氏妹喪于武昌。情在駿奔，自免去職。仲秋至冬，在官八十餘日。因事順心，命篇曰《歸去來兮》。乙巳歲十一月也。

乙巳歲，爲晉安帝義熙元年（405）。由前引《始作鎮軍參軍經曲阿作》知道，陶淵明在上年，即安帝元興三年（404）入劉裕幕。這年三月，劉裕爲侍中、車騎將軍、都督中外諸軍事。四月，劉裕鎮京口，改授都督荆、司等十六州諸軍事，加領兗州刺史。八月，陶淵明爲彭澤縣令，在官八十餘日。至十一月，程氏妹喪于武昌，高調自免，作《歸去來兮辭》。從前引几首詩看，這幾年，陶淵明一直在當時的政治風雲的旋渦中周旋。桓玄、劉裕等都是當時的風雲人物，先後執掌大權。如果是一個略有心計的人，他會充分地利用這樣難得的機會逢迎附和，借機撈取政治資本。然而陶淵明依然如故，爲官僅八十餘日，便又挂冠歸隱，而且永遠地告別了官場。他這次所以出仕，又所以歸隱，在告別官場的《歸去來兮辭序》中交代得十分清晰："何則？質性自然，非矯勵所得。飢凍雖切，違己交病。嘗從人事，皆口腹自役。於是悵然慷慨，深愧平生之志。"他把官場視爲迷途，把歸返自然當作他實現平生之志的最佳選擇。他寫道：

歸去來兮，田園將蕪胡不歸！既自以心爲形役，奚惆悵而獨悲？悟已往之不諫，知來者之可追。寔迷途其未遠，覺今是而昨非。舟遙遙以輕颺，風飄飄而吹衣。問征夫以前路，恨晨光之熹微。乃瞻衡宇，載欣載奔。僮僕歡迎，稚子候門。三徑就荒，松菊猶存。攜幼入室，有酒盈罇。引壺觴以自酌，眄庭柯以怡顔。倚南窗以寄傲，審容膝之易安。園日涉以成趣，門雖設而常關。策扶老以流憩，時矯首而遐觀。雲無心以出岫，鳥倦飛而知還。景翳翳以將入，撫孤松而盤桓。歸去來兮，請息交以絶遊。世與我而相遺，復駕言兮焉求？悦親戚之情話，樂琴書以消憂。農人告余以春兮，將有事乎西疇。或命巾車，或棹孤舟。既窈窕以尋壑，亦崎嶇而經丘。木欣欣以向榮，泉涓涓而始流。善萬物之得時，感吾生之行休！已矣乎！寓形宇内復幾時，曷不委心任去留！胡爲遑遑欲何之？富貴非吾願，帝鄉不可期。懷良辰以孤往，或植杖而耘耔。登東皋以舒嘯，臨清流而賦詩。聊乘化以歸盡，樂夫天命復奚疑！

他説自己回到家鄉，是因爲田園荒蕪，更是因爲自己内心的荒蕪，内心爲外形所役使，悲亦何益，唯有歸返。"悟已往之不諫，知來者之可追"出自《論語》楚狂接輿所歌"往者不可諫，來者猶可追"。這次歸返，他抱定決心，絶不再入歧途。詩人乘著一葉輕舟，在落日的餘暉下踏上回家的路程。"舟遙遙以輕颺，風飄飄而吹衣。問征夫以前路，恨晨光之熹微。"熹微,日光漸暗。熹,通"熙"字。家鄉漸近,甚至連所居衡門屋室都看見了。詩人一路奔來,童僕、幼子正在家口恭候,家鄉的小路、松菊依然如故。家中雖然不很寬敞,但是足以容身。詩人靠著南窗,拿起酒壺,自飲自斟。再踱步院中,看到門扉常閉,也許很久沒有人來了。他舉頭四望,但見"雲無心以出岫,鳥倦飛而知還。景翳翳以將入,撫孤松而盤桓",停止不進的樣子,似乎也在與他相伴。只有回到這樣的情境,他才能真正回到自我。

以上是詩人在作品中所寫的第一層意思,重點在自然環境的優雅。詩人對於自己家園的遠近景物作了細微的描繪。本來,家中一切應當是最熟悉的了,這種新鮮的感覺,在一般的情況下似乎難以理解。但是,我們可以設身處地想一想,一個人,當他重新得到失去已久的珍愛東西時,儘管是非常熟悉的東西,他還會情不自禁地反復愛撫,百般欣賞。詩人不厭其煩地敘寫故里遠近景物,重溫溫馨的生活氣氛,正是剛剛脫離了樊籬的羈絆後的典型心態。從"悅親戚之情話,樂琴書以消憂。農人告余以春兮,將有事乎西疇"四句開始由外在環境寫到故里人情以及躬耕田園的勞作。有事,謂耕作。西疇,陶淵明所居之地。鄉間道路崎嶇,溝壑縱橫。這裏,林木欣欣,泉水涓涓。終老於此,委運大化,何必要惶惶不可終日地追求富貴呢?"已矣乎! 寓形宇內復幾時,曷不委心任去留! 胡為遑遑欲何之? 富貴非吾願,帝鄉不可期。"所表現的正是這種深刻的反思。

"懷良辰以孤往,或植杖而耘耔。登東皋以舒嘯,臨清流而賦詩"四句,正如《移居》第二首所寫:"春秋多佳日,登高賦新詩。過門更相呼,有酒斟酌之。農務各自歸,閒暇輒相思。相思則披衣,言笑無厭時。"而"聊乘化以歸盡,樂夫天命復奚疑"亦即《形·影·神》所寫:"縱浪大化中,不喜亦不懼。應盡便須盡,無復獨多慮。"不以物喜,不以己悲,一切悲歡離合,一切得失利弊,處之泰然。

陶淵明他把人生、把官場、把社會、把未來都完全看透了。所以在他的盛年,激流勇退,追求自身人格的完美。歷史上不乏像盧藏用那種走"終南捷徑"的假隱士,更不乏像陶弘景那樣"身在江湖,心懷魏闕"的所謂"山中宰相"。他們的歸隱是為了復出,以退為進,在骨子裏根本就沒有擺脫名利的羈絆。唯有陶淵明徹底地突破了千百年來困擾著無數士大夫的出處大關,在入世與出世這一根本問題上,他就再也不像《孟子》所標榜的那樣"達則兼濟天下,窮則獨善其身",完全處在一種極其被動、極其尷尬的兩難境地,而是勇敢地選擇了自己的生活道路。

這是詩人一生最重要的抉擇,儘管他放棄了自己早年的理想,轉向激流勇退,但這需要有過人的"勇",這是令人欽佩的"退"。他在大自然中終於找到了自己的生活位置,認識到了自己的長處與短處,體會到了一種難以言表的"自得之快"。

三、陶淵明的影響

詩人的晚年,物質生活已經相當困頓,但他依然不改其志。這並不是説詩人甘願受窮,甘願老死鄉間,永遠放棄自己的理想追求,他曾有過困惑,有過痛苦,也許有過悔意。我們讀讀他五十歲左右所寫的一組《雜詩》,便可以體味出詩人複雜的情感:

> 白日淪西阿,素月出東嶺。遥遥萬里輝,蕩蕩空中景。風來入房户,夜中枕席冷。
> 氣變悟時異,不眠知夕永。欲言無與和,揮杯勸孤影。日月擲人去,有志不獲騁。
> 念此懷悲悽,終曉不能静。

隱居在鄉間,他有過"采菊東籬下,悠然見南山"的怡然之情,同時,當他回首往事,又深感"日月擲人去,有志不獲騁",爲此他竟"終曉不能静"。看來,詩人到底還没有完全忘却塵世,他實在不甘心永遠作一個隱士。"氣變悟時異,不眠知夕永。欲言無與和,揮杯勸孤影"四句,以一片風清月朗的夜晚作爲背景,勾畫出一幅足以發人深思的詩的境界,從而使人宛見一個落漠惆悵、孤寂萬端的詩人形象。這個形象頗發人深思。追求自由,却又落入寂寞與無奈的境況中,這是詩人所始料不及的結局。如前所述,顔延之爲陶淵明作誄,就是希望人們不要忘記陶淵明。

詩人隱居家鄉,到了晚年,與外界的交往日益減少。因此,很多人認爲陶淵明在當時文學界的名聲不大,《宋書》把他列入《隱逸傳》,並未作爲大詩人看待。劉勰《文心雕龍》隻字未提陶淵明①。與劉勰同時稍後的鍾嶸在《詩品》中就將陶淵明列爲中品,且稱之爲古今隱逸詩人之宗。顔延之《陶徵士誄》説:"汲流舊巘,葺宇家林。晨烟暮靄,春煦秋蔭。陳書輟卷,置酒弦琴。居備勤儉,躬兼貧病。"而最能表現這種情境的莫過於他的《歸園田居》五首:

> 少無適俗韻,性本愛丘山。誤落塵網中,一去三十年。羈鳥戀舊林,池魚思故淵。
> 開荒南野際,守拙歸園田。方宅十餘畝,草屋八九間。榆柳蔭後簷,桃李羅堂前。
> 曖曖遠人村,依依虚里烟。狗吠深巷中,雞鳴桑樹巔。户庭無塵雜,虚室有餘閒。
> 久在樊籠裏,復得返自然。
>
> 野外罕人事,窮巷寡輪鞅。白日掩荆扉,虚室絶塵想。時復墟曲中,披草共來往。
> 相見無雜言,但道桑麻長。桑麻日已長,我土日已廣。常恐霜霰至,零落同草莽。

---

① 《文心雕龍·隱秀》一處提及陶淵明,但學術界認爲現存《隱秀》一篇爲後人所加,不足信。

種豆南山下,草盛豆苗稀。晨興理荒穢,帶月荷鋤歸。道狹草木長,夕露沾我衣。

衣沾不足惜,但使願無違。

劉宋後期,江淹創作《雜體詩》三十首,最早模擬了陶淵明的創作。表面上看似乎是模擬《歸園田詩》,但是又不僅限於此。所以題目叫《田園》,而不是《歸園田居》。詩曰:

種苗在東皋,苗生滿阡陌。雖有荷鋤倦,濁酒聊自適。日暮巾柴車,路闇光已夕。

歸人望烟火,稚子候簷隙。問君亦何爲? 百年會有役。但願桑麻成,蠶月得紡績。

素心正如此,開徑望三益。

前六句總體意境出自第三首。東皋,却出自《歸去來兮辭》“登東皋以舒嘯”,雖有荷鋤倦,出自“晨興理荒穢,帶月荷鋤歸”,而“濁酒聊自適”則出自《雜詩》“雖欲揮手歸,濁酒聊自持”。“歸人望烟火”出自第一首“曖曖遠人村,依依虛里烟。狗吠深巷中,雞鳴桑樹巔。户庭無塵雜,虛室有餘閒”的意境。而“稚子候簷隙”則出自《歸去來兮辭》“稚子候門”。“問君亦何爲? 百年會有役”又出自《飲酒》二十首之“問君何能爾,心遠地自偏”。有役,指勞役。陶淵明《夜行塗口詩》:“懷役不遑寐。”“但願桑麻成,蠶月得紡績”又出自第二首“相見無雜言,但道桑麻長”。“素心正如此,開徑望三益。”素心,本心,出自《卜居》所説“聞多素心人,樂與數晨夕”,三益,出自《論語》“益者三友,友直,友諒,友多聞,益矣”。可見,這首詩雖然題曰《田園》,實際涉及到陶淵明很多作品,後來一些選本如《詩淵》等不明就裏,將這首擬作誤作陶淵明的作品,可見類比神似。

　　從詩歌的貢獻而言,陶淵明以其描寫農村生活的優秀詩篇,在詩歌領域揭櫫出一種鮮明的創作典範,把山水田園作爲詩歌描寫的對象,平淡自然,意緒深遠,開啓後世田園詩派之先河,影響極爲久遠。清人沈德潛説:“陶詩胸次浩然,其中有一段淵深樸茂不可到處。唐人祖述者,王右丞有其清腴,孟山人有其閑遠,儲太祝有其樸實,韋左司有其沖和,柳儀曹有其峻潔,皆學焉而得其性之所近。”李白《月下獨酌》詩:“花間一壺酒,獨酌無相親。舉杯邀明月,對影成三人。”這與陶淵明詩“欲言無與和,揮杯勸孤影”如出一轍。白居易有《效陶潛體詩十六首》並在《題潯陽樓》詩中寫道:“常愛陶彭澤,文思何高玄。”類似這樣的例證,可以毫不誇張地説,在唐詩中俯拾皆是,不勝枚舉。

　　後世常以陶、謝並稱,在創作山水田園詩歌方面,陶淵明與謝靈運確實都有開拓之功;而且倆人生活的年代也比較接近,陶淵明卒于宋文帝元嘉四年,而謝靈運於元嘉十年被殺。他們所開啓的山水田園詩派同時登上詩壇,這一現象本身就很值得思考。不過,倆人也有明顯的區別,門第自有高下之分,政治追求也大相徑庭:謝靈運熱衷於政治,而陶淵明則正好相反。這姑且不論。就詩歌創作而言,倆人所表現出來的審美追求也頗不相同。謝靈運的詩歌已有明顯的駢偶色彩,有些小詩,如《玉臺新咏》所收的《東陽溪中贈答》二首,就已經接近了永明詩風,向近體詩邁進了一大步。而陶淵明的詩歌創作却與謝靈運大不相同,他的詩就象他本人一樣,與世無争,豪華落盡,古樸散淡,絕少潤飾,表現出濃重的古體詩風,似乎與近體詩無緣。但是,歷史還是大踏步地向前邁進了,像陶淵明那樣完全追求古樸詩風,似乎已經不合時宜,所以鍾嶸説他是古今隱逸詩人之宗,正是從這個方面著眼的。

蕭梁時代的蕭統,對於陶淵明的作品非常喜愛,最早編爲八卷,並作序,對於陶淵明的文學成就給予極高的評價:

夫自衒自媒者,士女之醜行;不忮不求者,明達之用心。是以聖人韜光,賢人遁世。其故何也? 含德之至,莫踰於道;親己之切,無重於身。故道存而身安,道亡而身害。處百齡之内,居一世之中,倏忽比之白駒,寄寓謂之逆旅,宜乎與大塊而榮枯,隨中和而任放,豈能戚戚勞於憂畏,汲汲役於人間。

齊謳趙女之娛,八珍九鼎之食,結駟連鑣之遊,侈袂執圭之貴,樂則樂矣,憂亦隨之。何倚伏之難量,亦慶吊之相及! 智者賢人居之,甚履薄冰;愚夫貪士競之,若泄尾閭。玉之在山,以見珍而招破;蘭之生谷,雖無人而猶芳。故莊周垂釣于濠,伯成躬耕於野,或貨海東之藥草,或紡江南之落毛。譬彼鴛雛,豈競鳶鴟之肉;憂斯雜縣,寧勞文仲之牲!

至如子常、寧喜之倫,蘇秦、衛鞅之匹,死之而不疑,甘之而不悔。主父僵言:生不五鼎食,死即五鼎烹。卒如其言,豈不痛哉! 又有楚子觀周,受折于孫滿;霍侯驂乘,禍起於負芒。饕餮之徒,其流甚衆。

唐堯四海之主,而有汾陽之心;子晉天下之儲,而有洛濱之志。輕之若脱屣,視之若鴻毛,而况於他乎! 是以至人達士,因以晦跡。或懷釐而謁帝,或被褐而負薪,鼓楫清潭,棄機漢曲。情不成於衆事,寄衆事以忘情者也。

有疑陶淵明詩篇篇有酒。吾觀其意不成酒,亦寄酒爲跡焉。其文章不群:詞采精拔,跌宕昭彰,獨超衆類,抑揚爽朗,莫之與京。橫素波而傍流,干青雲而直上。語時事則指而可想,論懷抱則曠而且真。加以貞志不休,安道苦節,不以躬耕爲恥,不以無財爲病,自非大賢篤志,與道汙隆,孰能如此乎!

余愛嗜其文,不能釋手,尚想其德,恨不同時。故兩加搜求,粗爲區目。白璧微瑕者,惟在《閒情》一賦,揚雄所謂勸百而諷一者,卒無諷諫,何必摇其筆端? 惜哉! 無是可也! 並粗點定其傳,編之於録。

嘗謂有能讀淵明之文者,馳競之情遣,鄙吝之意祛,貪夫可以廉,懦夫可以立,豈止仁義可蹈,亦乃爵禄可辭！不勞復傍游太華,遠求柱史,此亦有助於風教爾。

作者從兩個方面充分肯定陶淵明,第一是其文章不群:"詞采精拔,跌宕昭彰,獨超衆類,抑揚爽朗,莫之與京。横素波而傍流,干青雲而直上。語時事則指而可想,論懷抱則曠而且真。加以貞志不休,安道苦節,不以躬耕爲恥,不以無財爲病,自非大賢篤志,與道汙隆,孰能如此乎!"第二是其人品超衆:"能讀淵明之文者,馳競之情遣,鄙吝之意祛,貪夫可以廉,懦夫可以立,豈止仁義可蹈,亦乃爵禄可辭！不勞復傍游太華,遠求柱史,此亦有助於風教爾。"詩人在極其困頓的一生中始終保持著"不以躬耕爲恥,不以貧賤爲病"的操守,追求人格的完善,這就給後世知識分子樹立了一個不肯隨波逐流、不與黑暗勢力妥協的典範。李白的"安能摧眉折腰事權貴,使我不得開心顔",就明顯地受到了陶淵明不肯爲五斗米折腰的傲岸不群精神的巨大影響。

蕭統編輯《陶淵明集》問世后,先在南方流傳。東魏孝静帝興和二年(540)五月,東魏遣散騎常侍李象、邢昕聘梁。十二月,東魏遣散騎常侍崔長謙使於梁。同年,陽休之作爲副使也使梁。《北齊書·陽休之傳》載,此前,即魏孝武帝永熙三年(534),賀拔勝奔梁,陽休之隨之南奔,在江南生活了兩年。兩年後才北返抵鄴。陽休之在蕭統所編《陶淵明集》八卷本基礎上參合不同版本,編爲十卷。從此,《陶淵明集》主要有兩个版本系統,一是蕭統編輯的八卷本系統,二是陽休之編纂的十卷本系統。此外,唐宋著録還有五卷本、九卷本,只是篇目分合略有不同,而推終原始,皆始於《文選》。

[作者簡介]劉躍進:中國社會科學院文學研究所所長、研究員、博士生導師。

《文選》與選本學

胡 大 雷

提要：《文選》作爲總集或選本，爲選本學立下規範並留出發展空間。一是蕭統"以文衡"而不是"以人衡"的録文標准；二是《文選》"次文"的原創問題：文體、類型、人，既爲歷代選本所遵循，後世又以此開拓出以文體或類型"次文"的統録經、子、史、集的文章總集；三是《文選》編纂的作品取捨，促發人們對如何建立經典的思考；四是《文選》"略其蕪穢，集其清英"的編纂目的，引發各種實用性目的的選本的出現。上述四者可歸結爲選家的"公心"、選家的氣魄、選家的眼光、選家的現實關懷。

一、《文選》與總集、選本

什麽叫做"選本"？《隋書·經籍志》曰：

> 總集者，以建安之後，辭賦轉繁，衆家之集，日以滋廣，晉代摯虞，苦覽者之勞倦，於是采摘孔翠，芟剪繁蕪，自詩賦下，各爲條貫，合而編之，是爲《流別》。是後文集總鈔，作者繼軌，屬辭之士，以爲覃奧，而取則焉。①

所謂"采摘孔翠，芟剪繁蕪"，已是"選本"的意味，故一般來说，總集與選本的意思是一樣的。蕭統《文選》"取則"摯虞《文章流別集》，《藝文類聚序》"《流別》《文選》，專取其文"②，歐陽詢稱其爲承襲關係。陳衍《選編序》稱"自昭明《文選》行，文始有選"③，爲什麽這樣说？一是《文章流別集》已佚，後人能够見到的最早選本是《文選》了；二是《文選》給後世選本立下了規範，顧大韶《海虞文苑序》说：

> 昔者昭明之爲《文選》也，論世窮乎八代，取材極於九垓，囊括今古，包裹鴻細。然

---

① 《隋書·經籍志四》，中華書局 1973 年版，第 1089—1090 頁。
② 歐陽詢《藝文類聚》，上海古籍出版社 1982 年版，第 27 頁。
③ 陳衍撰，福建省文史研究館編《大江草堂二集》卷十二，江蘇廣陵古籍刻印社 1996 年版，第 74 頁。

後鑒之以神識，裁之以體格，辨之以源流，審之以聲韻。才累理者必去，疵間醇者必削，其用物也弘矣，其持法也嚴矣，故能繼六經而垂世，並二曜以經天也。①

即是此意。故明人王文禄曰："《昭明文選》，文統也，恢張經、子、史也。選文不法《文選》，豈文乎？"②後世的選本，多有從《文選》出發，至有甚者，如《直齋書録解題》卷一五所載《選詩》七卷即從"《文選》中録出别行，以人之時代爲次"③；又如元劉履編《風雅翼》，《四庫總目提要》稱之曰：

是編首爲《選詩補注》八卷，取《文選》各詩删補訓釋，大抵本之"五臣舊注"，曾原演義，而各斷以己意。次爲《選詩補遺》二卷，取古歌謡詞之散見於傳記、諸子，及樂府詩集者，選録四十二首，以補《文選》之闕。次爲《選詩續編》四卷，取唐、宋以來諸家詩詞之近古者一百五十九首，以爲"文選嗣音"。④

既有再選《文選》之詩，又有選録歷朝之詩，以《文選》爲法甚明。

本文從《文選》編纂的原創問題出發，討論《文選》給古代"選本學"立下怎樣的規範？歷代人們圍繞著《文選》給選本學提出並解決了哪些問題？這些問題是怎麼樣發展了中國古代選本學？求教大方之家。

二、選文"以文衡"還是"以人衡"

人們討論《文選》的編纂者時，往往提出劉孝綽的參與。劉孝綽平時最爲蕭統所推重，《梁書》《南史》都有記載。《文鏡秘府論·南卷·集論》："或曰：晚代銓文者多矣，至如梁昭明太子蕭統與劉孝綽等撰集《文選》，自謂畢乎天地，懸諸日月。"⑤《玉海》卷五十四《藝文·總集文章》引《中興書目》原注："與何遜，劉孝綽等選集。"⑥史書記載了這樣一件事：劉孝綽和到溉、到洽兄弟有怨隙，劉峻（孝標）寫過一篇《廣絶交論》諷刺任昉門下之士忘恩，即影射到氏兄弟。到溉見到此文，憤恨不已，投之於地，而劉孝綽與諸弟却特别欣賞此文，相互寫信稱贊。《廣絶交論》李善注引劉璠《梁典》載："劉峻見任昉諸子西華兄弟等，流離不能自振，生平舊交，莫有收恤。西華冬月著葛布帔，練裙。路逢峻，峻泫然矜之。乃廣朱公叔《絶

① 顧大韶《炳燭齋稿》，沈乃文主編《明别集叢刊》第五輯第24册，黄山書社2015年版，第206頁。
② 王文禄《文脈》卷一，《四庫存目叢書》集部417册，齊魯書社1997年版，第103頁下。
③ 陳振孫《直齋書録解題》卷十五，上海古籍出版社1987年版，第451頁。
④ 永瑢《四庫全書總目》集部四十一，中華書局1965年版，第1711頁下。
⑤ 王利器《文鏡秘府論校注》，中國社會科學出版社1983年版，第354頁。
⑥ 王應麟《玉海》，《景印文淵閣四庫全書》第944册，上海古籍出版社1987年版，第437頁。

交論》。到溉見其論,抵幾於地,終身恨之。"①於是人們稱:《文選》選入《廣絕交論》,可能是劉孝綽在到洽亡後,利用參與編輯工作的機會私自收錄進去的。因爲蕭統對劉孝綽和到溉、到洽兄弟之間的怨隙,采取的是"和"的方式,史載:"孝綽諸弟,時隨藩皆在荆、雍,乃與書論共洽不平者十事,其辭皆鄙詆到氏。又寫別本封呈東宫,昭明太子命焚之,不開視也。"②蕭統是不會把攻擊到溉、到洽兄弟的文章收錄進《文選》的。

於是就出現了這樣一個問題:選本編纂作品,以什麼爲標准? 唐代的選本編纂對此就很注意。殷璠《河嶽英靈集敘》曰:"且大同至於天寶,把筆者近千人,除勢要及賄賂者,中間灼然可尚者,五分無二,豈得逢詩輒贊,往往盈帙?"殷璠稱中大通三年(531)蕭統逝世後的梁大同年間到唐的天寶年間,詩歌作者近千人,除去"勢要"者與花錢買作品的那些人,"灼然可尚者,五分無二",但這些作品"豈得逢詩輒贊,往往盈帙";於是他提出:"如名不副實,才不合道,縱權壓梁、竇,終無取焉。"稱自己要堅持原則,看作品之"實"、論作者之"才",並特別提出不管作者的官位大小。他又稱自己爲什麼要這樣做:"蓋身後立節,當無詭隨,其應詮揀不精,玉石相混,致令衆口銷鑠,爲知音所痛。"③即不能因爲"詮揀不精,玉石相混"而讓自己在後世受到批評。晚唐鄭谷《讀前集二首》其一稱賞殷璠曰:

殷璠裁鑒《英靈集》,頗覺同才得契深。何事後來高仲武,品題《間氣》未公心。④

並批評高仲武《中興間氣集》選錄詩作時的"品題"不出於"公心"。

後世選集選錄作品是否出於"公心"的例子,正反兩方面都有。正面的如:顧陶《唐詩類選自序》説"終恨見之不遍,無慮選之不公"。顧陶《唐詩類選後序》亦稱自己選詩"不懼勢逼,不爲利遷,知我以類選起序者天也",是出於公心的。這些表白,恐怕都是由於有人攻擊選詩有所"不公"而來。反面的如《舊唐書·裴潾傳》載:

（大和）七年,（裴潾）遷左散騎常侍,充集賢殿學士。集歷代文章,續梁昭明太子《文選》,成三十卷,目曰《大和通選》,並音義、目錄一卷,上之。當時文士,非素與潾遊者,其文章少在其選,時論咸薄之。⑤

《舊唐書》亦載:"集賢學士裴潾撰《通選》三十卷,以擬昭明太子《文選》。潾所取偏僻,不爲時論所稱。"又,唐芮挺章《國秀集》錄自己的作品;又有所錄作者樓穎作序,《四庫總目提要》批評而曰其爲"陋":"考梁昭明太子撰《文選》,以何遜猶在,不錄其詩,蓋欲杜絶世情,

---

① 蕭統編,李善注《文選》,中華書局 1977 年版,第 754 頁下。
②《梁書·劉孝綽傳》,中華書局 1973 年版,第 481 頁。
③ 董誥等編《全唐文》卷四百三十六,中華書局 1983 年版,第 4453 頁上。
④ 鄭谷《鄭守愚文集》卷三,《四部叢刊續編》第 123 册,臺北:新文豐出版公司 1989 年版,第 769 頁上。
⑤《舊唐書》卷一七一,中華書局 1975 年版,第 4449 頁。

用彰公道;今挺章與穎,一則以見存之人采録其詩,一則以選己之詩爲之作序,後來互相標榜之風,已萌於此。知明人詩社錮習,其來有漸,非一朝一夕之故矣。"①

葉燮《選家説》:

> 古文辭賦之有選也,自梁昭明始。昭明之《選》,其去取雖或未盡當,後人有訾之者,然其出乎一己之成見,初非有所附會。從實而不從名,而不以名假實。夫自周秦下逮蕭梁,操觚之家當以萬計,昭明不求諸人而求諸文,因文以見人,而人可屈指數,文亦可屈指數,後世亦未嘗譏其不備也。自後唐宋人亦皆有選,率就文言文,未嘗於文之外別有所騖也。竊怪近今之選家則不然,名爲"文選",而實則人選。文選一律也,人選則不一律也。或以趨附,或以希求,或以應酬交際,其選以人衡,何暇以文衡乎? 不以文衡,於是文章多棄人,天下多棄文矣。……吾願選古之家,自不能效法聖人,其亦不失梁昭明之意,斯亦可矣。②

意思是説,選録什麼作品,或出於眼光的高低,但《文選》並非《詩品序》所説如"謝客集詩,逢詩輒取;張隱《文士》,逢文即書"③,還是有標准的,即"以文衡"而不是"以人衡",這就是出於"公心",這就是昭明太子爲選家定出的規矩。

三、編次與選本録經、子、史、集文章

《文選序》曰:"凡次文之體,各以彙聚。詩賦體既不一,又以類分。類分之中,各以時代相次。"蕭統提出了"次文"的原創問題:一是文體,二是類型,三是人,"各以時代相次"説的是作品,實際要落實到作家。

選本"次文"以文體有所來自。從史書所載録看,《漢書》所載:或録篇題,或録篇數,録文體只突出辭賦,如《司馬相如傳》:"相如它所著,若《遺平陵侯書》、《與五公子相難》、《中木書篇》,不采,采其尤著公卿者云。"④又如《嚴助傳》:"有奇異,輒使爲文,及作賦頌數十篇。"⑤而《後漢書》則篇題、各種文體俱重,如《蔡邕傳》載:"所著詩、賦、碑、誄、銘、贊、連珠、箴、吊、論議、《獨斷》、《勸學》、《釋悔》、《敘樂》、《女訓》、《篆藝》、祝文、章表、書記,凡四百

① 永瑢《四庫全書總目》集部三十九,第 1688 頁中下。
② 葉燮《已畦文集》卷三,《叢書集成續編》第 124 册,上海書店 1994 年版,第 669—670 頁。
③ 曹旭《詩品集注》,上海古籍出版社 1994 年版,第 186 頁。
④《漢書》,中華書局 1962 年版,第 2609 頁。
⑤《漢書》,第 2790 頁。

篇,傳於世。"①從文論家的文體論述看,有曹丕《典論·論文》、陸機《文賦》等;從文章選本看,已有《文章流別論》"導夫先路"。

選本"次文"以類型有所來自。或來自別集編纂,清人張澍曰:"陳壽《進(諸葛亮)集表》有云:'删除複重,隨類相從。'知二十四篇乃是總目,其詔、表、疏、議、書、教、戒、令、論、記、碑、箋,各以事類相附,不以文體次比也②。詩以"類"相分,或受到樂府分類的啓發。漢末蔡邕《樂意》稱"漢樂四品",一曰《大予樂》,二曰《周頌》雅樂,三曰《黃門鼓吹》等③。樂府的分類,本多以音樂曲調的不同分類,但蔡邕此處又強調其作用及内容的不同並以之分類。《文選》的詩歌分類,還受到類書編纂的影響,曹丕"又使諸儒撰集經傳,隨類相從,凡千餘篇,號曰《皇覽》"④。

唐人選唐詩則多以人爲單位,如:《篋中集》、《河嶽英靈集》、《國秀集》、《御覽詩》、《中興間氣集》、《極玄集》、《又玄集》、《才調集》等。對《搜玉小集》以作品爲單位,《四庫總目提要》批評説:"既不以人敘,又不以體分,編次參差,重出疊見,莫能得其體例。"⑤

前人多稱《文選》編次之例,如《文苑英華》,《四庫總目提要》稱:"此書所録,則起於梁末,蓋即以上續《文選》,其分類編輯,體例亦略相同,而門目更爲煩碎,則後來文體日增,非舊目所能括也。"⑥《成都文類》,《四庫總目提要》稱:"凡一千篇有奇,分爲十有一門,各以文體相從,故曰《文類》。每類之中,又各有子目,頗傷繁碎。然《昭明文選》已創是例,宋人編杜甫、蘇軾詩,亦往往如斯,當時風尚使然,不足怪也。"⑦

《文選》作爲選本之祖,不僅僅在"次文"之"例"方面提出表率,更重要的是給後代提出了具有啓發性的問題:《文選》不録經、子、史、語的文字,後代選本怎麽辦?選本不録經、子、史、語的文字要達到一個什麽目的,《文選》作出了答案;選本要録經、子、史、語的文字,這是後代要超越《文選》之處,但這又要達到一個什麽目的?

選本學發展的方向是:以《文選》的編次之例,合理合法地實現以文體、以類型"次文"的文章一統,實現以文體、以類型爲核心的文章譜系,即選本應根據需要把經、子、史、語的作品也收録進來。"文章的分體與歸類是文體學的重要内容"⑧,也是選本學的重要内容,以下

①《後漢書》,中華書局 1965 年版,第 2007 頁。
②《諸葛亮集》"卷首",中華書局 1960 年版,第 23 頁。
③《全後漢文》卷七十,嚴可均《全上古三代秦漢三國六朝文》,中華書局 1958 年版,第 859 頁下。
④《三國志·文帝紀》,中華書局 1982 年版,第 88 頁。
⑤ 永瑢《四庫全書總目》集部三十九,第 1691 頁中。
⑥ 永瑢《四庫全書總目》集部三十九,第 1691 頁下。
⑦ 永瑢《四庫全書總目》集部四十,第 1699 頁上中。
⑧《論〈四庫全書〉的文體學思想》,吳承學《中國古代文體學研究》,人民出版社 2011 年版,第 436 頁。

分析《文選》開創的分體與歸類，是如何又開創了選本學的新局面的。

　　一是以文體爲標准再造文章。再造文章，本是《文選》編纂的傳統，如《文選》卷四十二曹植《與吳季重書》，據李善注，可知是兩封信合成的。① 這是同一文體的合併。《文選》卷四十任昉《奏彈劉整》，李善注云："昭明刪此文大略，故詳引之，令與《彈》相應也。"②李善注是恢復《奏彈劉整》的原貌，而《文選》是把本爲"筆"的《奏彈劉整》改造成爲"文"的《奏彈劉整》，這是由某一文體改造爲另一文體。由《文選》的文體改造出發，歷代選本對經、子、史、語進行文體再造，令其成爲合乎"篇章""篇什""篇翰"的文體文章而入集，即錢鍾書云："古人選本之精審者，亦每改削篇什。"③如呂祖謙《左傳博議》"隨事立義"，"剪截"《左傳》片段爲文章而入集。又有"經"的進入總集。明孫鑛（號月峰）有《孫月峰評經》十六卷，有《詩經》四卷、《書經》六卷、《禮記》六卷，非論《詩經》等整體而論其篇章，四庫館臣批評説"經本不可以文論"④。《文選》有曹丕《典論》之《論文》入總集，這是子書以"篇"的身份入總集的例子。而經、子的入集，往往以篇、章爲名，如《孟子》的《齊桓晉文之事章》、《莊子》的《逍遙遊篇》，曾爲真德秀賓客的湯漢，其總集《妙絶古今》，卷一選摘《左氏》、《國語》、《孫子》、《列子》、《莊子》、《荀子》文字，卷二選摘《國策》、《史記》、《淮南子》的文字。如此的截取與合併以再造文章，是有意識的，從曾國藩《經史百家雜鈔》之"鈔"，就知其特別的意味，即一定要經過選録以再造文章，才能進入選本。

　　二是以類型爲標准再造文章。宋代真德秀《文章正宗》，開創以"歸類"進行總集編纂⑤，他以功能把文體歸類爲辭令、議論、敘事、詩歌四大類。《左傳》《史記》的文字，憑什麽進入選本？就是因爲其某些部分的文字是"敘事"的；真德秀《文章正宗》"敘事"首列《敘隱桓嫡庶本末》，即是某一"紀事本末"的片段，其篇名則是編纂者所定。《文章正宗》破《史記》以"人"爲單位的"記事"，節録爲以"事"爲單位者，篇題爲"敘某某"如《敘項羽救鉅鹿》、《敘劉項會鴻門》。又如其《屈原傳》拆《史記》合傳整篇而單録一人，且刪略了原文所録屈原的《懷沙之賦》以及篇末的"太史公曰"等。湯漢《妙絶古今》，其録諸子之文，從《孫子》、《列子》、《莊子》、《荀子》、《淮南子》選摘文章，並不依諸子之書中原有的篇章，選摘文章也没有題目，而是以"妙絶"爲標准選摘一個個片段；原因就是"妙絶"成爲文體的某一"歸類"。明賀復徵《文章辨體彙選》，其記體收録《周禮·考工記》的文字，就是因爲有文體

① 蕭統編，李善注《文選》，第 595 頁下。
② 蕭統編，李善注《文選》，第 561 頁上。
③ 錢鍾書《管錐篇》第 3 册，中華書局 1979 年版，第 1067 頁。
④ 永瑢等《四庫全書總目》，第 282 頁下—283 頁上。
⑤ 吳承學稱《文章正宗》開創了歸類學的總集傳統。見吳承學《中國古代文體學研究》，第 340 頁。

歸類的"記"。文體學家讓"經"的文字放下身段,進入文體譜系。

經、史、子的文字進入文體譜系,雖然也是以文體的身份進入文體譜系,但顯示的是其文體功能,它們是經過改造才具備文體形式的。進而有了"經、史、子、集"爲文體"歸類"的總集。南北朝時顏之推提出文章"原出《五經》",這是歸類於"五經"的文體譜系,明黃佐《六藝流別》,把古代文體分別繫於《詩》、《書》、《禮》、《樂》、《春秋》、《易》六經之下,四庫館臣稱"是書大旨以六藝之源皆出於經,因采摭漢、魏以下詩文,悉以六經統之"①,"首次以選本建構文本六經的譜系"②。明陳仁錫編《古文彙編》,以經、史、子、集分部。又有曾國藩《經史百家雜鈔》之類的新型總集,即涵括經、史、子、集四部,經、史、子三類的文字,約占全書四分之一的分量,又把所錄文章"歸類"爲著述、告語、記載三門,下分爲十一類文體,這是超越傳統集部的總集,這也是超越傳統的文體譜系。又如以人爲單位的文章歸類,如《古文觀止》,等。

《文選》以文體、類型爲標准的選本"次文",對選本學的意義,在於選本也可以構築文章大一統的局面。

四、選本編纂的取捨與經典的建立

晚清著名石刻學者葉昌熾《語石》卷四"詩文一則"云:"余所見石刻賦,惟樓異《嵩山三十六峰賦》,僧曇潛書(建中靖國元年),筆意逼肖長公。易被《真仙岩賦》,在融縣。梁安世《乳床賦》,在臨桂之龍隱岩,並皆佳妙。此三人皆無集行世,賦選亦不收,賴石刻以傳耳。"③文章賴石刻以流傳,是特殊的例子,文章能否流傳,重要的是入集,入集才可以有以後成爲經典的可能性。如《四庫總目提要》稱:《古文苑》,"其真僞蓋莫得而明也","然唐以前散佚之文,間賴是書以傳,故前人多著於錄,亦過而存之之意歟"④;《江湖小集》:"南渡後詩家姓氏,不顯者多,賴是書以傳,其摭拾之功亦不可没也。"⑤

後代文論家往往挑剔選家的眼光,如元兢《古今詩人秀句序》稱《文選》:"然於取捨,非無舛謬。方因秀句,且以五言論之。至如王中書'霜氣下孟津'及'遊禽暮知返',前篇則使

---

① 永瑢等《四庫全書總目》集部四十五,第 1746 頁上。

② 吳承學《中國古代文體學研究》,第 392 頁。

③ 葉昌熾撰,柯昌泗評《語石·語石異同評》,中華書局 1994 年版,第 222 頁。

④ 永瑢等《四庫全書總目》集部三十九,第 1691 頁中下。

⑤ 永瑢等《四庫全書總目》集部四十,第 1701 頁中下。

氣飛動,後篇則緣情宛密,可謂五言之警策,六義之眉首。棄而不紀,未見其得。"①

如蘇軾稱《文選》:"如李陵、蘇武五言,皆偽而不能去。觀《淵明集》,可喜者甚多,而獨取數首。以知其餘人忽遺者甚多矣!""李陵、蘇武贈別長安,而詩有'江漢'之語,乃陵與蘇武書,詞句儇淺,正齊梁小兒所作,決非西漢文,而(蕭)統不悟,劉子玄獨知之。"②這是説李陵、蘇武五言詩皆爲僞托,而蕭統不能識。

黃子雲《野鴻詩的》:"昭明材本平庸,詩亦闇劣,觀其選本,多所未協。如機、雲兄弟,休文、安仁之徒,警策者絶少,而采録幾無遺漏;若文姬《悲憤》、太沖《嬌女》諸篇,反棄而不取。具識力者,自必有定論。故云子美'精熟文選理',精者,明察之謂。"③

清趙紹祖《消暑録》則稱《文選》贅選:"第既取《兩都》,則《兩京》《兩京》《三都》可以從略,然猶曰以備地志也。至'七'與'連珠'等,但取一以備體足矣。'符命'取《封禪》《典引》而並及《劇秦美新》,則真贅矣。"④

對《文選》的最大疑問,就是稱其未選後代成爲經典者——《蘭亭集序》。宋代時,《蘭亭集序》已爲經典,於是有《文選》不録之疑。或謂《蘭亭集序》受後人重視本非文章華妙而以其書法;或謂由於"絲竹管弦"、"天朗氣清"爲語病,此就文詞而談者;實際上爲什麼不録?有一個社會風尚的問題。或謂南朝人從文學上鄙視涉及玄學的文章、詩歌,如檀道鸞《續晉陽秋》、沈約《宋書·謝靈運傳論》、劉勰《文心雕龍·時序》、蕭子顯《南齊書·文學傳論》、鍾嶸《詩品序》等,蕭統的觀念亦是如此,今存"蘭亭詩"甚多,但《文選》一首未録。

不管怎麼説,蕭統的視野所在,其所謂"略其蕪穢,集其清英"就是明證,要讓選本之作成爲經典。而蕭統《文選》作品的經典化之路,也有其特殊性,即所謂開宗之作,人稱其收録的漢代作品,"非漢之撰,乃漢之宗。《兩都》以下漢氏乃獨有其麗賦,《十九首》、蘇李以下漢氏乃獨有其古詩,《過秦》以下獨有其論,《出師》以下獨有其表,《逐客》以下獨有其書,《封禪》以下獨有其符瑞。其他《客難》《蜀檄》《七發》《連珠》者流,咸各自立規繩,不摹往匠。後者遼而莫追,前者曠若無始。《選》之必傳,此其故歟!"⑤

後代的選本只有在精挑細選上下功夫,館臣稱唐元結編《篋中集》曰:"其詩皆淳古淡泊,絶去雕飾,非惟與當時作者門徑迥殊,即七人所作見於他集者,亦不及此集之精善,蓋汰

① 王利器《文鏡秘府論校注》,第354頁。
② 蘇軾《蘇東坡文集》卷六十七、四十九,中華書局1986年版,第2093、1429頁。
③ 黃子雲《野鴻詩的》,《續修四庫全書》第1701冊,上海古籍出版社2002年版,第192頁下。
④ 趙紹祖《消暑録》,《續修四庫全書》第1161冊,第114頁上。
⑤ 沈懋孝《長水先生文鈔·淇林館雜鈔》,《四庫禁毀書叢刊》集部第159冊,北京出版社1997年版,第95頁上。

取精華,百中存一。"①又如唐姚合編《極玄集》自序:"此皆詩家射雕手也,合於衆集中更選其極玄者,庶免後來之非。"②館臣稱《極玄集》曰:"然選録是集,乃特有鑒裁,所取王維至戴叔倫二十一人之詩,凡一百首,今存者凡九十九,合自稱爲皆詩家射雕手,亦非虛語。"③明沈懋孝《選詩鈔序》:"余既選《選》文矣,復選《選》詩,合之稱《選鈔》焉。"④

五、編纂目的與選本的實用性

爲什麼編纂選本? 各有其目的。《隋書·經籍志四》對《文章流别集》的產生,只是説"總集者,以建安之後,辭賦轉繁,衆家之集,日以滋廣,晉代摯虞苦覽者之勞倦,於是采摘孔翠,芟剪繁蕪";是爲了閲讀的方便。《晉書·摯虞傳》介紹説:"(摯虞)又撰古文章,類聚區分爲三十卷,名曰《流别集》,各爲之論,辭理愜當,爲世所重。"名爲"流别",把古來文章"類聚區分",其編撰目的就是以示源流,其編撰方法亦是如此,與編撰目的是重合的。

到《文選》時,情況不一樣了,《文選序》論選録作品時稱"略其蕪穢,集其清英",就是把歷代有所定論的優秀作品集合起來。這也就是《文選序》在論各類體制的文章時説:"譬陶匏異器,並爲入耳之娱;黼黻不同,俱爲悦目之翫。"所以其強調作品的"蓋踵其事而增華,變其本而加厲,物既有之,文亦宜然,隨時變改,難可詳悉。"所以明陳衍《選編序》稱:"自昭明《文選》行,文始有選。而《文選》所載專取鉅麗爲主,非鉅麗者,雖工不録,一時之習尚也。"⑤稱選本編纂目的與社會風尚、時代崇尚保持著緊密的關係。

蕭統的編纂觀與其創作觀略有不同。蕭統《答湘東王求文集及〈詩苑英華〉書》談到自己創作的理想文風:

> 夫文典則累野,麗亦傷浮,能麗而不浮,典而不野,文質彬彬,有君子之致。吾嘗欲爲之,但恨未逮耳。⑥

總括而言,蕭統視"文質彬彬"爲自己的創作理想,稱自己的文學創作對此非常向往。但不能把它等同於其編纂宗旨,這就是《金樓子》卷四《立言上》講選本編纂如何處理"昔之所

---

① 永瑢等《四庫全書總目》集部三十九,第 1688 頁。
②《唐人選唐詩十種》,上海古籍出版社 1978 年版,第 318 頁。
③ 永瑢等《四庫全書總目》集部三十九,第 1689 頁下。
④ 沈懋孝《長水先生文鈔·淇林館雜鈔》,《四庫禁毀書叢刊》集部第 159 册,第 97 頁上。
⑤ 陳衍撰,福建省文史研究館編《大江草堂二集》卷十二,第 74 頁。
⑥ 俞紹初《昭明太子集校注》,中州古籍出版社 2001 年版,第 155 頁。

重,今反輕;今之所重,古之所賤"的問題①。所以,當討論選家的編纂理想時,既要看到其與創作理想的關係,又不能等同其創作理想。

人們繼承著蕭統的編纂觀,編纂選本,各有鵠的。高仲武《中興間氣集序》稱:"暨乎梁昭明,載述以往,撰集者數家,推其風流,正聲最備。"而"其餘著録,或未至焉",所謂"《英華》失於浮淺,《玉臺》陷於淫靡,《珠英》但紀朝士,《丹陽》止録吴人",就是由於"曲學專門",即爲了某一專門目的,所以"何暇兼包衆善",故"使夫大雅君子,所以對卷而長歎也"②。從經典的建立來説是不足,而從選本編纂來説,無可厚非。其中尤其要説一下《玉臺新咏》,它是爲宫中婦女提供的讀物,要把《玉臺新咏》編成一部具有女性題材總成性質的選本,所謂"宫體",所謂"豔詩"。《玉臺新咏序》云:"但往世名篇,當今巧制,分諸麟閣,散在鴻都。不藉連章,無由披覽。於是然脂暝寫,弄墨晨書,選録豔歌,凡爲十卷。"③唐代劉肅《大唐新語·方正》這樣評價《玉臺新咏》:"梁簡文帝爲太子,好作豔詩,境内化之,浸以成俗,謂之宫體。晚年改作,追之不及,乃令徐陵撰《玉臺集》,以大其體。"④

又如宋姚鉉編《唐文粹》,《四庫總目提要》稱:"是編文賦惟取古體,而四六之文不録;詩歌亦惟取古體,而五七言近體不録。""則鉉非不究心於聲律者,蓋詩文儷偶,皆莫盛於唐。盛極而衰,流爲俗體,亦莫雜於唐。鉉欲力挽其末流,故其體例如是。於歐、梅未出以前,毅然矯五代之弊,與穆修、柳開相應者,實自鉉始。"⑤

後世選本,雖然亦多觀賞目的,但往往又有其他實用目的,如爲了科舉考試、爲了作文學習而編纂選本。姚鉉《唐文粹序》自稱:編纂"古文"入總集,"蓋資新進後生千名求試者之急用爾"⑥;尤爲突出者如吕祖謙,其自序編纂《左氏博議》的目的,"爲諸生課試之作","談餘語隙,波及課試之文,予思有以佐其筆端,乃取左氏書理亂得失之跡,疏其説於下"⑦。真德秀《文章正宗·綱目》稱"獨取《左氏》、《史》、《漢》敘事之有可喜者,與後世記、序、傳、志之典則簡嚴者","以爲作文之式"⑧。"作文之式"最可講究的就是義法、篇法、章法等,所謂"言有序"⑨,其意思是指文章的組織結構。此處又突出所選文中的經典性、典範性,非此

---

① 許逸民《金樓子校箋》,中華書局 2011 年版,第 852 頁。
②《唐人選唐詩十種》,第 302 頁。
③ 徐陵編《玉臺新咏》,明小宛堂覆宋本,人民文學出版社 2010 年版,第 2 頁。
④ 劉肅撰,許德楠、李鼎霞點校《大唐新語》,中華書局 1984 年版,第 42 頁。
⑤ 永瑢等《四庫全書總目》集部三十九,第 1692 頁下。
⑥ 姚鉉《唐文粹》,《四部叢刊初編》第 1937 册,上海書店 1989 年版,第 3 頁。
⑦ 吕祖謙《東萊先生左氏博議》,《叢書集成初編》,中華書局 1985 年版,第 1 頁。
⑧ 真德秀《文章正宗》,《景印文淵閣四庫全書》第 1355 册,第 6 頁。
⑨《周易正義》,《周易·艮》爻辭:"艮其輔,言有序,悔亡。"《十三經注疏》,第 63 頁上。

則不能實現其特殊目的。

　　《四庫總目提要》對諸選本的各種目的有所闡述,其稱呂祖謙編《古文關鍵》:"取韓愈、柳宗元、歐陽修、曾鞏、蘇洵、蘇軾、張耒之文,凡六十餘篇,各標舉其命意布局之處,示學者以門徑,故謂之'關鍵'。卷首冠以總論看文、作文之法。"①其稱真德秀編《文章正宗》:"其持論甚嚴;大意主於論理,而不論文。"②其稱宋樓昉撰《崇古文訣》:"陳振孫《書錄解題》,稱其大略如呂氏《關鍵》,而所録自秦、漢而下至於宋朝,篇目增多,發明尤精,學者便之。"③其稱元方回撰《瀛奎律髓》:"是書兼選唐、宋二代之詩,分四十九類,所録皆五、七言近體,故名律髓。"④

　　所以,自《文選》以來,選本經歷著從觀賞向諸多明確目的的轉換,盡管有著諸多的轉換,選本應該具有觀賞性、典範性,這還是第一位的,各種編纂目的的視野範圍之內,都有觀賞性、典範性的作品。

六、餘論

　　上述所論都指向選家。選本的"以文衡",即就該作品具有成爲經典的可能而言的;指向選家是否出於"公心",講選家的人品。選本的編次,雖説是"次文"的技術問題,最終指向選本構築爲文章的一統局面,關係到選本是面向集部呢還是面向經、史、子部,選本能否以集部來一統經、史、子、集的文章;更是選家對待集部文字的態度,更是選家的氣魄,有無以集部的文體、類型來統攝文字作品。選本編纂的取捨,與日後經典的建立相聯繫,關係到選家的眼光,就是今日的選家的眼光,是否具有長久的價值? 編纂目的與選本的實用性,涉及到選本編纂的現實目的問題,選家是爲什麽來編纂選集的,是選家的現實關懷! 這些,《文選》都給後世做出了表率,或給後世提出了有益的啓示。

[作者簡介]胡大雷:廣西師範大學文學院教授、博士生導師。

① 永瑢等《四庫全書總目》集部四十,第 1699 頁上。
② 永瑢等《四庫全書總目》集部四十,第 1699 頁中。
③ 永瑢等《四庫全書總目》集部四十,第 1699 頁下。
④ 永瑢等《四庫全書總目》集部四十一,第 1707 頁上。

李善注引《毛詩》考異十則

金 少 華

提要：初唐時期撰作的《文選》李善注所依據的《毛詩》與宋元以後刻本差異不小，如刻本《毛詩序》"厚人倫"、《周南·漢廣》"言刈其楚"、《衛風·氓》毛傳"帷裳，婦人之車也"及鄭箋"幃裳，童容也"、《唐風·無衣》毛傳"燠，暖也"、《豳風·東山》"親結其縭"、《小雅·出車》毛傳"央央，鮮明也"、《小雅·采芑》毛傳"奭，赤貌"、《小雅·巧言》毛傳"涵，容也"、《大雅·皇矣》鄭箋"勤施無私曰類""賞慶刑威曰君"、《周頌·良耜》"其崇如墉"等諸條，李善所引皆有異文（此據古抄本《文選集注》殘卷）。仔細辨析上舉條目的異文，可以校訂刻本《毛詩》的得失，抉發《文選》李善注的考證價值。

　　《毛詩》在流傳過程中，由於師傳不同，或傳抄訛誤，不可避免地產生了大量異文①。保存在唐以前類書、古書注釋中的異文，因去古未遠，存古較多，常被清代以來的學者援以校訂刻本《毛詩》之得失。其中撰作於初唐時期的《文選》李善注，徵引《毛詩》一萬餘條，異文甚夥，尤稱考證之淵藪。

　　不過傳世刻本《文選》屢經後人竄易，所存李善注已失舊觀，難以盡信，《毛詩》引文的質量遠遜於日本藏古抄本《文選集注》殘卷，故今據《集注》探討傳本《毛詩》與李善注引文的同異，庶收事半功倍之效。

　　爲避繁瑣，本文所引《毛詩》經文、傳箋，皆據阮元校刻本《附釋音毛詩注疏》，不作彙校式的考證，特此説明。

　　1. 王融《三月三日曲水詩序》"協律總章之司，序倫正俗"注："《毛詩序》曰：先王以是<u>序</u>人倫，美教化，移風俗。"

　　《毛詩序》："先王以是經夫婦，成孝敬，<u>厚</u>人倫，美教化，移風俗。"

---

① 許建平《試論法藏敦煌〈毛詩音〉寫卷的文獻價值》，《敦煌經學文獻論稿》，浙江大學出版社 2016 年版，第 254 頁。

　　按《毛詩序》收載於蕭統《文選》,南宋尤袤刊刻李善注本作"厚人倫",與傳本《毛詩》相同,胡克家《文選考異》云:

　　　　"厚"當作"序"。袁本有校語云"厚"(李)善作"序";茶陵本作"厚",無校語。考《(毛詩)釋文》云:"厚,音后;本或作序,非。"此(《文選》)亦兩行,善自作"序",唯袁所見得之。又案:《求通親親表》"叙人倫"(李善注)引此當亦是"序",今作"厚",非;王元長《曲水詩序》"厚倫"注引此則作"厚",乃所謂"與《文選》不同,各隨所用而引之"之例也。

　　所謂"袁本"即明袁褧刊刻六臣注本《文選》,胡克家據袁本《毛詩序》的校語推定李善注本《文選》作"序人倫"、五臣注本作"厚人倫",其説是也。同屬六臣注本《文選》系統的明州本、奎章閣本也可以爲證,所載《毛詩序》"厚"下校語皆云"善本作序"。

　　事實上,從上舉王融《曲水詩序》"序倫正俗"及曹植《求通親親表》"叙人倫"來看,古本《毛詩序》蓋作"序人倫"("叙""序"通用)。先王以詩爲教,務使人倫不失遠近親疏、上下尊卑之次序①。"倫"者理也,與"序"連用比"厚"更爲妥帖。因"序""厚"二字俗寫形近②,故或誤讀《毛詩序》爲"厚人倫"。陸德明《經典釋文》乃謂"厚"是而"序"非(見上文),難稱定讞③。然則李善注本《文選》作"序人倫"者,尚存《毛詩序》六朝古本的面貌④。

　　《文選集注》所載《曲水詩序》李善注引《毛詩序》作"序人倫",也表明李氏依據的《毛詩》與傳本"厚人倫"不同。可惜該引文在刻本《文選》中皆被校改,尤袤刻本《曲水詩序》之正文更涉李注訛作"厚倫正俗"⑤,胡克家遂被誤導,其《文選考異》以爲李善"各隨所用"而引《毛詩序》作"厚人倫"或"序人倫"⑥,殊乖事實。

---

① 王通《中説·王道》:"子遊孔子之廟,出而歌曰:大哉乎,君君臣臣父父子子兄兄弟弟夫夫婦婦,夫子之力也。"阮逸注云:"《春秋》行法君父尊,《詩》序人倫夫婦正。"(《四部叢刊初編》本,卷一第 5B 頁)可以參看。又參見黃瑞雲《敦煌古寫本〈詩經〉校釋札記(二)》,《敦煌研究》1986 年第 3 期,第 39—40 頁。

② 例字參見秦公輯《碑別字新編》,文物出版社 1985 年版,第 36,81 頁。按法國藏敦煌 P. 2514《毛詩傳箋》寫卷之"序"字(《小雅·四牡》、《出車》兩詩鄭箋)皆誤爲"厚"之俗寫"厚",上注引黃瑞雲文曾據以推測古本《毛詩序》"序人倫"之"序"亦涉俗寫而作"厚"(敦煌寫本編號黃文誤作"S. 2514")。

③ 按《毛詩》孔穎達疏云:"倫,理也。君臣父子之義,朋友之交,男女之別,皆是人之常理;父子不親,君臣不敬,朋友道絕,男女多違,是人理薄也,故教民使厚此人倫也。"又《文選》五臣李周翰注云:"厚,謂使其淳厚。"習俗相沿,皆據"厚人倫"爲説。

④ 李善注本《文選》於《毛詩序》題下署"鄭氏箋"(五臣注本無),《序》内全引鄭箋,而李善本人不贊一詞,其實是將蕭統《文選》所收録的《毛詩序》替換成《毛詩》。《選》文之出《楚辭》者,李善亦僅采王逸注而未加申補,是其比例。參見拙著《敦煌吐魯番〈文選〉輯校》"緒論"部分的相關論述(浙江大學出版社 2017 年版,第 9—10 頁)。

⑤ 敦煌 P. 2543《文選》寫卷載王融《曲水詩序》云"序倫正俗",正與《文選集注》相同;《集注》案語云"陸善[經]本序爲厚",則合於尤袤刻本《文選》。而傳世五臣、六臣注本《曲水詩序》皆不誤,"序倫正俗"句五臣呂向注云:"倫,次也。言各有次序以正風俗也。"

⑥ 胡克家謂曹植《求通親親表》"叙人倫"句李善注引《毛詩序》不當作"厚人倫",是其卓識。奎章閣本《文選》載《求通親親表》李注云:"《毛詩序》曰:成孝敬,序人倫。"即其證。唯此注不見於《文選集注》,未審是否出自後人增補。

2. 謝朓《郡内登望》詩“寒城一以眺，平楚正蒼然”注：“《毛詩》曰：翹翹錯薪，言<u>艾</u>其楚。”

《周南·漢廣》：“翹翹錯薪，言<u>刈</u>其楚。”

按《説文·丿部》：“乂，芟艸也。刈，乂或从刀。”段玉裁注云：“《艸部》曰‘芟，乂艸也’，二篆爲轉注。《周南》曰：‘是刈是濩。’《周頌》曰：‘奄觀銍艾。’艾者，乂之叚借字。”①實則“刈”“艾”均爲“乂”之增旁分化字：“刈”從刀者，芟草所用之工具也；“艾”從艸者，所芟之對象也。《説文·艸部》：“艾，冰臺也。”即今艾蒿，與芟艾之“艾”爲同形字②。

《毛詩·周南·葛覃》“是刈是濩”，陸德明《經典釋文》出“是艾”，注云：“本亦作刈，魚廢反。”③“艾”字恰與上舉《郡内登望》詩李善注引《漢廣》相同。而就傳本《毛詩》考之，芟刈字固多作“艾”，段玉裁所揭《周頌·臣工》“奄觀銍艾”即其一例。又《小雅·大東》“無浸穫薪”毛傳云“穫，艾也”，“艾”即“乂（刈）”，《釋文》云：“穫薪，户郭反。毛：刈也。”④可證。又《小雅·庭燎》“夜未艾，庭燎晣晣”，馬瑞辰《毛詩傳箋通釋》云：“箋云‘芟末曰艾’，亦取艾割將盡之義。《左氏》昭元年傳‘國未艾也’，哀二年傳‘憂未艾也’，杜注竝訓爲‘絶’。”⑤是亦“艾”字之例。上引段玉裁假借之説尚欠斟酌。

考《郡内登望》詩李善注所引《漢廣》“艾”字刻本《文選》作“刈”，當是後人據傳本《毛詩》校改，已非李注原文。

3. 任昉《奏彈劉整》“何其不能折契鍾庾，而襜帷交質”注：“《毛詩》曰：漸車帷裳。毛萇曰：帷裳，婦人車餙。鄭玄曰：幝裳，幝容也。”

《衛風·氓》：“淇水湯湯，漸車帷裳。”毛傳：“帷裳，婦人之車也。”鄭箋：“幝裳，童容也。”

按鄭箋“幝”字顯然當如《文選》李善注引作“帷”爲正，阮元《毛詩校勘記》“幝裳童容也”條云：

　　小字本同，閩本、明監本、毛本同，相臺本“幝”作“帷”，《考文》古本同。案：“帷”字

---

① 段玉裁《説文解字注》，上海古籍出版社 1981 年版，第 627 頁。
② 參見裘錫圭《甲骨文字考釋（八篇）》，《裘錫圭學術文集》第一卷《甲骨文卷》，復旦大學出版社 2012 年版，第 72—73 頁。
③ 陸德明《經典釋文》，中華書局 1983 年版，第 54 頁。
④ 陸德明《經典釋文》，第 83 頁。
⑤ 馬瑞辰《毛詩傳箋通釋》，中華書局 1989 年版，第 568 頁。

是也，經、傳皆是"帷"字，箋當同。小字本傳亦是"幝"，皆誤。正義於箋引《周禮注》而說之則用"幝"字，順彼文耳，不當據改；其説經、傳自作"帷"，標起止云"傳帷裳"。①

阮校是也，鄭箋"幝"字涉孔疏所引《周禮》鄭司農注"容謂襜車，山東謂之裳幝，或曰童容"而改，遂致鄭箋與經文、毛傳之"帷"字前後參差。"幝"即"帷"之假借字。

又《氓》鄭箋"童容"二字與上舉《奏彈劉整》李善注引作"幢容"者不同，而合於孔疏所引《周禮注》。傳本《周禮·春官·巾車》鄭司農注或作"潼容"，孫詒讓《周禮正義》云：

> 段玉裁云："潼，《釋文》作'潼'，《詩注》作'童'，皆音同。通志堂本（《釋文》）'潼'作'幢'，俗字也。《集韻·一東》曰：'潼，徒同切。潼容，車簷帷也。'此據《釋文》。"案：段説是也。《釋名·釋牀帳》云："幢容，幢，童也，施之車蓋童童然，以隱蔽形容也。"亦從俗作"幢"。②

"幢"字不見於許慎《説文》（新附始收），故段、孫二氏目爲俗字。《奏彈劉整》李善注引《氓》鄭箋作"幢容"，所據應是當時《毛詩》異本，"幢"字雖非鄭玄之舊，但刻本《文選》據傳本《毛詩》校改爲"童"，則恐失李注原貌，《文選集注》蓋是也。

又《集注》本李善注引《氓》毛傳"婦人車餙"之"餙"爲"飾"的俗字，刻本《文選》即作"飾"。傳本《毛詩》云"婦人之車也"，不及李注爲妥當。《氓》孔疏引《周禮》鄭司農注而釋之曰：

> 以幝障車之傍，如裳以爲容飾，故或謂之幝裳，或謂之童容。其上有蓋，四傍垂而下，謂之襜。故《雜記》曰"其輤有裧"，注云"裧謂鼈甲邊緣"是也。……此唯婦人之車飾爲然，故《士昏禮》云"婦車亦如之，有襜"是也。幝裳在傍，渡水則濕。

孔穎達以帷（幝）裳或童（幢）容爲婦人之車的飾物，殊無疑義。故魏了翁《毛詩要義》卷三依據上引《氓》孔疏專設"婦人車飾幝裳亦名童容有裧"條③，朱熹《詩集傳》卷三亦云："帷裳，車飾，亦名童容，婦人之車則有之。"④

考孔疏釋《氓》毛傳"帷裳"條云：

> 傳以大夫之車立乘，有蓋無幝裳，此言"帷裳"者，"婦人"之車故也。

孔疏云"婦人之車"，與上文"大夫之車"相對應，其實僅針對毛傳"婦人"二字而言，但

---

① 《清經解》第 5 册，上海書店 1988 年版，第 369 頁。

② 孫詒讓《周禮正義》，《孫詒讓全集》，中華書局 2015 年版，第 2603—2604 頁。

③ 魏了翁《毛詩要義》卷三，南宋淳祐十二年（1252）徽州刻本，第 41A—42A 頁。按孔疏所引《士昏禮》"裧"字傳本《儀禮》作"裧"，與《禮記·雜記》相同，故《毛詩要義》用"裧"。傳本《周禮·春官·巾車》鄭司農注作"簷"，上揭《集韻·東韻》同。"裧""簷"皆"襜"之後起別體，説見孫詒讓《周禮正義》（第 2604 頁）。

④ 朱熹《詩集傳》，中華書局 2017 年版，第 58 頁。

並不表明孔穎達所見本《氓》毛傳爲"帷裳,婦人之車也","之車"二字當據《文選》李善注引作"車飾"爲正。只不過如傳本毛傳所云,似以車飾帷裳指代婦人之車,尚無大誤,故千百年來,質疑者罕。《七經孟子考文》雖已揭示古本《氓》毛傳作"婦人之車飾也",而阮元並未采入《毛詩校勘記》。

4. 袁淑《效古》詩"寒煖豈如節,霜雨多異同"注:"毛萇《詩傳》曰:燠,煖也。"

《唐風·無衣》:"不如子之衣,安且燠兮。"毛傳:"燠,暖也。"

按尤袤刻本《文選》卷五五劉峻《廣絕交論》"叙温郁則寒谷成暄"李善注云:"毛萇《詩傳》曰:燠,煖也。郁與燠古字通也。"所引《無衣》毛傳與上舉《效古》詩注完全相同。

毛傳釋義多本《爾雅》,《釋言》云:"燠,煖也。"法國藏敦煌 P.3719《爾雅》寫卷同,正作"煖"字。

就傳本《毛詩》而言,《小雅·小明》"日月方奧"毛傳云"奧,煖也",《大雅·公劉》"相其陰陽"鄭箋云"觀相其陰陽寒煖所宜",字皆作"煖",唯《唐風·無衣》"安且燠兮"毛傳作"暖"獨異。陸德明《經典釋文》出《無衣》經文"且奧"及毛傳"煖",分別注云"本又作燠,於六反,煖也"、"奴緩反";又出《小明》經文"方奧"及毛傳"煖",分別注云"於六反,煖也"、"音暄,又奴緩反";又出《公劉》鄭箋"寒煖",注云"況袁反,又乃管反"[1]。從字面看,陸氏所據本《毛詩》概皆作"煖",合於《爾雅·釋言》及《文選》李善注所引。

不過《經典釋文》"煖"字或僅上聲"奴緩反"一音,或則以"奴緩反"("乃管反"聲韻皆同)爲又音,而以平聲"況袁反"(即"暄"字音切)爲首音,參差不同。檢英國藏敦煌 S.2071《切韻箋注》寫卷平聲元韻況袁反小韻"暄"字注云"或作煖",上聲旱韻乃管反小韻[2]"暖"字注亦云"或作煖","暄""暖"不同字,而或體均作"煖"。《説文·火部》:"煖,温也。从火,爰聲。""煗,温也。从火,耎聲。"前者大徐"況袁切"、後者"乃管切"[3],聲調各與所從聲旁相照應。"煗"篆段玉裁注云:"今通用煖。"[4]是《切韻箋注》旱韻之"煖/暖"即《説文》之"煗",元韻之"暄"不妨視爲《説文》"煖"之後起別體;"煖"字可讀平聲、上聲二音,"暖"字則僅上聲一音。

然則陸德明《經典釋文》於《小明》、《公劉》二詩注以二音,所據確爲"煖"字;《無衣》僅

---

① 陸德明《經典釋文》,第 68、84、95 頁。

② 按《切韻箋注》上聲旱韻開合口同韻,《廣韻》分其合口爲緩韻,故乃管切小韻在緩韻。

③ 許慎《説文解字》,徐鉉校定本,中華書局 1963 年版,第 210 頁。

④ 段玉裁《説文解字注》,第 486 頁。

注上聲一音,其所見毛傳作"暖"的可能性尚不可排除。P. 2529《毛詩》寫卷載《無衣》毛傳正作"燠,暖也",合於傳本《毛詩》,而與《文選》李善注引不相同也。

5. 沈約《奏彈王源》"結褵以行,箕帚咸失其所"注:"《毛詩》曰:親結其<u>褵</u>,九十其儀。毛萇曰:<u>褵</u>,婦人之<u>幃</u>也。"

《豳風‧東山》:"親結其<u>縭</u>,九十其儀。"毛傳:"<u>縭</u>,婦人之<u>褘</u>也。母戒女施衿結帨。"

按 S. 1442、S. 2049 兩個《毛詩傳箋》寫卷載《東山》並作"褵",合於上舉《奏彈王源》李善注所引;尤袤刻本《文選》引作"褵",當是後人據《奏彈王源》正文校改。

檢尤袤刻本《文選》卷六〇任昉《齊竟陵文宣王行狀》"導衿褵於未萌"李善注云:"衿褵,施衿結褵也[1]。《毛詩》曰:'親結其<u>縭</u>,九十其儀。'毛萇曰:'<u>褵</u>,婦人之幃也。'"複舉《行狀》正文固應作"褵",而下引《豳風‧東山》經文"縭"、毛傳作"褵"不同,顯然有誤。胡克家《文選考異》云:"袁本'縭'作'褵'。案:'褵'字是也,觀下注(引毛傳)可見。"明州本《文選》正與胡氏所揭袁本相同,"褵"字確爲李善注所引《東山》原文。尤袤刻本《文選》之"縭",蓋後人據傳本《毛詩》校改;所幸改而未盡,尚可憑借毛傳"褵"字考見李善所據《東山》之版本。

又檢尤袤刻本《文選》卷五六張華《女史箴》"施衿結褵,虔恭中饋"李善注云:"《毛詩》曰:親結其褵,九十其儀。毛萇曰:褵,婦人之幃也。褵與離古字通也。""褵與離古字通也"一句無處著落,引人懷疑。胡克家《文選考異》云:"陳云:(正文)'褵'據注當作'褵'。案:所校是也,袁、茶陵二本所載五臣翰注中字作'褵',是其本乃作'褵',各本以之亂(李)善而失著校語,正文與注遂不相應,甚非。"今謂胡氏之説非也。李善注引《毛詩》應作"褵",其云"褵與離古字通"者,謂所引《毛詩》之"褵"與《女史箴》正文之"褵"相通用[2]。《東山》"縭"指蔽膝[3],"縭"本字,"褵"爲假借字,"褵"則後起通行換旁俗字。

又上揭三條李善注引《東山》毛傳皆作"婦人之幃也","幃"字不同於傳本《毛詩》之"褘"。《爾雅‧釋器》"婦人之褘謂之縭",即毛傳所本。陸德明《經典釋文》所據《爾雅》作

---

① "施"字尤袤刻本《文選》原作"於",兹據胡克家《文選考異》説改正,參見上引《豳風‧東山》毛傳。

② 上引沈約《奏彈王源》、任昉《齊竟陵文宣王行狀》二條李善注皆但引《毛詩》而不言"褵與離古字通"。前一條的李注引文"褵"字,胡克家所見尤袤刻本《文選》已據《奏彈王源》正文改爲"褵",故胡氏《文選考異》無説。至於後一條,胡氏考定李善注所引《毛詩》原作"褵",故懷疑《行狀》正文亦當作"褵",《考異》云:"今作'褵',其誤與前《女史箴》同,否則善尚有'褵''褵'異之之注,今删削不全也。"其實李善注引文與所注正文往往用字不相一致,又不一一注云古字通或同,胡氏之説可謂無事生非。(參見拙文《李善引書"各依所據本"注例考論》,《文史》2010 年第 4 輯,第 83—91 頁。)

③ 説詳馬瑞辰《毛詩傳箋通釋》,第 483—484 頁。

"幃"，注云："本或作褘，又作徽，同，暉、韋二音。"①考《説文·衣部》："褘，蔽厀也。"《巾部》："幃，囊也。"是陸氏《釋文》及《文選》李善注"幃"爲假借字②。上揭 S.1442、S.2049 兩個《毛詩傳箋》寫卷並作"褘"，正與傳本《毛詩》無殊。

6. 潘岳《爲賈謐作贈陸機》詩"英英朱鸞，來自南崗"注："毛萇《詩傳》曰：英英，鮮明也。"

《小雅·出車》："出車彭彭，旟旐央央。"毛傳："央央，鮮明也。"《六月》："織文鳥章，白旆央央。"毛傳："央央，鮮明貌。"

按《六月》"央央"常被引作"英英"，陸德明《經典釋文》亦破讀爲"英英"，故馬瑞辰認爲《出車》"央央"的本字同樣當作"英英"，《毛詩傳箋通釋》云：

> 《釋文》："央，本亦作英，同，於京反，又於良反。"瑞辰按：《六月》詩"白旆央央，出其東門"，(孔穎達)疏引作"白旆英英"，《公羊》宣十二年(徐彦)疏引作"帛旆英英"，《釋文》："央，音英。"是"英""央"古同聲通用。此(《出車》)詩"央央"亦當從《釋文》引别本作"英英"。《白華》詩"英英白雲"，《韓詩》作"泱泱"。雲之鮮明曰英英，旟之鮮明曰英英，其義一也。③

馬氏之説是也，隋唐時期《毛詩》蓋通行"英英"。S.2049、P.2514 兩個《毛詩傳箋》寫卷載《出車》並作"英英"，前者毛傳云"英英，鮮明"，後者云"英英，鮮明狠(貌)"，"英"字皆與上舉《贈陸機》詩李善注引相同。《文選集注》卷九四袁宏《三國名臣序贊》"英英文若"句《鈔》云："《詩傳》曰：英英，鮮明也。"也可參看。

至於《出車》毛傳"鮮明也"與《六月》傳"鮮明貌"之異，陳奂《詩毛氏傳疏》曾據後者校改前者"也"字爲"皃"④。從《文選集注》所録李善注及《鈔》來看，其説恐怕不可遵從。P.2506《毛詩傳箋》寫卷載《六月》毛傳即作"央央，鮮明也"，陸德明《經典釋文》云"央央，音英，鮮明也"⑤，皆與《出車》毛傳無殊，證明傳本《六月》傳"貌"字應屬衍文。而上揭 P.2514《毛詩傳箋》寫卷所載《出車》毛傳"鮮明貌"也不足以證成陳奂之説，S.2049 寫卷無"貌"字，正合於傳本《毛詩》。

---

① 陸德明《經典釋文》，第 417 頁。
② 參見段玉裁《説文解字注》"幃"篆下(第 360 頁)。
③ 馬瑞辰《毛詩傳箋通釋》，第 522 頁；參見陳玉樹《毛詩異文箋》卷六(《續修四庫全書》第 74 册，上海古籍出版社 2002 年版，第 244 頁)。
④ 陳奂《詩毛氏傳疏》卷一六，中國書店 1984 年版，第 30A 頁。按"皃"爲《説文》小篆隸定字，"貌"爲籀文隸定字。
⑤ 陸德明《經典釋文》，第 77 頁。

7. 左思《蜀都賦》“丹沙赩熾出其阪，蜜房郁毓被其阜”注：“毛萇《詩傳》曰：赩，赤兒也。”

《小雅·采芑》：“路車有奭。”毛傳：“奭，赤貌。”

按傳本《毛詩》無“赩”字，故高步瀛認爲上舉《蜀都賦》李善注所引“赩，赤兒也”云云並非出自《毛詩傳》，《文選李注義疏》云：

> 《詩·簡兮》（赫如渥赭）毛傳曰“赫，赤貌”，而無“赩，赤貌”之文。玄應《一切經音義》卷十九引《字林》曰“赩，赤貌也”，“毛萇詩傳”四字蓋“字林”之誤。又案：《車鄰》毛傳曰“陂者曰阪”，此（李善）注或先釋（《蜀都賦》）“阪”字，而後釋“赩”“熾”字，本作“毛萇《詩傳》曰：陂者曰阪。《字林》曰：赩，赤貌也”，而脱去“陂者曰阪字林曰”七字耳。[①]

上引文中，高氏有“誤”、“脱”兩種推測。訛誤之説高氏本人並未堅信不疑，因爲“毛萇詩傳”四字與“字林”二字畢竟差別過大，通常不致相亂，故高氏又懷疑李善注“脱去七字”。但依據李善注例，當順文出注，《蜀都賦》“丹沙赩熾出其阪”句不應先釋“阪”而後釋“赩”，是高氏脱文之説同樣欠妥。斯波六郎《舊鈔本文選集注卷第八校勘記》嘗駁斥云：

> 今案高説尤謬矣。本書卷六《魏都賦》“中朝有赩”注、卷十八《琴賦》“瑾瑜斂赩”注並引毛萇《詩傳》曰“赩，赤貌也”（《琴賦》注“赤”下衍“色”字），慧琳《一切經音義》卷四十及卷四十二引亦同。然則此注“毛萇詩傳”決非“字林”之誤，亦非脱去“陂者曰阪字林曰”七字。[②]

既然《蜀都賦》李善注所引《毛詩傳》“赩，赤貌也”並非孤例，那麽高步瀛的兩種校改意見當然皆不足爲據，斯波六郎所駁是也。

但是，斯波氏依據鈕樹玉《説文新附考》“赩古通作赫”之説，又謂“今《簡兮》篇經傳‘赫’字，古本《毛詩》自作‘赩’也”，則難以采信。“赩”與《簡兮》之“赫”固然釋義相同，字形相近，但從字音看，“赩”字李善許力反，慧琳興憶反/許力反[③]，而《簡兮》“赫”字陸德明《經典釋文》注云“虛格反”[④]，二字聲紐無殊，韻則職、陌有異，不容混淆。《毛詩傳》“赩，赤

① 高步瀛《文選李注義疏》，中華書局 2018 年版，第 933 頁。
② ［日］斯波六郎等編《文選索引》第 3 册卷尾，李慶譯，上海古籍出版社 1997 年版，第 41 頁。按嵇康《琴賦》云“瑶瑾斂赩”，“瑶瑾”二字斯波氏引作“瑾瑜”，承襲鄭珍《説文新附考》而誤（參見《續修四庫全書》第 223 册，第 316 頁）。又鄭珍所據《文選》應爲胡克家重刻尤袤本，《琴賦》李善注云：“《詩傳》曰：赩，赤色貌。”“詩傳”二字不符李氏注例。胡克家《文選考異》云：“袁本、茶陵本無此七字。”則此注當是後人所增補，宜其又誤衍一“色”字。
③ 徐時儀《一切經音義三種校本合刊》，上海古籍出版社 2010 年版，第 1197、1237 頁。按興憶、許力二反切音相同。
④ 陸德明《經典釋文》，第 59 頁。

貌也”絶非出自《簡兮》。

其實清代學者早已考定《文選》李善注所引《毛詩傳》之“赩”即傳本《毛詩》之“奭”。朱珔《文選集釋》卷八云：

(左思《魏都賦》)“中朝有赩”，善注引毛萇《詩傳》曰“赩，赤貌也”。案：此與後《琴賦》“瑶瑾翕赩”注引《詩傳》“赩，赤色貌”同。今《詩》無“赩”字，惟《采芑》篇“路車有奭”毛傳“奭，赤貌”，又《瞻彼洛矣》“韎韐有奭”《釋文》亦云“奭，赤貌”；而《白虎通》引《詩》“(韎韐有)奭”作“赩”，故此注遂以“赩”爲“奭”而云“赤貌也”。“赩”字《説文》在新附中。[①]

《文選》李善注與慧琳《一切經音義》所引《毛詩傳》“赩，赤貌也”不僅在釋義上與《毛詩》“奭”相同(見上引《采芑》毛傳及《瞻彼洛矣》陸氏《釋文》)，就音注而言，《釋文》於《采芑》、《瞻彼洛矣》二詩“奭”字皆注云“許力反”[②]，其反切上下字也均與李善、慧琳“赩”字音注全無差異。可知李善、慧琳所引毛傳應當出自《采芑》(《瞻彼洛矣》毛傳不釋“奭”)，《白虎通》引《詩》“奭”作“赩”(見上引)，正可資參證。朱珔之説足見高明[③]。

胡紹煐《文選箋證》也贊同朱珔的觀點。不過由於傳本“《毛詩》俱不作‘赩’”，故胡氏謂《魏都賦》“左則中朝有赩”句李善注引《毛詩傳》應作“奭，赤貌也”，此外“當有‘赩與奭同’四字，今脱去”[④]。

胡紹煐之説難以成立。李善所據《毛詩》確實也作“奭”，尤袤刻本《文選》卷二張衡《西京賦》“緹衣韎韐”句李注引《毛詩・瞻彼洛矣》云“韎韐有奭”[⑤]，與傳本《毛詩》並無不同。但如果徑引毛傳“奭，赤貌也”以注釋《蜀都賦》、《魏都賦》之“赩”，“赩”“奭”字形迥異，似嫌疏隔，故李善乃特意援引一個作“赩”的罕見《毛詩》異本。該異本絶非向壁虚造，慧琳所見《毛詩》亦或作“赩”，是其切證。

陳喬樅則因傳本《毛詩》皆作“奭”字，推測《白虎通》引《瞻彼洛矣》云“韎韐有赩”乃依據《魯詩》[⑥]，其説也難稱定論。許慎未收“赩”字於《説文解字》(見於新附)，兩漢所傳《魯

① 許逸民主編《清代文選學名著集成》第15册，巴蜀書社2013年版，第675頁。

② 陸德明《經典釋文》，第78、85頁。

③ [日]小尾郊一、富永一登、衣川賢次《文選李善注引書考證》(上卷)將《蜀都賦》李善注所引毛傳“赩，赤貌也”歸隸《簡兮》，《魏都賦》注歸隸《采芑》，《琴賦》篇又謂“今毛萇《詩傳》無此訓”，而引上揭高步瀛《文選李注義疏》之説(東京研文出版1990年版，第39、54、183頁)，前後參差，蓋分别依據不同前輩學者的考訂意見所致。

④ 胡紹煐《文選箋證》卷七“左則中朝有赩”條，黄山書社2007年版，第195頁。

⑤ 抄寫於李善生前(唐高宗永隆二年，681)的P.2528《西京賦》李善注寫卷即作“有奭”，與傳本《文選》無殊。

⑥ 參見王先謙《詩三家義集疏》，中華書局1987年版，第769頁。

詩》蓋不作"羦";至於後世《毛詩》異本,則或以後起本字"羦"替換假借字"爽"①,《文選》李善注及慧琳《音義》所引是也。

8. 左思《蜀都賦》"外負銅梁宕渠,内函要害膏腴"注:"毛萇《詩傳》曰:函,容也。"

《小雅·巧言》:"亂之初生,僭始既涵。"毛傳:"涵,容也。"

按傳本《毛詩》"函"字僅兩例,《周頌·載芟》《良耜》二詩皆云"實函斯活",毛傳不釋"函",鄭箋則訓爲"含"。故針對上舉《蜀都賦》李善注所引"函,容也"云云,斯波六郎《舊鈔本文選集注卷第八校勘記》云:"今《毛詩傳》無此文。"②

考《毛詩·小雅·巧言》"僭始既涵",《釋文》云:"既涵,毛音含,容也;鄭音咸,同也。"③惠棟《九經古義·毛詩下》云:

> 《巧言》曰"譖始既涵",傳云:"涵,容也。"鄭音咸,云:"涵,同也。"《韓詩》作"減",減少也。棟案:古"咸"字作"減"。……《説文》云:"涵,水澤多也。"毛既訓"涵"爲容,當從省文作"函"。函本與咸通。……毛音含,訓爲容,鄭音咸,訓爲同,義並得通。薛君以爲減少之"減",失之。④

惠氏謂"涵"之訓"容",本字當爲"函",鄭玄乃破讀爲"咸"(函與咸通),而《韓詩》又作"減"(咸古作減)。則《毛詩》異本容或作"僭始既函"⑤,上舉《蜀都賦》李善注所引毛傳"函,容也"應出自《巧言》⑥。

檢尤袤刻本《文選》卷一七陸機《文賦》"函緜邈於尺素"李善注云:"毛萇《詩傳》曰:函,含也。""函,含也"爲《載芟》鄭箋(見上引),李氏此注似混淆傳、箋。不過《文選集注》卷八左思《蜀都賦》"楪桃函列"句李注"《毛詩》曰:實函斯活。鄭玄曰:函,含也"及卷九左思《吳都賦》"函幽育明"句注"鄭玄《詩箋》曰:函,含也"皆不誤,可知《文賦》李善注所引當亦是《巧言》毛傳,其原文與上舉《蜀都賦》"内函要害膏腴"句注"毛萇《詩傳》曰:函,容也"相同,

---

① 關於"羦""爽"異同,考詳陳立《白虎通疏證》,中華書局 1994 年版,第 33 頁。

② [日]斯波六郎等編《文選索引》第 3 册卷尾,第 40 頁。

③ 陸德明《經典釋文》,第 82 頁。

④《清經解》第 2 册,第 757 頁。按《巧言》"僭""譖"之異茲不論。

⑤ "函""含"同源(説見王力《同源字典》,商務印書館 1982 年版,第 605—606 頁;劉鈞杰《同源字典補》,商務印書館 1999 年版,第 232—233 頁),惠棟以爲"函"有"容"義,是也。又《説文·水部》"涵"篆引《詩》"僭始既涵",段注云:"《小雅·巧言》文,傳曰:'僭,數;涵,容也。'按'涵'訓容者,就受澤多之義而引伸之。"(段玉裁《説文解字注》,第 558 頁)段氏謂"涵"訓"容"爲引伸義,似較惠棟"當從省文作函"之説爲優,"涵"當是"函"之孳乳字,故《説文》引《巧言》詩於"涵"篆下。

⑥ 按毛傳釋爲"容"者,整部《毛詩》除《小雅·巧言》外,僅《邶風·谷風》"我躬不閲"之"閲"一例,《蜀都賦》李注當然不可能引自《谷風》。

傳寫誤"容"爲"含"耳。

又檢慧琳《一切經音義》卷八三《大唐三藏玄奘法師本傳》第八卷"函杖"條："上合甘反，《毛詩箋》云：'函，容也。'《禮記》'席間函杖'是也。"①按所引《禮記》見《曲禮上》，"席間函丈"句鄭玄注云："函猶容也。丈或爲杖。"鄭注"猶"字疑爲衍文。孔穎達《禮記正義》釋"席間函丈"云："函，容也。"陸德明《經典釋文》云："函，胡南反，容也。"②又尤袤刻本《文選》卷二〇顏延年《皇太子釋奠會作詩》"尚席函杖"李善注云："《禮記》曰：席間函丈。鄭玄曰：函，容也。"皆可證《禮記》鄭注原與《文選》李注所引《巧言》毛傳無殊。

既然慧琳所引《禮記》本有鄭注，且鄭注與《一切經音義》上文稱引之《毛詩》鄭箋完全相同，舍近求遠，殊乖情理。"毛詩箋"應是"毛詩傳"之訛，慧琳蓋謂《禮記》鄭注"函，容也"即承襲自《巧言》毛傳，故舍"今"而求"古"。然則慧琳《音義》又可與《文選》李善注相互參證，皆表明《巧言》異本或作"僭始既函"也。

9. 干寶《晉紀總論》"故其詩曰：克明克類，克長克君，載錫之光也"注："《毛詩·大雅》文也。鄭玄曰：照臨四方曰明。類，善也。<u>施勤</u>無私曰類，教誨不倦曰長，<u>慶賞</u>刑威曰君。"

《大雅·皇矣》："貊其德音，其德克明，克明克類，克長克君。"鄭箋："德正應和曰貊，照臨四方曰明。類，善也。<u>勤施</u>無私曰類，教誨不倦曰長，賞慶刑威曰君。"

按《皇矣》鄭箋凡言"曰"者，皆據昭公二十八年《左傳》文，傳本《左傳》云"勤施無私曰類"，與傳本《毛詩》相同。《禮記·樂記》引《皇矣》"克明克類，克長克君"云云，鄭玄注作"勤施"；《尚書·洛誥》亦云"勤施于四方"。不過"勤""施"二字平列（勤者勤恤，施者施惠），固可倒言之曰"施勤"，上舉《晉紀總論》李善注引《皇矣》鄭箋作"施勤"者或無訛誤。徐幹《中論·務本》引《左傳》云"施勤無私曰類"③，是其比。

又李善注引《皇矣》鄭箋"慶賞刑威曰君"，邱棨鐍《唐寫卷子本〈文選集注〉第九十八卷校勘記》云："慶賞，《詩》傳箋及《左氏》並作'賞慶'，本卷及各本善注誤倒。"④按 P. 2669A《毛詩傳箋》寫卷載《皇矣》鄭箋作"慶賞"，上揭《禮記·樂記》鄭注同，皆合於《文選》李注所引。"慶""賞"雖近義連文，但先秦古籍習用"慶賞"，如《周禮·地官·族師》《秋官·士師》、《禮記·祭義》《祭統》、《大戴禮記·禮察》《曾子立事》等，其例甚夥，如傳本《毛詩》及

---

① 徐時儀《一切經音義三種校本合刊》，第 1975 頁。
② 陸德明《經典釋文》，第 163 頁。
③《四部叢刊初編》本，卷下第 25B 頁。
④ 邱棨鐍《文選集注研究》，臺北文選學研究會 1978 年版，第 74 頁。

《左傳》作“賞慶”者反而較爲罕見,邱榮鐊以爲李善注“誤倒”,難稱定論。

　　10.左思《吳都賦》“屯營櫛比,解署棊布”注:“《毛詩》曰:其崇如庸,其比如櫛。”

　　《周頌·良耜》:“其崇如墉,其比如櫛,以開百室。”

　　按《説文·土部》:“墉,城垣也。”段玉裁注云:“《皇矣》‘以伐崇墉’,傳曰:‘墉,城也。’《崧高》‘以作爾庸’,傳曰:‘庸,城也。’庸、墉古今字也。”①

　　《良耜》“其崇如墉”毛傳亦曰“墉,城也”,而上舉《吳都賦》李善注引《良耜》作“庸”,與《崧高》同用古字,可推知李善所據本《毛詩·皇矣》蓋亦不作“墉”。至於傳本《毛詩·良耜》、《皇矣》“墉”字,應當也是後人依據毛傳“城也”增加“土”旁,其初同樣止作“庸”;唯《崧高》鄭箋云“庸,功也”,異於毛傳之説,古本所用古字碩果僅存②。

　　傳世刻本《文選》李善注引《良耜》作“墉”,已據傳本《毛詩》校改;所幸《文選集注》尚存李注原文“庸”字,可援以考論唐初《毛詩》之面貌,良可寶貴。

[作者簡介]金少華:浙江大學古籍研究所副教授。

---

① 段玉裁《説文解字注》,第 688 頁。
② 陸德明《經典釋文》載《崧高》別本作“墉”(第 98 頁),乃據毛傳增加偏旁,施諸鄭箋實不可通。

《文選》與古代教材

于　堃

提要:古代的教育一般以"六經"爲教材,教授的内容主要是"禮儀道德",以達到統治者的政治教化目的。隋唐"《文選》學"興起,《文選》逐漸成爲師授的重要教材、科舉考試的典範教材、文人士子必備的自覺學習教材和家庭教育的重要教材之一,教材的特征主要體現在教授如何讀懂文章和應付科舉考試。宋代《文選》作爲教材的鵠的體現爲學做文章的典範作用。明清時期《文選》作爲教材體現了一定的社會實用價值。《文選》作爲教材在域外也被廣泛傳播和接受。《文選》能成爲教材的典範,因其"略其蕪穢,集其清英"本身綻放的魅力和世人對其"切世用"教材價值的主動認同。

"教材"是現代教育學的概念,在古代一般是以"教"單獨出現,以表示"教授"的行爲、"教材"或"所教授内容"的意思。從先秦開始,關於"教材"的記載就明確、系統地出現了。《文選》成書後,逐漸成爲教授或學習的重要教材之一並對後世教育影響深遠。《文選》作爲教材在各個時期發展階段的情況不同,特點不一。現試以隋唐宋元明清各時期《文選》與古代教材的關係、特點和作用等方面分而論之,以求教於大方之家。

一、先秦時期教材的出現

什麽叫"教",《説文解字》這樣解釋:

> 上所施下所效也。[1]

可見,"教"的意思是"上"(老師)施教,"下"(學生)效仿。

先秦時期孔子就以"六經"作爲"教材"來教化弟子,司馬遷《史記·孔子世家》記載:

---

[1] 許慎撰,段玉裁注《説文解字注》,上海古籍出版社 1988 年版,第 127 頁上。

孔子以詩書禮樂教,弟子蓋三千焉,身通六藝者七十有二人。……孔子以四教:文,行,忠,信。①

這裏的"詩書禮樂",是指上古的各種史料,當時雖未成書,但相關資料已較完備,主要教以儒家"六藝"等,並且以"文,行,忠,信"爲"四教"。但是,以"六經"教化貴族子弟、臣民並不是孔子的始創,兩周時期用古籍教化就已經蔚然成風。最重要的是,出現了非常明確、較爲固定和系統的"教材"。《國語·楚語上》這樣記載:

(士亶)問於申叔時,叔時曰:"教之《春秋》,而爲之聳善而抑惡焉,以戒勸其心。教之《世》,而爲之昭明德而廢幽昏焉,以休懼其動。教之《詩》,而爲之導廣顯德,以耀明其志。教之《禮》,使知上下之則。教之《樂》,以疏其穢而鎮其浮。教之《令》,使訪物官。教之《語》,使明其德,而知先王之務用明德於民也。教之《故志》,使知廢興者而戒懼焉。教之《訓典》,使知族類,行比義焉。"②

講的是楚莊王委派士亶教導太子箴,士亶向申叔時請教。申叔時談教育太子箴時開列出了非常明確的學習"教材",包含了《春秋》《世》《詩》《禮》《樂》《令》《語》《故志》《訓典》等九種古籍,"教材"的明確出現和記載可以説是古代教育發展成熟和科學完備的最重要一環。

二、隋唐時期《文選》作爲教材的主要特征

隋朝創立了科舉考試制度,隋唐的科舉考試主要以詩、賦爲主,唐代進士科要作雜文,即作詩、賦各一篇,後來進士科已經偏重於詩、賦取士了。科舉考試注重詩、賦,也就客觀上給詩文總集《文選》以更大的傳播空間。進士科的評選標准甚是嚴格,也進一步促成了符合"略其蕪穢,集其清英"標准的《文選》成爲重要的師授教學的"教材",而文人士子主觀上的主動選擇使得《文選》成爲學習的自覺自學"教材"和家庭教育的"教材"。

《文選》成書後,其實隋唐以前的北齊時期就已廣爲流傳。《太平廣記》卷第二百四十七"石動筩"條載:"(北齊)高祖嘗令人讀《文選》,有郭璞《遊仙詩》,嗟嘆稱善。諸學士皆云:'此詩極工,誠如聖旨。'動筩即起云:'此詩有何能,若令臣作,即勝伊一倍。'高祖不悦,良久語云:'汝是何等人,自言作詩勝郭璞一倍,豈不合死。'動筩即云:'大家令臣作,若不勝一倍,甘心合死。'即令作之。動筩曰:'郭璞《遊仙詩》云'青溪千餘仞,中有一道士。'臣作云:

---

①《史記》,中華書局1982年版,第1938頁。
② 徐元誥撰,王樹民、沈長雲點校《國語集解》,中華書局2002年版,第485—486頁。

'青溪二千仞,中有兩道士。'豈不勝伊一倍?'高祖始大笑。"①北齊高祖 547 年去世,即在此之前,《文選》已傳至北朝。蕭統 531 年去世,至 547 年共 16 年,《文選》已傳至北齊,可見《文選》在當時當世已受人注目。之後不久即有專門研究者以專門著作研究《文選》,隋朝學者蕭該傳習《文選》,對《文選》成爲師授教學的"教材"功不可没。《隋書·儒林傳》載:

> 蘭陵蕭該者,梁鄱陽王恢之孫也。少封攸侯。梁荆州陷,與何妥同至長安。性篤學,《詩》《書》《春秋》《禮記》並通大義,尤精《漢書》,甚爲貴遊所禮。開皇初,賜爵山陰縣公,拜國子博士。奉詔書與妥正定經史,然各執所見,遞相是非,久而不能就,上譴而罷之。該後撰《漢書》及《文選》音義,咸爲當時所貴。②

《文選》編成後,已在荆州地區流傳。蕭該傳習《文選》,可能是在荆州蕭繹幕府的時候。蕭該撰寫《漢書》和《文選》兩書的《音義》或已入長安。《漢書音義》和《文選音義》二書"咸爲當時所貴",説明《文選》在文獻上的位置已經和《漢書》並列了。饒宗頤在《唐代文選學略述(代前言)》中説:"是時《漢書》以成熱門之顯學,《文選》初露頭角,尚未正式成學,蕭該、曹憲、李善均是先行之人,蕭、李兼以《漢書》名家,不特《漢書》音注有益於《文選》所收録之漢代文章,且由《漢書》學起帶頭作用,從而有《文選》學之誕生。"③其時"《漢書》學"與"《文選》學"並重,這些"《文選》學"者,開始大都以"《漢書》學"名家。

曹憲撰有《文選音義》,曾仕隋爲秘書學士,"學徒數百人,公卿亦多從之學"④,也必以《文選》爲教材教授。《舊唐書·儒林傳》載:

> (曹憲)所撰《文選音義》,初,江、淮間爲《文選》學者,本之於憲。又有許淹、公孫羅,復相繼以《文選》教授,由是其學大興於代。⑤

《舊唐書·儒林傳》載:

> 許淹者,潤州句容人也。少出家爲僧,後又還俗。博物洽聞,尤精詁訓。撰《文選音》十卷。⑥

《舊唐書·儒林傳》又載:

> 公孫羅,江都人也。歷沛王府參軍,無錫縣丞。撰《文選音義》十卷,行於代。⑦

① 李昉等編《太平廣記》,中華書局 1961 年版,第 1916 頁。
②《隋書》,中華書局 1973 年版,第 1715—1716 頁。
③ 饒宗頤編《敦煌吐魯番本文選》,中華書局 2000 年版,第 5 頁。
④ 劉肅撰,許德楠、李鼎霞點校《大唐新語》,中華書局 1984 年版,第 133—134 頁。
⑤《舊唐書》,中華書局 1975 年版,第 4946 頁。
⑥《舊唐書》,第 4946 頁。
⑦《舊唐書》,第 4946 頁。

以上可見,《文選》甚爲當時所重。隋末唐初以講授《文選》最爲流行,除了把《文選》作爲教材教授之外,還先後出現了曹憲的《文選音義》、許淹的《文選音》、公孫羅的《文選音義》等《文選》的注本作爲教授的教材。

李善注《文選》,並以講《文選》爲業,對唐代"文選學"的"大行於世"起到了很大的作用。《舊唐書·儒林傳》載:

> 李善者,揚州江都人。方雅清勁,有士君子之風。明慶中,累補太子内率府録事參軍、崇賢館直學士、兼沛王侍讀。嘗注解《文選》,分爲六十卷,表上之。賜絹一百二十匹,詔藏於秘閣。除潞王府記室參軍,轉秘書郎。乾封中,出爲經城令。坐與賀蘭敏之周密,配流姚州。後遇赦得還,以教授爲業,諸生多自遠方而至。又撰《漢書辯惑》三十卷。載初元年卒。子邕,亦知名。①

據《舊唐書·文苑傳》記載:"(李邕)父善,嘗受《文選》於同郡人曹憲"②,"(曹)憲始以梁昭明太子《文選》授諸生,而同郡魏模、公孫羅、江夏李善相繼傳授,於是其學大興"③。曹憲以《文選》爲教材授業李善,後李善注解《文選》六十卷上表皇上,得到"賜絹一百二十匹"的嘉獎,《文選》李善注並被"詔藏於秘閣"。後來"(李)善坐配流嶺外。會赦還,因寓居汴、鄭之間,以講《文選》爲業"④,以致"諸生四遠至,傳其業,號《文選》學"⑤,李善以《文選》爲教材講授,著重在對《文選》的音義、訓詁、典故等注釋方面,一字一句、一篇一篇講作品,爲"《文選》學"成爲唐代顯學起到了極大的推動作用。以至於達到了唐國子監助教張簡"曾爲鄉學講《文選》"⑥的普及程度。

科舉考試可以説是《文選》成爲最重要的教材的直接推動力。隋文帝開皇七年始建進士科,科舉制度至此發端。《北史·杜正玄傳》載:

> (杜子裕)子正玄,字知禮,少傳家業,耽志經史。隋開皇十五年,舉秀才,試策高第。曹司以策過左僕射楊素,怒曰:"周孔更生,尚不得爲秀才,刺史何忽妄舉此人?可附下考。"乃以策抵地,不視。時海内唯正玄一人應秀才,餘常貢者,隨例銓注訖,正玄獨不得進止。曹司以選期將盡,重以啓素。素志在試退正玄,乃手題使擬司馬相如《上林賦》、王褒《聖主得賢臣頌》、班固《燕然山銘》、張載《劍閣銘》、《白鸚鵡賦》,曰:"我不

---

① 《舊唐書》,第 4946 頁。
② 《舊唐書》,第 5039 頁。
③ 《新唐書》,中華書局 1975 年版,第 5640 頁。
④ 《舊唐書》,第 5039 頁。
⑤ 《新唐書》,第 5754 頁。
⑥ 李昉等編《太平廣記》,第 3658 頁。

能爲君住宿,可至未時令就。"正玄及時並了。素讀數遍,大驚曰:"誠好秀才!"①
楊素所出的考試試題擬司馬相如《上林賦》等篇目多出於《文選》,可見,《文選》在隋朝已經
成爲科考出題的必備範本了,這也就導致了"考試考什麽,考生就會學習什麽"的直接結果,
《文選》自然也就成爲了考生的學習教材。到了唐代,《唐會要》記載:"先時,進士但策試而
已。思立以其庸淺,奏請貼經即試雜文。"②高宗時進士科考試内容制度化起來,除了貼經和
試時務策之外,還要試文、詩賦各一篇。徐松《登科記考》:"雜文兩首,謂箴、銘、論、表之類。
開元間始以賦居其一,或以詩居其一,亦有全用詩、賦者,非定制也。雜文之專用詩、賦,當
在天寶之際。"③可見,進士科考試重視詩賦,《文選》作爲收録詩文賦的作品總集,學子以其
爲科舉考試的教材已成必然。《文選》在唐代成爲教材非始於科舉,唐代爭讀《文選》風氣的
形成,固然有隋唐以來施行科舉考試,以詩賦取士的結果,但以詩賦取士並不能使當時的文
人致力於《文選》的學習,因爲還有大量的其他唐前總集的存在,而事實上都不約而同地選
擇了《文選》的實情,其原因顯然與當時的文壇風尚以及唐初君臣愛好有關④。但科舉考試
中的重文學的趨勢確實提升了《文選》作爲選本教材的地位。

在《文選》成爲教材被教授或學習後,逐漸成爲唐代文人士子甚至皇帝的心中所好,視
爲自覺學習的自學"教材"。自然也就出現了許多以《文選》爲學習榜樣的模擬之作和續作。
《舊唐書·本紀·文宗下》載:

> 壬辰,集賢學士裴潾撰《通選》三十卷,以擬昭明太子《文選》,潾所取偏僻,不爲時
> 論所稱。⑤

《舊唐書·裴行儉列傳》載:

> 高宗以(裴)行儉工於草書。嘗以絹素百卷,令行儉草書《文選》一部,帝覽之稱善,
> 賜帛五百段。行儉嘗謂人曰:"褚遂良非精筆佳墨,未嘗輒書,不擇筆墨而妍捷者,唯余
> 及虞世南耳。"⑥

唐高宗喜歡草書,命裴行儉寫草書,以《文選》爲書法作品的文本,雖然是出於書法的目的,
但是對於抄寫内容的選擇,也在一定程度上看出唐時《文選》的地位,而政權最高代表的皇
帝對《文選》的喜愛也更加强了影響力。更有甚者,還有貧賤時借《文選》學習不成,富貴後

---

① 《北史》,中華書局 1974 年版,第 961—962 頁。
② 王溥編《唐會要》,中華書局 1998 年版,第 1379 頁。
③ 徐松撰,趙守儼點校《登科記考》,中華書局 1984 年版,第 70 頁。
④ 曹道衡《南北文風之融合與唐代〈文選〉學之興盛》,《文學遺產》1999 年第 1 期,第 16—24 頁。
⑤ 《舊唐書》,第 553 頁。
⑥ 《舊唐書》,第 2802 頁。

主動刊刻給後學的舉動,宋人王明清《揮麈録餘話》卷二載:"毋丘儉(案:毋丘儉當爲毋昭裔。毋[冊]丘儉爲三國時人,見《魏志》)貧賤時,嘗借《文選》於交遊間,其人有難色。發憤:異日若貴,當版以鏤之遺學者。後仕王蜀爲宰,遂踐其言刻之。印行書籍,創見於此。"①此外,還出現了裴潾《大和通選》三十卷、卜長福《續文選》三十卷、卜隱之《擬文選》三十卷、孟利貞《續文選》十三卷等以《文選》爲學習對象進行模擬或續《文選》之作。

李白學《文選》,《西陽雜俎》前集卷一二有載:

(李)白前後三擬詞選,不如意,悉焚之,唯留《恨》、《別》賦。②

李白集中傳世的僅見《擬恨賦》一篇,《擬別賦》則已佚去。關於李白三擬《文選》(此處"詞選"即指《文選》),清潘德輿《養一齋李杜詩話》有不同看法:"予讐漁洋能揭明李詩五言之復古,而恐其以《選》體當之,猶非了義也,故録而辯之。若《西陽雜俎》謂'太白前後三擬《文選》,不成悉焚之,唯留《恨》《別》二賦。'此真夢囈。夫《文選》三十卷,太白全擬之,則有此才力而無此文體。……總之,李杜無所不學,而《文選》又唐人之所重,自宜盡心而學之,所謂'轉益多師是吾師'也。若其志向之始,成功之終,則非《選》詩所得而囿。故謂太白學古兼學《文選》可,謂其復古爲復《文選》體則不可。"③雖然潘德輿不同意王世禎認爲李白復古全因學《文選》之功,甚至否認李白有三擬《文選》的"才力",但他也明確肯定了"唐人重《文選》"和李白"學《文選》"的不争事實。我們可看出李白對《文選》所下功夫之深,也足以説明李白把《文選》作爲自覺學習的"教材"去主動學習。所以朱熹評價李、杜的詩寫得好是因爲學習了《文選》"詩"才好:"鮑明遠才健,其詩乃《選》之變體,李太白專學之……李太白終始學《選詩》,所以好。杜子美詩好者,亦多是效《選》詩,漸放手,夔州諸詩則不然也。"④社會上具有一定影響文人對《文選》的主動學習與摹擬行爲又引領並强化了《文選》作爲教材的權威地位。

除此之外,《文選》還成爲文人士子家庭教育的必備"教材"。《新唐書·文藝中》列傳第一百二十七載:

邕少知名。始善注《文選》,釋事而忘意。書成以問邕,邕不敢對,善詰之,邕意欲有所更,善曰:"試爲我補益之。"邕附事見義,善以其不可奪,故兩書並行。⑤

李善注《文選》,"書成以問邕",與其探討《文選》注釋優劣,讓其"試爲補益",可知李善家庭教育中必以《文選》爲教材教授李邕,李邕才有可能與父親李善共注《文選》,以致"不可奪,

① 王明清撰,中華書局上海編輯所編輯《揮麈録》,中華書局 1961 年版,第 309—310 頁。
② 周勛初主編,嚴傑、武秀成、姚松編《唐人軼事匯編》,上海古籍出版社 2016 年版,第 693 頁。
③ 郭紹虞編選,富壽蓀校點《清詩話續編》,上海古籍出版社 1983 年版,第 2172 頁。
④ 朱傑人、嚴佐之、劉永翔主編《朱子全書》,上海古籍出版社、安徽教育出版社 2002 年版,第 4321—4323 頁。
⑤《新唐書》,第 5754 頁。

故兩書並行"。於此,《四庫全書總目·卷一八六·文選注提要》則認爲《新唐書》記載不可信:"《新唐書·李邕傳》稱其父李善始注《文選》,釋事而忘義,書成以問邕。邕意欲有所更,善因令補益之,邕乃附事見義,故兩書並行,今本事義兼釋,似爲邕所改定。然傳稱善注《文選》在顯慶中,與今本所載進表題顯慶三年者合。而《舊唐書·邕傳》稱天寶五載坐柳勣杖殺,年七十餘。上距顯慶三年凡八十九年,是時邕尚未生,安得有助善注書之事。且自天寶五載,上推七十餘年,當在高宗總章、咸亨年間,而《舊書》稱善《文選》之學受之曹憲,計在隋末,年已弱冠。至生邕之時,當七十餘歲,亦絕無伏生之壽,待其長而著書。考李匡乂《資暇録》曰:李氏《文選》有初注成者,有複注、有三注、四注者,當時旋被傳寫,其絶筆之本皆釋音訓義,注解甚多。是善書定本,本事義兼釋,不由於邕。匡乂唐人,時代相近,其言當必有微。知《新唐書》喜采小説,未詳考也。"[1]高步瀛《文選李注義疏》也不贊成此説:"《四庫總目》從李濟翁説,以今本事義兼釋者爲李善定本,其説甚是,足證《新傳》之誣。"[2]由是知,李善注《文選》應是其本人獨立完成,與李邕共注《文選》可能不確,但是至少可以看出《文選》成爲時人家庭教育流行和推崇的"教材"確是無疑了。

　　杜甫也以《文選》爲家庭教育的"教材"教育他的兒子宗武,要"熟精文選理",成爲其"家學"的重要內容。

　　　　呼婢取酒壺,續兒誦《文選》。[3]

　　　　詩是吾家事,人傳世上情。熟精《文選》理,休覓彩衣輕。[4]

杜甫的詩"大率宗法《文選》,摭其華髓,旁羅曲探,咀嚼爲我語"[5]。他"得於《文選》多矣"[6],所以,他教育兒子以《文選》爲教材,從小就要"誦《文選》",並"以此家學勖宗武"[7]。故而,張戒在《歲寒堂詩話》中説:"《文選》中求議論則無,求奇麗之文則多矣。子美不獨教子,其作詩乃自《文選》中來,大抵宏麗語也。"[8]

　　正因爲《文選》本身所具的魅力和後代學人認識到的"教材"價值,其才能逐漸成爲隋唐人教授或學習的"教材"。所以錢鍾書《管錐編》説《文選》終能成"文選學":

　　　　昭明《文選》,文章奧府,入唐尤家弦户誦,口沫手胝。……正史載遠夷遣使所求,

---

① 永瑢等《四庫全書總目》,中華書局 1965 年版,第 1685 頁中—頁下。
② 高步瀛著,曹道衡、沈玉成點校《文選李注義疏》,中華書局 1985 年版,第 34 頁。
③ 杜甫著,仇兆鼇注《杜詩詳注》,中華書局 1979 年版,第 1248 頁。
④ 杜甫著,仇兆鼇注《杜詩詳注》,第 1477—1478 頁。
⑤ 胡仔纂集,廖德明校點《苕溪漁隱叢話》(前集),北京:人民文學出版社 1962 年版,第 56 頁。
⑥ 李詡撰,魏連科點校《戒庵老人漫筆》,中華書局 1982 年版,第 275 頁。
⑦ 杜甫,仇兆鼇注《杜詩詳注》,第 1478 頁。
⑧ 丁福保輯《歷代詩話續編》,中華書局 1983 年版,第 456 頁。

野語稱遊子隨身所挾,皆有此書,儼然與儒家經籍並列。……詞人衣被,學士鑽研,不舍相循,曹憲、李善以降,"文選學"專門名家(參觀阮元《揅經室二集》卷二《揚州文選樓記》)。詞章中一書而得爲"學",堪比經之有"《易》學"、"《詩》學"等或《説文解字》之蔚成"許學"者,惟"《選》學"與"《紅》學"耳。寥落千載,儽坐儽立,莫許參焉。①

《文選》"文章奥府",因而才能成爲教材被"家弦户誦,口沫手胝",又被"學士鑽研",《文選》已經與儒家經籍並列,終成比肩"《易》學"、"《詩》學"、"許學"的"文選學"。

要之,唐代以詩賦取士,唐代文學又和六朝文學具有密切的繼承關係,因而《文選》就成爲人們學習詩、賦的一種最適當的範本、教材,甚至與經傳並列。可見,《文選》是士子們必讀的一部書,在唐代可稱得上是文人士子心中視爲文學的教科書、自覺的自學"教材"和家庭教育的必備"教材"。

三、宋代《文選》作爲教材的文章寫作典範作用

科舉取士考試内容宋代以論、策和大義爲主。宋代大部份時間的科舉内容與唐代分別不大,但王安石執政時,曾對科舉制度進行改革,把帖經、墨義和詩賦等考試都取消了,改爲以經義(解釋經書)、論(對時局的評論)和策(提出解決時弊的辦法)作爲考試内容。蘇軾等人對該項改革提出了抗議。但這也無礙《文選》成爲科舉考試的必備"教材"。宋人葛立方《韻語陽秋》卷三載:

> 杜子美詩喜用《文選》語,故宗武亦習之不置,所謂"熟精《文選》理,休覓彩衣輕",又云"呼婢取酒壺,續兒誦《文選》"是也。唐朝有《文選》學,而時君尤見重,分別本以賜金城,書絹素以屬裝行儉是也。《外史檮杌》載鄭奕嘗以《文選》教其子,其兄曰:"何不教讀《論語》?免學沈、謝嘲風弄月,污人行止。"鄭兄之言蓋欲先德行而後文藝,亦不爲無理也。②

鄭奕以《文選》作教材教育兒子,其兄要其教之以《論語》,意爲"先德行而後文藝",但也可以看出《文選》作爲家庭教育的教材,在宋代有些人的觀念裏甚至有超越《論語》等經的優先趨勢了。

又,陸遊《老學庵筆記》卷八載:

> 國初尚《文選》,當時文人專意此書,故草必稱"王孫",梅必稱"驛使",月必稱"望

---

① 錢鍾書《管錐編》,生活·讀書·新知三聯書店 2007 年版,第 2176—2177 頁。
② 何文煥輯《歷代詩話》,中華書局 1981 年版,第 505 頁。

舒",山水必稱"清輝"。至慶曆後,惡其陳腐,諸作者始一洗之。方其盛時,士子至爲之語:"《文選》爛,秀才半。"①

"《文選》爛,秀才半。"可知宋初士人對《文選》的崇尚程度之高、《文選》在科舉考試"教材"的地位之重。宋初的進士科考試中詩和賦占據了絕對重要的地位,也自然使宋初廣大的士子熱衷於"《文選》爛"。據吳曾《能改齋漫録》載:"袁州自國初時解額以十三人爲率,仁宗時,查拱之郎中知郡日,因秋試進士以'黄華如散金'爲詩題,蓋取《文選》詩'青條若葱翠,黄華如散金'是也。"②可見,像以《文選》卷二十九張翰《雜詩》中的詩句出題在宋初科舉進士科考試是很常見的,由於科舉考試的導向性作用,士子必然會把《文選》作爲考試的教材努力研習的。

但是隨著科舉考試的變革,重注釋的《文選》學却衰落下去了。宋末王應麟《困學紀聞》卷十七曾總結宋代《文選》學的衰落,其云:

> 李善精於《文選》因以講授,謂之《文選》學。少陵有詩云:續兒誦《文選》。又訓其子'熟精《文選》理'。蓋《文選》學自成一家。江南進士試《天雞弄和風》(《文選》詩句),以《爾雅》天雞有二,問之主司,其精如此。故曰:《文選》爛,秀才半。熙、豐之後,士以穿鑿談經,而《選》學廢矣!③

除此之外,宋代文學風氣新變,修辭華麗受到文人的反對,《文選》的關注度自然就有所下降。元祐六年的科考以經義與經義兼詩賦兩科取士,"(元祐八年)太學生總員二千一百餘人,而不兼詩賦者才八十二人"④。可見,雖然宋代科舉考試經學内容的比重增大和詩賦比重的減少,客觀上直接導致了《文選》作爲教材的重要程度的削弱,但是《文選》還是文人心中學做文章的典範。正是宋人重爲文,《文選》還是有其獨特的教材價值的,《苕溪漁隱叢話》後集卷二引《雪浪齋日記》指出:"昔人有言《文選》爛,秀才半。正爲《文選》中事多,可作本領爾。余謂欲知文章之要,當熟看《文選》,蓋《選》中自三代涉戰國、秦、漢、晉、魏、六朝以來文字皆有,在古則渾厚,在近則華麗也。"⑤可見,《文選》是"知文章之要"必看的書,是人們掇事習文的文學總集,讀《文選》"可作本領",即應付科舉考試的能力。從三代到六朝,"古則渾厚""近則華麗"都有,"總的傾向,是從文章的角度推崇《文選》的"⑥。故而《文選》

---

① 陸遊撰,李劍雄、劉德權點校《老學庵筆記》,中華書局 1979 年版,第 100 頁。
② 吳曾《能改齋漫録》,上海古籍出版社 1979 年版,第 112 頁。
③ 王應麟著,翁元圻等注,欒保群、田松青、吕宗力校點《困學紀聞》(全校本),上海古籍出版社 2008 年版,第 1860—1861 頁。
④ 馬端臨《文獻通考》,中華書局 1986 年版,第 296 頁上。
⑤ 胡仔纂集,廖德明校點《苕溪漁隱叢話》(後集),人民文學出版社 1962 年版,第 9 頁。
⑥ 屈守元《文選導讀》,巴蜀書社 1996 年版,第 91 頁。

能博得試官及士子的青睞,成爲士子學習寫作文章的必需教材。

　　《文選》作爲宋人士子學習寫作文章的教材,對學人著書考訂也影響甚深。駱鴻凱據清人汪師韓《文選理學權輿》、余仲林《文選紀聞》等指出:"至積學之士,著書考訂,其中涉及文選者仍多有。其著者,若沈适之《夢溪筆談》、姚寬之《西溪叢話》,黄朝英之《靖康緗素雜記》,僧惠洪之《冷齋夜話》,朱翌之《猗覺寮雜記》。諸書考證《文選》,條數多寡不等,大抵多引據詳明,有資考核。此則新經試士,足以盡一般之士習,而不足以銅通儒之見聞,明矣。迄乎南渡,則有洪景廬著《容齋隨筆》、《續筆》,考證《文選》至數十條(原注:詳載《理學權輿》),大致精審。嗣是則陸遊之《老學庵筆記》,王觀國之《學林》,羅大經之《鶴林玉露》,袁文之《甕牖閑評》,趙彦衛之《雲麓漫鈔》,王懋之《野客叢書》,張世南之《遊宦紀聞》,葛立方之《韻語陽秋》,吳曾之《能改齋漫録》,程大昌之《雍録》、《演繁露》,葉夢得之《石林燕語》、《避暑録話》,相繼而作。其考證《文選》,亦多能究根柢,非徒爲臆斷之談。其他諸家説部,討論藝文,亦常究心是書,其言頗足以備征引而資博識。迨於末葉,王氏《困學紀聞》作。應麟博洽多聞,在宋代罕有倫比,書中涉及《文選》凡數十條,考證尤多精鑿(亦載《理學權輿》)。凡此諸家,雖不爲選學專著,而不得謂無貢獻。"①

　　唐以後對《文選》作"教材"的另一集中體現即是大規模的模擬、改編和續編《文選》。宋初文人對《文選》作品的摹擬現象可從楊億《二京賦》見到一斑,據宋人袁褧《楓窗小牘》載:

　　　　楊億作《二京賦》既成,好事者多爲傳寫。有輕薄子書其門曰:"孟堅再生,平子出世。《文選》中間,恨無隙地。"楊亦書門答之,曰:"賞惜違顔,事等隔世。雖書我門,不爭此地。"余謂此齊東之言也,楊公長者,肯相較若爾耶?②

雖然"此齊東之言也",不能信以爲真,但是宋初模擬《文選》作品的情況可以從這則軼事中有一個側面的反映。朱熹也曾在《跋病翁先生詩》中説:

　　　　此病翁先生少時所作《聞箏》詩也。規模意態,全是學《文選·樂府》諸篇,不雜近世俗體,故其氣韻高古,而音節華暢,一時輩流少能及之。③

作爲宋代理學大師的朱熹認爲病翁先生寫的詩正是因爲"規模意態"學習了《文選·樂府》,故而"不雜近世俗體""氣韻高古""音節華暢",當時的同輩們都達不到這種高度,積極肯定了《文選》作爲教材的價值,也高度肯定了《文選》之於學習寫作文章的典範作用。又如宋代

---

① 駱鴻凱《文選學》,中華書局 1937 年版,第 74—75 頁。
② 袁褧、周煇撰,尚成、秦克校點《楓窗小牘　清波雜志》,上海古籍出版社 2012 年版,第 10 頁。
③ 朱傑人、嚴佐之、劉永翔主編《朱子全書》,第 3968 頁。

劉放《文選類林》、蘇易簡《文選雙字類要》和高似孫《文選句圖》,明代淩迪知《文選錦字》、胡文煥《文選粹語》等體現了以《文選》爲"教材"對用字用詞的模擬學習。值得一提的是,尤其是清代則出現了更大量模擬《文選》作品的現象,在駢文的復興背景下,研習和學習《文選》的風氣大盛,正如阮元爲《文選旁證》序説:"《文選》一書,總周、秦、漢、魏、晉、宋、齊、梁八代之文而存之。世間除諸經、《史記》、《漢書》之外,即以此書爲重。讀此書者,必明乎《倉》、《雅》、《凡將》、《訓纂》、許、鄭之學,而後能及其門奥。淵乎! 浩乎! 何其盛也。夫豈唐宋所謂潮海者所能及乎?"①另外,《文選》的選文階段是前秦到齊梁,後人以其爲學習對象,進行了所處時代文學作品的續編。如前有唐代卜長福《續文選》,元代有陳仁子《文選補遺》,明代有劉節《廣文選》。再者,模仿學習《文選》進行續編的如宋代的《文苑英華》《唐文粹》《宋文鑒》等使得文選"教材學"又具有了編續的内涵。

四、元明清時期《文選》作爲教材的社會實用價值

元代的統治者對科舉考試采取了一定程度上的打壓政策,對詩賦取士也持反對的態度,甚至認爲仕子"日爲詩賦空文"。科舉專以進士科取士,考試的指定讀物有所變動,經義的考試内容包括四書,則以程朱理學對儒家的闡釋作爲主要的依據,《文選》的教材意義也就大爲衰落。

明清的科舉考試還要考論、策,有時判和詔、告、表還要任選一種,這些在《文選》的"論"、"表"等文體中都有很好的範文。明清則以八股取士,八股文講究排偶,《文選》所選的優秀詩文作爲範本,多有可學之處,《文選》也因此成爲科舉考試的輔助教材。所以許多家學教育以《文選》爲教材,如梁章鉅《文選旁證自序》説:"伏念束髮受書,即好蕭《選》。仰承庭訓,長更明師。南北往來,鑽研不廢。歲月迄兹,遂有所積。"②梁章鉅從讀書開始就喜歡《文選》,他受父親的"庭訓",指導他學習《文選》,可見其作《文選旁證》即受家學影響。另據其《師友集》"《選》理最紛紛""余作《文選旁證》,所述師説爲多",可知他跟隨老師林茂春學習,《文選》即是一門最要課程和教材。

此外,文人的現實生活中的酒宴酬答之作、墓志銘誄等應用之文也使得《文選》最適合學習模仿,也適合各類學校、書院作爲教寫作文的教材,也體現了《文選》的社會現實實用價值。

---

① 阮元《文選旁證序》,梁章鉅撰,穆克宏點校:《文選旁證》,福建人民出版社 2000 年版,第 9 頁。
② 梁章鉅撰,穆克宏點校《文選旁證》,第 13 頁。

五、餘論:《文選》作爲教材在域外的傳播與接受

　　《文選》從編撰出來到逐漸成爲一門"顯學",雖然中間有褒有貶,但絲毫不妨礙其經過大浪淘沙,成爲專門的師授、自覺學習或家庭教育的優秀"教材"。《文選》甚至跨越國界,在異域韓國也大放異彩。新羅統一三國後,新文王二年(682)設立了"國學"——即國家最高教育機關,據金富軾《三國史記》卷三十八《志》卷七《職官》記載,在其教學課程設置中,《文選》是作爲最重要的學習對象的,要當作教材來學習。元聖王四年(788),又設置了"讀書三品科"取士,《文選》被列爲上品必考之書,具有了與《左傳》、《禮記》、《論語》、《孝經》等經書同等重要的地位。高麗時代(918—1392)《文選》則更進一步成爲其文人學士學習的典範。光宗九年(958),高麗正式開始實行科舉制,考試科目以詩、賦、頌、時務策爲主(《高麗史·選舉志》),朝野上下研習《文選》之風日漸興盛。其時的崔滋《補閑集》引文安公之言云:"凡爲制作引用古事,於文則六經三史,詩則《文選》、李、杜、韓、柳,此外諸家文集不宜據引爲用。"

　　不僅中國,《文選》在韓國逐漸成爲科舉考試的上品必考之書和文人學士學習的典範"教材",必然自有其內在原因,究其理,不超出《文選》本身綻放的魅力和世人對其價值的認同而主動的追求。《四庫全書總目》卷一百八十六集部三十九總集類序云:"文籍日興,散無統紀,於是總集作焉。一則網羅放佚,使零章殘什,並有所歸;一則刪汰繁蕪,使菁稗咸除,菁華畢出。是固文章之衡鑒,著作之淵藪矣。"①《文選》顯然是屬於"刪汰繁蕪,使菁稗咸除,菁華畢出"一類的,並在傳播過程中地位積漸凸顯,並以其"略其蕪穢,集其清英"逐漸確立了在總集中的重要地位。這正是因爲蕭統主動追求文學的"文質彬彬"的文學風格,其《答湘東王求〈文集〉及〈詩苑英華〉書》中説:"夫文典則累野,麗亦傷浮。能麗而不浮,典而不野,文質彬彬,有君子之致。"②應該説,具有如此文風的人是較爲能夠容許各種文風的,其所編纂的總集也能夠容納各種文風的作品③。因此,才能使得《文選》具有"事出於沉思""義歸乎翰藻"的特點,即所選之文用典故説事而豐富,義理用翰藻來表達而有文采。故,宋人郭思《瑤溪集》云:

　　　　子美教其子曰:"熟茲《文選》理。"《文選》之尚,不愛奇乎!今人不爲詩則已,苟爲

---

① 永瑢等《四庫全書總目》,第 1685 頁。
② 蕭統著,俞紹初校注《昭明太子集校注》,中州古籍出版社 2001 年版,第 155 頁。
③ 胡大雷《〈文選〉編纂研究》,廣西師範大學出版社 2009 年版,第 6 頁。

詩,則《文選》不可不熟也。《文選》是文章祖宗,自兩漢而下,至魏、晉、宋、齊,精者斯采,萃而成編,則爲文章者,焉得不尚《文選》也。唐時文弊,尚《文選》太甚,李衛公德裕云:"家不蓄《文選》。"此蓋有激而説也。老杜於詩學,世以謂前無古人,後無來者。然觀其詩大率宗法《文選》,擷其華髓,旁羅曲探,咀嚼爲我語。至老杜體格,無所不備,斯周詩以來,老杜所以爲獨步也。[①]

郭思説《文選》是文章祖宗,認爲"尚《文選》"的原因在於"精者斯采,萃而成編",這也是暗合了《文選》"略其蕪穢,集其清英"的編纂思想的,也是《文選》真正生命力的所在。宋人真德秀在《文章正宗綱目》説:"自昔集録文章者衆矣,若杜預、摯虞諸家,往往湮没弗傳。今行於世者,惟梁昭明《文選》、姚鉉《文粹》而已。緜今眂之,二者所録,果皆得源流之正乎? 夫士之於學,所以窮理而致用也。文雖學之一事,要亦不外乎此。故今所輯以明義理、切世用爲主,其體本乎古,其指近乎經者,然後取焉,否則辭雖工亦不録。"[②]可見,《文選》之所以能在衆多"總集"中成爲佼佼者,也是經過歷史的選擇的必然結果,因爲它符合了"窮理而致用""明義理""切世用""其體本乎古,其指近乎經"的"教材"的價值和凸顯了其"教材"的功用。

[作者簡介]于堃:廣西師範大學文學院博士研究生。

---

① 胡仔纂集,廖德明校點《苕溪漁隱叢話》(前集),第 56 頁。
② 真德秀編《文章正宗綱目》,永瑢、紀昀等纂修《景印文淵閣四庫全書》,臺灣商務印書館 1986 年版,集部二九四,總集類,第 1355 册,第 5 頁上。

日本奈良平安時期《文選》鈔讀史料彙編稿*

陳　翀

提要: 本稿乃筆者從奈良平安時期古文書、古記録所摘抄出來的《文選》關聯史料編年稿。本稿所録史料雖是一些零碎的書録,不盡詳細,然通過這些簡潔的記録我們可以看出,無論是蕭統編《文選》,還是之後的李善注《文選》及《文選音義》、五臣注《文選》、《集注文選》,均可從中找到相對應的原始文獻記録。而這些記録的彙編成稿,又同時勾勒出了一條比較完整的日本中世文選受容史,亦爲我們今後研究日藏舊鈔本《文選》諸本的文化背景,提供了一條可靠的參考文獻資料鏈。

毋庸置疑,日藏舊鈔本《文選》資料群,現在已經成爲了日中文選學界的一個重要的研究領域。然而,對於日本奈良平安時期(710—1192)的文選學史,也就是這些舊鈔本之祖本的流傳背景——《文選》各種注本在奈良平安時期是如何被抄寫、收藏、閱讀、教學的,由於還沒有整理出一部相對完整的資料彙編,一直沒有得到系統的研究與考證,使得不少學者在研討《文選》舊鈔卷時出現了不少本來可以避免的錯誤。

基於此,筆者近年在彙編整理奈良平安時期古文書、古記録所見漢籍書録稿時,特意將《文選》資料選擷出來,單獨編成一稿。從這些與《文選》有關聯的古文書、古記録中,我們可以看出其對現存日藏舊鈔本及刊本的各種類型——蕭統編《文選》(三十卷白文本)、李善注《文選》(三峽六十卷本)及李善注《文選音義》(十卷本)、五臣注《文選》(三十卷本)、《集注文選》(一百二十二卷本)等均有敘録,爲我們在研究今存諸舊鈔卷之祖本傳抄經緯時提供了一個原始的文獻依據。同時,這些史料均爲當時文人學者所記録下來的第一手資料,現將其匯總成編,也就自然而然地形成了一部真實可信的日本中世文選學史,亦爲我們今後研究日藏舊鈔本《文選》之文化背景時提供一個可靠的參考文獻資料群。

* 本稿屬於 JSPS 科研費 16K025886“日本に現存の舊鈔本を中心とする文選資料群に関する総合的研究”2019 年度研究成果之一。

以下按時代順序先後文分兩篇,先是從《大日本古文書編年文書》(主要是正倉院文書)録出奈良時期(710—794)文選鈔讀史料,其次爲從今存平安時期(794—1192)共三十部貴族公卿日記録出的文選鈔讀史料,必要之處略加案語予以説明,以供海内外同仁參考。

一、奈良時期文選鈔讀史料彙編

本篇以東京大學文學部史料編纂所編《大日本古文書編年文書》(全二十五册)爲底本,將其所收文書有録《文選》書名者繫年録出,加以綱目,在抄録原文書時盡量轉録全文,實在太長者則予以節略。另外,爲了方便大家閲讀,原文書中省筆字、手寫字者改爲正體字,標點略有改動。【】内文字爲原文雙行小字注,( )内文字爲原文小字旁注。又,本篇旨在標示當時所抄漢籍書目,因此原文標註有見消符處或各種讀音符,本稿均以省略。爲了便於查校,各文書末用〔〕標出原書册數及頁數,如〔大①443—444〕,爲《大日本古文書編年文書》第一册 443—444 頁。另外,因《編年文書》碎編繁多,文字輸入時不免有錯誤或脱落處,懇請諸位在參考時盡量按頁查對原書。

① 天平三年(開元十九年 · 731)文書,見録《文選》、《文選音義》、《漢書》等。
○皇后宮職移(正倉院文書 · 續修十六)皇后宮職移,圖書寮(注,此文書書寫年月日不詳,文書性質與上大同,姑收於此)。大初位上船花張善、上日一百九十八、夕九十一【八月十七、夕六。九月十、夕十。十月廿、夕十九。十一月廿七、夕廿六。十二月十一、夕十。正月廿三、夕廿。二月廿七。三月廿五。四月廿八。五月廿。六月一。七月廿】。寫紙三百九十二(五百八張)【涅槃經第一帙、紙百九十二張。正法華二卷、紙五十六。最勝王經三卷、紙卅二(六)張。賢聖義一卷、紙二百卅四。賢聖義一卷、紙四張。文選上帙九卷、紙□□】。少初位上安子兒公、上日百十八、夕九十七【八月十八、夕十七。十月廿一、夕廿。十一月廿二、夕廿。十二月十九、夕九。正月廿三、夕廿一。七月十五、夕十】。寫紙三百五十四【正法華經二卷、紙卅二。最勝王經三卷、卅二。華嚴經五卷、紙七十九張。涅槃經第二帙、紙二百張】。少初位下辛金福、上日二百廿七、夕九十六【八月廿七、夕十六。九月廿八、夕廿八。十月廿九、夕廿六。十一月廿九、夕六。十二月廿七。正月廿三、夕□。二月廿八。三月廿七。四月七。六月六。七月廿六、夕十五】。寫紙陸佰伍拾陸【涅槃經十五卷、紙二百九十三。正華經二卷、紙卅二。最勝王經二卷、紙卅二。金剛波若經四卷、卅八。文選音義七卷、紙一百八十一張。花嚴經三卷、紙六十張】。少初位下秦雙竹、上日一百八十二、夕五

十一【八月十、夕十七。十一月十、夕十。十二月廿、夕十五。正月十、夕九。二月廿五。三月廿五。四月廿三。五月六月廿。七月廿七】。寫紙伍拾陸(三百冊二)【正法華經三卷、紙五十六張。<u>文選下帙五卷</u>、紙一百廿。漢書二帙五卷、紙一百六十六】。〔大①443-444,陳按,此文書之斷簡又見大㉔11-12,重定爲天平三年八月。〕

②　天平五年(開元二十一年·733)文書、見録《漢書》、《文選音義》等。

○皇后宮職移(正倉院文書·續修十六)皇后宮職移。圖書寮。大初位上船花張善、上日貳佰肆拾叁、夕一百五十。寫紙伍百九十一【最勝王經十卷、紙一百六十。悲華經十卷、紙一百九十五。入楞伽經十卷、紙一百七十。實録十卷、紙六十六】。少初位上安子子君、上日貳佰拾、夕百五。寫紙七百卅【正法花經十卷、紙一百九十二。最勝王經十卷、紙百六十。花手經十卷、二百五十三。大灌頂經十二卷、紙一百廿五張】。少初位下秦雙竹、上日一百二、夕卅二。寫紙一百六十張【漢書六卷、一百卅張。法花經八卷】。少初位下辛金福、上日一百九十一、夕百十。寫紙五百八十九張【大集經十卷、紙二百廿九。大法炬陀羅尼經六卷、紙一百八張。阿彌陀經廿卷、紙一百。藥師經七卷、紙七十七。<u>文選音義三卷、七十五</u>】。無位安曇連廣濱、上日一百廿一、夕九十三。寫紙五百六十五張【大集經十卷、紙二百張。大法炬陀羅尼經六卷、紙九十張。菩薩藏經十卷、紙二百十八張。大威德經四卷、紙五十七】。無位酒豐足、上日一百廿四、夕八十五。寫紙五百七十六【大集經十卷、紙一百八十六。大威德經六卷、紙一百十五。菩薩藏經十卷、紙二百十五。大法炬陀羅尼四卷、六十】。右起去年八月一日、盡七月卅日、上日並寫紙等如前、録狀申送。五年八月十一日。〔大①476—477〕

③　天平十四年(天寶元年·742)文書、見録《文選音》等。

○優婆塞貢進解(正倉院文書·大橋本一)秦大藏連喜達【年廿七、右京四條四坊戶主】　從六位下秦大藏連彌智庶子、梵本陀羅尼、佛頂陀羅尼、千手陀羅尼、般若陀羅尼、如意陀羅尼。讀經、涅槃經一部、法花經一部、最勝王經一部、梵網經一卷、疏二卷、理趣經一卷(暗誦)、瑜伽菩薩地、中論一部、肇論一卷(已上破文)、<u>文選上帙音</u>、脩行十二年。天平十四年十一月十五日大安寺僧菩提。〔大②315〕

④　天平十六年(天寶三年·744)文書、見録《文選》等。

○寫成唯識論掌中樞要校正注文(正倉院文書·續續修三十五帙三裏)茨田(久治麻呂)寫

樞要。用卅張。三月七日(天平十六カ)一校檜前(万呂)。三月廿日二校鳥取益万呂未正(正了)。(樂書)入、入、楞、入楞伽經疏卷第十五。<u>文選卷第一</u>。選、選、文、卷第一。難難波國攝津國三嶋上郡興福寺檢財帳一卷。〔大㉔259—260〕

○足万呂私書(正倉院文書・正集十七裏書)始天平十六年十月八日充私書事【足万呂私書也】。<u>文選第四十五卷</u>【筆一、墨頭】、上了、寫鬼室乎人。第七、上了、寫角勝万呂。第四、上了、寫蜂田在人。第八、上了、寫弓消狹人。第五十、上了、寫雀部少万呂。第九、上了、又同人寫雀部。第六、上了、寫阿刀秋万呂。第一、上了、寫建部石万呂。第二、上了、寫弓消佐比止。第三、寫。〔大②358〕

⑤　天平十七年(天寶四年・745)文書、見録《文選音義》。

○經師等調度充帳(正倉院文書・續續修四十四帙十)十七年十二月二日、新參入經師小長谷真弓文忌、寸公麻呂二人、各給净衣一具【袷袴褖(橡、下同)單衣袜衾裏及筆(墨)直錢、一人各百十文。一筆每六十文、一墨每五十文】。又古來小僧、呉原生人、忍坂成万呂、山部花、忍海新次、丈部小虫、忍海廣次、志紀昨万呂、錦部公万呂、錦部東人、已知荒石、合十一人、筆墨直錢一人各百十文給、充筆直六十文、墨直五十文也。又、文公万呂總一貫三百廿文也。又、一日夜、專自阿刀秋万呂手而受麻衾二幅、褖净衣七領、即納秋万呂櫃也、之中麻被二條、褖净衣四領者、官返上訖也。又、同日依綱國方給净衣一具【知川村物福】。又、六人餘帛袷袴返上已訖也。三日、以阿刀息人麻净衣借於山背野中也。三日、尾張張人筆墨直錢百十文受、一筆直六十文、充一墨直五十文、充合百十文也。五日、返上麻被二條、褖净衣四領。又、三日古乎麻呂陀羅尼經題一千二卷寫奉也。五日、參入舍人國足万呂、河内里人、粟田船守合三人也、自外入來無垢净光陀羅尼經一卷、即寫人尾張張人也。四日、田邊史生藥師經寫奉、經師丸部嶋守、漢净万呂、既母建万呂、合三人。又、阿彌陀經寫奉、忍海新次受也。五日、受疊三枚也。五日、達沙牛甘、錦部大名、漢净万呂、難万呂、古乎万呂、既母白万呂、既母建万呂、高市老人、阿閇葦人、宍人三田万呂、櫟井馬甘、合十一人、筆墨直錢一貫二百廿(十)文給、人別各百十文也、一筆充六十文、一墨充五十文也。又二日、借充麻被三條、(中略)、借充山代野中也(返上)。五日、南樣佛所充墨端一折、即充調大山也。一日官一切經内紙卅八枚、借充田邊史生。藥師經三卷、阿彌陀一卷、合四卷、即知能登、忍海、忍人也。四日、下道朝臣直言<u>文選音議(義)</u>一卷、附下道朝臣福倍送遣也。(中略)。(異筆)天平十八年正月七日召大唐使已訖也。〔大⑧578—581〕

⑥　天平十八年(天寶五年·746)文書、見録《文字辨嫌》、《通俗文》、《文選》等。

○一切經間校帳(正倉院文書·續續修二十六帙五)十八年二月四日、四分律鈔第二【用六十三一校、檜前万吕、十五年寫者】。三月八日、十一面經疏一卷【用廿六張一校、原白万吕、二校丸部村君】。四月、多心經七百六十八卷【一校粟田船守、二校石村能(熊)鷹】。十八年三月給。尊勝琳林序一卷、用九十七(七十四)枚【一校、二校】。仁王經義疏二卷、用九十七張。起信論疏四卷、用百四張。<u>文選上帙</u>【九卷、欠第一】、用二百卅張。藥師經廿一卷、用二百七十九張【一校荒田井鳥甘、二校原白万吕】、十八年七月給。〔大⑧205—206〕

○經疏料紙受納帳(正倉院文書·續續修三十七帙二)(十八年)五月八日從宮來白紙二百張【<u>文選上帙料</u>、(異筆)受、能登忍人。判　田邊史、知志斐万吕】。〔大⑨66〕

○經師充本注文(正倉院文書·續續修二十三帙五裏書)四分戒本一卷【充餘馬養、十八年五月黃紙廿】。<u>文選上帙、第二卷</u>【充錦部大名】<u>、第三卷</u>【充万昆多智】<u>、第四卷</u>【充茨田久治万吕】<u>、第五卷</u>【充難万君】<u>、第六卷</u>【充高市老人】<u>、第七卷</u>【充大鳥祖足】<u>、第八卷</u>【充丸部嶋守】<u>、第九卷</u>【充志紀咋万吕】<u>、第十</u>【充既母建万吕】。〔大⑨209〕

⑦　天平十九年(天寶六年·747)文書、見録《文選》等。

○寫經疏充用注文(正倉院文書·正集四十一裏書)尊勝琳林序一卷、用七十四張。仁王經義疏二卷、用九十七張。起信論疏四卷、用百四張。<u>文選上帙</u>【九卷、欠第一】、用二百卅張。充能登忍人。藥師經廿一卷、用二百九十七張、充能登忍人。八敬六念卌卷、或本一卷、合用二百七十六(十八年七月給)張。充玉祖公万吕。高丘王所願之經十六卷、用二百七十(十九年正月給)張。充能登忍人。六卷鈔九部、用三千六百五十張【空六、破卅五張】、又一部用、充能登忍人。理趣經七卷、用百卌張、充能登忍人。觀世音經百卷、用六百五十八張【空十二、破四】、充能登忍人。說無垢稱經二部、用二百張【空二】、充能登忍人。理趣經一百卷、用一千八百九十張、充能登忍人(十八年十二月給)。法華經十部、用一千八百五十、充秦秋庭(十八年十二月給)。花嚴經八十卷、用。充玉祖公万吕(十八年十二月給)。十一面經十一卷、用百廿九。金剛般若經一卷、用十四張。阿彌陀經一卷、用六張。右三經、合用百卅九張、充能登忍人(十八年十二月給)。

○間紙檢定並便用帳(正倉院文書·續續修二十八帙七)從天平十七年十月十一日以來充裝潢紙檢定帳。(中略)。<u>文選上帙十卷</u>【欠第一】料受二百卅張【既用】、【從宮來】裝潢能登忍人。天平十九年五月廿九日阿刀酒主、志斐、伊福來。〔大⑨367—369〕

⑧天平寶字中(至德二年—廣德二年、757—764)文書、見録《(李善)注文選》。

○秦家主啓(正倉院文書‧續修四十八)謹啓、消息事。一、法花經者、以當月廿三日始可奉。一、先日宣注文選、殷勤欲畫申人侍、紙食料筆墨等、備欲求請。一、經師闕所、尾張足人預欲仕奉申。一、若請暇退幸者、若奈良宮(京)可入坐事等、在道次可召。想心雖万端、不能書具載、伏乞部下消息、迤曲投一封、死罪頓首、謹言。四月廿日下愚秦家主上。道守執下。〔大㉕344〕

二、平安時期公家日記所見文選鈔讀史料彙編

　　本篇以《大日本古記録》、《史料大成》等所收平安時期公家日記爲底本，將其中有録《文選》書名者按日記之成立先後排列繫年録出，録文凡例如上篇。又，爲了便於查校，仍依上篇例於條末標出原書所收頁數，以便大家核對原文。

①　藤原師輔《九曆》〔大日本古記録本〕

○天曆二年(五代後漢乾祐元年‧948)八月十九日、(高光童殿上事、有殿上酒餚)午時隨身高光(藤原)參内、予依例自近衛御門末、小童自上東門令入、先參藤壺(藤原安子)、此間天皇(村上)御此舍、令伊(尹歟)(藤原)、兼通上殿上、聊調酒食出殿上、依寂然也、高光依召候御前、隨仰誦文選三都賦序、帝感嘆云々。(9—10 頁)

○天曆四年(五代後漢乾祐三年‧950)八月五日、壬辰、權中納言(源清蔭)參□□□有今宮(成明親王)御書【文選】之竟宴。(126 頁)

②　藤原實資《小右記》〔史料大成本〕

○長元四年(北宋天聖九年‧1031)七月二十五日、庚午、頭曰(辨力)持來信任申修造外記局覆勘之文、令答云‧(脱文歟)國々相撲人等參來、念誦間不召見、經時剋播磨相撲人等參來、召見。藏人右少辨經長傳綸旨【實關白消息】、舉周奉授文選‧史記已了、可加一級者【正四位下】。(後略)。(第三册 263 頁)

③　藤原行成《權記》〔史料大成本〕

○長保二年(北宋咸平三年‧1000)九月六日、庚戌、參彈正宮、歸宅、左府於中宮有召、即參向、戌剋也、前此藏人實房爲御使參、申神寶料總鞦不足一具之由、即被奉之給、令申依召參

入之由、即被奏文三枚之中、一枚過神事可奏云々、亦中宮明後日可入御、皇后暫坐人家、還宮之時賞家主有先例、隨天氣可令申、亦先日匡衡朝臣所傳仰注文選諸所求得四十餘卷、非一同、隨仰可令進上、申承雜事之間漸及深更、以去四日夜夢申丞相、命云、是吉想也、努力亦莫語他人、其次被示入道相府將冠之時、處敘位給之夜、夢參內。（第一冊157頁）

○長保二年（北宋咸平三年・1000）九月七日、辛亥、依發遣伊勢神寶廢務。奏昨日左大臣令申旨、仰云、文選雖不具可進、后宮入內之事、可仰參上之上卿、家主賞可依先例。又供御院預廣信讓與男官人代滿利文、先日覺誤下給之由、仍令申其由、抑件事、廣信催申之日、仰下宣旨申了、而一日朝經下給近嗣申文日、令申下廣信申文之由也、今日件文見出之、未下給、隨仰可進止、仰云、暫可候。即以此由一一申送、報命云、明日可示左右者、候內。（第一冊157頁）

○寬弘七年（北宋大中祥符三年・1010）十一月二十八日、癸卯、天皇自枇杷殿遷一條院。申剋、召左大臣於御前、暫召諸卿令候南廂、大臣儲御膳、又給公卿以下酒食、大納言公任供御膳、給御衣於大臣、大臣於南廊拜舞、更上自小板敷如例、大臣獻御馬十疋、左右大將令分取、左引出東、右西引出、六衛府佐引之、亦近衛將監取片口、藏人衛府尉□佐不足。又大臣獻御書、余並左金吾取之、右大臣問何物、余申摺本文選、金吾稱摺本文集、退案、余稱唯可申歟〈●陳案，"文集"專指《白氏文集》，"摺本文選"指刊本五臣注《文選》〉。（第二冊146頁）

④　藤原道長《御堂関白記》〔大日本古記録本〕

○寬弘元年（北宋景德元年・1004）十月三日、癸未、此月修善、權僧（觀修）正初、勘解（有國）由長官五節料送絹少少、院源僧都絹綿少少、圓澄又送同、乘方（源）朝臣集注文選並元白集持來、感悅無極、是有聞書等也。（上冊113頁）

○寬弘元年（北宋景德元年・1004）十一月三日、癸丑、奉仕羹次、乃酪酊間、渡御中宮（彰子）御方、上達部侍臣候、巡行數度、有歌笛聲、時御出、垂母屋御簾、上廂御簾、上達部候簀子敷、殿上人候渡殿、管絃侍臣五六人許候遣水邊、召御笛數曲後、宮御衣賜上卿等、主上御衣賜余、殿上人疋見、事了間集注文選內大臣（公季）取之、右大臣（顯光）問、內大臣申云、宮被奉集注文選云々。事了還御。（上冊116頁）

○寬弘三年（北宋景德三年・1006）十月二十日、己丑、參內、着左杖座、唐人令文（曾）所及蘇木、茶碗等持來、五臣注文選、文集等持來。冷泉院御方違御小南。（上冊196頁）

○寬弘七年（北宋大中祥符三年・1010）八月二十九日、乙亥、雨下、從相撲召合晴日少也。

事愁甚多、依觸穢無指御祈、作棚廚子二雙、立傍、置文書、三史、八代史、<u>文選</u>、文集、御覽（修文殿御覽）、道道書、日本記具書等、令、率、式等具、並二千餘卷。（中册 74 頁）

○寬弘七年（北宋大中祥符三年·1010）十一月二十八日、癸卯、雨降、參内、行右大臣（顯光）行幸、諸陣所所有饗、屯食·垸飯等、供奉行幸諸司·諸衛·所所官人賜疋見、舍人以下賜布、采女·所所女官賜疋絹、下女賜手作布、無不賜者。女房大破子·絹二百疋、加垸飯、諸卿先着陣饗、次參上殿上、有召參御前、給衝重、家所儲也。次供御膳。次上達部·殿上人被物、皆大袿（上達部一重、殿上人一領）。次貢馬十疋、殿上諸佐近衛府以上率之。次御送物、<u>摺本注文選</u>·同文集、入蒔筥一雙、袋象眼包、五葉枝、事了御人。（後略）。（中册 82 頁）

⑤　源經賴《左經記》〔史料大成本〕
○萬壽二年（北宋天聖二年·1025）七月三日、癸未、晴、及午後參御堂東宮、以子剋遷御大内、仍有御送物用意【摺本文集一部、同<u>文選</u>一部、各裹村濃薄物、付銀枝、又作笊籠二合入絹、女房料云々】、自御堂可被奉云々。又供上達部、殿上人、侍者帶刀、主殿所女官等、向大宮賜饗禄有差云々。（149—150 頁）

⑥　源經信《帥記》〔史料大成本〕
○承曆四年（北宋元豐四年·1080）八月二十日、庚戌、先日殿下宣云、自仁和寺宮御許、彼寺庫倉並圓堂經藏破壞年久、（中略）、下自仁和寺東門【行禪僧都自西來會、殿禪師君並僧侶來閣】來會、僧都示云、僧正被坐此西僧房、先可起（赴カ）歟者。共向其房、僧正【勸修寺僧正也、爲此寺別當】被坐、相共向倉下【豫令結繩柱、可加修理之故歟】、使恩紹先開南倉、取出鎰筥並寶倉目録等【件南倉納御八講物具等、仍只寺所司開闔歟、然者可被納件目録於北御倉歟、但取出吳樂面形十許、僧都云、此目録中有道風書、菅家被加御名字、已以紛失歟】、忽以板結北倉橋、以恩紹令開、自橋攀登見之、倉上圓座許穿漏濕有跡、又厨子等雖指鏁、被構開、尋問先々令開所司、申云、依鎰不候、先度所構開也者、少々取出、校合目録【每厨子有別目録】或有、或無、然間暑氣難堪之上、塵埃尤甚、仍相議下倉、其前敷疊、取出厨子開見、日漸及昏、雨又頗灑、仍取入南倉、付僧正並予封。渡圓堂經藏、相尋鎰、已無相知之人、恩紹云、以御倉鎰被開之由、側承之者、試令開、已被開、只見法文一卷、<u>俗書一卷</u>、令闇、同令付封。向僧正房、有飲食事【僧都並禪師君被歸去了】、入夜歸來、僧正被約去、此倉修理之後、隨示可參會者〈●陳案，"俗書"，即外典之意，一般指儒家常見之經書與《文選》。

《今昔物語》卷十一"毛詩、論語、文選等ノ俗書ヲ読ムニ"〕。（61 頁）

⑦　藤原師通《後二條師通記》〔大日本古記録本〕

〇應德二年（北宋元豐八年·1085）十一月二十五日、乙卯、天晴、文選了。孝言（惟宗）三十卷了。（上册 107 頁）

〇寬治六年（北宋元祐七年·1092）十一月三日、壬午、（朱）「史書等事」、晴、萍（本）事忌也、若狹守（藤原）行綱朝臣令申罷下之由、聞耳根畢、一昨日從孝言許、金樓子十卷·大唐六興（見消點、典）三十卷等所得。注文選十三卷、雪賦云、豐年必積雪。見注云々。又見毛詩云々〈●陳案，日本古典之中的"注文選"，如"文集"專指《白氏文集》一樣，專指"李善注文選"〉。（中册 305 頁）

〇寬治七年（北宋元祐八年·1093）正月十三日、辛卯、〔凶會ハ〕晴、午剋飛雪蜜〔蜜ハ〕下、不積庭中、有夜召外記、（三善）雅仲參、七日會馬助清宗所遲參也、（朱「召外記仰下怠狀」）仰可令怠狀之由、外記承了、殿下（脱アルカ）法勝寺給之由、傳所承也。裏、雪頻降事、隨時變改、見文選第一、但二月以後有禁忌歟、左大弁返事云、有感難（歎歟）事云々。南殿御障子賢聖圖目録（卅二人）。（下册 11 頁）

〇寬治七年（北宋元祐八年·1093）二月十三日、庚申、陰、盡日雪降、變改逢〔違ハ〕氣不決云々。大略見文選、庭上不積、召大内記、新司有賞事、（朱「奉幣定延引、大内犬死」）、被仰下加階事云々。於内犬死穢云々。奉幣定延引。（下册 19 頁）

⑧　藤原宗忠《中右記》〔史料大成本〕

〇寬治八年·嘉保元年（北宋紹聖元年·1094）六月十日、早旦殿下自内令參院給、（中略）、今夜有省試、判官省官兩文章博士之外、是綱朝臣、有信預判【件有信超上藟三人、信綱、友房、公仲參判、有憂兼日沙汰云々】、學生詩十八枚判上也【本闕十五人、餘進士三人】、題云、宣德以詩【以謠爲韻、八十字成篇】、貫韻謳謠也。或人談云、是題文選之詩也、於貫韻者注文者、以注文爲貫韻事、頗不心得（行力）事歟、但先例一兩度、以注文爲貫韻、又何事在哉。今夜宣旨下、除目近々之由風聞、世間仍省試被忩行、衆口嗷々。（第一册 156 頁）

⑨　平信範《兵範記》〔史料大成本〕

〇仁安四年（乾道五年·1169）四月三日、己丑、天晴、早旦左大臣給年號勘文二通、式部大輔範卿、文章博士俊經朝臣等也。勘申年號事。大承、尚書曰、肆司子王丕承基緒。傳云、言先祖勤德致有天下、故子孫得大承基業。平康、史記曰、畯民用章、家用平康。孔安國曰、賢臣顯用、國家平寧。天寧、<u>文選</u>曰、受命天、寧濟四方。右依宣旨勘申如件。式部大輔藤原朝臣永範。件勘不無裏紙、有懸紙【不封】。勘申年號事、大喜、白虎通曰、民人大喜。弘保、晉書曰、弘保訓之道。壽永、毛詩曰、以介眉壽、永言保之、思皇多祐。右依、宣旨、勘申如件。修理左宮城使左中辨兼文章博士藤原朝臣俊經。藤中納言資長卿、直被付下官。年號事、養元、後漢書曰、愛養元々、綏以中和。嘉應、漢書曰、天下殷富み、數有嘉應。權中納言藤原資長。（後略）。（第五册 2—3 頁）

⑩　藤原賴長《台記》〔增補史料大成本〕

○康治二年（南宋紹興十三年・1143）八月二十八日、壬子、參鳥羽並新院、使前少納言俊通弔令明、重師仍使此人。余書始時、敦光朝臣爲師意于令明者、幼少時、私習孝經、又長習<u>文選</u>一部、仍貴之、今夜葬云々。（第一册 95 頁）

○康治二年（南宋紹興十三年・1143）九月二十九日、癸未、拂曉、人告云、待賢門院室町三條燒亡【件御所、今年七月十一日御渡】。即馳參、先是渡御三條西洞院新院御所、本院幸之、右大將以下以人々、豫候此御所。辰始、本院還御、余退出、歸家之後、見御覽〈●陳案，"御覽" 指《太平御覽》，下同〉第一百卅八了、日以來此書入車中見之。將見之、問成佐、答云、可又問友業。答云、御覽者、臨時見之可也。雖見首尾、難覺也。余從成佐議見之、一無覺、百卅八卷之中不過十、不愼其前、悔其後、此之謂乎。友業之言是也。因今癈御覽學。今日所見、及一千三十卷、因所見之書目六（錄）載左、自今而後、十二月晦日、錄一年所學、可續載曆奥。

經家【三百六十二卷】

尚書十三卷【抄】、保延六年。同音釋二卷【首付】、永治元年。同正義廿卷【首付、書本書裏】、康治元年。毛詩廿卷【抄】、保延六年【受夫子説、十二月九日始之、同月廿九日終之】。同正義卅卷【首付、書本書裏】、康治元年。周禮十二卷【抄】、永治元年【九月、手自引勘疏、散不審、件疏文、令人書本書裏】。儀禮十四卷【抄】、永治元年【六月、手自引勘疏、散不審、件疏文、令人書本書裏】。禮記廿卷【抄、首付】、永治元年【曲禮月令受夫子説、四月始之、同月十二日終之】。新定三禮圖廿卷、康治二年。左傳三十卷【抄、首付】、永治元年。同釋例十六卷【首付】、永治元年。謚法一卷、永治元年。同正義卅六卷【雖爲抄、句末抄寫也、首付】、康治二年。公羊十二卷【抄、首付】、永治元年。同解徽十二卷【首付、書本書裏】、康治元年。穀梁十二卷【首付、書本書裏】、永治元年。同疏十二卷【首付、書本書裏】、永治元年。

古文孝經、保延五年【受子師外史説、十月七日習之】。御注孝經一卷、保延六年【受子師外史説、同五月九日習之】。同述儀五卷【首付、書本書裏】、康治元年。同去惑【〇同去惑、小本作間者式】、康治元年。論語十卷、保延三年【受子師外史説、十一月十六日始之、同五年九月十日終之】。同皇侃疏【首付、書本書裏】、康治元年。老子二卷【抄】、保延六年【受夫子説、十二月十二日始之、同十二月六日終之】。莊子卅三【〇三、小本作二】卷【抄】、保延六年。經典釋文七卷、康治二年【序録一卷首付、左傳六卷、勘付本書】。

史家【三百廿六卷】史記五十一卷、保延三年【本紀一至六、世家一至十七、列傳一至廿八】。漢書九十二卷、保延四年【本紀、霍光傳、馮奉世傳、敘傳下、受先師御説、自餘受夫子説、同三年十月三日始之、四年十二月二日終之】。同敘例一卷、保延四年。後漢書百卷【抄】、保延四年。三國志帝紀十卷【抄、首付】、永治元年。晉書帝紀十卷【抄、首付】、永治元年。同載紀卅卷【首付】、永治元年。南史帝紀十卷【抄、首付】、永治元年。北史帝紀十二卷【抄、首付】、永治元年。新唐書帝紀十卷、永治元年。

雜家【三百四十二卷】蒙求三卷、保延二年。燕丹子三卷、保延三年。西京雜紀二卷、保延五年。崔豹古今註三卷、保延五年。立身誡【〇誡、小本作議】一卷、保延五年。洞冥記四卷、保延五年。荊楚歲時記一卷、保延五年。金谷園記一卷、保延五年。列仙傳二卷、保延五年。臣軌二卷、保延五年。帝範二卷、保延五年。六軍鏡三卷、保延五年。續齊諧記三卷【首付】、保延五年。<u>李氏註文選六十卷</u>【自筆抄】、保延六年【受子金柱下説、同五年八月廿一日始之、六年五月十五日終之】。新樂府二卷、保延六年【受夫子説】。鬼谷子三卷【抄】、保延六年。高才不遇傳四卷【抄】、保延六年。漢武故事二卷【首付】、保延六年。王子年拾遺記十卷、保延六年。顏氏七卷【首付】、保延六年。太公家教一卷【首付】、保延六年。素書一卷、保延六年。註千字文一卷、保延六年。註百咏一卷、保延六年。貞觀政要十卷【首付】、保延六年。孔子家語廿卷、保延六年。居易別傳一卷【首付】、保延六年。劉子十卷【首付】、永治元年。爾雅三卷【首付】、永治元年。兼明書五卷【首付】、永治元年。孟子十四卷【首付】、永治元年。同音義二卷【首付】、永治元年。東齊記十二卷【首付】、永治元年。五行大義五卷、康治元年。御覽百卅八卷、康治元年【一至百卅八】。都合一千三十卷。（第一册98—99頁）

〇久安三年（南宋紹興十七年·1147）八月七日、壬戌、依爲無憚之日、成佐、獻女子名字勘文【依疾不來、以書獻之】即問名於禪閣、攝政殿下、侍從中納言成通卿、大外記師安、駿河守雅教、前少納言俊通、前能登守孝能、前肥前介賴業、陰孫菅原登宣、又泰親問擇信西【間嘉事於法師、專可忌之、是以如余告其名於泰親、問信西、不受余命、故不稱使也】。各所對、續載狀左。又權中納言公能卿、所對不詳。

勘申、御名字事。

荃　唐韻曰、此緣反、香草也。王逸楚辭注曰、荃、君也。李善文選注曰、香草也、以諭君也、人君被芬香、故以香草爲諭。

多　玉篇曰、旦何反、衆也、重也、大有也。説文曰、重夕爲多。子夏詩序曰、螽斯后妃、子孫衆多也。鄭玄詩箋曰、君其子孫衆多、將曰日々以盛。尚書曰、成周既成、周公多士。

頌　玉篇曰、似用反、形容也、頌其盛德。公羊傳曰、什一行爲頌聲作矣、何休頌聲者、大平歌頌、聲帝王之高致也。文選序曰、頌者、所以游揚德業、褒讚成功。毛詩正義曰、王功既成、德流兆庶、下民歌德澤、即是頌聲作矣。又曰、頌之言容、天子之德。光被四表、格于上下。無不覆燾、無不持載。此謂之容、於是和樂興焉、頌聲乃作。

右勘申如件。久安四年八月七日、式部權少輔藤原朝臣成佐

如此事計申條、尤見苦侍、仍不申侍也、女子名字、床【○床或度誤】上之可被計仰候、自其殿可被仰候、付御使、令申候也、以此旨可被申、謹言。八月七日。

日記賜預了、大治之比抄出、件日□失之條、日記本見歟、重爲引檢遣召了、未持來之間、自以遲引、名字勘之【○之婚記作文似是】、一見了、返奉之、字作並所引之文、皆以神妙、不具謹言。

荃、多、頌、三字之中、於多字者、雖無指釋、連多子之時、頗可宜歟、名實賓之故也。

適蒙仰、不參仕候之條、極恐思給候、所勞之條、境節申限不候者也、昨日、所下給候之御名字勘文一通、謹以返上之、先度如此沙汰候之條、且面目無極、且怖畏不少候者也、幼少之昔、雖志鑽仰、强仕之今、都以癈忘、疾逐年侵、經日慵候之故也。就中、於如此事者、不知子細候、難計申候者、但廻愚案、荃字、東三條院御名同音、雖可爲吉例。本文屈原詞、頗不快候歟。多字、宜候歟、字作重夕、孝武本紀、天子如郡【○郡、婚記作郊、可從】。拜泰壹、朝々日、夕々月云々。頌字作夏公也、然則、公子之義、不叶皇胤之心候歟。偏不申候者、又依有其恐、如形所令言上也、且所勞之間、委不能引勘候也、以此旨可然之樣、可令言上給候也。雅教、誠恐謹言。

　　八月八日　　　民部權大輔雅教上

荃字　訓不分明、委可被尋問

頌字【○字、仁本作子、下二箇字亦同之】　似無其難

多字　女以多子可爲勝、何覽【○覽、婚記作況、可從】。又説文、重夕爲多云々。付之、重夕者、專夜之儀也、彌可爲最吉。

右三字之中、隨管見所及注申之狀如件、

　　久安四年八月七日　　　　前備前權守源俊通

御名字勘文、拜見返上、愚案之所及、多字優候歟。名字多可用平聲云々。又親王並婦人名

訓、未愷之字不用云々、是出□□□□□□□

□□□□公御前、不可讀聲、可讀訓之故云々。而近代間、訓之愷字等見候、如何。就中、多

字、万佐留云訓候歟、彌神妙覺候、子細、只今參入、可令上候之狀、如件、

　　八月七日　　　　　　大外記中原師安、請文

荃　蘭荃一物也。左傳、鄭文公、有賤妾曰燕嬉【嬉名燕姓】、夢天使與己蘭【蘭、香草】、曰、

余爲伯鯈、余而祖【伯鯈、南燕祖也】、以是爲而子【以蘭爲汝子名】、以蘭有國香、人服媚之如

是【媚、愛也。欲令人愛之、如蘭也】、既而、文公見之、與之蘭而御之。

　　久安四年八月七日　　　　散位孝善

多　玉篇曰、旦何反【旦字、日下有一、何字人（人、婚記作入、非也）可也、日下一人也、反音

既（既、松岡本作説）佳歟】。説文曰、重夕爲多【后妃有王寵、歟御重夕、尤可優美】。毛詩

序曰、螽斯后妃、子孫衆多也。螽斯之篇、述后妃子孫衆多也。大姒爲文王之正后、生聖子

武王、子孫衆多、而周祚長久也。

多　夫婦之儀、以愛爲先。文既重夕、情同專夜。加以子孫衆多、后妃至德也。又反音且

何、且日一何人可、我朝日本爲號、既日下有一人可也、尤叶其宜矣。

頌　聖主在上、人頌其德。以其文字爲其義【○義、婚記作儀、非歟】名者、定爲天子之裏者歟。

荃【信西】文選曰、荃不察余之中情兮、反信讒濟怒。是屈原之詞也。此文不吉歟、若是以爲

東三條院御名同音之字、擇申歟。抑後宮、以從草合字、爲名之人、贈后茂子、茨子等。於皇

胤吉例也、至其御身者、平生不備后位、吉否之間、可在御定。

多　訓釋雖無吉、多子之義、可謂宜歟。

頌　破字云、貞公子。則公子之義、不可【○可、婚記作叶、可從】、帝子之心歟。（別記、第二

册 232—235 頁）

⑪　藤原忠親《山槐記》〔史料大成本〕

○治承三年（南宋淳熙六年・1179）十二月十六日、己亥、天晴。（中略）有御送物、摺本太平

御覽【此書總數三百卷也、卷三帖裹之、不入笥、自大宋國送禪門、未渡本朝書也、後朱雀院

儲君之時、萬壽之比自御堂有御送物、摺本文選・文集云々、具見經賴卿記、蓋被追彼例

也】、裏蘇芳村浮綾【裏濃蘇芳打】、以玉付銀松枝、權大夫取之【置弓、猶可取加歟】、自寢殿

西方經南簀子跪御前、更に起東行、於東面户前授大進光長。々々賜出納、御送物之間、無

公卿著御前座之儀、還御甚早速之間、人々多以遲參、（後略）。（第二冊 327—329 頁）

⑫源師時《長秋記》〔增補史料大成本〕

○天承元年（南宋紹興元年・1131）正月二十九日、改元定也、（中略）、開勘文等令付和名、敦光朝臣勘申、天壽、【後聞、朝綱所撰也】、尚書曰、天壽平格（イノチナカシ　ニ）、保又有殷（タモチヤスモス）、孔安國自言、天壽有平主之君、故安治有殷。天承、漢書曰、聖王之自爲動靜、周旋奉天承親（ツカムツリ　ニウクチニ）、臨朝享臣（ニスヲ）、物有部文、以章人倫（アキラカニス）。泰和、楊子法言曰、或問（アルヒト）恭和（ヲ）、曰某在唐虞成周呼、宋盛曰、問大平和樂之道也。有元朝臣、天祐（後聞正家所撰也）、春秋繁露曰、德侔天地、皇帝天祐（サイハイシテ）而示（ス）之、號曰天子。安寧、史記曰、成康之際（ヒ）、天下安寧（ナリ）。保寧、後魏孝文帝登（祭）嵩高文曰、納茲（コノ）多福（ヲ）、萬國保寧、行盛朝臣。永受、儀禮曰、眉壽萬年（ニ）受故福、【故猶巡、々遠也】。天受、（行盛內）、孟子曰、薦舜（ヲ）於天、而天受之、民受之、舜天人所（ノナリ）受、故得天下（ヲ）、曰祭百神（ヲ）享之、是天受也、治百姓（ヲ）安（ス）之、民受也。【太郎按、是萬章之文也、而頗異】。慶成、文選曰、上帝垂恩儲祐（サイハイヲ）以慶成（ムト）。（中略）後日尋申中納言、答云、唐書（ハ）依已才歲字通用裁字也者、雖不面作相具、尚可有憚云々、是强難也。（第二冊 84 頁）

○保延元年（南宋紹興五年・1135）四月二十七日、庚午、晴（前略）、勘申年號事。貞久、周易曰、恒享無咎、利貞久於其道、々得所久則常道無咎、（而利正也）、天地之道恒久而不已也。天明、孝經曰、明王事父孝、故天明、事母孝、故地察、長幼順、故上下治、天地明察、神明章矣。養壽、後漢書曰、今多養壽、無有怵迫之憂。右依宣旨勘申如件、式部大輔藤原朝臣敦光。勘申年號事、嘉應、漢書曰、休徵嘉應、頌聲並作。安貞、周易曰、安貞之吉、應地無疆。承安、論衡曰、舜禹承安、繼志使能、共己無爲、而天下治。右依宣旨勘申如件、長承四年四月廿六日。（從四位下行大學頭兼文章博士越中介菅原朝臣時登。勘申年號事、承安、尚書曰、王命我來承安、如文德之祖。正義曰、承安者、承文王之意、安定此民也。延祚、後漢書曰、孝文皇帝、賢明臨國、子孫賴福延祚。保延、文選曰、永安寧、以祉福長、與大漢而久存、實至尊之所御、保延壽而宜子孫。右依宣旨勘申如件。（後略）。裏書云、喪服傳、子孫謂天子父也云々、承安音書父者、舜禹事也、舜非禹子、頗可有用意歟。內大臣云、保延反邊也、吉也云々。（反、諸本作人具鷹本改。）予案、篇也、非邊歟、但篇字無失歟。（第二冊 274 頁）

［作者簡介］陳翀：日本廣島大學文學部中國文學語學研究室准教授。

"古筆切"之李善注本《文選》

芳村弘道 撰　靳春雨 譯

提要:"古筆",指古人的優秀筆跡,爲了供較多的人鑒賞或爲了鑒定而將古筆的卷子本和册子本等分割截斷,這種古筆的殘簡稱"古筆切"。漢籍的古筆切與和歌集等日語撰著相比數量較少,但也有比如具有代表性的舊鈔本《白氏文集》的古筆切,給中國古典文學和日本漢學的研究提供了重要資料。本文介紹的李善注《文選》的古筆切也具有極高的資料價值,可以説其在李善單注本《文選》中也是鳳毛麟角。李善單注本《文選》古筆切,目前可確認的有九件,均爲《西都賦》的殘簡,并可認爲是唐鈔本或者日本奈良時代的寫本,與敦煌遺書永隆本等一起成爲傳達李善注《文選》古貌的貴重資料。李善注《文選》古筆切的正文及注文兩方面都顯示出其與後世的宋版李善注系統相異。李善注經過複雜的形成過程成爲版本,而古筆切的李善注《文選》的《西都賦》則爲考察此問題提供了極其重要的資料。

一、引言

"古筆",指古人的優秀筆跡,爲了供較多的人鑒賞或爲了鑒定而將古筆的卷子本和册子本等分割截斷,這種古筆的殘簡稱"古筆切"。室町(1336—1573)末期以後,茶道盛行,古筆切被裝裱成書幅裝飾在茶室以供欣賞(茶室的書畫幅叫茶掛)。古筆切多被編集、貼付成經折裝,製成鑒定和鑒賞用的圖録形式。這叫做手鑑,將古筆切貼付在手鑑上稱之爲押(おす)。所謂手鑑,即收載名家親筆的殘簡的集帖。古筆的鑒定是由江户幕府所認定並賜予"古筆"姓的專家(古筆家、古筆見,了佐爲第一代)世襲從事的。

雖然古筆切相當於破壞文物的行爲①，但是，也正是因爲古筆切的緣故，幸運地傳存了很多貴重的資料，其不僅僅運用於書法研究，在日本的古典文學和歷史研究中也被利用。漢籍的古筆切與和歌集等日語撰著相比數量較少，但也有比如具有代表性的舊鈔本《白氏文集》的古筆切，給中國古典文學和日本漢學的研究提供了重要資料②。以下將要介紹的李善注《文選》的古筆切也具有極高的資料價值，可以説其在李善單注本《文選》中也是鳳毛麟角。

二、古筆切之李善注《文選》的書寫時期和現存狀況

本文介紹的是智證大師圓珍（814—892）書寫流傳的、紙背爲佛書（草書體鈔録）的李善注《文選》的零殘。圓珍於 853 年（大中七年，日本仁壽三年）至 858 年（大中十二年，天安二年）到唐留學，回國後成爲第五代天台座主，又中興圓城寺（通稱三井寺），作爲平安初期天台宗的高僧而著名。因三井寺的關聯，以圓珍爲傳承筆者的古筆切又被稱作“三井寺切”。將圓珍擬爲傳承筆者的是江户時代的古筆鑒定家平澤重光（第一代古筆了佐的第五子古筆了雪）。下一章介紹的 1、2、4 的古筆切中貼付有表明他鑒定的紙片（極札），擬定的筆者名“智證大師”四字並正文開頭文字墨書，鈐重光之“重”的墨印。8、9 有鈐古筆家“琴山”印的極札。

下一章所揭載的 3 的殘簡收録在飯島春敬編著《名寶　古筆大手鑑》（東京堂出版，1980 年 7 月）中，別册《解説·釋文》頁 99 中云：“圓珍的真跡留下來的有園城寺文書和北白川家的書信等。現在此處所舉經切與這些真跡的書風不同。……從時代上來講應該在平安初期。”雖然佛書的實際書寫者不明，但可以推定其書寫時代在圓珍的生前，即平安初期約九世紀。這些殘簡是以智證大師爲傳承筆者的佛書的古筆切（古鈔殘簡），也即作爲“經切”流傳而來，佛書後來書寫於紙背，原本李善注《文選》是正面。因此，李善注《文選》的鈔書時期比智證大師的經切要早。飯島先生接前記引文説“特别是其中一頁書寫用的是中國唐代書寫的《文選》”，紙背的李善注《文選》可看作是唐鈔本。書法、古筆研究專家飯島先生是基於長年的書法、古筆研究的豐富經驗而得出的見解，值得借鑒。

---

① 神田喜一郎在《奈此暴舉何？——對分割截斷古籍的一個建議》（《この暴舉をいかんせん—古書割裂に對する一提案—》，《書物趣味》第二卷第二號，1933 年 2 月，後《神田喜一郎全集》第八卷，同朋舍出版，1987 年 10 月收載）中嚴厲批評古筆切是“暴舉”，建議國家進行復原。

② 相關專論有佐藤道生的《日本漢學研究中古筆切的利用（日本漢學研究における古筆切の利用）》（《慶應義塾中國文學會報》第三號，2019 年 3 月）。佐藤氏在文中設“日本現存漢籍古寫本的特徵（日本に現存する漢籍古寫本の特徵）”、“何爲古筆切（古筆切とは何か）”、“《王勃集》斷簡”、“《文選集注》斷簡”、“古筆切的缺點（古筆切の缺點）”等章節，就古筆切的資料性進行論述，裨益匪淺。

安裕明《古鈔本文選卷一斷卷(三井寺切紙背)的現狀》(《相川鐵崖古稀記念書學論集》,木耳社,2007 年 10 月)中,將安氏家藏的古筆切(下一章揭載 2)和其他的古鈔本及古寫經進行比對,先得出"從書體、用筆的類似性來推測文選切應是唐鈔本。若非如此的話則是直接受其影響、傳來後不久(奈良時代)的日本書寫"這一結論,並期待"通過紙張的成分分析來測定年代",以此確定書寫年代。後來對安氏所藏的文選切的料紙進行放射性碳素年代測定(加速器品質分析法^{14}C 年代測定),從測定的結果結合對書法上的認知進行考察,小田寬貴、安裕明、池田和臣、阪本稔四人發表共同研究報告《傳圓珍筆三井寺切的放射性碳素年代和紙背〈文選注〉斷簡的書寫年代》(《國立歷史民俗博物館研究報告》第一七六集,2012 年 12 月)。根據科學測定,"傳圓珍筆三井寺切紙背《文選》斷簡的較正年代,結果 1σ 的誤差範圍在 678~771[cal AD],2σ 的誤差範圍在 666~776[cal AD]",此文選切的書寫年代"可以説在 7 世紀後半到 8 世紀後半之間"。研究報告指出"用料紙的^{14}C 年代這一自然科學知識和有關用筆、字形的書跡史學知識來判斷,得出的結論是三井寺切紙背殘存的《文選注》書寫於唐代,若是日本書寫的話則在奈良時代"。關於作爲三井寺切流傳而來的佛書紙背的古筆切李善注本《文選》的書寫年代,應該依據安氏等四人的此結論。此《文選》殘簡的書寫時期確定在"7 世紀後半到 8 世紀後半之間",可以説其與敦煌遺書永隆二年(681)的鈔本李善注《文選》殘卷(伯二五二八)等比肩,是能夠窺探李善注《文選》之古貌的具有資料性意義的貴重古鈔本。也正因爲如此,古筆被分割截斷没能完全流傳下來,實在令人惋惜。

以下介紹的李善注《文選》(紙背佛書),被截斷爲古筆切之前可以認爲是卷子本。紙背的佛書作爲古筆受到很高評價,也因此被分割成爲古筆切,又因古筆家鑒定其爲高僧智證大師的筆跡而價值提升,並收進了手鑑。這樣古筆切得以斷片式保存,而紙背的李善注本《文選》也僅一小部分流傳至今。現存的古筆三井寺切李善單注本《文選》均是卷一班固的《西都賦》的殘簡。從同一書上截斷下來的古筆切的其他部分叫"ツレ"(僚卷),安裕明《古鈔本文選卷一斷卷(三井寺切紙背)的現狀》文中搜羅了四十餘件手鑑,發現安氏所藏的李善注本《文選》卷一《西都賦》的古筆切的"ツレ"共有七件。結合安氏所藏,可以明確以下古筆切的存在。

1. 安裕明氏家藏(安氏前揭論文所載)

2.《京都古書籍、古書畫資料目録》第三號所載(京都古書組合,2002 年 6 月)

3. MOA 美術館藏《翰墨城》所載(中央公論社,1979 年 11 月)

4. 出光美術館藏《見努世友(見ぬ世の友)》所載(平凡社,1973 年 3 月)

5. 德川黎明會藏《蓬左》所載(思文閣出版社,1986 年 2 月)

6. 三井文庫藏《高埜帖》所載(貴重本刊行會,1990 年 8 月)

7. 白鶴美術館藏《手鑑》所載(《古筆手鑑大成》第二卷,角川書店,1984 年 5 月)

8. 飯島春敬編《名寶　古筆大手鑑》所載(東京堂出版,1980 年 7 月)

其中⑦被認爲傳承筆者是傳教大師的"儒書切",但安氏新認定其爲古筆切《西都賦》的其餘部分。根據安氏的論文,整理李善單注本《文選》的古筆切意義重大,但因其遺漏石川縣立歷史博物館所藏古筆切(下一章揭載的 1),所以現存可確認的有九件。非常遺憾的是,這些古筆資料作爲智證大師的古筆而押在手鑑裏,這給紙背李善注本《文選》的文字辨識造成諸多不便。但從手鑑上剥下來的殘簡則變得容易判讀。首先從遺存部分最多的石川縣立歷史博物館所藏本開始介紹,之後依照《西都賦》的敘述順序列出各殘簡,從而明確此古鈔李善注本所具有的價值。

三、古筆切之李善注《文選》九種介紹

1. 石川縣立歷史博物館(原石川縣立鄉土資料館)所藏殘簡(參看後附書影 1)

此殘簡是石川縣金澤市的鄉土歷史研究家大鋸彥太郎的舊藏。大鋸氏於 1980 年去世後,由夫人向石川縣立鄉土資料館捐贈遺藏品兩萬餘件,此爲其中一件。1982 年 10 月 15 日至 11 月 14 日石川縣立鄉土資料館舉辦"大鋸氏珍藏資料特展",其時刊行的《圖録大鋸氏珍藏資料》中揭載殘簡的彩色圖版,這在《大鋸氏珍藏資料》中也屬於格外珍貴的資料。《圖録大鋸氏珍藏資料》就此殘簡(以下簡稱大鋸本)解説云:"本史料是唐代(618—907)中國人鈔寫《文選》卷一漢代詩人班孟堅的詩《兩都賦》中的一節,是貴重史料。"將其認定爲唐鈔本。保存約十八行,因分割,首行的右半和末行的左半缺佚。每行字數正文十二字至十四字不等,注小字雙行,十六字至十八字不等。天地烏絲欄。《西都賦》的敘述順序位於後揭 8 的部分之後。現據《圖録大鋸氏珍藏資料》所收圖版移録如下:

※凡例

一　行以粗字阿拉伯數字注記,提行部分用 』表示。

二　小字雙行的注用【　】表示,提行部分加/。

三　辨識困難的文字用□表示,並於擬定文字附圈點。。

四　缺佚部分根據淳熙尤袤刻本(中華書局,1974 年影印)補入,用〔　〕表示,(　)內爲注記。

五　原書的誤字用〈　〉施注。

　　六　文字盡可能遵從原書表記，不得已的情況下將改成通行字體（例如原書“建”的偏旁並非“又”而作“辶”，重文符號以“々”表示）。

　　1〔列徽道綺錯【史記衞令曰周廬設卒甚謹】/漢書音義張晏曰直宿曰廬』2 徽道官外徽循之道也漢書曰中尉掌徽/循京師如淳曰所謂遊徼々循禁倄盜賦〈當作賊〉也】輦』3 路經營倄涂飛閣【輦路輦道也上林賦/曰輦道纚属如淳曰』4 輦道閣道也經營猶周旋也薛綜/西京賦注曰涂道也言長涂皆爲飛閣】自未央而』5 連桂宮北弥明光而絚長樂淩隥』6 道而超西塲混建章而外属設』7 壁門之鳳闕上觚稜而棲金爵【漢/書】8 曰高祖至長安蕭何往未央宮三輔舊事曰桂/宮内有明光殿毛萇詩傳曰弥終也方言曰亘』9 竟也亘與絚古字通也漢書曰高祖倄長樂/宮廣雅曰陵乘也薛綜西京賦注曰隥閣道』10 也丁鄧反毛萇詩傳曰塲城也方言曰棍同也/音義與混同胡本反漢書曰建章宮其東』11 則鳳闕高廿餘丈其南有〔壁〕門之属應劭漢/書注曰觚八觚有隅者也音孤説文曰稜柧』12 也柧與觚同棱洛登反三輔故事曰建章/宮闕上有銅鳳皇然金爵則銅鳳也】内』13 則別風之嶕嶢眇麗巧而竦擢』14 張千門而立萬户順陰陽以開闔尒』15 乃正殿崔巍層構厥高臨乎〔未〕央經』16 駘盪而出馺娑洞杅詣與天梁上反』17 宇以盖戴激日景而納光【三輔故事曰/建章宮東有』18 折風闕闕中記曰折風一名別風廣雅曰嶕嶢】

　　關於大鋸本，已有磯部彰先生進行研究，《東亞典籍文化研究（東アジア典籍文化研究）》（塙書房，2013 年 2 月）第三章《加陽所見宋元版、舊鈔本、古活字本提要》（頁 342—349。原收載於《富山大學人文學部記要》第九號，1984 年）中有論述。據此，大鋸本中有古筆了雪的極札。磯部先生指出大鋸本和唐永隆年鈔本殘卷（伯二五二八）“闡述共通事象的點不在少數”，概括起來則是一、“數個文字具有相同的‘書風’”，二、兩本間的文字一致（以上記錄文的第五行末的“凌隥”和永隆鈔本李善注中所引《西都賦》相同爲例），三、“反切的表記中，宋刊本系統均爲‘切’，與此相對，大鋸本、永隆本爲‘反’”，例舉了三個共通點。

　　磯部先生又對大鋸本和尤袤本、宋版五臣本（臺灣“中央圖書館”影印陳八郎本）、足利本、《四部叢刊》本、慶長古活字本、朝鮮本（六臣注，五臣注）、九條本、一百三名家本進行對校，列《諸本校勘表》明確諸本異同，最終得出“大鋸本和宋刊本本質上的不同，李善注的部分有三處，正文有兩處”這一重要結論。正文的異同爲第五行的“絚”（各本“亘”）和第六行的“而外”（九條本以外作“而連外”）①，李善注的“三處”異同爲：

───────────

① 第 16 行的“詣與”，宋刊本系統的諸本均作“詣以與”。磯部彰先生云：“五臣本以外的宋版‘詣以與’”（該書頁 344 下段），可認爲是不包括此正文異同的“兩處”。但是，五臣本（陳八郎本）實際上亦作“詣以與”，磯部先生《諸本校勘表》的“宋·五臣本”欄正確無誤寫著“詣以與”。因此，正文的異同，應該加上“詣與”，這樣一來，應爲“三處”。

①上記録文第二行"徼道,宫外徼循之道也。"

②第四行"經營猶周旋也。薛綜西京賦注曰:涂,道也。言長涂皆爲飛閣。"

③第九行"廣雅曰:陵乘也。"

這些都僅存在於大鋸本的注文中。

①是正文"徼道"的釋義之注。宋刊諸本的李善注只有此釋義後的注"漢書曰:中尉掌徼循京師。如淳曰:所謂遊徼循禁備盜賊也"。此注文中"徼"有"循"即"巡"的字義,只不過通過引書的用例來表示"徼"字應該理解爲這個意思,並没有對"徼道"進行解釋。而大鋸本有釋義和用例的注,較容易領會"徼道"的意思。大鋸本"徼道"的注文,斯波六郎先生曾撰文《李善文選注引文義例考》(《日本中國學會報》第二期,1951 年 3 月),其中論及"先解正文甲之語爲乙,然後示乙語之用例"(頁 47),相當於李善釋義的一個義例。《文選》中"徼道"一語同樣見於卷二張衡的《西京賦》,而李善注所舉用例止於《西都賦》的"徼道綺錯"。類似的詞語有卷五十六陸倕《新刻漏銘》的"徼宫",李善釋義爲"徼宫謂徼巡其宫也"。給"徼"賦予"徼巡"二字連語的意思,這點和大鋸本①"徼道,宫外徼循之道也"的注相同。因此,將①的注看作李善注是没有問題的。後人判斷只用引書的注,便可以理解其語義而删除了釋義。

《漢書》則引用了卷十九上《百官公卿表》中"中尉,秦官,掌徼循京師"一節,如淳注"所謂遊徼,徼循禁備盜賊也"。宋刊諸本作"所謂遊徼循禁備盜賊也","徼"字不疊爲誤。如淳注的"所謂"以下之文,來源於《百官公卿表》中縣的官吏"游徼"有關的記載,《漢書》原文爲"游徼,徼循禁備盜賊","徼"字重複出現。大鋸本唯一正確地重疊了"徼"字,具有訂正諸本謬誤的極高的文本價值。

②是對正文"經營"和"脩涂飛閣"所作的注。"經營猶周旋也"的釋義,李善注中不見其他。但卷八司馬相如《上林賦》的"經營乎其内"所施五臣劉良的注云:"經營猶周旋也。言旋於苑内也。"存在同文。考慮到混入别卷其他作品的五臣注的可能性較低,故此釋義的注也可看作是李善注。李善在《上林賦》中引用《山海經》郭璞的注,注釋"郭璞曰:經營其内,言周旋苑中",可以確認李善確實充分理解"經營"一語有"周旋"的意思。據此也可以判斷《西都賦》"經營猶周旋也"的釋義也是李善注。

其次是"脩涂飛閣"的注,首先正文的"涂"即問題點。李善注本系統的尤袤刻本、贛州刻六臣注本(宫内廳書陵部所藏本,據《宫内廳書陵部收藏漢籍集覽》的圖像)、四部叢刊影印六臣注本中,正文爲"除",加注云:"司馬彪上林賦注曰:除,樓陛也。"另一方面,大鋸本雖是李善注本系統,正文爲"涂",加以完全不同的注云:"薛綜西京賦注曰:涂,道也。言長涂皆爲飛閣。"五臣注本系統將正文中的"涂"作"塗",呈現的只是字體上的繁簡差異,所以大鋸本可看作是和五臣注本採用了同系統的正文。而且李善注本系統和五臣注本系統正文相異的"掍"、"混"和"聳"、"竦",大鋸本和五臣注本系統同樣作"混"(第6行)和"竦"(第13行)(但第5行的"隥"同李善注本,不作五臣注本的"墱")。即大鋸本可以説在正文方面也是和宋代以後的刻本李善注系統的諸本系統相異的李善本。大鋸本雖然僅是一部分斷片,但從這些吉光片羽中推測,參考和五臣所採用的《文選》同系統的本子,依據校定後正文的李善注《文選》是存在的。

關於大鋸本的正文,磯部彰先生著眼於與九條本間所見的正文相一致的例子,他説大鋸本"和九條本並列保持了更接近《文選》原本的樣子"。僅大鋸本和九條本的相同例子有"而外属(九條本作"屬")"(第6行。宋刊諸本作"而連外屬")和"詣與"(第16行。宋刊諸本作"詣以與")。此外前面所舉大鋸本同五臣注本的"涂(塗)""混""竦",九條本和五臣注本的正文也同樣。

因磯部先生没有參校猿投神社所藏的鐮倉時代的弘安本(卷尾有弘安五年[1282]識語)和正安本(卷尾有正安四年[1302]識語)兩種寫本,現將有問題之異文和猿投本進行如下補充對校(行次從大鋸本。弘安本據《猿投影印叢刊》第十六輯,正安本據《猿投影印叢刊》第十七輯,猿投神社志刊行會,1966年6月。因正安本缺損所以採用弘安本,存異處則注記。爲方便起見,並記九條本)。

行次	大鋸本	猿投弘安	九條本	注記
3	涂	塗	墜	宋版李善注系"除"、五臣注系"塗"
5	組	組	亘	宋版諸本"亘"
5	淩隥	陵隥	陵隥	正安本"淩隥"
6	混	混	混	
6	而外属	而属外	而外屬	正安本缺損
13	別風之	別風	別風之	正安本"別風之"
13	竦	竦	竦	
15	崔巍	崔巍	崔嵬	正安本"崔嵬"
16	詣與	詣與	詣與	宋版諸本"詣以與"

從對校結果來看,大鋸本和猿投本近似(弘安本"而属外"的"属外"應是倒文),和正安本一致的地方較多①。在考察宋刊本之前的《文選》舊貌時,大鋸本是和九條本、猿投本等古

---

① 大鋸本"崔巍"、正安本"崔嵬"的"巍""嵬"相通,雖是異文,不過是文字的繁簡之差。

鈔本共同應該受到關注的日本遺存資料。

　　論點再回到“脩涂飛閣”的注上。李善注本系統的尤袤刻本、贛州刻六臣注本、《四部叢刊》影印六臣注本，正文爲“除”，注文爲“司馬彪上林賦注曰：除，樓陛也”，與此相對的是大鍋本正文和五臣注本系統同樣作“涂”，正文配的是“薛綜西京賦注曰：涂，道也。言長涂皆爲飛閣”的別文的注。薛綜的《西京賦注》是李善在訓義的引證中多用的先行注。此殘簡的後文也引用“薛綜《西京賦注》曰：隥，閣道也。丁鄧反”（第9，10行）。但“涂，道也”的注並不見於今本《文選》卷二的《西京賦》薛綜注。不見於今本《西京賦》中，而《西都賦》李善注中所引薛綜注的類似例子有“隧，列肆道也”①。此注存在於敦煌遺書永隆本《文選·西京賦》“旗亭五重，俯察百隧”的薛綜注中，因已確認李善在《西都賦》的所引正確，所以薛綜注“涂，道也”亦應不是李善的妄引。薛綜注《西京賦》的“則旁開三門，參塗夷庭。方軌十二”句云：“面三門，門三道，故云參涂。……軌，車轍也。夷，平也。庭，猶正也。”（永隆本）“軌”以下的義注將正文的文字以顛倒順序列記，注文比較雜亂，由此可以推測“涂，道也”的注是加在此處又脱落的。還有另外一種可能性，《東京賦》“經途九軌”的薛綜注云：“途，道也。”想是將“東京賦注”訛誤成“西京賦注”。單純屬誤記的後者的推測似更加穩妥。

　　引薛綜注來注釋“涂”之字義後面的“言長涂皆爲飛閣”七字，是李善對“脩涂飛閣”句意的解釋。注釋字義，然後解釋句意的形式是李善注中常見的體例。卷八《上林賦》“寂漻無聲，肆乎永歸”的李善注“説文曰：漻，清深也。漻，音聊。杜預左氏傳注曰：肆，放也。言水奔放而長歸於淵海也”即此之例。

　　大鍋本“脩涂飛閣”句“涂”的正文和“薛綜西京賦注曰：涂，道也。言長涂皆爲飛閣”的注，宋版李善注系統本正文爲“除”，注“司馬彪上林賦注曰：除，樓陛也”，這種全然的變化爲考察李善注的形成過程提供了重要資料。如前所述，李善單注本的大鍋本對五臣注本系統的異文部分採用校定正文。“涂”字亦在此列，與此對應李善施加了注。後來將具有五臣注系統要素的正文改爲李善注系統的正文，而且進行了改寫注釋的大幅度修改。窺一斑而知全豹的做法非常危險，但大鍋本和宋版李善注本間的差異説明了上述李善注《文選》的演變。

　　③第九行“廣雅曰：陵，乘也”也是僅存在於大鍋本中的李善注。“廣雅曰：陵，乘也”的引書的義注，也見於卷二十陸雲《大將軍讌會被命作詩》、卷二十二謝靈運《從斤竹澗越嶺溪行》、沈約《遊沈道士館》、卷二十八《日出東南隅行》，此處的注亦可看作李善注。若基於

①　此注，贛州本和《四部叢刊》本《西京賦》“俯察百隧”的李善注云：“薛綜西京賦注曰：隧，列肆道也。音遂。”但富永一登《文選李善注的研究》（研文出版，1999年2月，第89頁）疑其爲後人修補，云：“四部本‘薛綜西京賦注曰隧列肆道也音遂’十四字，疑後人見版本‘隧已見西都賦’六字，從卷一《西都賦》注而重出。”

"陵,乘也"的注,則正文不該是"淩",而是"陵"。雖然"淩""陵"相通,但正文和字體不一致,由此推測後世做了删减。此外,尤袤刻本的正文作"淩"字。

2. 安裕明氏所藏殘簡

此殘簡的書影收載在前揭安裕明氏的論文《古鈔本文選卷一斷卷(三井寺切紙背)的現狀》和安氏等共著研究報告《傳圓珍筆三井寺切的放射性碳素年代和紙背《文選注》斷簡的書寫年代》中(以後者書影爲下記録文的底本),又前者附安氏的釋文。據安氏前者論文,附有古筆了雪的極札。以下録文據自安氏的論文成果(以下録文表記參照 1 的凡例)。

1 其故而覯其制乎【孝経鈎命决曰道機合者/稱皇尚書曰厥既得吉卜』2 乃經營漢書曰上左右大臣皆山東人多勸上都雒/陽張良曰雒陽非用武之國上即曰西都關中東都』3 有河南洛陽故曰河洛也鄭玄論語注曰輟止也張/衛反孔安國尚書傳曰康安也杜預左氏傳注曰寔』4 實也穀梁傳曰葬我君桓公我君接上/(左行缺佚)】〔主人曰未(「主」字缺、「人曰未」存右半)〕

這部殘簡是遺存《西都賦》本文的開頭段落的末尾和後面注的古筆切。僅僅四行中有兩處注即今本李善注所無。一是第二行"漢書曰:上,左右大臣皆山東人。多勸上都雒陽。張良曰:雒陽非用武之國。上即曰:西都關中",另一處是第三、四行的"杜預左氏傳注曰:寔,實也"。前者"漢書曰:云々"的注是説明正文"嘗有意乎都河洛矣。輟而弗康,寔用西遷,作我上都"的背景史實的注釋,是卷四十《張良傳》的節略①。此注等同於前揭斯波六郎《李善文選注引文義例考》的"甲　引文的目的"中所舉"(一)引證"中的"(2)内容上的引證"的"引證正文所據的事實",與"乙　引文的態度"的"(四)有時節略原文引用"相一致。

班固的《西都賦》收載於《後漢書·班固傳》,唐李賢施注。李賢注的對應部分如下文所示,值得注意的是和大鋸本李善注的類似部分較多(類似部分劃綫)。

皇、大也。尚書曰、厥既得吉卜、則經營。高祖五年、劉敬説上都關中、上疑之。左右大臣、皆山東人、多勸都洛陽。此爲有意都河洛矣。張良曰、洛陽其中小不過數百里、四面受敵、非用武之國。關中、金城千里、天府之國也。於是上即曰西都關中。此爲輟而弗康也。輟、止也。康、安也。

---

①《漢書·張良傳》的對應部分如下:"劉敬説上都關中。上疑之。左右大臣,皆山東人,多勸上都雒陽。雒陽,東有成皋,西有殽黽,背河鄉雒,其固亦足恃。良曰:雒陽雖有此固,其中小,不過數百里,田地薄,四面受敵,此非用武之國。夫關中,左殽函,右隴蜀,沃野千里,南有巴蜀之饒,北有胡苑之利。阻三面而固守,獨以一面東制諸侯。諸侯安定,河渭漕輓天下,西給京師。諸侯有變,順流而下,足以委輸。此所謂金城千里,天府之國。劉敬説是也。於是,上即曰駕,西都關中。"從原文可知,大鋸本李善注《漢書》的引用開頭"上"字的前後有脱文。

富永一登先生的前揭論文《文選李善注的研究》第五章《〈文選〉李善注的影響》第三節《〈後漢書〉李賢注》中指出,李善注和李賢注間有很多近似性,並詳細論述了李賢注所受李善注的影響。將《西都賦》的這部分注和大鋸本的李善注相對照,則李賢注參照李善注的痕跡更加明顯。

關於“嘗有意乎都河洛矣。輟而弗康”的部分是基於何種事實來表現,李賢注也通過“高祖五年”至“此爲輟而弗康也”的文言來進行説明。大鋸本遺存的“漢書曰:云々”的引書是用來領會這部分意思的必要注釋。後世的李善注中删却此注的理由不明,若是因繁蕪而删去的話,不得不説這完全是一種淺薄的判斷。

另一則只見於大鋸本的注“杜預左氏傳注曰:寔,實也”,是附在《左傳》桓公六年“春正月寔來”的杜預的注。《文選》的李善注中無其他引證,但同一釋義存在於卷二張衡《西京賦》“寔蕃有徒”的薛綜注“寔,實也”中。明確訓詁所據的大鋸本的此注釋,確實像實證性的李善注。

3. 飯島春敬編《名寶　古筆大手鑑》所載殘簡(據本册頁 29 書影)

此殘簡《名寶　古筆大手鑑》中收載爲《傳圓珍筆　經切紙背(文選)》,根據其書影録文如下:

> 1 士女殊異乎五方遊士擬於公侯列』2〔肆侈於姬姜(「肆」字缺佚、「侈於姬姜」四字存右半)〕【論語曰子適衛冉有有僕子曰庶矣/(左行缺佚)】

僅不足兩行的殘簡,與宋版李善注系統本無異。另正文開頭“士”字的前行僅可辨別“冥”字的左半部分。

4. 立命館大學人文系文獻資料室所藏殘簡(參看後附書影 2)

在安裕明《古鈔本文選卷一斷卷(三井寺切紙背)的現狀》中作爲《京都古書籍、古書畫資料目録》第三號所載而介紹的殘簡。2002 年 6 月的這部目録上展出的是由立命館大學收購的古筆切。與安氏家藏同樣是從手鑑上剥下來的零葉,古筆了雪之外還有朝倉茂入(第二代)的“智證大師”極札。紙高約二七·一厘米、幅七·〇厘米、界高二一·〇厘米、界幅二·六厘米。天地墨欄、界綫爲押界(非以墨引綫,而是用篦等在紙上壓凹的紋路界綫)。殘存三行。

> 1【高大也慈瑰反王逸楚辭注曰嵬高也牛〈當作才〉廻/反廣雅曰炤明也音昭爛亦明也力旦反薛綜』2 西京賦注曰詭異也廣雅曰觀視也言視之各/異也應劭漢官儀曰皇后婕好乘輦餘皆以』3 茵四人輿以行鄭玄礼記注曰茵蓐/也於申反周易曰君子以鄉晦〔入〕宴息】後宮則

正文僅末尾“後宫則”三字。之前的注加於正文“增盤崔嵬,登降炤爛。殊形詭制,每各異觀。乘茵步輦,惟所息宴”(據尤袤刻本),“毛萇詩傳曰:崔”六字缺,“高大也”以後殘存。宋版李善注本系不見“薛綜西京賦注曰:詭,異也。廣雅曰:觀,視也。言視之各異也”二十二字。薛綜注是對於《西京賦》的正文“豈不詭哉”,以“詭,異也”加注的。如前面列舉的大鋸本中所引,薛綜的《西京賦注》是李善多用的先行注,此處引用爲字義注也無任何不自然。《廣雅》也是李善頻繁使用的訓詁書,但“廣雅曰:觀,視也”的義注,不見於其他的《文選》注。雖然没有明示《廣雅》(《釋詁》)的引書,但卷十九謝靈運的《述祖德詩》“貞觀丘壑美”句中見“觀,視也”的義注。李善注先舉字義,然後解釋句意的體例上文已述,“言視之各異也”正是如此。

5. MOA 美術館藏《翰墨城》所載殘簡(據中央公論社,1979 年 11 月覆制)

此爲押在手鑑《翰墨城》中的殘簡。《翰墨城》和下述《見努世友(見ぬ世の友)》、陽明文庫所藏《大手鑑》、國立京都博物館所藏《藻鹽草》並稱“四大手鑑”,均被指定爲國寶。中央公論社版《翰墨城》小松茂美先生的解説册的頁 223 有“242 傳智證大師　三井寺切”,揭載説明文“書寫在寫經紙背的佛書斷簡。透過紙背的寫經文字是以右高的勁健筆致嚴謹書寫而成的典型的寫經體,可認爲是奈良時代的書寫。原來是卷子本,斷簡古時傳入三井寺,緣此,又稱‘三井寺切’。……”此解説,從透過佛書紙背的行文推測出是用奈良時代的寫經體書寫,因是漢字文獻,所以認爲是佛典。實際上這是李善注本《文選》“《西都賦》切”的其他部分。全部判讀覆制本書影上微微透出的紙背上的文字非常困難,暫嘗試著作成以下録文:

1【韓詩曰曲景曰阿/然此阿庭之曲也】紅羅颯纚綺組繽紛』2 精曜華燭俯仰如神【薛綜西京賦注/曰□纚長袖貞】

應該和宋版的李善注系本無異。

6. 出光美術館藏《見努世友(見ぬ世の友)》所載殘簡(據平凡社,1973 年 3 月覆制)

覆制本第 186 的古筆切,解説册頁 221 亦有揭載。是澤恭三先生“解説”云:“以整齊的楷書寫成,可見背面透出的大小反文字,紙背似乎寫著注釋經。”是澤先生也將紙背的文書誤認爲佛典。此本紙背的《西都賦》注是反著來看的,文字模糊難以解讀。以下録文還有較多不詳部分,不鮮明部分中有擬定的文字,純屬試行。

1【也颯思合反纚山綺反説文曰綺文繒也孔安/國尚書傳曰組綬也楚辭曰佩繽紛其繁飾』2 王逸曰繽紛盛貞也繽匹人反□□□□謂/精□□曜華容照耀也蒼頡篇曰燭照也』3 戰國策張儀謂楚王曰彼鄭國之女粉白黛黑/□□□□非知而見之者以爲神也】』4 後宫

之号十有四位窈窕繁華更』5 盛迭貴處乎斯列者盖以百數【漢／書』6 曰大星正妃餘三星
後宫又贊曰漢興因秦／之稱號帝正適稱皇后妾皆稱夫人號凡】』

此"文選切"文字數僅次於 1 大鋸本。根據開頭"纚"的音注、"綺"的義注和第四、五行
的正文,可知與前揭 5《翰墨城》的殘簡相衘接。因不詳處較多,以下引録尤袤刻本的對應部
分並施加標點。

　　【也。颯,思合切。纚,山綺切。《説文》曰:綺,文繒也。孔安國《尚書傳》曰:組,綬也。
　　《楚辭》曰:佩繽紛其繁飾。王逸曰:繽紛,盛貌也。繽,匹人切。《戰國策》張儀謂楚王
　　曰:彼鄭國之女,粉白黛黑,立於衢間。非知而見之者以爲神。】後宫之號,十有四位,窈
　　窕繁華,更盛迭貴。處乎斯列者,盖以百數。【《漢書》曰:大星正妃,餘三星後宫。又贊
　　曰:漢興因秦之稱,號帝。正適稱皇后,妾皆稱夫人。號凡……。】

尤袤刻本等宋版李善注系統本在"匹人切"後緊接《戰國策》。因此,可以判斷此殘簡的
"蒼頡篇曰燭照也"七字,及此前的"□□□□謂精□□曜華容照耀也"十四字是宋版李善注
系統本中所無之注文。《蒼頡篇》亦是李善較多引用的小學書,"蒼頡篇曰:燭,照也",卷二十
九的蘇武《古詩》四首其四"燭燭晨明月"句的注及卷三十一的江淹《雜體詩》的《袁淑》詩"聲
教燭冰天"句的注中亦有引用。"蒼頡篇曰"注前的十四字中有些文字無法判讀,實在遺憾。

7. 德川黎明會藏《蓬左》所載殘簡(據《德川黎明會叢書·古筆手鑑篇二》,思文閣出版社,
1986 年 2 月,頁 106 書影)

　　附有古筆家(有"琴山"印)的"智證大師"極札。前揭書頁 442 有認爲是智證大師的
"三井寺切",又云:"黄麻紙,紙背有寫經。"書寫時期在"平安"。成爲紙背的原本的正面也
被誤認爲是佛經。如是在日本書寫的話,則應該追溯到奈良時期。此殘簡與前面的 5、6 同
樣押在手鑑裏,文字判讀比較困難,現録文如下:

　　1【□人也□帝即位代□□〈脱一字〉丞相又曰邴□字／少卿魯國人也宣帝即位代魏相爲
　　丞相』2 孔安國尚書／傳曰謀謨也】佐命則垂統輔翼則成

此古筆切是繼 6 稍靠後的殘簡。和宋版李善注系統本無異。爲方便參考,將施加標點
的尤袤刻本的對應部分録入如下:

　　【陰人也。宣帝即位,代韋賢爲丞相。又曰:邴吉字少卿,魯國人也。宣帝即位,代魏相
　　爲丞相。孔安國《尚書傳》曰:謀,謨也。】佐命則垂統、輔翼則成〔化〕。

8. 白鶴美術館藏《手鑑》所載殘簡(據《古筆手鑑大成》第二卷,角川書店,1984 年 5 月書影)

　　添附傳承筆者傳教大師(最澄)的極札。《古筆手鑑大成》第 2 卷頁 115 的"解説"云：
"奈良時代後期書寫的漢籍斷簡，兩行有餘，黄縠紙風的料紙中施天地墨横綫(界高二一·
〇厘米)書寫而成。"紙背不見文字。8 的"文選切"，《西都賦》的敘述位於 7 後 1 前。安裕
明《古鈔本文選卷一斷卷(三井寺切紙背)的現狀》中，已確認此古筆切的"漢籍"爲李善注
《文選》的《西都賦》，並進行了釋文。現將殘簡的録文和尤袤刻本的對應部分對照如下：

殘簡

　　1【也周礼曰六藝/礼樂射御書數】又有承明金馬著作之』2 庭大雅宏逹於兹爲羣元
元本本』

尤袤刻本

　　【也。周禮曰：六藝禮樂射御書數。孔安國《尚書傳》曰：稽，考也。】又有承明金馬、
著作之庭。大雅宏逹，於兹爲羣，元元本本、

　　安氏通過與胡刻本(底本爲尤袤刻本系)進行對照，指出"孔安國尚書傳曰稽考也"之十
字注文爲此文選切中所無。受李善注影響的《後漢書》李賢注也有"稽，考也"的義注。作爲
此文選切底本的李善注本也應有"孔安國尚書傳曰稽考也"。"周禮曰"前尤袤刻本有"孔
安國尚書傳曰誨教也"。不知前有"孔安國尚書傳"，所以"文選切"的書寫者纔寫漏了後面
的"孔安國尚書傳"的引證吧。又殘簡的第三行末(小字雙行右行末)殘留一"漢"字，應是
以"漢書曰"開頭的注。

9. 三井文庫藏《高案帖》所載殘簡(據貴重本刊行會，1990 年 8 月覆制)

　　《高案帖》被認定爲"重要文化財"，這件殘簡是覆制本第 127 的古筆切，有古筆琴山的
"智證大師"極札。與 6《見努世友》同樣有六行的"切"。因押在手鑑中所以判讀比較困難。
以下録文亦是嘗試。

1【止也長門賦曰神忱々而外淫王逸楚辝注曰/忱失意也況往反失度失其常度也】』2 既
懲懼於登望降周流以徬徨步』3 甬道以縈紆又杳窱而不見陽【廣雅/曰懲】4 恐也楚辝曰
瘍從容以周流聊逍遥以自恃/毛詩序曰徬徨不忍去淮南子曰甬道相連』5 高誘曰甬道飛
閣複道也説文曰紆縈紆/猶回曲也又曰窱杳窱也廣雅曰窱深也』6 窈與杳同烏鳥反窱他
弔反/春秋説題辭曰陽精爲日】排飛闥而上

因有擬定文字，現將尤袤刻本的對應部分録入如下：

【〔《説文》曰：稽，留〕止也。《長門賦》曰：神忱忱而外淫。王逸《楚辭注》曰：忱，失意
也。況往切。】既懲懼於登望，降周流以徬徨。步甬道以縈紆，又杳窱而不見陽。【《廣

雅》曰：懲，恐也。《楚辭》曰：瘴從容以周流，聊逍遥而自恃。《毛詩序》曰：徬徨不忍
去。《淮南子》曰：甬道相連。高誘曰：甬道，飛閣複道也。《説文》：縈紆，猶回曲也。又
曰：杳，杳窱也。《廣雅》曰：窈窱，深也。窈，與杳同，烏鳥切。窱，他弔切。毛萇《詩傳》
曰：陽，明也。】排飛闥而上〔出〕，

第一行"長門賦曰"以下的注是對正文"魂悗悗以失度，巡廻塗而下低"的注釋。尤袤刻
本等宋版李善注系本"悗"的音注"況往切"後接正文"既懲懼於登望"，而殘簡第一行末尾
音注之後有"失度失其常度也"七字的釋義，尤其值得注意。正文"又杳窱而不見陽"的第六
行注中，"陽"字的釋義爲"春秋説題辭曰：陽精爲日"的注文。與此相對，宋版李善注系統本
爲引證注"毛萇詩傳曰：陽，明也"。因《後漢書》李賢注"陽，明也"，所以"文選切"的注應該
是後來加以修改的。關於 1 大鋸本，曾論到宋版李善注本系統和古鈔本的正文與注均爲不
同系統，此亦可以説屬於同樣的例子。另"春秋説題辭曰：陽精爲日"的注，卷十三謝莊《月
賦》的"日以陽德"注中見引用。

四、結語

古筆切的李善注《文選》的《西都賦》，可認爲是唐鈔本或者日本奈良時代的寫本，與敦煌
遺書永隆本等一起成爲傳達李善注《文選》古貌的貴重資料。正文及注文兩方面都顯示出其
與後世的宋版李善注系統相異。本文所介紹的一小部分的殘存範圍之内，僅存於古筆切中
的李善注比較多見。得以確認的是：殘存最多的大鋸本十八行三處共計三十八字，安裕明
本四行兩處共計四十五字，立命館本三行一處共計二十二字，《見努世友》六行一處共計二
十一字，《高築帖》六行兩處共計十七字。現不得見的其他部分中也應該存在多處異文。

李善注經過複雜的形成過程成爲版本①。古筆切的李善注《文選》的《西都賦》則爲考
察這個問題提供了極其重要的資料。因此，爲了推進李善注《文選》的研究，需要正確解讀
押在各手鑑裏的殘簡，同時期待新的其餘部分的出現。

【附記】

此次石川縣立歷史博物館特地提供大鋸氏珍藏本古筆切《文選》的圖片並慨允刊載書
影，又幸獲立命館大學圖書館的書影刊載許可。在此對兩館的好意致以衷心的謝意。

---

① 例如前揭富永一登《文選李善注的研究》頁 204 論述："李善注的增減呈每卷不同的複雜狀況，歷來的關於《文選》版本的
諸説未能盡查。在此陳述私見的話，我推測李善單注版本（尤本及其祖本北宋國子監本）並不是依據一個系統本翻刻，而
是在包含集注本的各種鈔本（推定宋代已是殘卷）的基礎上按卷進行的再編，而其結果則是各卷可見李善注的增減。"

書影1　石川縣立歷史博物館所藏大鋸氏珍藏本古筆切《文選》

書影2　立命館大學人文系文獻資料室所藏本古筆切《文選》

[作者簡介]芳村弘道:立命館大學文學部特任教授。

靳春雨:立命館亞洲、日本研究機構補助研究員。

《文選》李善注引《周易》各家注考

吳 相 錦

提要：通過對《文選》李善注引《周易》各家注的考察，糾正了汪師韓《文選理學權輿·注引群書目錄》的一些錯誤。另外，通過對李善注引《周易》各家注進行諸條考訂，糾正了一些李善注錯誤之處。同時，對李善注引各家注來源進行了推測，可以發現在文獻靠手抄流傳和卷軸裝的時代，並没有證據證明這些注大多來自類書或集注，因此本文更傾向於當時有傳本的多來自單行本這一説法。另外，從異文的對比可以發現，李善注引王弼注的面貌更接近敦煌本。

李善《文選注》是《文選》研究史上最重要的注本，以注釋精審、體例嚴謹、引證浩博而著稱。因爲李善時代較早，《文選注》豐富的引書保存了大量佚書和現存文獻的早期異文，對於輯佚和傳世文獻的文字校訂皆有重要的價值。因此，自清代以來，對李善《文選注》引書的研究就逐漸爲學者所重視，其中汪師韓所撰《文選理學權輿》，詳列李善注引書目，是今天所見李善注《文選》最早的引書目錄，雖然不免遺漏和脱誤，且對李善注引書的書名、篇名處理也比較混亂，但確實爲後世研究李善注引書做了開創性工作。其後，歷代學者關於李善注引書研究的成果層出不窮，遍及經史子集四部。其中關於李善注引《周易》及各家注的研究却並不多，今可考見的有馬玉鑫《〈昭明文選〉作品及李善注引〈易〉考論》（福建師範大學碩論，2008 年）、趙建成《李善〈文選注〉所引〈易〉類〈書〉類文獻考録》（《銅仁學院學報》2019 年 04 期）兩篇論文。然而《周易》作爲群經之首，自漢代以來，各家説解冠於群經，正如朱彝尊所言"自漢以來，説經者惟《易》義最多"①。同樣，李善注引《周易》各家注條目，在其所引各書中也算比較多的，且所引《周易》各家注在今天大多已經亡佚。因此，輯考李善注引《周易》各家注，對於了解李善所處時代《周易》各家注的流傳情況、李善注引各家注的來

---

① 朱彝尊《周易義海撮要序》，《曝書亭集》卷三四，國學整理社 1937 年版，第 419 頁。

源都有一定的學術價值。儘管趙文辨析汪師韓和沈家本二家注引《周易》群書目録之誤，結論可信，但是並未對李善注引各家注的具體條目進行分析考訂。鑒於此，筆者即嘗試對李善注引《周易》各家注的條目進行分析，嘗試考訂其文獻來源以及文字異同。

一、李善注引《周易》各家注目録

汪師韓在《文選理學權輿·注引群書目録》的"經傳·周易"列有：鄭康成《周易注》、王肅《周易注》、劉瓛《周易義》、王弼《周易注》、韓康伯《周易注》、張璠《周易注》、京房《易傳》、《易》説（原注：不知何書）、《易九師道訓》九種。趙建成《李善〈文選注〉所引〈易〉類〈書〉類文獻考録》一文認爲李善注引《易》類文獻十二種，除開《周易》、《歸藏》二種屬於《周易》經文類，《周易》各家注類有十種：《易傳淮南九師道訓》、京房《易傳》、鄭玄《周易注》、王肅《周易注》、王弼《周易注》、韓康伯《周易注》、張璠《周易注》、劉瓛《周易乾坤義》、劉瓛《周易繫辭義疏》、王弼《周易略例》[①]。其中，《周易略例》帶有《周易》通論性質，嚴格意義上不能算作《周易》各家注中，因此筆者此文並不將《周易略例》納入考察範圍。又汪師韓所列劉瓛《周易義》一書，考李善注實際引劉瓛《易》説有四，其中三條當出自《周易乾坤義》，一條當出自《周易繫辭義疏》（考辨詳後）。又李善注引或作"劉瓛《周易義》"或"劉瓛《周易注》"，而根據注所引具體内容，劉瓛《周易義》實與劉瓛《周易注》同。蓋汪師韓以此而於書目列《周易義》，但未分別《周易乾坤義》、《周易繫辭義疏》。

又，汪師韓所列之"《易》説（原注不知何書）"，見於《文選·京都中·東京賦》："俟閶風而西遐，致恭祀乎高祖。"李善注："《易》説曰：秋，閶闔風至。"此處李善注引"《易》説"，有兩種情況：其一，"《易》説"爲具體書名；其二，"《易》説"爲有關《周易》注釋文獻的泛稱。唐代李善注釋《文選》以前，有關《周易》著書稱"易説"的有西漢丁寬《易説》、東漢景鸞《易説》[②]、南朝梁范氏撰《擬周易説》八卷[③]。丁寬"作《易説》三萬，訓故舉大誼"[④]。丁寬、景鸞、范氏之《易説》由于文獻不足，無法查清三者的具體内容，因此没有證據表明李善注引的這條"《易》説"出自上述三書。

通過考察，發現李善注引此條"《易》説"，實際上與《易緯通卦驗》之文比較相近，如《春

① 趙建成《李善〈文選注〉所引〈易〉類〈書〉類文獻考録》，《銅仁學院學報》2019 年第 4 期，第 10—14 頁。
② 《北堂書鈔》卷九九"景鸞《奥集》"條引《益部耆舊傳》云："景鸞字漢伯，少隨師學經，作《易説》及《時解》。"
③ 《隋書》卷三二《經籍一》，中華書局 1973 年版，第 910—911 頁。
④ 《漢書》卷八八《儒林傳》，中華書局 1962 年版，第 3597—3598 頁。

秋左傳正義》載:"《易緯通卦驗》云:'秋分,閶闔風至。'"①又如《太平御覽》載:"《易緯》曰:'秋分,閶闔風至。'"②後人所輯《易緯通卦驗》亦云:"立秋,凉風至,報土功,祀四鄉。秋分,閶闔風至。"③由此我們可以推測,李善注引此條"《易》説"應該是《通卦驗》之文的節略。沈家本《李善文選注所引書目》、日本學者富察一登《文選李善注引書索引》、趙建成《李善〈文選注〉所引〈易〉類〈書〉類文獻考録》亦皆持此説。事實上,古人稱各經緯多有作"某説"者,如《禮記正義》卷十孔穎達云:"'《易》説'者,鄭引云《易緯》也。凡鄭云'説者',皆緯候也。時禁緯候,故轉緯爲説也。故《鄭志》張逸問:《禮注》曰'《書》説',《書》説,何書也? 答曰:《尚書緯》也。當爲注時,時在文網中,嫌引祕書,故諸所牽圖讖皆謂之説云。"④宋王應麟也注意到這個現象,因此其《玉海·藝文》"鄭氏九書"條云:"鄭引圖讖皆謂之説,《易緯》曰《易》説,《書緯》曰《書》説,嫌引祕書。"⑤由此,基本可以確定,李善注引此條"《易》説",實爲《易緯通卦驗》之文,而稱"《易》説"不直接稱"《易緯通卦驗》"或"《通卦驗》",則是承襲別稱。但是,汪師韓在《注引群書目録》的"圖讖緯候"類列了《易通卦驗》,又於經部《易》類列"《易》説",且注云"不知何書",可見其失考。因此汪師韓《注引群書目録》於"經傳·周易"載"《易》説"爲誤,應當删去。

　　由此而言,李善注引《周易》各家注實爲八家九種,即《易傳淮南九師道訓》、京房《易傳》、鄭玄《周易注》、王肅《周易注》、王弼《周易注》、韓康伯《周易注》、張璠《周易注》、劉瓛《周易乾坤義》、劉瓛《周易繫辭義疏》。

二、李善注引《周易》各家注考

　　在弄清楚李善注引《周易》各家注書目之後,筆者在此節將對李善注引此八家九種《周易》注的具體條目進行考訂,以探討其文字異同、文獻來源等相關問題。

(一)劉安《周易淮南九師道訓》

　　《漢書·藝文志》著録有"《淮南道訓》二篇",云"淮南王安聘明《易》者九人,號九師

① 孔穎達《春秋左傳正義》,上海古籍出版社 1990 年版,第 80 頁。
② 李昉等《太平御覽》,中華書局 1960 年版,第 333 頁。
③ 鄭玄注,黃奭輯《易緯通卦驗》,《黃氏逸書考》本,第 72 頁。
④ 鄭玄注,孔穎達疏《禮記正義》卷十,阮元校刻《十三經注疏》,中華書局 2009 年版,第 2842 頁。
⑤ 王應麟撰,武秀成、趙庶洋校證《玉海藝文校證》,鳳凰出版社 2013 年版,第 368 頁。

說"①,王應麟《考證》引劉向《別録》云:"所校讎中《易傳淮南九師道訓》,除複重,定著十二篇。淮南王聘善爲《易》者九人,從之採獲,故中書署曰《淮南九師書》。"②但此書《隋書·經籍志》、《舊唐書·經籍志》、《新唐書·藝文志》皆不著録,《漢書藝文志注釋彙編》言:"此書《隋》、《唐志》皆不載,亡佚已久。馬國翰《玉函山房輯古佚書》有《周易淮南九師道訓輯佚》一卷。"③

　　儘管隋唐史志目録不見著録,但是李善注《文選》却有引用,《文選·七啓八首》:"飛遯離俗,澄神定靈。"李善注:"《九師道訓》曰:'遯而能飛,吉孰大焉。'"李善引此注當爲《周易·遯卦·上九》爻辭之注,但是李善此注應該不是直接來自於《淮南九師道訓》,而來自於舊注。《文選·思玄賦》:"文君爲我端蓍兮,利飛遁以保名。"《文選》舊注云:"《九師道訓》曰:'遁而能飛,吉孰大焉。'"④《思玄賦》又載於《後漢書·張衡傳》,李賢注云:"《周易·遁卦·上九》曰:'肥遁,無不利。'《淮南九師道訓》曰:'遁而能飛,吉孰大焉。'"⑤可知李賢亦當依據的是《思玄賦》舊注。《易雜家注》載"淮南九師道訓"云:"按唐以前説《易》家師氏無考,或陸德明聞之其師云爾,此説可信,唯《文選》注兩引《九師道訓》則必有據。"黄奭雖言《文選注》兩引《九師道訓》有據,不知其據正在於《思玄賦》舊注。汪師韓將《淮南九師道訓》列爲李善注引《易》類文獻,實際上只能將其視爲李善注引之一家。

(二)京房《易傳》

　　京房,據《經典釋文·敘録》:"字君明,東郡頓丘人,本姓李,推律自定爲京,至魏郡太守。受《易》梁人焦延壽。……爲《易章句》,説長於災異。"京房《周易》著作,《隋書·經籍志》、《舊唐書·經籍志》、《新唐書·藝文志》著録多種,但並没有名《易傳》的,《經典釋文·敘録》也只著録"《章句》十二卷",至《宋史·藝文志》著録"《京房易傳算法》一卷"、"《易傳》三卷"。京房《易傳》今傳有三卷,與《宋志》同,大概是亡佚後重輯之本。《四庫全書簡明目録》云:"房傳焦氏之學,故言術數者稱焦、京,而房之推衍災祥,更甚於延壽。其書凡十四種,今佚十三,惟此書以近正得傳。"今《文選》李善注引京氏説僅一條。

①《漢書·藝文志》卷三〇,中華書局 1962 年版,第 1703 頁。
② 王應麟著,張三夕、楊毅點校《漢制考·漢藝文志考證》卷一,中華書局 2011 年版,第 124 頁。
③ 陳國慶《漢書藝文志注釋彙編》,中華書局 1983 年版,第 14 頁。
④《思玄賦》的舊注,六臣注《文選》稱"張平子舊注"(《六臣注〈文選〉》卷一五,人民文學出版社 2008 年版,宋刊明州本,第 225 頁),但李善注云:"未詳注者姓名。摯虞《流別》題云'衡注'。詳其義訓,甚多疏略,而注又稱愚以爲疑,非衡明矣。但行來既久,故不去。"(《文選》卷一五,中華書局 1977 年版,第 213 頁)
⑤《後漢書》卷五九《張衡傳》,中華書局 1965 年版,第 1919 頁。

《文選·思玄賦》：“俟河之清祇懷憂。”李善注：“京房《易傳》曰：‘河千年一清。’”按：今傳《京氏易傳》三卷，未有“河千年一清”一語，但《乾·彖傳》“萬國咸寧”，京房傳云：“河水清，天下平。”或“河千年一清”即此文之改寫，抑或爲“河水清，天下平”之上句，爲京房《易傳》之佚文，抑或爲京氏其他《易》類著作之文，而所謂京房《易傳》爲京氏《易》著作的概稱。雖然暫時不能確定李善注引京房此傳屬於哪種情況，但是作爲《京房傳》的“河千年一清”一語卻最早見於李善注。京房《易傳》“河千年一清”之説，實出自讖緯災異之説，東晉王子年《拾遺記》卷一“高辛”下云：“丹邱千年一燒，黄河千年一清，皆至聖之君，以爲大瑞。”① 又《文選·運命論》：“夫黄河清而聖人生，里社鳴而聖人出。”六臣注：“翰曰：黄河千年一清，清則聖人生於時也。”李白《西岳雲台歌送丹丘子》：“黄河萬里觸山動，盤渦轂轉秦地雷。榮光休氣紛五彩，千年一清聖人在。”唐高祖《賜秦王獲寶建德手詔》：“吾聞黄河千年一清，乃當今日。”皆本此意。

（三）鄭玄《周易注》

鄭玄注《周易》的流傳情況，據《北史·儒林傳》可知，鄭玄《易注》在漢末及魏“大行於河北”②，“自魏末，大儒徐遵明門下講鄭玄所注《周易》。遵明以傳盧景裕及清河崔瑾。景裕傳權會、郭茂。權會早入鄴都，郭茂恒在門下教授，其後能言《易》者，多出郭茂之門”。《隋書·經籍志》云：“梁、陳鄭玄、王弼二注，列於國學。齊代唯傳鄭義。至隋，王注盛行，鄭學浸微，今殆絶矣。”③ 所謂“今殆絶矣”，當指鄭玄《易》學不立學官，而傳授殆絶，但是鄭玄注《周易》之書在隋唐尚有流傳，所以《經典釋文·敘録·注解傳述人》有“鄭玄注十卷”④，《隋書·經籍志》也著録“鄭玄注《周易》九卷”⑤。至唐代，雖然唐太宗詔顔師古考定五經、孔穎達撰定《五經正義》都是採用王弼本，并著爲功令，但是鄭注《周易》在唐代仍然流傳，新舊《唐志》皆有著録，至宋編《崇文總目》，尚著録鄭注《周易》一卷，存《文言》、《説卦》、《序卦》、《雜卦》四篇。因此，李善注《文選》是有可能見到鄭玄《周易注》的。今考李善注《文選》，共引鄭玄《易注》十六條。

（1）《文選·賦乙·京都中·東京賦》：“高祖膺籙受圖，順天行誅，杖朱旗而建大號。”李善注：“《周易》曰：‘渙汗其大號。’鄭玄曰：‘號，令也。’”按：“渙汗其大號”爲渙卦九五爻

---

① 徐堅等《初學記》卷六，中華書局 1962 年版，第 121 頁。
② 《北史》卷八一《儒林傳》，中華書局 1974 年版，第 2708 頁。
③ 《隋書》卷三二《經籍志一》，第 913 頁。
④ 陸德明撰，吳承仕疏證，張立偉點校《經典釋文敘録疏證·注解傳述人》，中華書局 2008 年版，第 39 頁。
⑤ 《隋書》卷三二《經籍志一》，第 909 頁。

辭。"號"訓"令",本爲常訓,《周易正義》卷四夬彖辭疏云"'孚號有厲'者,號,號令也"①,並没有説是出自鄭玄,因此不能説李善此注是出自《周易正義》。今可見最早提及鄭玄注"涣汗其大號"之"號"爲"令也"就見於李善此處所引,宋王應麟輯《周易鄭注》,於"九五,涣汗其大號"下載鄭康成"號,令也"②,正是輯自李善此注。

(2)又《東京賦》:"芙蓉覆水,秋蘭被涯。"李善注:"鄭玄注《周易》曰:'蘭,香草也。'"按:李善此條所引應該是鄭玄《繫辭上傳》"子曰:其臭如蘭"之注。"蘭"訓"香草",亦爲常訓,《楚辭·九歌·雲中君》"浴蘭湯兮沐芳",王逸注即云:"蘭,香草也。"③《説文·艸部》"蘭"字亦云:"蘭,香草也。"但作爲鄭玄《周易注》的"蘭,香草也"却首見李善注《文選》,其後王應麟輯《周易鄭注》於《繫辭上》"其臭如蘭"下載鄭注"蘭,香草也"④,所據正是"《文選·東京賦》"李善注。

(3)《文選·賦乙·京都中·蜀都賦》:"百果甲宅,異色同榮。朱櫻春熟,素柰夏成。"李善注:"《周易》曰:'百果草木皆甲坼。'鄭玄曰:'木實曰果。皆,讀如人倦之解。解,謂拆呼。皮曰甲,根曰宅。宅,居也。'"按:"百果草木皆甲坼"爲《解卦·象傳》文,鄭玄此注最早即見於李善此處所引。後世輯《周易鄭注》,此條正據李善注輯得⑤。此條鄭注"木實曰果",與鄭注《禮記·曲禮》"賜果於君前"⑥注同。又"皮曰甲,根曰宅",與《象傳》"百果草木皆甲坼"文字有異,根據鄭注可知鄭本《周易》此處《象傳》應該做"百果草木皆甲宅"。《經典釋文·周易》"坼"字下注云:"《説文》云:'裂也。'《廣雅》云:'分也。'馬、陸作'宅',云:'根也。'"又《周易注疏校勘記》云:"石經、岳本、錢本'坼'作'坼',是也。下注及正義竝同。閩、監、毛本作'拆',非。"⑦根據《經典釋文》、《校勘記》所列異文,馬融、鄭玄皆傳古文費氏《易》,故皆作"宅"。而石經、岳本則是顏師古校定五經以後的官方系統,文字作"坼"。李善注引"象傳"文作"坼",或當時已有官方定本改鄭注經文的情况。或者,李善注引經文與鄭注分別來自不同的書,亦或鄭注並非來自單行本鄭玄《易注》而是集注或類書,儘管没有證據可以完全排除,但是根據李善注引鄭注整體情况,這種可能性很低。雖然馬、鄭《易》與石經、岳本此處文字上有異,但音義可通,如王引之《經義述聞》卷二"甲坼"條:"《解·彖

---

① 王弼、韓康伯注,孔穎達等撰《周易正義》卷五,[清]阮元校刻《十三經注疏》,中華書局2009年版,第11頁。
② 王應麟輯《周易鄭注》卷六,胡海樓雕本,第4頁。
③ 王逸章句,洪興祖補注《楚辭章句補注·楚辭集注》卷二,岳麓書社2013年版,第57頁。
④ 《周易鄭注》卷七,湖海樓叢書本,第4頁。
⑤ 《周易鄭注》卷四,湖海樓叢書本,第9頁。
⑥ 鄭玄注,孔穎達等撰《禮記正義》卷二,[清]阮元校刻《十三經注疏》,中華書局2009年版,第2691頁。
⑦ 孔穎達等撰《周易正義·校勘記》卷四,第114頁。

傳》‘雷雨作而百果草木皆甲坼’，《釋文》曰：‘坼，馬、陸作‘宅’，云根也。’李善注《蜀都賦》引鄭注曰：‘皆，讀如人倦之解。解，謂坼呼。皮曰甲，根曰宅。’引之謹案：‘宅’乃‘乇’字之假借，《説文》曰：‘乇，艸葉也。從垂穗，上貫一，下有根，象形字。’乇、宅、坼古並同聲，故又通作‘坼’，《周易述》以‘坼’爲古文‘宪’字之譌，非也。”①

（4）《文選・紀行下・西征賦》“納旌弓於鉉台，讚庶績於帝室”、《序下・三月三日曲水詩序》“元宰比肩於尚父，中鉉繼踵乎周南”、《贈答二・贈河陽》“弱冠步鼎鉉，既立宰三河”、《碑文上・褚淵碑文》“大啓南康，爰登中鉉”以上四處，李善皆注：“《周易》曰：‘鼎金鉉。’鄭玄曰：‘金鉉，喻明道，能舉君之官職也。’”按：“鼎金鉉”爲鼎卦六五爻辭。李善此處所引鄭注又見於《唐律疏議》卷一“是以降綸言於臺鉉”②據疏議。儘管《唐律疏議》成書略早於李善《文選注》，但並不能説明李善此條轉引自《唐律疏議》，在卷軸裝時代，舍鄭注單本而於《唐律疏議》中轉引此一句，其可能性較少。

（5）《文選・游覽・登樓賦》：“懼匏瓜之徒懸兮，畏井渫之莫食。”李善注：“《周易》曰：‘井渫不食，爲我心側。’鄭玄曰：‘謂已浚渫也，猶臣脩正其身以事君也。’”此處李善注引爲井卦九三爻辭及鄭注，鄭玄此注最早即見於此。後人輯鄭注，如王應麟、李富孫、孫星衍、余蕭客等，此條即輯自《文選》此注。

（6）《文選・宮殿・魯靈光殿賦》：“荷天衢以元亨，廓宇宙而作京。”李善注：“鄭玄《周易注》曰：‘人君在上位，負荷天之大道。’”按：李善注引此條爲大畜卦上九《象傳》“何天之衢，道大行也”的鄭注。《魯靈光殿賦》“荷天衢以元亨”，用大畜上九《象傳》之典，但讀“何”爲“負荷”之荷，而王弼注云：“處畜之極，畜極則通，大畜以至於大亨之時。何，辭也。猶云：何畜乃天之衢亨也。”③可知王弼以“何”爲虛辭，故不用王注而鄭注讀“何”爲“負荷”。此條鄭注最早見引於李善此注，後人輯鄭注正出自此處。

（7）《文選・詩甲・公讌・應詔讌曲水作詩》：“帝體麗明，儀辰作貳。”李善注：“《周易》曰：‘黄離，元吉。’鄭玄曰：‘離，南方之卦，離爲火，土託位焉。土色黄，火之子，喻子有明德，能附麗於父之道，文王之子發、旦是也。’”按：“黄離，元吉”爲離卦六二爻辭。李善注引鄭玄此注目前可考，最早即見於李善注引，其後《初學記》、《太平御覽》亦有引用，但文字有所出入。“能附麗於父之道”，《初學記》卷十《宮部》“於”字下有“其”字，無“文王之子發、旦是

① 王引之《經義述聞》，上海書店出版社 2012 年版，第 61 頁。
② 劉俊文《唐律疏議箋解》卷第一，中華書局 1996 年版，第 3 頁。
③ 王弼撰，樓宇烈校釋《王弼集校釋・周易注》，中華書局 2011 年版，第 145 頁。

也”句,末句爲“順成其業故吉也”①。《太平御覽》卷一四六《皇親部一二》“土託位焉”之“託”字作“記”,蓋二字形近而《御覽》致誤;“於”字下有“其”字,與《初學記》同;有“文王之子發、旦是也”句,與李善注引同,此句後有“慎成其業故吉也”句,不同於《初學記》的是“順”字《御覽》作“慎”。“順”、“慎”聲近義通,二字可互訓②。由此可知,李善注引鄭玄此注删了“順(慎)成其業故吉也”句,大概以其與所注内容關係不大。后人輯鄭玄此注,如《周易鄭康成注》、《孫氏周易集解》、《古經解鈎沉》、《周易舊注》等皆在《文選》此注基礎上綜合《初學記》、《御覽》輯得。從二者文字的差異,及鄭玄注流傳的實際情況,可能各自都是來自鄭玄注單行本,而根據需要有所删節,或者有流傳致誤的情況。

（8）《文選·詩丁·咏史·張子房詩》:“明兩燭河陰,慶霄薄汾陽。”李善注:“《周易》曰:‘明兩作離,大人以繼明照于四方。’鄭玄曰:‘明兩者,取君明上下以明德相承,其於天下之事無不見也。’”按:“明兩,作離,大人以繼明照于四方”,乃離卦上九《象傳》文。《周易鄭康成注》“明兩作離”鄭注載“作,起也”③。《周易正義》等未有此注,而李善引鄭玄注現最早見于《文選》,后人輯《周易鄭注》、《周易舊注》、《增補鄭氏周易》等,此注皆言言出自《文選》。

（9）《文選·詩丙·贈答二·贈白馬王彪》:“太息將何爲? 天命與我違。”李善注:“鄭玄《周易注》曰:‘命,所受天命也。’”按:鄭玄此條注最早即見於此,李善引鄭注時不連經文。丁傑、張惠言校訂本王應麟輯《周易鄭注》也没有弄明白此條爲《周易》何處之注,而是列入“注無所附”,并注云:“或當在‘窮理盡性以至於命’下,或曰‘樂天知命’之注”。“窮理盡性以至於命”爲《説卦傳》文,“樂天知命”爲《繫辭上》文。而余蕭客《古經解鈎沉》、孫星衍《孫氏周易集解》、李富孫《李氏易解賸義》等皆將其視爲師卦六五爻辭“大君有命,開國承家”注。三處“命”皆可理解爲天命,但是師卦上六爻辭在先,依一般注釋凡例而言,當於首出之時出注,且上六爻辭即有受天命而開國成家之義,干寶注云:“大君,聖人也。有命,天命也。五常爲王位,至師之家而變其例者,上爲郊也,故易位以見武王親征,與師人同處于野也。離上九曰:‘王用出征,有嘉折首。’上六爲宗廟,武王以文王行,故正開國之辭於宗廟之爻,明己之受命,文王之德也。”④綜合而言,或以李善注引鄭玄此注爲師卦上六爻辭更妥。

（10）《文選·詩丙·贈答二·贈顧交阯公真》:“顧侯體明德,清風蕭已邁。”李善注:

① 徐堅等《初學記》卷十,中華書局 1962 年版,第 229 頁。
② 李昉《太平御覽》卷一四六,《四庫全書》本,第 1 頁。
③ 王應麟著,鄭振峰等點校《周易鄭康成注·六經天文編·通鑑答問》,中華書局 2012 年版,第 34 頁。
④ 李鼎祚撰,王豐先點校《周易集解》卷三,中華書局 2016 年版,第 76 頁。

"《周易》曰：‘君子體仁足以長人。’鄭玄曰：‘體，生也。’"按："君子體仁足以長人"爲乾卦《文言》辭，鄭玄此注目前最早見於此。鄭玄訓"體"爲"生"，與鄭玄《禮記注》同。《禮記·中庸》"體物而不可遺"，鄭注："體，猶生也。"①又《廣韻·十一薺》"體"字云"生也"②，與鄭注同。《廣韻》是宋真宗大中祥符年間根據《切韻》和《唐韻》修訂而成，而《切韻》成書在李善注之前，《唐韻》在李善注之後，暫未知《廣韻》此條是否與鄭注有承襲關係，清儒翁方綱在《禮記附記》中認《廣韻》沿襲鄭注，但無確據。又，"顧侯體明德"之"體"，李善引鄭注訓"生"本無問題，但是關於鄭注"君子體仁足以長人"之"體"訓"生"，後人則多有疑惑，張惠言校訂《周易鄭注》引惠棟之言，"謂‘生仁’不辭，荀爽、京房之本‘仁’皆作‘信’。或疑鄭本‘仁’作‘人’也"③。《經典釋文·周易》"體仁"下云："京房、荀爽、董遇本作‘體信’。"④可知李善注引此條經文非京房、荀爽、董遇本，而與通行王弼本同，《釋文》不言鄭本有異，大概鄭玄本同王弼本作"體仁"。"體"訓"生"，惠棟以爲"生仁"不辭，云："元爲體之長，君子體仁，故爲人之長。"⑤因此不取"生仁"之義。實則"天地之大德曰生"，"生生之謂易"，姚配中云："乾元，純陽之始，故生仁。"⑥因此，鄭玄此注與經義是通暢的。而疑"仁"作"人"者，更爲無據。

（11）《文選·詩丙·贈答三·還舊園作見顏範二中書》："盛明蕩氛昏，貞休康屯遭。"李善注："《周易》曰：‘乾，元亨利貞。’又曰：‘休否大人吉。’鄭玄曰：‘休，美也。’"按："乾，元亨利貞"爲乾卦象辭，"休否大人吉"爲否卦九五爻辭。李善注先云："盛明、貞休，謂太祖也。言以盛明之德而蕩氛昏之徒，又以正美之道以康屯遭之俗也。"引乾象辭和否九五爻辭以釋"貞"與"休"之義。所引鄭注最早即見於此，但訓"休"爲"美"並非鄭玄所創，乃常訓，《爾雅·釋詁》即云"休，美也"。又否卦九五爻辭王弼於"休"字無訓，孔穎達《正義》云"休否者，休，美也"⑦，無注釋者名。《周易正義》雖然以王弼本爲底本做《正義》，却多有吸收鄭注，然而此條是否來自鄭注，並無確據。

（12）《文選·册·册魏公九錫文》："君研其明哲，思帝所難。"李善注："鄭玄《周易注》曰：‘研，喻思慮。’"又《弔文·弔魏武帝文》："苟理窮而性盡，豈長筭之所研。"李善注："《周易》曰：‘窮理盡性，以至於命。’鄭玄曰：‘言窮其義理，盡人之情性，以至於命，吉凶所定。’

① 孔穎達等《禮記正義》卷五二《中庸》，第3532頁。
② 陳彭年《重修廣韻》卷三，《文淵閣四庫全書》本，第27頁。
③ 王應麟輯《周易鄭注》卷九，第10頁。
④ 陸德明音義《周易釋文》卷一，阮元校刻《十三經注疏》，中華書局2009年版，第207頁。
⑤ 惠棟撰，鄭萬耕點校《周易述》，中華書局2007年版，第347頁。
⑥ 姚配中《周易姚氏學》卷二，清光緒三年崇文書局刻本，第2頁。
⑦ 孔穎達《周易正義》卷二，第57頁。

又曰：‘研，喻思慮也。’”按：“窮理盡性，以至於命”爲《說卦傳》文，此兩處李善同引“研，喻思慮也”，但並非是“窮理盡性，以至於命”的注，而是《繫辭上》“聖人之所以極深而研機也”之注，李善大概因注釋的方便而通合引之。又，此兩條鄭玄《周易注》都最早見引於李善《文選注》，後人所輯以據此兩處輯得。

（13）《文選·文·天監三年策秀才文三首》：“斲雕刓方，經綸草昧。”李善注：“《周易》曰：‘雲雷屯，君子以經綸。’又曰：‘天造草昧，宜建侯而不寧。’鄭玄曰：‘造，成也。草，草創也。昧，昧爽也。’”又《表下·爲范尚書讓吏部封侯第一表》：“締構草昧，敢叨天功。”李善注：“《易》曰：‘天造草昧。’鄭玄曰：‘草，草創也。昧，爽也。’”按：“雲雷屯，君子以經綸”爲屯卦《象傳》，“天造草昧，宜建侯而不寧”爲屯卦《彖傳》。鄭玄此注最早即見於李善所引。

（14）《文選·論二·六代論》：“《易》曰：‘其亡其亡，繫于苞桑。’周德其可謂當之矣。”李善注：“《周易》否卦之辭也。鄭玄曰：‘苞，植也。否世之人，不知聖人有命，咸云其將亡矣，其將亡矣，而聖乃自繫於植桑，不亡也。’”按：此處李善引鄭注，最早見引於此。李善此注不引他家而引鄭注，以鄭注得其義。鄭注以苞桑深根固本，聖人自繫於植桑，所以不亡，正合《六代論》之義。《六代論》引《易》九五爻辭，正是爲了説明“三代之君，與天下共其民，故天下同其憂；秦王獨制其民，故傾危而莫救”，“曠日若彼，用力若此，豈非深固根蒂不拔之道乎”之義。當時作爲官方學説的王弼注，以爲“其亡其亡，繫于苞桑”爲“心存將危，乃得固也”，不得此爻之義，與《六代論》所言更不符，故李善取鄭注而不取當時更通行的王弼注。

（15）《文選·連珠·演連珠五十首》：“臣聞髦俊之才，世所希乏；丘園之秀，因時則揚。”李善注：“《周易》曰：‘六五，賁于丘園，束帛戔戔。’鄭玄曰：‘秀，士有德行道藝者也。’”按：此條鄭注據筆者查考，目前僅見於李善注引，亦未見後世學者所輯鄭玄《周易注》。通過分析，“賁于丘園，束帛戔戔”爲賁卦六五爻辭，荀爽云：“艮山震林，失其正位，在山林之間，賁飾丘陵，以爲園圃，隱士之象也。五爲王位，體中履和，勤賢之主，尊道之君也，故曰：‘賁于丘園，束帛戔戔。’”①以爻象言，即五以束帛聘上，即君禮聘有德行道藝之賢士。故李善引爻辭，當不僅釋“丘園”之義，同時兼釋“丘園之秀，因時則揚”一句之義。而引鄭玄注，則爲釋“秀”字。今考《周易》經傳，並無“秀”字，故此注恐怕並不是鄭玄《周易注》的內容。

（16）《文選·志下·閑居賦》：“牧羊酤酪，以俟伏臘之費。”李善注：“鄭玄《周易注》曰：‘牧，養也。’”按：鄭玄此注，最早見李善此注所引，王應麟將其輯在謙卦六二下，王弼注謙卦六二《象傳》“謙謙君子，卑以自牧也”云：“牧，養也。”②與鄭注同，由此推之，鄭注應該也是

---

① 李鼎祚撰，王豐先點校《周易集解》卷第五，第 153 頁。
② 王弼撰，樓宇烈校釋《王弼集校釋·周易注》，第 89 頁。

謙卦六二《象傳》之注,後世輯鄭注如李富孫、余蕭客等即據此輯録。又,"牧"訓爲"養",爲常訓,《一切經音義》引《三蒼》云"牧,養也"①,《經典釋文·周易》於謙卦"自牧"亦注云:"牧養之牧。"②謙卦六二《象傳》"謙謙君子,卑以自牧也",意爲君子以謙養德,此爲鄭玄承舊義以注"牧"義。

通過上述對李善注引鄭玄《周易注》的一一梳理考察,可以發現除了第(15)條可以排除並非鄭玄《周易注》外,其餘十五條鄭注雖然有部分訓詁與同時或前代經疏史注及類書重合,但是明確注明爲鄭玄注的,基本上都最早見引於李善注。儘管當時或有馬鄭二王集解流傳,但《隋書·經籍志》言已佚,而兩唐志又著録,可能此書流傳並不廣。而鄭注隋唐兩代都有流傳,且在卷軸裝的時代,從利用的便利而言,筆者更傾向於李善注引鄭玄《周易注》當出自單行本而非當時集解本,至於是否可能出自已佚的類書、經史集解注疏,可能性較低。

(四)王肅

王肅,傳見《三國志·魏志》本傳,曾"撰定父朗所作《易傳》",并立於學官③。王肅所注《周易》,魏晉隋唐一直有流傳,《經典釋文·敍録》著録"王肅注十卷"④,其後《隋志》、《舊唐志》、《新唐志》同。可見,王肅注在魏晉隋唐流傳不輟。至宋,《崇文總目》著録十一卷,吳承仕先生云:"乃後人聚斂而成,非肅本書。王應麟曰:'今不傳。'"⑤李善《文選注》總共十五次引王肅《易》説,除去重複,一共有七條。

(1)《文選·賦乙·東京賦》:"聘丘園之耿絜,旅束帛之戔戔。"李善注:"《周易》曰:'六五,賁于丘園,束帛戔戔。'王肅云:'失位無應,隱處丘園。蓋蒙闇之人,道德彌明,必有束帛之聘也。戔戔,委積之貌也。'"⑥又見《詩甲·九日從宋公戲馬臺集送孔令詩》"彼美丘園道"、《演連珠五十首》"丘園之秀,因時則揚"、《表上·謝平原内史表》"世無先臣宣力之效,才非丘園耿介之秀"⑦注,文字略有出入。"賁于丘園,束帛戔戔",乃賁卦六五爻辭。李善此

---

① 釋玄應《一切經音義》卷九,清海山仙館叢書本,第 11 頁。
② 陸德明音義《周易釋文》,第 219 頁。
③ 陳壽著,裴松之注《三國志》卷一三《魏書·王肅傳》,中華書局 2006 年版,第 419 頁。
④ 陸德明撰,吳承仕疏證,張立偉點校《經典釋文敍録疏證》,第 41 頁。
⑤ 陸德明撰,吳承仕疏證,張立偉點校《經典釋文敍録疏證》,第 42 頁。
⑥ 按,此條六臣注本脱"善曰"二字,高步瀛《義疏》引何焯之説云:"何云:綜以赤烏六年卒,安得見王肅《易注》而引用之,其説是矣。"見《文選李注義疏》卷三,中華書局 1985 年版,第 604 頁。
⑦《文選·九日從宋公戲馬臺集送孔令詩》:"彼美丘園道,喟焉傷薄劣。"李善注:"《周易》曰:六五,賁于丘園,束帛戔戔。王肅曰:失位無應,隱處丘園。"《演連珠五十首》:"丘園之秀,因時則揚。"李善注:"《周易》曰:六五,賁于丘園,束帛戔戔。王肅曰:失位無應,隱處丘園。蓋象衡門之人,道德彌明,必有束帛之聘。戔戔,委積之貌也。"《表上·謝平原内史表》:"世無先臣宣力之效,才非丘園耿介之秀。"李善注:"《易》曰:賁于丘園,束帛戔戔。王肅曰:隱處丘園,道德彌明,必有束帛之聘。"

處引王肅之注,最早即見於《文選注》,李善同時及以前的重要文獻都沒見有引用,其後的李鼎祚輯撰《周易集解》也沒有引用王肅此注。至清人輯王肅《易》注,如余蕭客《古經解鈎沉》、李富孫《李氏易解剩義》、孫星衍《孫氏周易集解》才據李善注引輯録。又王肅此條注文在李善注中,或詳略不同,如《九日從宋公戲馬臺集送孔令詩》引作"王肅曰:失位無應,隱處丘園"、《謝平原内史表》引作"王肅曰:隱處丘園,道德彌明,必有束帛之聘",大概根據注釋對象,隨文有所删削節略。又"蓋蒙闇之人",《演連珠》注引作"蓋象衡門之人",此大概以"蒙"與"象"、"闇"與"衡"形近而致誤,并衍或删"門"字。那麽,當以哪一條爲正確呢?據《東京賦》"聘丘園之耿絜,旅束帛之戔戔",薛綜注:"言丘園中有隱士貞潔清白之人,聘而用之。"又,《周易》賁卦六五爻辭"賁于丘園,束帛戔戔",荀爽曰:"艮山震林,失其正位,在山林之間,賁飾丘陵,以爲園圃,隱士之象也。五爲王位,體中履和,勤賢之主,尊道之君也。故曰'賁于丘園,束帛戔戔'。"可知,不論是《東京賦》此句還是賁卦六五爻辭,皆請君主以束帛聘丘園賢士之義。按:"衡門",典出《詩經·東風·衡門》,有勸君用賢之義,"衡門之下,可以棲遲",鄭箋云:"賢者不以衡門之淺陋則不游息於其下,以喻人君不可以國小則不興治致政化。"①後世亦多以"衡門"喻隱士居處。另外,"蒙闇",爲幼稚不明之義,蒙卦六五《象傳》陸績注:"六五陰爻在蒙暗,又體艮少男,故曰'童蒙'。"②"蒙"與"聖"對,"闇"與"明"對,所謂"蓋蒙闇之人,道德彌明",語意矛盾;而"象衡門之人,道德彌明",文義才順暢,與後文"必有束帛之聘"方合正文與《周易》爻辭之義。因此,李善注引此條王肅《易》注應該以作"象衡門之人"爲是。又此條"戔戔,委積之貌也",後世輯佚多没將其録入,如余蕭客、孫星衍等。《經典釋文·周易》載馬融注"戔戔"云"委積貌"③,可知王肅此訓承馬融而來,是《周易·賁卦》六五爻辭注文無疑。

　　(2)《文選·賦丙·魏都賦》:"豐肴衍衍,行庖皤皤。"李善注:"《周易》曰:'鴻漸于磐,飲食衍衍。'王肅曰:'衍衍,寬饒之貌也。'"按:"鴻漸于磐,飲食衍衍"爲《周易·漸卦》六二爻辭。此注最早見于《文選》,如《周易正義》等李善之前的文獻皆未見有引用此注。清人輯《王肅易注》、《周易舊注》等,皆出自《文選》李善注④。又《經典釋文·周易》於"衍衍"下云:"馬云:'饒衍。'"⑤饒衍,與王肅"寬饒之貌也"義同,大概王肅此處訓詁也是承襲馬融之

---

① 鄭玄箋,孔穎達疏《毛詩正義》卷七,阮元校刻《十三經注疏》,中華書局 2009 年版,第 802 頁。
② 李鼎祚《周易集解》卷第二,第 55 頁。
③ 張涌泉主編《周易釋文》,《敦煌經部文獻合集·小學類群書音義之屬》,中華書局 2008 年版,第 4363 頁。
④ 黃奭輯《王肅易注》,第 16 頁:"衍衍寬饒之貌也。《文選·魏都賦》注。"徐藹《周易舊注》卷七,清光緒十二年徐承祖日本刻本,第 31 頁:"王肅曰:衍衍寬饒之貌也。《文選·魏都賦》注。"
⑤ 張涌泉主編《敦煌經部文獻合集·周易釋文》,第 4372 頁。

說而來。

（3）《文選·江賦》："經紀天地，錯綜人術。"李善注："《周易》曰：'錯綜群數。'王肅曰：'錯，交也；綜，理事也。'"（《六臣注》同）又《七啓八首》"綜孔氏之舊章"、《宋文皇帝元皇后哀策文》"進思才淑，傍綜圖史"、《思舊賦》"稽博綜技藝，於絲竹特妙"、《贈答二·贈張華》"私願偕黃髮，逍遙綜琴書"四處，李善皆注"王肅《周易注》曰：'綜，理事也'"。按："錯綜群數"當爲《繫辭上傳》文，但今傳各本作"參伍以變，錯綜其數"，"其"和"群"音近，可能因此而致誤，或是如《周易舊注》所說"王本"作"錯綜其數"①。此條也不見李善當時及之前文獻所引，今可考最早就出自李善《文選注》。並且，李善在《七啓》、《宋文皇帝元皇后哀策文》、《思舊賦》、《贈答二·贈張華》的注中都注爲"王肅《周易注》"，或許確實出自當時流傳的王肅《周易注》單行本。

（4）《文選·論文·文賦》："塗無遠而不彌，理無微而弗綸。"李善注："《周易》曰：'易與天地準，故能彌綸天地之道。'王肅曰：'彌綸，纏裹也。'"按："易與天地準，故能彌綸天地之道"爲《繫辭上》文，此注最早見於《經典釋文·周易》，云："王肅云：'綸，纏裹也。'"②

（5）《文選·贈答二·爲賈謐作贈陸機》："肇自初創，二儀煙熅。"又《令·宣德皇后令》："不改參辰而九星仰止，不易日月而二儀貞觀。"李善皆注："《周易》曰：'易有太極，是生兩儀。'王肅曰：'兩儀，天地也。'"按："易有太極，是生兩儀"爲《繫辭上》文，儘管"兩儀"訓"天地"爲常訓，但是王肅此注却最早見於《文選》李善注。

（6）《文選·詩戊·雜歌·扶風歌》："惟昔李騫期，寄在匈奴庭。忠信反獲罪，漢武不見明。"李善注："《周易》曰：'歸妹愆期，遲歸有時。'王肅曰：'愆，過也。'"按："歸妹愆期，遲歸有時"爲《歸妹》九四爻辭，王肅注"愆，過也"最早即見於李善此注。事實上，"愆"訓爲"過"，乃常訓，《經典釋文·周易》"愆期"下引馬融說："愆，過也。"又《說文·心部》云："愆，過也。"又虞翻《易》注韻："愆，過也。"③

（7）《文選·頌·聖主得賢臣頌》："《易》曰：飛龍在天，利見大人。"李善注："乾卦之辭也。龍以喻大人。言龍飛在天，喻聖人之德顯，故天下萬物而利見之。王肅曰：'大人在位之日也。'"按：王肅此條《周易》注最早見於李善此注，《秦漢文》直接引李善之注④。

　　根據以上的考察，可知李善注引十五次共七條王肅《周易注》文，除了第（4）條《經典釋

① 徐芹《周易舊注》卷九，第 29 頁。
② 陸德明《周易音義》卷一，第 218 頁。
③ 李鼎祚撰《周易集解》卷十一，中華書局 2016 年版，第 333 頁；許慎著，段玉裁注，徐灝箋《說文解字注箋》卷十下，李學勤主編《中華漢語工具書書庫》，安徽教育出版社 2002 年版，第 73 頁。
④ 李昉輯《秦漢文鑒十八卷》卷七，明刻本，第 21 頁。

文》在李善之前引用，其餘六條都最早見於李善注，而不見於唐及唐以前其他文獻，因此筆者傾向於李善注引王肅《周易注》來自于當時單行本。又，《隋書·經籍志》著録有《馬鄭二王集解》和《二王集注》，但云"梁有集馬、鄭、二王解十卷，亡"①，不知與《馬鄭二王集解》是否爲一書。其後《舊唐書·經籍志》並無二書著録，至《新唐書·藝文志》才又著録，考慮到《舊唐書》和《新唐書》著録的藏書基礎，李善是否能够看到這兩部集解尚可存疑。而且，在手抄流傳和卷軸裝的時代，不論是文獻的傳鈔、保存、流傳還是使用，單行本都要較卷帙較大的類書或集注本更容易。關於王肅注，經過清代學者的研究，認爲："肅注書務排鄭氏，故于《易》義馬、鄭不同者則從馬，馬與鄭同者則並背馬。然其訓詁大義則出於馬、鄭者十七，蓋《易注》本其父朗所爲，肅更撰定。"②根據此七條發現，王肅《易注》訓詁確實與馬融相同者較多。那麼，按照集注集解編纂體例，後來者與前者相同，往往删除後者而保留前者，因此在涉及集馬、鄭、二王《易》解時，王肅與馬融相同者當删王肅而存馬融。顯然，如果李善參考《馬鄭二王集解》，却出現不少王肅與馬融相同的訓詁，顯然不合著作體例。因此筆者更傾向于認爲李善注引王肅《周易》注是來自於當時流傳的單行本。

（五）王弼《周易注》

王弼《周易注》，《經典釋文·敘録》云："江左中興，唯置王氏博士，太常荀崧奏請置鄭易博士，詔許。值王敦亂，不果立。"③《周易正義序》："魏世王輔嗣之注，江左並傳其學，河北學者罕能及之。"④王弼注《易》，自南朝置博士以來，就逐漸流行并取代鄭玄注，《經典釋文》爲《易》作音義，也是採用王弼本，至唐以之撰《周易正義》，著爲功令後，流傳至今。李善注《文選》，其引王弼注數量遠超鄭玄、王肅等人之注。今天流傳的王弼注本，經過由以寫抄到版刻的變化，歷經校訂，與李善注引的王弼本是否存在異同，對於認識王弼注的流傳變化非常重要，而李善注引的王弼注與發現自敦煌寫本王弼注殘卷的異同，又可以借以窺探唐代《周易》王弼注的流傳和版本情况。此外，就李善注和王弼注內容本身的考察，也可以加深對相關內容的理解。下面就對李善注引王弼注一一加以考察。

（1）《文選·賦甲·西都賦》："許少施巧，秦成力折。搤獑猱，扤猛噬。"李善注："王弼《周易注》曰：'噬，齧也。'"按：王弼此注分別見於噬嗑彖辭"噬嗑，亨，利用獄"及六二爻辭

① 《隋書》卷三二，第 909—910 頁。
② 陸德明撰，吳承仕疏證，張立偉點校《經典釋文敘録疏證》，第 42 頁。
③ 陸德明撰，吳承仕疏證，張立偉點校《經典釋文敘録疏證》，第 35 頁。
④ 孔穎達等《周易正義·序》，第 14 頁。

"噬膚,滅鼻,無咎"注①。"噬"訓"齧"爲常訓,慧琳《一切經音義》卷二〇"噬諸"下引《三蒼》即云"噬,齧也",又《文選·賦·紀行下·西征賦》:"履虎尾而不噬,實要伯于子房。"李善注云:"《周易》曰:'履虎尾,不咥人,亨。'鄭玄注本爲'噬',噬,嚙也。"清儒以"噬,嚙也"爲鄭玄履卦象辭"履虎尾,不噬人,亨"之注②。

(2)《文選·賦丙·魏都賦》:"而子大夫之賢者,尚弗曾庶翼等威,附麗皇極。"李善注:"王弼《周易注》曰:'麗,著也。'"按:《周易》离卦象辭"離,麗也",王弼注:"麗,猶著也,各得所著之宜。"《敦煌經部文獻合集》所收敦煌本與今傳本同③,李善注少一"猶"字。

(3)《賦丙·魏都賦》:"雖星有風雨之好,人有異同之性。庶覿蔀家與剝廬,非蘇世而居正。"李善注:"王弼《周易注》曰:'蔀,覆曖,鄣光明之物也。'"按:《周易》豐卦六二爻辭"豐其蔀,日中見斗。往得疑疾,有孚發若,吉",王弼注:"蔀,覆曖,鄣光明之物也。"④李善注引與今本同。

(4)《文選·游覽·遊天台山賦》:"余所以馳神運思,晝咏宵興,俛仰之間,若已再升者也。"李善注:"王弼《周易注》曰:'若,辭也。'"按:《周易》豐卦六二爻辭"豐其蔀,日中見斗。往得疑疾,有孚發若,吉",又節卦六三爻辭"不節若,則嗟若,無咎",王弼注皆云"若,辭也"⑤。

(5)《文選·江海·海賦》:"翻動成雷,擾翰爲林。"李善注:"王弼《周易注》曰:'翰,高飛貌。'"又《鳥獸上·鷦鷯賦》:"翰舉足以沖天,觜距足以自衛"、《文選·論文·文賦》:"浮藻聯翩,若翰鳥纓繳,而墜曾雲之峻"與《詩丙·哀傷·悼亡詩三首》:"如彼翰林鳥,雙栖一朝隻",李善皆注云:"王弼《周易注》曰:'翰,高飛也。'"按:《周易》中孚卦上九爻辭:"翰音登于天,貞凶",王弼注:"翰,高飛也。飛音者,音飛而實不從之謂也。"⑥又《敦煌經部文獻合集》所收敦煌本云"翰,高飛",校記云:"'高飛'下刊本有'也'字。"⑦李善注引王弼注句末虛辭一作"貌"、三作"也",通行本作"也",而敦煌本無"也"字。大概在文獻依靠寫抄流傳時代,句末虛辭具有不穩定性,王弼原貌當爲"翰,高飛也",而"翰,高飛貌"有可能是李善

---

① 王弼撰,樓宇烈校釋《周易注附周易略例》,第118頁。

② 按:王應麟將此條輯入王注,但清代丁傑、張惠言校訂本則將此條輯爲鄭注。

③ 張涌泉主編《敦煌經部文獻合集·群經類周易之屬》,第37頁;王弼撰,樓宇烈校釋《王弼集校釋·周易注》,第165頁;孔穎達等《周易正義》卷三,第86頁。

④ 王弼撰,樓宇烈校釋《王弼集校釋·周易注》,第295頁。

⑤ 王弼注"若,辭也",有《十三經注疏·周易正義》卷六,第139頁,第145頁;李鼎祚《周易集解》卷十二,第365頁;王弼撰,樓宇烈校釋《王弼集校釋·周易注》,第295頁、316頁;王弼、韓康伯注《周易》卷六,相臺岳氏家塾本,第1頁、第7頁等。

⑥ 王弼撰,樓宇烈校釋《王弼集校釋·周易注》,第321頁。

⑦ 張涌泉主編《敦煌經部文獻合集·群經類周易之屬》,第90頁。

注引時所改,也有可能是後世流傳中所改。

(6)《文選·鳥獸下·赭白馬賦》:"故祇慎乎所常忽,敬備乎所未防。"李善注:"王弼《周易注》曰:'敬慎防備,可以不敗。'"按:《周易》需卦九三之爻辭:"需于泥,致寇至。"王弼注:"自我所招,敬慎防備,可以不敗。"①通行本與李善注同。

(7)《文選·音樂下·長笛賦》:"嶰壑澮㟏,岰窞巖窡。"李善注:"《周易》曰:'入於坎窞,凶。'王弼曰:'最處岰底也。'"按:六臣本無王弼注。"習坎,入于坎窞,凶"爲《周易》習坎卦初六之爻辭,通行本王弼注作"最處坎底,入坎窞者也"②。《敦煌經部文獻合集》所收敦煌本作"最處歁底",校記云:"歁,刊本作'坎'。《釋文》出'處歁',云:'亦作坎字。'《説文·土部》:'坎,陷也。'《欠部》:'歁,歉得也。'其義不同。《詩·魏風·伐檀》'坎坎伐輪兮',《漢石經》'坎'作'歁';《爾雅·釋言》'坎,律,銓也',《釋文》:'坎,字又作歁。'是二字古多通用。寫卷作'歁',應是'坎'之借字。"③又李善注於王弼注後又云:"《説文》曰:'窞,坎中小坎也。'徒感切。"是李善以爲"岰"即"窞"字。又《經典釋文·周易》云"窞"字下云:"徒坎反。《説文》云:'坎中更有坎。'王肅又作'徒感反',云:'窞,坎底也。'《字林》云:'坎中小坎。'一曰旁入。"④又《集韻》四十八"坎、岰、埳"下云:"苦感切。《説文》:'陷也。'或作'岰'、'埳'。文十九。"是"岰"、"埳"爲"坎"的異體字。

(8)又《文選·音樂下·長笛賦》:"僬眇睢維,涕洟流漫。"李善注:"《周易》曰:'齎咨涕洟。'王弼曰:'齎咨,嗟嘆之聲也。'"按:"齎咨涕洟"爲《周易》萃卦上六之爻辭,通行本王弼注云:"齎咨,嗟歎之辭也。"⑤不同於李善注引,通行本"聲"字作"辭"。又《經典釋文·周易》"咨"下云:"齎咨,嗟歎之辭也。鄭同。馬云:'悲聲怨聲。'"⑥可知,王弼此注與鄭玄同。

(9)《文選·詩甲·公讌·皇太子釋奠會作詩》:"時屯必亨,運蒙則正。"李善注:"《周易》曰:'屯,元亨,利貞。'王弼曰:'剛柔始交,是以屯也,不交則否,故屯乃大亨也。'運,録運也。《周易》曰:'蒙,亨,利貞。'王弼曰:'蒙之所利,乃利正也。'"按:此處李善注引屯卦彖辭及王注以釋"屯必亨"之義,引蒙卦彖辭及王注以釋"蒙則正"之義。"運,録運也"四字,不見今傳王弼注,考《文選·詩·獻詩·皇太子宴玄圃宣猷堂有令賦詩》:"三正叠紹,洪聖啓運。"李善注:"《春秋合誠圖》曰:'赤受天運。'宋均曰:'運,録運也。'"可知,"運,録運

---

① 王弼撰,樓宇烈校釋《王弼集校釋·周易注》,第 37 頁。
② 王弼撰,樓宇烈校釋《王弼集校釋·周易注》,第 159 頁。
③ 張涌泉主編《敦煌經部文獻合集·群經類周易之屬》,第 47 頁。
④ 陸德明《周易音義》,第 33 頁。
⑤ 王弼撰,樓宇烈校釋《王弼集校釋·周易注》,第 247 頁。
⑥ 張涌泉主編《敦煌經部文獻合集·群經類周易之屬》,第 4409 頁。

也”乃宋均《春秋緯·合誠圖》注文,並非王弼注。另外,《周易》蒙卦卦辭:“蒙:亨。匪我求童蒙,童蒙求我。初筮告,再三瀆,瀆則不告。利貞。”①李善引其中“蒙,亨,利貞”,約舉卦辭之意。

(10)又《詩甲·公讌·皇太子釋奠會作詩》:“禮屬觀盥,樂薦歌笙。”李善注:“《周易》曰:‘觀盥而不薦。’王弼曰:‘可觀者,莫盛乎宗廟;宗廟之可觀者,莫盛於觀盥也。’”按:“觀盥而不薦”,乃《周易》觀卦卦辭。“莫盛於觀盥也”,通行本王弼注無“觀”字②,《周易正義》、《周易集解》皆無“觀”字③。所謂“盥”,此處指宗廟之祭盥,王弼注“可觀者,莫盛乎宗廟”與“宗廟之可觀者,莫盛於盥也”,文法結構相同,當以無“觀”字爲是。又王弼此注下又云:“至薦簡略,不足復觀,故‘觀盥而不觀薦’也。孔子曰:‘自既灌而往者,吾不欲觀之矣。’”④又《正義》云:“觀盥而不薦者,可觀之事,莫過宗廟之祭盥,其禮盛也。薦者,謂既灌之後,陳薦籩豆之事,故云‘觀盥而不薦’也。”⑤結合文法結構、注文及疏,可知當以無“觀”字爲是。這裏可能李善所據本衍“觀”字,抑或李善引用時涉上“觀盥而不薦”而衍“觀”字,或者爲流傳中衍“觀”字。

(11)又《詩甲·公讌·皇太子釋奠會作詩》:“物性其情,理宣其奧。”李善注:“《周易》曰:‘乾元者,始而亨者也。利貞者,性情也。’王弼曰:‘不爲乾元,何能通物之始? 不性其情,何能久行其正? 是故始而亨者,必乾元也。利而貞者,必性情也。’”按:“乾元者,始而亨者也。利貞者,性情也”爲《周易·乾卦·文言》之文。通行本王弼注與李善注基本相同,只是“利而貞者”的“貞”字作“正”⑥,《周易正義》、《周易集解》與通行本同⑦。樓宇烈先生校釋云:“‘利而正者’之‘正’字,釋《文言》‘利貞者’之‘貞’字之義。”⑧此可備一説。“亨”訓“通”,“貞”訓“正”,王注不改“始而通”釋“始而亨”,而於“利而貞”以訓詁帶本字改爲“利而正”以釋義,雖然於文義沒有影響,王弼注原貌是否就作“利而正”則不能讓人無疑。或者當時有作“利而貞”的本子而爲李善所據,抑或李善注改“正”爲“貞”,或後世流傳中所改,則難以確定。

(12)《文選·詩甲·祖餞·征西官屬送於陟陽候作詩》:“三命皆有極,咄嗟安可保?”

---

① 王弼撰,樓宇烈校釋《王弼集校釋·周易注》,第30頁。
② 王弼撰,樓宇烈校釋《王弼集校釋·周易注》,第109頁。
③ 孔穎達等《周易正義》卷三,第72頁;李鼎祚《周易集解》卷五,第139頁。《集解》作“莫盛乎盥也”。
④ 王弼撰,樓宇烈校釋《王弼集校釋·周易注》,第109—110頁。
⑤ 孔穎達等《周易正義》卷三,第72頁。
⑥ 王弼撰,樓宇烈校釋《王弼集校釋·周易注》,第7頁。
⑦ 孔穎達等《周易正義》卷一,第29頁;李鼎祚《周易集解》卷一,第23頁。
⑧ 王弼撰,樓宇烈校釋《王弼集校釋·周易注》,第15頁。

李善注:“王弼《周易注》曰:‘嗟,憂嘆之辭。’”又《文選·詩乙·咏史·咏史八首》:“偓仰生榮華,咄嗟復彫枯。”李善注:“王弼《周易注》曰:‘嗟,憂歎之辭。’”六臣注:“嗟,憂嘆之辭。”按:《周易》離卦九三之爻辭:“日昃之離,不鼓缶而歌,則大耋之嗟,凶。”王弼注:“嗟,憂歎之辭也。”①《敦煌經部文獻合集》所收王注作“嗟,憂歎之辭也”②。據《釋文》云“嘆,本亦作歎”,《説文》云“嘆,與歎同”。此可能李善注引時未能統一字形,或者流傳中字形出現變化。

(13)《文選·詩丁·贈答三·還舊園作見顏范二中書》:“盛明盪氛昏,貞休康屯邅。”李善注:“《周易》曰:‘休否大人吉。’王弼曰:‘居尊位,能休否也。’”又《銘·封燕然山銘》:“大人造物,龍德休否。”李善注:“《周易·否卦》曰:‘九五休否。’王弼曰:‘居尊位能休否道者也。’”按:“休否大人吉”爲《周易·否卦》九五之爻辭,《周易正義》王注云:“居尊得位,能休否道者也。”阮元《校勘記》云:“居尊得位:閩、監、毛本同,岳本、宋本、古本、足利本‘得’作‘當’。”③李善注兩引王弼此注並無“得”或“當”字,或者李善所見本並無此二字。又《還舊園作見顏范二中書》李善引王弼注無“道者”二字,此或爲李善約舉大義,或者後世流傳過程中脱漏。

(14)《文選·詩丁·贈答四·贈王太常》:“豫往誠歡歇,悲來非樂闋。”李善注:“《周易》曰:‘初六,鳴豫,凶。’王弼曰:‘樂過則淫,志窮則凶。’”按:“鳴豫,凶”爲豫卦初六之爻辭,通行本王注與李善注引同④。

(15)《文選·詩丁·贈答四·和謝監靈運》:“寡立非擇方,刻意藉窮棲。”李善注:“《周易》曰:‘君子以立,不易方。’王弼曰:‘得其所久,故不易也。’”按:“君子以立,不易方”爲恒卦《象傳》之文。李善注引王注與通行本同⑤。

(16)《文選·詩丁·贈答四·暫使下都夜發新林至京邑贈西府同僚》:“金波麗鳷鵲,玉繩低建章。”李善注:“王弼《周易注》曰:‘麗,連也。’”按:《周易·兌卦·象傳》:“麗澤,兌,君子以朋友講習。”王弼注:“麗,猶連也。施説之盛,莫盛於此。”⑥相比於李善注引,通行本王弼注多一虛辭“猶”字。《敦煌經部文獻合集》所收敦煌本、《周易正義》與通行本王注同⑦。我們不知李善注《文選》的初貌如何,或許李善可能將“麗猶連也”簡寫爲“麗,連也”,或是其後傳抄時虛辭“猶”字脱落。

---

① 王弼撰,樓宇烈校釋《王弼集校釋·周易注》,第 166 頁。
② 張涌泉主編《敦煌經部文獻合集·群經類周易之屬》,第 37 頁。
③ 孔穎達等撰,阮元校刻《周易正義·校勘記》卷二,第 65 頁。
④ 王弼撰,樓宇烈校釋《王弼集校釋·周易注》,第 93 頁。
⑤ 王弼撰,樓宇烈校釋《王弼集校釋·周易注》,第 176 頁。
⑥ 王弼撰,樓宇烈校釋《王弼集校釋·周易注》,第 209 頁。
⑦ 張涌泉主編《敦煌經部文獻合集·群經類周易之屬》,第 79 頁;孔穎達等《周易正義》卷六,第 143 頁。

(17)《文選‧詩丁‧行旅上‧富春渚》：“洊至宜便習，兼山貴止託。”李善注：“《周易》曰：‘水洊至，習坎。’王弼曰：‘重險懸絶，故水洊至也。不以坎爲隔絶，相仍而至，習乎坎者也。’”按：“水洊至，習坎”爲《周易‧坎卦‧象傳》文，今傳王弼注、《周易正義》“習乎坎者也”句無“者”字，而《敦煌經部文獻合集》所收敦煌本則有“者”字①。又敦煌本“重險懸絶”之“懸”作“縣”，《四部叢刊》影宋本王弼、韓康伯《周易注》同②。敦煌本校記云：“縣，刊本作‘懸’，‘縣’、‘懸’古今字。”③故二字實通用，而敦煌本與李善注都有“者”字，相對而言，二者比今天所看到的通行本王弼注更爲相近。

(18)《文選‧詩戊‧樂府下‧樂府十七首‧苦寒行》：“俯入穹谷底，仰陟高山盤。”李善注：“王弼《周易注》曰：‘盤，山石之安也。’”按：《周易》漸卦六二爻辭云：“鴻漸于磐。”王弼注：“磐，山石之安者也。”④四部叢刊影宋本王弼、韓康伯注《周易》同，《周易正義》載“磐，山石之安者少”⑤，此“少”字當爲“也”字之誤，阮元《校勘記》失校。又《經典釋文‧周易》於漸卦“磐”字下云：“山石之安也。”而《敦煌經部文獻合集》所收敦煌本《釋文》則“磐”字作“盤”，云：“山石之安也。”⑥其校記云：“盤，刊本作‘磐’，此《六二》‘鴻漸于磐’句中文，《漢書‧郊祀志》引《易》曰：‘鴻漸于般。’《説文‧木部》：‘槃，承槃也。古文從金，籀文從皿。’而無‘磐’字。齊佩瑢《訓詁學概論》曰：‘籀文盤字，篆文作槃，古文作鎜，而甲文則止作般。’盤、槃、磐皆爲‘般’之後起字，王弼注云：‘磐，山石之安者。’言‘山石’，則其所據本作‘磐’也。”⑦“盤”、“槃”、“磐”皆爲“般”之後起字，而“盤”、“槃”、“磐”聲同義通，但根據王注“山石之安”可知王弼所據本當作“磐”。但李善注引與敦煌本《經典釋文》所録用字同。又李善引王弼注無“者”字，與《釋文》所引同。又慧琳《一切經音義》卷七七“磐石”下云：“王弼注《周易》云：‘般，山石之安也。’”⑧與李善注、《釋文》同，皆無“者”字。可能當時確有無“者”字之本。

(19)《文選‧詩戊‧樂府下‧樂府八首‧出自薊北門行》：“鴈行緣石逕，魚貫度飛梁。”李善注：“《周易》曰：‘貫魚，以宮人寵，無不利。’王弼曰：‘駢頭相次，似貫魚也。’”按：“貫魚，以宮人寵，無不利”爲《周易》剥卦六五之爻辭。通行本王弼《周易注》與李善注引同⑨。

---

① 王弼撰，樓宇烈校釋《王弼集校釋‧周易注》，第 159 頁；孔穎達等《周易正義》卷三，第 85 頁；張涌泉主編《敦煌經部文獻合集‧群經類周易之屬》，第 36 頁。
② 《周易》卷三，相臺岳氏家塾本，第 1 頁。
③ 張涌泉主編《敦煌經部文獻合集‧群經類周易之屬》，第 46 頁。
④ 王弼撰，樓宇烈校釋《王弼集校釋‧周易注》，第 287 頁。
⑤ 《周易》卷五，相臺岳氏家塾本，第 14 頁；孔穎達等《周易正義》卷五，第 129 頁。
⑥ 張涌泉主編《敦煌經部文獻合集‧群經類周易之屬》，第 4372 頁。
⑦ 張涌泉主編《敦煌經部文獻合集‧群經類周易之屬》，第 4415 頁。
⑧ 釋玄應《一切經音義》卷七七，清海山仙館叢書本，第 11—12 頁。
⑨ 王弼撰，樓宇烈校釋《王弼集校釋‧周易注》，第 129 頁。

（20）《文選·令·宣德皇后令》：“在昔晦明，隱鱗戢翼。”李善注：“《周易》曰：‘明入地中，明夷。君子以蒞衆，用晦而明。’王弼曰：‘藏明於內，乃得明也。’”又《文選·行狀·齊竟陵文宣王行狀》：“不雕其朴，用晦其明。”李善注：“《周易》曰：‘明入地中，明夷。君子以蒞衆，用晦而明。’王弼曰：‘藏明於內，乃得明。’”按：《齊竟陵文宣王行狀》李善王注無句末“也”字。“明入地中，明夷，君子以蒞衆，用晦而明”乃《周易·明夷·象傳》文，通行本王弼注與李善注引除句末“也”字外，皆同①。

（21）《文選·檄·檄吳將校部曲文》：“臨事制變，困而能通，智者之慮也。”李善注：“《周易》曰：‘困而不失其所亨，其唯君子乎！’王弼曰：‘窮必通也。’”按：“困而不失其所亨，其唯君子乎”爲《周易·困卦·象傳》文，而李善因王弼注“窮必通也”乃卦辭“困，亨”之注，而非《象傳》注。又《周易正義》王注作“困必通也”②，阮元《校勘記》未出校。

（22）《文選·論二·六代論》：“《易》曰：其亡其亡，繫于苞桑。周德其可謂當之矣。”李善注：“《周易》否卦之辭也。王弼曰：‘心存將危，乃得固也。’”按：所謂“《周易》否卦之辭”乃否卦九五爻辭。通行本王弼注與李善注引同③。

（23）《文選·箴·女史箴》：“鑒於小星，戒彼攸遂。”李善注：“《周易》曰：‘無攸遂。’王弼曰：‘盡婦人之正義，無所必遂也。’”按：“無攸遂”乃《周易·家人·六二》爻辭。通行本王注與李善注引同④。

（24）《文選·碑文上·褚淵碑文》：“率禮蹈謙，諒實身幹。”李善注：“《周易》曰：‘履道坦坦，幽人貞吉。’王弼曰：‘履道尚謙，而二以陽處陰，履於謙也。’”按：“履道坦坦，幽人貞吉”乃《周易·履卦·九二》爻辭。通行本王注云：“履道尚謙，不喜處盈，務在致誠，惡夫外飾者也。而二以陽處陰，履於謙也。”敦煌本與其同⑤。可知，李善此注引王弼注爲節略之文。

（25）《文選·物色·風賦》：“概新夷，被黃楊。”李善注：“《易》曰：‘枯楊生稊。’王弼曰：‘稊者，楊之秀也。’”又《表上·勸進表》：“又則所謂生繁華於枯荑，育豐肌於朽骨。”李善注：“《易》曰：‘枯楊生稊。’王弼曰：‘稊者，楊之秀。’”按：《勸進表》引王注無“也”字。“枯楊生稊”乃《周易·大過·九二》爻辭，通行本王弼注云：“稊者，楊之秀也。”⑥可見，與李善注引同。

---

① 王弼撰，樓宇烈校釋《王弼集校釋·周易注》，第 195 頁。
② 孔穎達等《周易正義》卷五，第 121 頁。
③ 王弼撰，樓宇烈校釋《王弼集校釋·周易注》，第 75 頁。
④ 王弼撰，樓宇烈校釋《王弼集校釋·周易注》，第 200 頁。
⑤ 王弼撰，樓宇烈校釋《王弼集校釋·周易注》，第 66 頁；張涌泉主編《敦煌經部文獻合集·群經類周易之屬》，第 18 頁。
⑥ 王弼撰，樓宇烈校釋《王弼集校釋·周易注》，第 153 頁。

（26）《文選·表下·爲宋公求加贈劉前軍表》：“履謙居寡，守之彌固。”李善注：“《易》曰：‘九三，勞謙，君子有終，吉。’王弼曰：‘履得其位也。’”按：“勞謙，君子有終，吉”乃《謙卦·九三》爻辭。通行本王弼注無“也”字①。

其他

1.“王弼”應作“韓康伯”

①《文選·贊·三國名臣序贊》：“形器不存，方寸海納。”李善注：“《周易》曰：‘形乃謂之器。’王輔嗣曰：‘成形曰器。’”按：這裏是李善唯一將王弼寫作“王輔嗣”之注。“形乃謂之器”乃《周易·繫辭上傳》文。根據《經典釋文敘錄》所言“《繫辭》以下王不注，相承以韓康伯注續之”②，可知此處所謂“成形曰器”應作韓康伯之注。通行本與李善注引文字相同。

②《文選·碑文下·頭陀寺碑文》：“於是馬鳴幽讚，龍樹虚求。”李善注：“《周易》曰：‘幽讚於神明而生蓍。’王弼曰：‘幽，深；讚，明也。’”按：“幽讚於神明而生蓍”乃《説卦》文，“幽，深也；讚，明也”③亦當爲韓康伯注。今傳通行本文字與李善注引同。

③《文選·碑文下·齊故安陸昭王碑文》：“公含辰象之秀德，體河岳之上靈。”李善注：“《周易》曰：‘在天成象。’王弼曰：‘象，謂日月星辰。’”按：“在天成象”爲《周易·繫辭上傳》文，“象，謂日月星辰”亦當爲韓康伯注。今傳通行本韓注作“象，況日月星辰”④，阮元《校勘記》云：“岳本、閩、監、毛本同，古本‘況’作‘謂’。”⑤阮元所謂古本，指《七經孟子考文》中之“古本”，據稱源出唐寫本。而此本“況”作“謂”，正與李善注引同。

④《文選·詩甲·補亡·補亡詩六首》：“時之和矣，何思何脩。”李善注：“《易》曰：‘天下何思何慮。’王弼曰：‘一以貫之，不慮而盡也。’”按：“天下何思何慮”乃《周易·繫辭下傳》文，“一以貫之，不慮而盡也”亦當爲韓康伯注。注文“不慮而盡也”，今通行本“也”作“矣”字⑥。

2.“王弼”或爲“王肅”

①《文選·賦丙·魏都賦》：“先生玄識，深頌靡測。得聞上德之至盛，匪同憂於有聖。”李善注：“王弼《周易注》曰：‘不與聖人之憂，憂君子之道不長，小人之道不消，黍稷之不茂，茶蓼之蕃殖。至於乾坤，簡易是常，無偏於生養，無擇於人物，不能委曲與彼聖人，同此憂

---

① 王弼撰，樓宇烈校釋《王弼集校釋·周易注》，第89頁。
② 陸德明撰，吳承仕疏證，張立偉點校《經典釋文序録疏證·注解傳述人》，第37頁。
③ 王弼撰，樓宇烈校釋《王弼集校釋·周易注》，第380頁。
④ 王弼撰，樓宇烈校釋《王弼集校釋·周易注》，第339頁。
⑤ 孔穎達等撰，阮元校刻《周易正義·校勘記》卷七，第173頁。
⑥ 王弼撰，樓宇烈校釋《王弼集校釋·周易注》，第377頁。

之.’”此注不見於今傳各本王弼注。又《文選考異》云:“袁本‘弼’作‘肅’,茶陵本亦作‘弼’。按:‘肅’字最是。梁章鉅《文選旁證》云:“‘王弼《周易注》曰’,六臣本‘弼’作‘肅’,是也。陳曰:今王弼注無此文。王弼注《易》,不及《繫辭》,相傳以韓康伯注續。”又云:“不與聖人之憂,‘不與’二字不當有,各本皆衍。”①,此註奎章閣本作“王肅”,明州本、贛州本、尤袤本作“王弼”,今傳王弼、韓康伯注各本確實無此注文,蓋“王弼”當作“王肅”。

　　②《文選·鳥獸上·鸚鵡賦》:“性辯慧而能言兮,才聰明以識機。”李善注:“王弼《周易注》曰:‘幾者,事之微也。’”按:六臣注作“幾”作“機”,《文選考異》“注‘幾者,事之微也’”下云:“袁本、茶陵本‘幾’作‘機’,是也。”②《釋文·周易》於“聖人之所以極深而研幾也”之“幾也”下云:“如字,本或作‘機’,鄭云‘機’當作‘幾’。幾,微也。”《説文·絲部》:“幾,微也。”又《周書·武帝紀》:“帝曰:‘幾者事之微,不可失矣。’”③《后漢書·鄧寇列傳》注有“幾者,事之微也”④。另外,《周易·渙·九二》爻辭“渙奔其机,悔亡”,王弼注:“机,承物者也,謂初也。”⑤又《周易·繫辭下傳》“幾者,動之微,吉之先見者也”,韓康伯注:“幾者,去無入有。”⑥由此而言,當作“幾”爲是。但是“機”與“幾”古多通。又《六臣注文選·奏記·爲石仲容與孫皓書》:“苞白:蓋聞見機而作,《周易》所貴。”注:“良曰:幾者,事之微也。”又《六臣注文選·奏記·與陳伯之書》:“昔因機變化。”注:“翰曰:機者,事之微也。”《六臣注文選·奏記·與山巨源絕交書》:“闇於機宜。”注:“良曰:機者,事之微也。”在“奏記”体內三篇作品當中,三處皆出現“(幾)機者,事之微也”,而這裏并未云此文出自“王弼注”。且李善注引此“王弼注”只見《文選》,今傳王弼《周易注》、《周易正義》、《周易集解》皆無此注。或者此條亦如上條,“弼”字亦當爲“肅”字之誤。

　　③《文選·詩甲·祖餞·送應氏詩二首》:“中饋豈獨薄,賓飲不盡觴。”李善注:“《周易》曰:‘在中饋。’王弼曰:‘婦人職中饋,《儀禮》有饋食之禮。’”按:“在中饋”爲《周易·家人·六二》之爻辭。“婦人職中饋,《儀禮》有饋食之禮”並不見於今傳各本王弼注。通行本王弼於此爻注云:“居內處中,履得其位,以陰應陽,盡婦人之正義。無所必遂,職乎中饋,巽順而已,是以貞吉也。”⑦通觀王弼《周易注》,鮮有據經典以相證,幾乎都是直接解釋《周易》之義。因此很大程度上可以排除“《儀禮》有饋食之禮”爲王弼注文。或者“婦人職中饋”爲

① 梁章鉅《文選旁證》卷九,清光緒八年吳下刻本,第 9 頁。
② 蕭統編,李善注,胡克家考異《文選·附文選考異》卷三,第 883 頁。
③《周書》卷六,中華書局 1971 年版,第 95 頁。
④《後漢書》卷十六,中華書局 1965 年版,第 607 頁。
⑤ 王弼撰,樓宇烈校釋《王弼集校釋·周易注》,第 312 頁。
⑥ 王弼撰,樓宇烈校釋《王弼集校釋·周易注》,第 367 頁。
⑦ 王弼撰,樓宇烈校釋《王弼集校釋·周易注》,第 200 頁。

“居内處中，履得其位，以陰應陽，盡婦人之正義。無所必遂，職乎中饋，巽順而已”之約文，而“《儀禮》有饋食之禮”並非王弼注，而是李善自爲之文。或者此條並非王弼注，而是王肅或他人之注誤植於此。

④《文選·論四·辨命論》：“雖游夏之英才伊顏之殆庶，焉能抗之哉？其蔽三也。”李善注：“《易》曰：‘顏氏之子其殆庶幾乎。’王弼曰：‘庶幾，於知幾者也。’”按：“顏氏之子其殆庶幾乎”爲《周易·繫辭下傳》文。王弼不注《繫辭》及以下，可知此注并非王弼注。而韓康伯此句下注云：“在理則昧，造形而悟。顏子之分也，失之於幾，故有不善。得之於二，不遠而復，故知之未嘗復行也。”①亦與李善所引不同，且僅見於李善注，今傳各本王弼、韓康伯《周易注》、《周易正義》、《周易集解》等皆無。或亦有可能是王肅之注而誤爲王弼之注，亦或爲其他人之注。

⑤《文選·論五·廣絶交論》：“日月聯璧，贊亹亹之弘致；雲飛電薄，顯棟華之微旨。”李善注：“《周易》曰：‘定天下之吉凶，成天下之亹亹者，莫善於蓍龜。’王弼曰：‘亹亹，微妙之意也。’”按：此乃《周易·繫辭上傳》之文。因此此注可以確定不是王弼所注。而韓康伯注云：“夫變化云爲者，行其吉事，則獲嘉祥之應；觀其象事，則知制器之方；玩其占事，則覩方來之驗也。”②并没有訓“亹亹”之義。但清儒如惠棟、李道平等，皆將其視爲王弼注，不知所據。又《經典釋文·周易》“亹亹”下云：“鄭云：没没也。王肅云：勉也。”③王肅訓“亹亹”爲“勉”，本《爾雅·釋詁》訓，因此可以排除此條“王弼注”是“王肅注”之誤。又《一切經音義》卷七八載“亹亹”，其下云：“劉瓛注《周易》云：‘亹亹，猶微妙也。’”④玄應《一切經音義》)卷九“亹亹”下云：“《周易》：‘成天下之亹亹。’劉瓛曰：‘亹亹，猶微微也。’”⑤其與李善注引相近，有可能爲劉瓛所注。“亹”訓“微”，高亨《周易大傳今注》引于省吾先生云：“‘亹’、‘娓’、‘微’古亦音近字通。《論語》‘微生高’，《國策》作‘尾生高’。《書·堯典》：‘鳥獸孳尾。’《史記·五帝紀》作‘鳥獸字微’。《莊子·盜跖》：‘尾生與女子期于梁下。’《釋文》：‘尾本作微。’《説文》：‘尾，微也。’然則‘亹亹’、‘娓娓’并‘微微’之假字。《荀子·解蔽》：‘養一之微，榮矣而未知。’注：‘微，精妙也。’古以蓍龜爲神物，故曰成天下之微妙者莫大乎蓍龜。賾隱深遠，正與微妙之意相貫。”⑥

---

① 王弼撰，樓宇烈校釋《王弼集校釋·周易注》，第 368 頁。
② 王弼撰，樓宇烈校釋《王弼集校釋·周易注》，第 378 頁。
③ 陸德明音義，阮元校刻《周易音義》，第 230 頁。
④ 釋玄應《一切經音義》卷七八，第 12 頁。
⑤ 釋玄應《一切經音義》卷九，第 9 頁。
⑥ 高亨《周易大傳今注》卷五，齊魯書社 2009 年版，第 491 頁。

⑥《文選・碑文下・頭陀寺碑文》："然語彝倫者,必求宗於九疇;談陰陽者,亦研幾於六位。"李善注:"《周易》曰:'夫易所以極深研幾也。'又曰:'分陰分陽,迭用柔剛。故易六位而成章。'王弼曰:'六位,爻之文也。'"按:"夫易所以極深研幾也"爲《繫辭傳》文、"分陰分陽,迭用柔剛。故易六位而成章"爲《説卦傳》文。故此注不可能爲王弼注,且只見李善注與六臣注《文選》。而韓康伯注:"六位,爻所處之位也。"①亦與李善注相似而義實不同。筆者認爲此注可能爲王肅或他人之注,或李善引韓康伯注"六位,爻所處之位也"有做"六位,爻之文也"之本,或爲李善所改。

　　綜上所述,通過對李善注引王弼注的逐一考察,可以發現李善注引之文在文字上與今傳《王弼注》、《周易正義》以及敦煌本及唐代文獻所引存在一定的差異,這類差異列表如下:

王弼注	《文選》	李善引王弼注	周易注	四部叢刊影印宋刊本周易注	周易正義	唐代文獻所引	敦煌	説明
1	海賦	翰,高飛貌						
	鷦鷯賦、文賦、悼亡詩三首	翰,高飛也	翰,高飛也	翰,高飛也	翰,高飛也		翰,高飛	刊本有"也"字
2	長笛賦	最處岨底也	最處坎底	最處坎底	最處坎底		最處欿底	
3	富春渚	重險懸絶	重險懸絶	重險縣絶	重險懸絶		重險縣絶	縣,刊本作"懸""縣"、"懸"古今字
4		習乎坎者也	習乎坎也	習乎坎也	習乎坎也		習乎坎者也	"者"字刊本無
5	苦寒行	盤,山石之安也	磐,山石之安者也	磐,山石之安者也	磐,山石之安者少	般,山石之安也	盤,山石之安也	

　　從上表可見,儘管異文不多,但是從這有限的異文當中也可以發現,李善引《海賦》、《長

---

① 王弼撰,樓宇烈校釋《王弼集校釋・周易注》,第 381 頁。

笛賦》、《富春渚》、《苦寒行》之王弼注相較於今傳各本而言,與《敦煌經部文獻合集》所收王弼注更爲接近一些。

(六) 韓康伯

王弼注《易》,但未注《繫辭》及以下各篇,《經典釋文·敘録》云:“《繫辭》以下王不注,相承以韓康伯注續之。”初韓康伯注與王注別行,並未合爲一書,吴承仕先生據《陸澄與王儉書》及《隋書·經籍志》,認爲“是齊永明初尚未以韓注續王也。《隋志》本於阮《録》,則已合王、韓爲一書矣”①。至唐孔穎達奉詔撰《五經正義》,所用本正是王弼、韓康伯合一之本。與王注一樣,韓康伯注被合於王弼注後,經過由以寫抄到版刻的變化,歷代校訂刊刻,與李善注引是否存在異同,對於認識韓康伯注的流傳變化非常重要,而李善注引的韓康伯注與發現自敦煌寫本韓康伯注殘卷的異同,又可以借以窺探唐代《周易》韓康伯注的流傳和版本情況。此外,就李善注和韓康伯注内容本身的考察,也可以加深對相關内容的理解。下面就對李善注引韓康伯注一一加以考察。

1. 見於今本王弼、韓康伯注《周易》者

(1)《文選·賦丁·郊祀·甘泉賦》:“相與齊乎陽靈之宫。”李善注:“韓康伯《周易注》曰:‘洗心曰齊。’”又《文選·畋獵中·上林賦》:“於是歷吉日以齋戒。”李善注:《周易》曰:‘聖人以此齋戒。’韓康伯曰:‘洗心曰齋,防患曰戒。’”按:“聖人以此齊戒”爲《周易·繫辭上傳》之文。李善注兩引韓康伯注,“洗心曰齋”的“齋”一作“齊”②。《經典釋文·周易》出“齊戒”,并注音云:“側皆反。”又《經典釋文·論語》於《鄉黨篇》出“齊必”二字,注云:“本或作‘齋’,同側皆反。”是“齋”、“齊”二字音同。而又李善《甘泉賦》注於“洗心曰齊”後云“側皆反”,與《釋文》同。又《漢書·揚雄傳》宋祁校語曰:“李善云:‘韓康伯《周易注》曰:洗心曰齊。側皆反。’”③可見宋祁於北宋所見李善注《甘泉賦》正與今本同。又慧琳《一切經音義》卷五十九、玄應《一切經音義》卷一四皆“説戒”下注云:“《周易》以此‘齋戒’,韓康伯曰:‘洗心曰齋,防患曰戒。’”④此作“齋”,又與李善《上林賦》注同。兩次注引文用字不同,但注文用字與注釋對象用字保持一致,又皆有依據,可見李善注釋體例之嚴謹。又“洗心曰齊,防患曰戒”,王鳴盛以爲“‘洗心曰齊’本諸《莊子》”⑤,蓋即取自《莊子》“心齋”之義;而“防患曰

---

① 陸德明撰,吴承仕疏證,張立偉點校《經典釋文序録疏證》,第37頁。
② 孔穎達等《周易正義》卷七,第169頁;王弼撰,樓宇烈校釋《王弼集校釋·周易注》,第357頁。
③ 《前漢書·列傳》卷八七上,《四庫全書》本,第19頁。
④ 慧琳《一切經音義》卷五九,第1頁;釋玄應《一切經音義》卷一四,第1頁。
⑤ 王鳴盛《蛾術編》卷十九,清道光二十一年世楷堂刻本,第2頁。

戒”則符合《易》本義,李道平云“坎離相合成既濟,既濟‘思患豫防’,故曰戒”①,正是其義。

（2）《文選·江海·江賦》:“類肧渾之未凝,象太極之構天。”李善注:“《周易》曰:‘是故易有太極,是生兩儀。’韓康伯曰:‘太極者,無稱之稱,不可得名也。’”按:“是故易有太極,是生兩儀”爲《周易·繫辭上傳》文。今傳各本同。王弼《大衍義》云“夫無不可以無明,必因於有,故常於有物之極,而必明其所由之宗也”②,韓康伯此注正承其義。

（3）《文選·序下·豪士賦序》:“公之生也,誕授命世,體三才之茂,踐得二之機。”李善注:“《周易》曰:……又子曰:‘知幾其神乎? 顏氏之子,其殆庶幾乎? 有不善未嘗不知,知而未嘗復行。’韓康伯曰:‘在理則昧,造形則悟。顏子之分也,失之於幾,故有不善。得之於二,不遠而復。故知之未嘗復行也。’”又《論三·運命論》:“孟軻、孫卿體二希聖,從容正道,不能維其末。”李善注:“韓康伯曰:‘在理則昧,造形而悟。顏氏子之分也,失之於幾,故有不善。得之於二,不遠而復,故知之未嘗復行也。’”按:“知幾其神乎? 顏氏之子,其殆庶幾乎? 有不善未嘗不知,知而未嘗復行”爲《周易·繫辭下傳》文,今傳通行本《周易注》、影宋刊本《周易注》及《周易正義》所載韓康伯注皆作:“在理則昧,造形而悟。顏子之分也,失之於幾,故有不善。得之於二,不遠而復,故知之未嘗復行也。”③其中存有“造形則悟”與“造形而悟”、“顏氏子之分也”與“顏子之分也”之不同。其“顏氏子之分也”僅見李善注引,“氏”字蓋爲衍文,或爲李善注引時既衍,抑或其後傳鈔過程中衍。

（4）《文選·論四·辨命論》:“鼓動陶鑄而不爲功,庶類混成而非其力。”李善注:“《周易》曰:‘鼓天下之動者,存乎辭。’韓康伯曰:‘爻辭也。爻以鼓動,效天下之動也。’”按:“鼓天下之動者,存乎辭”爲《繫辭上傳》之辭,《周易注》、影宋刊本《周易注》、《周易正義》所載韓注同④。

（5）《文選·碑文下·頭陀寺碑文》:“不可以學地知,不可以意生及,其涅盤之蘊也。”李善注:“《周易》曰:‘乾坤,其易之蘊邪!’韓康伯注曰:‘蘊,淵奧也。’”按:“乾坤,其易之蘊邪”爲《周易·繫辭上傳》文,《周易正義》、《周易注》、《周易集解纂疏》等皆將“蘊”作“縕”⑤,阮元云:“岳本、閩監毛本同。石經初刻‘縕’作‘蘊’,後去卄,《釋文》出之‘縕’。”⑥

---

① 李道平撰,潘雨廷點校《周易集解纂疏》,中華書局 1994 年版,第 599 頁。
② 王弼撰,樓宇烈校釋《王弼集校釋·周易注》,第 352 頁。
③ 王弼撰,樓宇烈校釋《王弼集校釋·周易注》,第 368 頁;《周易注》卷八,相臺岳氏家塾本,第 5 頁;孔穎達等《周易正義》卷八,第 184 頁。
④ 王弼撰,樓宇烈校釋《王弼集校釋·周易注》,第 359 頁;《周易注》卷七,相臺岳氏家塾清,第 12 頁;孔穎達等《周易正義》卷七,第 171 頁。
⑤ 孔穎達等《周易正義》卷七,第 171 頁;王弼撰,樓宇烈校釋《王弼集校釋·周易注》,第 358 頁;李道平撰,潘雨廷點校《周易集解纂疏》卷八,中華書局 1994 年版,第 611 頁。
⑥ 孔穎達等《周易正義》卷七,第 176 頁。

筆者疑唐朝寫本初作"薀",其後刊刻年代其字轉寫爲"緼"字。

2. 不見於今本《周易注》者

(1)《文選·畋獵下·長楊賦》:"數揺動以罷車甲,本非人主之急務也,蒙竊惑焉。"李善注:"《周易》曰:'蒙者,蒙也。'韓康伯曰:'蒙昧,幼少之象也。'"按:"蒙者,蒙也"爲《序卦傳》之文。李善此處引韓康伯注不見於今傳本,而今本韓康伯合《蒙》、《需》、《訟》三卦《序卦傳》之文注云"夫有生則有資,有資則爭興也"①。又鄭玄《周易注》於《蒙卦·序卦》注云:"蒙,幼小之貌。齊人謂萌爲蒙也。"②與李善注引韓康伯注基本相同。李善所引此注是韓康伯注佚文,還是鄭玄注,抑或是他人之注李善錯寫爲韓康伯之注,暫未可知。

(2)《文選·詩丁·行旅上·過始寧墅》:"拙疾相倚薄,還得揺者便。"李善注:"韓康伯《周易注》曰:'薄,謂相附也。'"按:李善引"薄,謂相附也"只見于《文選》注本,通行本《周易注》、影宋刊本《周易注》、《周易正義》等皆未有此注。根據其文義,"薄,謂相附也"應該是《説卦》"雷風相薄"或"乾,西北之卦也,言陰陽相薄也"之注,但今傳韓康伯"雷風相薄"注云:"易八卦相錯,變化理備。於往則順而知之,於來則逆而數之。"③並無李善注引之文;而"乾,西北之卦也,言陰陽相薄也"亦無韓康伯注。又《經典釋文·周易》卷二於《周易説卦》"相薄"下云:"陸云:相附薄也。"④所謂"陸云"即陸績《周易注》文,與李善注引内容相似。李善引此注是韓康伯注佚文還是陸績或其他人注,暫不能確定。

(3)《文選·詩甲·公讌·大將軍讌會被命作詩》:"靈旗樹旆,如電斯揮。"李善注:"韓康伯《周易注》曰:'揮者,散也。'"又《詩乙·咏史·咏史》:"揮金樂當年"、《詩丁·贈答三·爲顧彦先贈婦二首》:"輕裾猶電揮"、《詩丁·贈答四·贈張徐州稷》:"得與故人揮"、《七上·七啓八首》:"揮流芳"、《七下·七命八首》:"沬如揮紅",以上五處李善注皆作:"韓康伯《周易注》曰:'揮,散也。'"按:根據注文内容,應該是《周易·乾卦·文言》"六爻發揮,旁通情也"或《説卦》"發揮於剛柔而生爻"的注文,但不見於今傳王弼、韓康伯注《周易》。但李善注於六處引到皆言是韓康伯《周易注》,李善致誤以及後世流傳致誤的可能性較少,因此筆者更傾向於是韓康伯注佚文。又《經典釋文·周易》"發揮"下注云:"鄭云:揚也。王廙、韓云:散也。"⑤《敦煌經部文獻合集》所收敦煌本《經典釋文》同⑥。又《周易正義》云:

① 王弼撰,樓宇烈校釋《王弼集校釋·周易注》,第386頁。
② 李鼎祚撰,王豐先點校《周易集解》卷二,第53頁。
③ 王弼撰,樓宇烈校釋《王弼集校釋·周易注》,第581頁。
④ 陸德明音義,阮元校刻《周易音義》,第220頁。
⑤ 陸德明音義,阮元校刻《周易音義》,第220頁。
⑥ 張涌泉主編《敦煌經部文獻合集·群經類周易之屬》,第4380頁。

“‘六爻發揮，旁通情’者，發謂發越也，揮謂揮散也。”①另外，《説卦》“發揮於剛柔而生爻”，韓康伯注：“剛柔發散，變動相和。”②此處韓康伯雖未直接言“揮，散也”，但確實以“散”訓“揮”字，或者李善注引韓康伯注乃因注釋對象而以己意改寫韓康伯《説卦》此注。

以上通過對李善注引韓康伯注進行考察，可知除去重複李善注共引 8 條韓康伯不同注釋，其中 5 條見於今傳合編於王弼本的《周易注》中，且文字與今本基本相同。但是有 3 條韓康伯注不見於今傳各本王弼、韓康伯《周易注》中，基本上僅見於李善注。其中除了第③條基本可以確定爲韓康伯注佚文外，其餘兩條是否爲韓康伯注佚文，暫時無法確定。根據史書記載，韓康伯注《繫辭》以下，不見於今傳本的三條注文也没超出《繫辭》以下《易傳》的範圍，與史書記載可印證。但韓康伯《繫辭》以下注合編入王弼本後，是否對韓康伯注有所刊落，根據目前基本確定的一條佚文還暫時難以確定。又李善注引韓康伯注是來自於王韓注合編之本，還是來自於單行本，亦暫未可知。根據隋唐時期史志目錄所載，皆爲王弼、韓康伯合編之本，只有《隋書·經籍志》著録“《周易繫辭》二卷，晉太常韓康伯注”。李善的時代是否有單行的韓康伯注，根據這三條佚文，也尚難以確定。

（七）張璠

張璠，安定人，東晉秘書郎參著作，撰《後漢紀》。關於張璠《易注》，《經典釋文·敘録·注解傳述人》著録有：“張璠《集解》十二卷。”注云：“《集二十二家解序》云依向秀本。”③據此，可以知道張璠書集有二十二家，但《七録》云“集二十八家”，然《日本國見在書目》記載“集廿二家解”，且陸德明在《經典釋文·敘録》“張璠《集解》十二卷”下注出了二十二家之名，因此當以二十二家爲是。《隋書·經籍志》著録有張璠注“《周易》八卷”，云：“殘缺，梁有十卷。”④其後《舊唐書·經籍志》著録有《周易》十卷“張璠集解”⑤，《新唐書·藝文志》也著録“張璠《集解》十卷”⑥，卷次與《隋書·經籍志》所注梁十卷同，大概唐初修志時得殘本，而其後復出全本。至宋以後目錄不見著録，大概亡佚於唐末宋初。因此，李善注《文選》時，是可能看到張璠此書的。今考《文選》李善注總共引兩條張璠《周易集解》的内容。

（1）《文選·爲蕭揚州薦士表》：“非取製於一狐，諒求味於兼采。”李善注：“張璠《易注

---

① 孔穎達等《周易正義》卷一，第 30 頁。
② 王弼撰，樓宇烈校釋《王弼集校釋·周易注》，第 380 頁。
③ 陸德明撰，吳承仕疏證，張立偉點校《經典釋文敘録疏證》，第 43 頁。
④《隋書·經籍一》卷三二，第 909 頁。
⑤《舊唐書·經籍上》卷四七，第 1967 頁。
⑥《新唐書·藝文一》卷五七，第 1424 頁。

序》曰：‘蜜蜂以兼采爲味。’”按：此條李善言引自張璠《易注序》。今考此文，又見於《北堂書鈔》卷一四七《食部六》：“張璠《易注序》云：‘蜜蜂以兼採爲味。’”①《北堂書鈔》成書略早於《文選注》，儘管李善當時有看到張璠《周易集解》的可能性，但是此處材料尚少，也不能排除李善此條引文來自《北堂書鈔》的可能性。

（2）《文選·登樓賦》：“懼匏瓜之徒懸兮，畏井渫之莫食。”李善注：“《周易》曰：‘井渫不食，爲我心側。’鄭玄曰：‘謂已浚渫也，猶臣脩正其身以事君也。’張璠曰：‘可爲側然，傷道未行也，然不食以被任用也。’”按：李善注此條張璠注的“可爲側然，傷道未行也”部分又見於《史記·屈原賈生列傳》“爲我心惻”句裴駰集解②。後世輯録張璠《易注》，多據裴駰集解，如余蕭客《古經解鈎沉》、黄奭輯《張璠易集解》、孫星衍《孫氏周易集解》等③。而李善注引“然不食以被任用也”却僅見《文選注》。要想弄清楚李善注引此條是來自於《史記集解》，還是別有所據，首先需要判斷此條是否爲《周易》的注文。據虞翻注“井渫不食”云：“不得據陰，喻不得用，故‘不食。’”④據此，“然不食以被任用也”應當爲解“井渫不食”之文，但據文義“被”字上似脱“不”字。又“可爲側然，傷道未行也”一語，乃解“爲我心側”之義，與其後“然不食以被任用也”之文才構成《周易·井卦》九三爻辭“井渫不食，爲我心側”的完整解釋。再結合李注體例，可以確定“然不食以被任用也”爲張璠《周易》注之文。因此，可以排除李注此條來自《史記集解》的可能性。又根據《經典釋文·敘録》、《隋書·經籍志》、《舊唐書·經籍志》、《新唐書·藝文志》，並没有發現在李善當時及之前有《周易》的集解之作收録張璠《易》説的記載。因此，就目前所能見到的材料，筆者以爲李善此條來自張璠《周易集解》的可能性更大。

（八）劉瓛《乾坤義》

據《南齊書·劉瓛傳》及《經典釋文·敘録》，劉瓛字子珪，沛國相人，齊步兵校尉不拜，諡貞簡先生。關於劉瓛《易》學著作，《隋書·經籍志》著録有《周易乾坤義》一卷、《周易四德例》一卷、《周易繫辭義疏》二卷，其中《周易四德例》一卷《隋志》言亡。《舊唐書·經籍志》和《新唐書·藝文志》著録《周易繫辭義疏》二卷、《周易乾坤義疏》一卷，已無《周易四德例》，大概此書確實已亡佚。《周易乾坤義疏》大概即《周易乾坤義》，此兩書唐代應該尚有

---

① 虞世南《北堂書鈔》卷一四七，第 2 頁。
②《史記·屈原賈生列傳》卷八四，第 2485 頁。
③ 余蕭客《古經解鈎沉》卷二，《四庫全書》本，第 7 頁；黄奭輯《張璠易集解》，清道光黄氏刻民國二十三年朱長圻補刻本，第 3 頁。
④ 孫星衍《孫氏周易集解》卷六，中華書局 2018 年版，第 398 頁。

流傳。李善注《文選》，引用劉瓛《周易》說三條，現在一一加以考察：

（1）《文選·京都下·魏都賦》：“生生之所常厚，洵美之所不渝。”李善注：“劉瓛《周易義》曰：‘自無出有曰生。’”又《文選·雜詩下·雜詩二首》：“嘯傲東軒下，聊復得此生。”李善注：“劉瓛《易注》曰：‘自無出有曰生。生，得性之始也。’”按：李善引劉瓛此注根據文義，應該是《周易·坤卦·彖傳》“万物資生”的注文，清余蕭客《古經解鈎沉》、黃奭所輯《劉瓛乾坤義》，正據《文選》李善注將其輯入“萬物資生”之下①。根據劉瓛所著書的情況，此條當爲《周易乾坤義》的佚文。

（2）《文選·上書吳王》：“故願大王無忽，察聽其至。”李善注：“劉瓛《周易注》曰：‘至，極也。’”按：李善引劉瓛此注，蓋爲《周易·坤卦·彖傳》“至哉坤元”下之注，今僅見李善注所引。

（3）《文選·遊天台山賦》：“結根彌於華岱，直指高於九疑。”李善注：“劉瓛《周易義》曰：‘彌，廣也。’”按：李善引劉瓛此注最早見于《文選》，再據《一切經音義》第三卷“彌綸”下載：“《易》云：‘彌綸天地之道。’注云：‘彌，廣也；綸，經理也。’”又同書“彌宣正法”下載：“劉瓛注《易》曰：‘彌，廣也。’”②可知李善引“彌，廣也”確爲劉瓛之注。又“彌綸天地之道”乃《繫辭傳》文，則此條可能爲劉瓛《周易繫辭義疏》文③。

通過對李善注引三條劉瓛《周易》之說，可以發現其中兩條可以推測是來自《周易·坤卦·彖傳》文，應該是出自《周易乾坤義》，而第三條結合《一切經音義》引文，可知是《繫辭傳》之注，因此此條注文應該是來自劉瓛《周易繫辭義疏》。劉瓛這三條注皆最早見引於李善《文選注》，而且根據隋唐史志目録所著録，李善時代這兩種書是有流傳的，李善是可能直接加以參考。雖然不排除李善有可能是轉引自已亡佚的其他文獻，但在沒有證據以及根據李善其他引書情況，筆者更傾向於李善此注是直接引用自劉瓛兩書。

（九）未注明出處的《周易》注

按照李善引《周易》注的慣例，如若是引《周易》各家注釋典故、字詞，一般云“某人《周易》注曰”，然而通過考察發現尚有數條引文不符合常規的，沒有注明是何人所注。

（1）《文選·述德·述祖德詩二首》“委講綴道論，改服康世屯”與《文選·樂府下·樂

---

① 黃奭輯《劉瓛乾坤義》，清道光黃氏刻民國二十三年江都朱長圻補刊本，第 1 頁。
② 釋玄應《一切經音義》，《海山仙館叢書》本，第 8 頁，卷三“彌綸”下云：“《易》云：‘彌綸天地之道’。注云：‘彌，廣也；綸，經理也’。”又其書第 421 頁，“彌宣正法”下云：“劉瓛注《易》曰：‘彌，廣也’。”
③ 趙建成《李善〈文選注〉所引〈易〉類〈書〉類文獻考録》（《銅仁學院學報》2019 年第 4 期）一文也認爲此爲《周易繫辭義疏》文。

府八首·升天行》"倦見物興衰，騖睹俗屯平"，李善皆注："《周易》曰：'屯，難也。'"又《文選·爲宋公求加贈劉前軍表》："時屯世故，靡有寧歲。"李善注："《周易》曰：'屯，剛柔始交而難生。'又曰：'屯，難也。'"按："屯，剛柔始交而難生"爲《屯卦·彖傳》文，而"屯，難也"當爲此處之注文。"屯"訓爲"難"，爲《易》家舊説，《説文·屮部》："屯，難也。象艸木之初生。屯然而難。从屮貫一。一，地也。尾曲。《易》曰：'屯，剛柔始交而難生。'"許氏之説，據其自序言"其稱《易》孟氏"，則此或爲孟氏《易》舊説。又《經典釋文·周易》"屯"下云："難也。"《周易·大有·初九》之爻辭"无交害，匪咎，艱則无咎"，虞翻注："艱，難。謂陽動比初成屯。屯，難也。變得位，'艱則无咎。'"①根據《三國志·吴書》裴松之注引《虞翻別傳》可知，虞氏五世傳孟氏《易》，或"屯，難也"爲孟氏舊説。但是此訓，實爲常訓，屯卦象即有屯難之義，因此也很難將其歸於一家。大概正因爲如此，所以李善才没有注明某一家之説。或者其爲《屯卦·彖傳》"屯，剛柔始交而難生"之約文。

（2）《文選·西征賦》："孔隨時以行藏，蘧與國而舒卷。苟蔽微以繆章，患過辟之未遠。"李善注："《周易注》曰：'君子知微，謂幽昧。知章，謂明顯也。'"按：根據李善注引此條之義，應該是《周易·繫辭下傳》"君子知微知彰"的注釋，目前只見於《文選》注本，李善未注明是何人的注。余蕭客《古經解鈎沉》輯録此注，云"失名注"，而惠棟增補《新本鄭氏周易注》、孫星衍《孫氏周易集解》、李富孫《李氏易解賸義》等皆輯爲鄭玄注。曹元弼《周易集解補釋》云："疑是鄭注。"②

三、結論

《周易》作爲五經之首，不僅自漢以來解説衆多，而且也是文人墨客詩文創作典故和思想的重要來源。李善注《文選》，《周易》及其各家注也成爲其重要引用文獻。關於李善注引《周易》各家注的目録，最早汪師韓曾經在《文選理學權輿·注引群書目録》的"經傳·周易"中加以稽考，列有鄭康成《周易注》、王肅《周易注》、劉瓛《周易義》、王弼《周易注》、韓康伯《周易注》、張璠《周易注》、京房《易傳》、《易》説（原注：不知何書）、《易九師道訓》九種。然而據筆者考察，李善稱引"《易》説（不知何書）"的内容，實際上出自《易緯通卦驗》，且汪師韓在"圖讖緯候"類亦列出《易通卦驗》。因此，"經部·周易"類中的"《易》説"當删。又

---

① 李鼎祚撰，王豐先點校《周易集解》卷四，112 頁。
② 曹元弼《周易集解補釋》卷一五，民國刻本，第 58 頁。

劉瓛《周易義》,實際上應該包括《周易乾坤義》和《周易繫辭義疏》二書。因此,合計李善注引《周易》各家注當有《易傳淮南九師道訓》、京房《易傳》、鄭玄《周易注》、王肅《周易注》、王弼《周易注》、韓康伯《周易注》、張璠《周易注》、劉瓛《周易乾坤義》、《周易繫辭義疏》八家九種。

通過對李善注引《周易》各家注的諸條考察,筆者認爲李善注引《淮南九師道訓》一條應該來自於舊注;李善注引鄭玄、王肅《周易注》,當並非出自當時集解本,而出自當時之單行本的可能性較大。王弼《周易注》流傳至今,且李善注引内容也較多,出自單行本當無疑義。此外,通過比較李善注引王弼注與今傳各本、敦煌本異文,可以發現李善注引王弼注文字上與《敦煌經部文獻合集》所收敦煌本更接近些。關於李善注引韓康伯注,除去重複有五條見於今傳合編於王弼本的《周易注》中,且文字與今本基本相同;另有三條韓康伯注不見於今傳各本王弼、韓康伯《周易注》中,基本上都僅見於李善注,但這三條注文也没超出《繫辭》以下《易傳》的範圍。又李善注引張璠注兩條,其中一條也見於《北堂書鈔》,另一條雖見於《史記集解》,但是内容不如李善注完備,而根據當時史志目録所載張璠《集解》尚有流傳,因此不排除其直接參考張璠《集解》。又李善注引三條劉瓛《周易》之説,其中兩條可以推測是出自《周易乾坤義》,另一條注文應該是來自《周易繫辭義疏》。劉瓛這三條注皆最早見引於李善《文選注》,而且根據隋唐史志目録所著録,李善時代《周易乾坤義》、《周易繫辭義疏》皆有流傳,因此筆者更傾向於李善此注是直接引用自劉瓛兩書。

筆者曾研究李善注引《論語》及其各家注時,即發現李善注引《論語》各家注,凡當時有傳本的各家《論語注》,李善注引基本上超出了《論語集解》的範圍,而當時亡佚的則基本没超出《論語集解》範疇[1]。注釋典籍,工具書固然能夠帶來便利,但是今天工具書的裝幀、複製傳播途徑以及編纂體例,與唐代及以前是有很大差異的。結合對李善注引《論語》和《周易》各家注的考察,筆者認爲雖然類書、集解對知識具有整合作用,但是在文獻依靠手抄流傳和以卷軸裝爲主的時代,類似類書、集解這種卷帙浩繁的文獻的複製、流傳和使用的便利程度是值得質疑的。另外,類書編纂體例是以類相從,而分類在今傳唐代類書基本上是以天、地、日、月、星、辰等大類編排,並不是以韻或字頭編排如《佩文韻府》、《駢字類編》或今天的字典、辭典之類。在創作詩文時,創作者依靠類書的分類,按照題材内容取其類以求典故固然方便,但注釋者根據少則一字兩字、多不過一句的典故去求其所化用的原文,恐怕依靠類書反不如直接查找典故所出的經傳別集方便。舉個簡單的例子,比如某一典故出自《周

---

① 吳相錦《〈文選〉李善注引〈論語〉及各家注考論》,《傳統中國研究集刊》第十九輯,上海社會科學院出版社 2019 年,第 226 頁。

易·繫辭》的鄭玄注,幾乎對於所有當時的讀書人而言,對《周易》這類文獻結構的熟悉程度恐怕遠超過對某些類書的熟悉,因此是直接翻檢《周易》鄭玄注,還是翻檢類書、集解,恐怕是再明白不過的事情了。所謂集解,不論經史子集各部典籍的集解,其所網羅舊注也多寡不同,且所匯集的注釋內容也受被注釋文獻本身內容特點的限制,因此很難完全容納前代相關典籍的舊注。對於引用已佚書的舊注,從集注中轉引固屬無奈之舉,而有傳本卻於集注中求其注釋,如鄭玄《易注》單本不參考,而求之集注恐怕未必能夠獲取多少便利,於同部類文獻的集注中轉引如《論語》各家注轉引自《論語》的集注固無不可,若跨類以求如引《周易》鄭注而轉求《史記》、《漢書》等非《周易》類集注,恐怕就如同大海撈針。此外,經部文獻的各家注相較於詩文更爲瑣細,那麼類書是否能夠收集如此完備的舊注,這也是令人懷疑的,至少歷代類書除《永樂大典》外,即便像《古今圖書集成》如此巨帙的類書也未必能夠將這些瑣細的經注完備地收入。而通過歷代目錄考察,也確實鮮有發現魏、晉、隋、唐時期有如此大規模的類書,今見於《舊唐書·經籍志》中較大類書如《華林編略》六百卷、《修文殿御覽》三百六十卷、《文思博要》并目一千二百一十二卷①等,規模也是有限的。退一步講,假設當時確實有如《永樂大典》一般類書而史志目錄失載,其複製、流傳以及卷軸裝的查閱也是一大問題,要知在雕版和活字印刷非常成熟的明代,《永樂大典》也僅有一正一副兩本。因此,筆者更傾向於對古書舊注具體問題具體分析,不以今律古作簡單化處理。

[作者簡介]吳相錦:北京大學中國語言文學系博士研究生。

---

① 《舊唐書》卷四七《經籍志》,中華書局,1975 年,第 2046 頁。

儒家文明觀簡析——從《周易》到《荀子》

徐 佳 希

提要：在儒家哲學中，"文明"是一個重要概念，蘊含著對於人類本質與生活方式的理解。《周易·賁卦》中"文明以止，人文也"，是對"文明"概念的重要揭示，指出人要從内在與外在兩個方面去修養自身、將人與動物區别開來，進而安頓人類社會的秩序。"文明"内在地關聯於"成人"，即一種個體的修養與完成。孔子和荀子通過對於"仁"的闡述，將人内在自覺自律的意義凸顯出來；荀子基於對人性的認識，提出了"化性起偽"這一重要理念：人所要化去的是人與動物相同的那一面，"化性"的途徑是禮義，而人能够化性、能够學習和積累禮義，正是基於人與動物相别的特性，即人之"有義"、"有辨"、"能群"、"能參"。這些特性意味著，相對於萬物而言，人類被賦予了最大的能動性，因而也最需要懂得"知止"，懂得最大程度地管理好自己，做到自覺、自律，這樣才能真正地"成人"，也才能實現真正意義上的人類文明。

一、引言

按照現代世界較爲公認的標準，一個民族進入文明階段有三大標誌：文字；金屬器皿；城市。按此，中國在商朝時進入文明社會，因爲出現了甲骨文、青銅器與城市安陽。根據生產力和生產工具的發展水平，則將人類文明的進程劃分爲原始文明、農耕文明、工業文明和生態文明四個階段①。如果按照政治制度和社會形態，人類文明又可分爲四個階段：原始文

---

① 原始文明的特徵是以石器爲生產工具，生產力低下；農耕文明的特徵是以自給自足的小農經濟爲主要生產方式，要求社會環境穩定，依賴天時、地利，以及代代相傳的生產經驗；工業文明誕生於 18 世紀的歐洲，以集中化、大規模的機器生產爲生產方式；生態文明則一方面繼續利用發達的科學技術爲人類生產生活提供便利，一方面是對工業文明的反思，要求將以破壞和過度開發環境爲代價的發展方式轉變到可持續的發展模式。時至今日，以模擬和超越人腦爲優勢特徵的人工智能日益受到關注，人們預言，現代人類似乎即將進入新的文明時代——人工智能時代。

明、奴隸制城邦文明、封建社會、現代民主社會①。

這兩種對於文明的劃分方式,前者以科技或經濟水平爲標準,後者以政治民主化水平爲標準,這也組成了我們當今較爲通行的“文明”的意涵。同時,這兩個標準的文明觀都與一種“進步論”②相聯繫,認爲後一種文明相對於前一文明更加發達和富裕、平等和民主。

相較於西方社會而言,中國使用“文明”一詞的歷史更爲悠久。但是,在討論“文明”相關問題時,無論是文明標準還是文明史觀,中國古代哲學家的理解與此是有很大區別的,而且不無所見。

不得不指出的是,當今中國漢語中人們普遍使用的“文明”一詞,其實是英文“civilisa-tion”一詞的翻譯,“是由 18 世紀法國思想家相對於‘野蠻狀態’提出的”③,隨後在使用中,“文明”漸漸用來指“社會的一種進步的過程,一種進化所達到的狀態,一種發展的趨向”④。日本在明治維新時期大力從西方引進科技、經濟、政治制度等,爲方便學習和使用需要,日本當時用漢語翻譯了大量英文詞匯,并將其廣泛應用于學術研究和日常生活領域。這些詞大致有三類:第一類是音譯;第二類是用漢字再造新詞,如科學、倫理、計劃等;第三類是借用中國已有的古典舊詞翻譯新意,如經濟、封建、民主、社會,等等。這些詞語的引進對於豐富近代中國的語言詞彙、應對學習西學“言語之不足用”的局面起到了很大的積極作用。但是與此同時,第三類詞彙中有相當一部分詞的含義已與中國傳統典籍中的原意有較大差別,但在使用這類語詞時,通常並未對西方整體的語境與中國的國情做精細的、對比的考量,有時就造成了語義上的混亂,或者是只從西學意義上對這些詞彙做解讀,而忽視了傳統的意義。“文明”一詞便是其中之一。後果却是傳統詞匯“文明”與它伴隨的文明理想漸漸被徹底取代了。在現代文明觀念顯露出諸多弊端之際,我們發現,傳統的文明觀對當今社會仍然有巨大的啓示意義。

本文在此主要以《周易》和《荀子》爲代表,探討先秦儒家對“文明”的看法,以及對於現代“文明”認識的啓示。

---

① 林存光先生概述了西方學者不同類型的文明史觀,分別爲:過程論的文明史觀、衰落論的文明史觀、單位論的文明史觀。本文在此採用第一種爲西方文明史觀的代表。見林存光《文明以止——中華民族的人文精神與文明特性研究》,學習出版社 2016 年版,第 141—144 頁。

② 如德國思想家埃利亞斯指出:“它(指文明)所指的是始終在運動、始終在‘前進’的東西。”見[德]埃利亞斯《文明的進程:文明的社會起源和心理起源的研究》第一卷,生活·讀書·新知三聯書店 1998 年版,第 63 頁。

③ [美]塞繆爾·亨廷頓《文明的衝突與世界秩序的重建》,新華出版社 2007 年版,第 23 頁。

④ 馬克垚主編《世界文明史》上册,北京大學出版社 2004 年版,導言,第 1 頁。

二、"文明"的本義:以"文"來"明"

由"文"字的甲骨文和金文可知,"文"乃象形字,其本義是交錯的意思,是指在器具上用不同的顏色交錯著作畫,故《考工記》謂:"青與赤謂之文。"①兩種不同的紋路交錯、疊加,就是文,引申爲紋飾。《説文解字》謂:"文,錯畫也。"②

"明"也爲象形字,"日月相推,而明生焉"③。後來"明"字又有目光清明、内心清明的意思,指人辨清是非的能力。《尚書‧太甲》謂:"視遠惟明。"④孔穎達《疏》曰:"明,謂監察是非也。"⑤

《周易》的《賁卦》提出了一個重要的"文明"概念:

> 剛柔交錯,天文也;文明以止,人文也。觀乎天文以察時變,觀乎人文以化成天下。⑥

孔穎達《疏》曰:

> 文明,離也;以止,艮也。用此文明之道,裁止於人,是人之文德之教,此賁卦之象。既有天文、人文,欲廣美天文、人文之義,聖人用之以治於物也。⑦

所謂"天文"便是天地萬物運行的規律,聖人觀此以安排人事的時序;所謂"人文"便是人類社會的合理秩序,聖人察此以教化天下、化民成俗。

在傳統語境裏,"天文"與"人文"是相貫通的。"天文"就是自然之文。"天"自然有其"文","文"不是人類世界獨有的創造。吳飛先生曾提出,在西方思想中有一個執拗的傳統:自然是混沌的,需要被外在地賦予秩序(無論是上帝還是社會契約);然而在中國思想傳統中,我們有一個很鮮明的傳統:"天"(自然)本來就有"文"(條理、秩序)。對應在對歷史進程的理解上,"混沌—秩序"的模式認爲原初社會是不完滿的,需要進化,並很容易產生一種單綫的歷史進化論、目的論⑧;而"自然條理"的世界觀中,人類文明的創造不是一味演進、"無中生有"的,文明創造本身是時時返回來對"自然"("天文")進行理解和效法的。在中

---

① 孫詒讓《周禮正義》卷七十九《冬官考工記‧畫繢》,中華書局1987年版,第3306頁。
② 許慎《説文解字》第九上,中華書局2015年版,第182頁。
③《周易正義》卷第八《繫辭下》,北京大學出版社1999年版,第304頁。
④《尚書正義》卷第八《商書‧太甲中》,上海古籍出版社2007年版,第316頁。
⑤《尚書正義》卷第八《商書‧太甲中》,上海古籍出版社2007年版,第316頁。
⑥《周易正義》卷第三《賁卦‧象傳》,北京大學出版社1999年版,第105頁。
⑦《周易正義》卷第三《賁卦‧象傳》,北京大學出版社1999年版,第105頁。
⑧ 參見吳飛《人倫的"解體":形質論傳統中的家國焦慮》,生活‧讀書‧新知三聯書店2017年版。

國人看來,人類文明不是一個兀自向前生長的文明,而是一個永遠棲居在天地之間的文明。

"天"因何能有"文"呢?

《象傳》以"剛柔交錯"來定義"天文"。何爲"剛柔交錯"? 中國傳統地理學認爲,兩山之間必有河,兩河之間必有山,山與河一剛一柔,剛柔相濟,如此發育萬物;一天分爲晝和夜,晝夜便是一陰一陽,晝夜交替,陰陽相接相轉,如此成其一天;一年之中有最冷的冬與最熱的暑,寒來暑往,如此成其一年……漢代大儒董仲舒言:"凡物必有合,合必有上,必有下;必有左,必有右;必有前,必有後;必有表,必有裏;有美必有惡;此皆其合也。"①萬物都是由相反相成的兩方面組成的。"剛"和"柔"是一組相對的概念,陰陽、寒熱、虛實、强弱等等,都是廣義上的"剛柔";剛柔交錯,也意謂相對的一組概念間相濟、相生、相克的辯證關係。這樣的關係和道理,便是"天文"。聖人觀察天地萬物運行的規律,以此"天文"之道以安排人類生活的時序,便是"觀乎天文以察時變"。

何爲"文明以止"? 宋代程頤如此解釋聖人用《賁卦》之意:

> 天文,天之理也;人文,人之道也。天文,謂日月星辰之錯列,寒暑陰陽之代變,觀其運行,以察四時之速改也。人文,人理之倫序,觀人文以教化天下,天下成其禮俗,乃聖人用賁之道也。②

程頤特別提到"人理之倫序","人倫"是人類世界的自然文理,同時也是人類社會運行的法則、人與人之間關係的合理安頓。聖人"觀人文"而不是"造人文",換句話説,聖人是將本來具有的文理或法則發現、發掘出來,進而以之化成天下,而不是將一個外在的秩序强加在自然之上,這是儒家理解"人文"或者"文明"的要義。如果我們用"文質關係"來理解的話,則是"質"中本有"文",聖人是善於發現的人,他讓不顯明的"文"顯明,而"文明"的創造不是放棄自然,而是爲了反過來呵護、成就人的"質樸"、"自然"。

再看《賁卦》的《象》:

> 山下有火,賁。君子以明庶政,無敢折獄。③

孔穎達《疏》曰:

> "山下有火賁"者,欲見火上照山,有光明文飾也。又取山含火之光明,象君子内含文明,以理庶政,故云"山下有火賁"也。"以明庶政"者,用此文章明達以治理庶

---

① 董仲舒《春秋繁露》卷十二《基義第五十三》,中華書局 1975 年版,第 432 頁。
② 程頤、程顥《二程集·周易程氏傳卷第二》,中華書局 2004 年版,第 808 頁。
③《周易正義》卷第三《賁卦·象傳》,北京大學出版社 1999 年版,第 105 頁。

政也。①

程頤則將"山"的意涵解釋爲百物聚生之處,以此象征被治理的對象:

> 山者草木百物之所聚生也,火在其下而上照,庶類皆被其光明,爲賁飾之象也。君子觀山下有火明照之象,以修明其庶政,成文明之治。②

"賁"卦由兩個卦象組成,下卦是代表火的"離"卦,上卦是代表山的"艮"卦。下離上艮,描述了這樣一幅景象:有一座高山,山下有燃燒著的火,火將山照亮。火代表光明、紋飾、文明,"山"是草木百物聚生之處,是照臨的對象,象征個人、社會和國家;火光照耀著山,意味著個人、社會、國家都需要適度的"文"來紋飾、修飾,來管理。按此,文明便是"以文來明"的意思。

"山"又有"止"之象。朱熹解釋"止"的含義爲"各得其分":

> 內離而外艮,有文明而各得其分,故爲賁。止,謂各得其分。③

各得其分,正如孔子之"正名"思想——君君、臣臣、父父、子子;如《大學》之"爲人君,止於仁;爲人臣,止於敬;爲人子,止於孝;爲人父,止於慈"④,每個人在家庭中、社會中,各得其位、各安其職,得其所應得,行其所當行,這便是"止"的含義。"文明以止"意味著"文明"給了每個人以生活的尺度,知道自己當"止於何處"。"文明"的贈與在於讓人可以認識到社會的文理、理解自己所處的位置,於是可以最恰當地行動。

王弼則以與"威武"相對來解釋"文明"的含義,指出以"文"而非"武"的方式來服人心、教化天下,是爲"文明":

> 止物不以威武而以文明,人之文也。⑤

孔穎達《疏》曰:

> 處賁之時,止物以文明,不可以威刑。⑥

這裏的"止"含有"化"的意思,一切外在層面的、懲罰性、強迫性的制裁、刑罰都屬於"威武"、"威刑",與之相對的則是內在層面的、道德感化、禮義引導式的"文德"。強調文德而摒棄威刑、對遠方異族"修文德以來之",這樣的思想當然也是"文明"的一個重要意義,也深刻貫穿於中國的歷史與文化之中。在"天文—人文"、"文—質"、"文明—止""文—武"的

---

① 《周易正義》卷第三《賁卦·象傳》,北京大學出版社 1999 年版,第 105 頁。
② 程頤、程顥《二程集·周易程氏傳卷第二》,中華書局 2004 年版,第 809 頁。
③ 朱熹《周易本義》卷一,中華書局 2009 年版,第 104 頁。
④ 朱熹《四書章句集注·大學章句》,中華書局 1993 年版,第 5 頁。
⑤ 《周易正義》卷第三《賁卦·象傳》,第 105 頁。
⑥ 《周易正義》卷第三《賁卦·象傳》,第 105 頁。

關係中,中國人的文明理想清晰可見。

三、"文明"的關鍵意義:人内在的自覺自律

　　再來集中談談"文質"問題。《論語》裏面衛國大夫棘子成認爲,一個人順應自己的天性就可以了,不需要任何外在的紋飾。子貢笑他説:"惜乎! 夫子之説君子也,駟不及舌。文猶質也,質猶文也。虎豹之鞟,猶犬羊之鞟。"①子貢認爲,人的自然天性與外在的禮儀修養是相輔相成且缺一不可的,如果没有禮儀修養,人與動物也就没有什麽區别了。無疑,儒家肯定人的"質",但是也非常强調"文",子貢認爲没有"外在花紋","虎豹之鞟,犬羊之鞟"也就無法區别,换句話説,"文"是實質的一部分,無法剥離"文"來談"質"。事實上,儒家哲學的一個鮮明特點就是重視"文",在之後與墨家、道家等學派的辯論中,儒家一直堅定地支持"文",而儒家也正是通過"文"來刻畫整個人類文明生活的方方面面的。上文中我們强調了"文"與"自然"的關聯,下面我們則要揭示儒家所認同的"文"的獨特意義。"文"的概念與"禮"的概念高度相關,兩者都有著重描述"外在形式"的意味,但是其實是一個無所不包的"文明體系"。

　　前面分析道,"文"最初就是"紋飾"的意思,"紋飾"有内外兩個方面。外部來講,人開始擺脱動物式的原始狀態,去探索一種適合"人"的生活方式。遠古時期,人們用樹葉遮羞、巢居穴處,後來漸漸有了衣服、房屋,以及種種禮儀,我們稱這一進程爲從野蠻到文明,而"禮儀之大"、"服章之美"也成了華夏文明的象征②。儒家把這種外在物質層面的提升的文明進程也概括在"禮"之中,"禮"是一個徹上徹下、無所不包的文明體系,從道德生活到物質生活,其範圍非常廣泛。同時"禮儀"、"服章"决不僅僅是一種物質,還帶有禮所包含的精神意義。

　　從内部來講,"文明"意味著人開始懂得做人的道理,懂得人類社會的規則和秩序,是人的一種内在的紋飾、内心的變化。人的内心用什麽來紋飾? 德性、道理、禮義。這也是人之爲人的關鍵所在,儒家以"君子—小人""人禽之别"來刻畫這種文明的意義。"文明"内在地關聯於"成人",即一種個體的修養與完成。

　　林存光先生指出,在從肯定意義上正面維護中華禮儀文明方面,孔子和儒家做出了最

①《論語·顔淵》。
②《春秋左傳正義》卷五十六,孔穎達疏云:"中國有禮儀之大謂之夏,有服章之美謂之華。"北京大學出版社 1999 年版,第 1587 頁。

爲突出的思想貢獻。其中孔子的突出貢獻是"繼周公之後,進一步'以仁代德',以'仁'作爲人類行爲的'最高道德準則'"①。楊向奎先生指出,孔子"仁"的思想命題,是"中國哲學史中的偉大轉折",是"古代世界中的'人'的發現,'仁'即人,處理人際關係即'仁'"②。"仁者人也"③,"仁"是儒家理解"人"的重要維度。

什麼叫"仁"? 最爲人熟悉的解釋是"仁者愛人"④,人與人之間相互愛護,也就是惻隱之心。但是從一些表述看,似乎在孔子和荀子這裏,"仁"最根本的意思並非如此。《荀子》中講述了一段精彩的孔門師生間的問答:

> 子曰:"由,知者若何? 仁者若何?"子路對曰:"知者使人知己,仁者使人愛己。"子曰:"可謂士矣。"子貢入,子曰:"賜,知者若何? 仁者若何?"子貢對曰:"知者知人,仁者愛人。"子曰:"可謂士君子矣。"顏淵入,子曰:"回,知者若何? 仁者若何?"顏淵對曰:"知者自知,仁者自愛。"子曰:"可謂明君子矣。"⑤

對於子路回答的"仁者使人愛己",孔子的評價是"不錯,是個士了";對於子貢回答的"仁者愛人",孔子的評價是"可謂士君子矣",士中的君子;對於顏回的回答"仁者自愛",孔子最爲贊許,評價説:"可謂明君子矣。""明君子"就不是一般的君子了,是通達、明通的君子。這段對話的真實性這裏暫且不論,從荀子對這段對話的描述可以看出,起碼在荀子心裏,懂得"自愛"的人才是最符合仁者形象的。"自愛"是"愛人"的基礎,真正的"自愛"必然包含自覺、自律,包含著對人而爲人的深刻體認。人只有真正自愛,才能真正地愛人,才能到達至善之境,也就是"文明以止"。對於這一點,孔子其實也有類似的思想,由孔子對顏回關於什麼是"仁"的教導可以看出:

> 顏淵問仁。子曰:"克己復禮爲仁。一日克己復禮,天下歸仁焉。爲仁由己,而由人乎哉?"顏淵曰:"請問其目。"子曰:"非禮勿視,非禮勿聽,非禮勿言,非禮勿動。"顏淵曰:"回雖不敏,請事斯語矣。"⑥

面對顏淵的提問,孔子首先回答,"克己復禮"才是仁。孔子進一步指出具體途徑:在視、聽、言、動,即日常生活的方方面面,努力去符合禮的要求,克制自己,獲得一種尺度,將"禮"真正内在化,這才是"仁"。孔子的回答説明了:"仁"的核心就是人的自我管理,自覺

① 林存光《文明以止——中華民族的人文精神與文明特性研究》,學習出版社 2016 年版,第 28 頁。
② 楊向奎《宗周社會與禮樂文明》,人民出版社 1997 年版,第 454 頁。
③ 朱熹《四書章句集注·中庸章句》,第 28 頁。
④《孟子·離婁下》:"仁者愛人,有禮者敬人。"
⑤《荀子·子道》。
⑥《論語·顏淵》。

自律。

　　我們認爲,這正是更深層次的"文明"的意義,從外在的文(禮樂節文)到内心的文(自覺自律)。

　　有了這樣内在的與外在的紋飾,就形成了所謂的文明,通過"文"達到了剛柔交錯、自然合理、和諧有序的人文境地。

四、荀子"化性起僞"的文明觀

　　荀子對"文明"的討論是與對"人"的討論緊密聯係在一起的。從"饑而欲食、寒而欲暖、勞而欲息"①等先天特征的描述中,荀子指出了人與動物的相同處;而是否在後天的學習中懂得禮讓、對於欲望的求取有無"度量分界",則成爲人與動物的區别,也成爲人類文明與動物世界的分野。不唯動物,有無禮義、辭讓、自覺自律,也是君子與小人的區别、人類社會進步與落後的區别,也即文明與否的區别。

　　荀子認爲先天之"欲"是人禽之同、君子小人之同,差别在於是否有人類文明的正面塑造:

　　　　生之所以然者謂之性。性之和所生,精合感應,不事而自然謂之性。②

　　荀子這裏首先指出"人性"的第一層内涵:"生之所以然",生來如此,自然而然,不待後天人爲,是一種純生理的現象。

　　同時人性還有第二層内涵:

　　　　今人之性,生而有好利焉,順是,故争奪生而辭讓亡焉;生而有疾惡焉,順是,故殘賊生而忠信亡焉;生而有耳目之欲,有好聲色焉,順是,故淫亂生而禮義文理亡焉。③

　　生而好利惡害、好争奪、好耳目鼻口等感官之欲,順著這樣的特性而不加約束,那麽辭讓、忠信、禮義文理等好的道德品質就會喪失。這些先天的欲求同樣也是動物的特征:

　　　　饑而欲食,寒而欲暖,勞而欲息,好利而惡害,是人之所生而有也,是無待而然者也,是禹、桀之所同也。然則人之所以爲人者,非特以二足而無毛也,以其有辨也。今夫猩猩形笑亦二足而無毛,然而君子啜其羹,食其胾。④

---

①《荀子·非相》。
②《荀子·正名》。
③《荀子·性惡》。
④《荀子·非相》。

荀子指出，"二足而無毛"並非人多獨有，猩猩亦然；人與動物一樣，要滿足基本的欲望和物質需求。荀子同時也強調，君子與小人、聖人與惡人，在最初的先天之性上，也是相同的：

> 材性知能，君子、小人一也；好榮惡辱，好利惡害，是君子、小人之所同也。①

> 凡人之性者，堯、舜之與桀、跖，其性一也；君子之與小人，其性一也。②

一定程度上滿足這些欲望是可以的，是人生存所必須的，但是，在求取這些的時候，若沒有限度、沒有規範，人們就會陷於相互爭奪，爭亂的結果是社會整體及每個個體處境的困窮：

> 人生而有欲，欲而不得，則不能無求；求而無度量分界，則不能不爭；爭則亂，亂則窮。③

"生而有欲"是"性"，從"生而有欲"到"亂則窮"，這樣一個因果相致的過程，才是"性惡"。這裏的關鍵在於"度量分界"——懂得度量分界，是君子；沒有度量分界，是小人；在度量分界範圍之內去求取是合理的，這樣的社會也是和諧有序的；超出度量分界的求取則是爭亂的根本原因。

應該再次強調的是，荀子所定義的人性，指向的是"欲"這一層面，是從任何有物質形體的人或者動物所必然具有的"欲"來講的，這使得荀子所談的人性是將人的動物性那一面也綜合起來考慮，這一定程度上體現了荀子思想的深刻性和全面性。如果僅僅談論人性高尚的那一面，忽略人作爲一個整體是要包含"欲"的，那麼作爲治理措施的禮在規制、引導人性時就不能那麼整全。

"化性起僞"的關鍵就在於後天之"僞"——人禽之別、君子小人之別。

荀子認爲，君子與小人、各行各業的人之間的區別，都在於一個"積"字，即後天的積習：

> 可以爲堯、禹，可以爲桀、跖，可以爲工匠，可以爲農賈，在注錯習俗之所積耳……堯、禹者，非生而具者也，夫起於變故，成乎修爲，待盡而後備者也。④

> 人積耨耕而爲農夫，積斲削而爲工匠，積反貨而爲商賈，積禮義而爲君子……故人知謹注錯，慎習俗，大積靡，則爲君子矣；縱性情而不足問學，則爲小人矣。⑤

從職業上講，積累足夠的經驗，便成爲這一類的職業人；從德行上講，積累足夠的道德

---

① 《荀子·榮辱》。
② 《荀子·性惡》。
③ 《荀子·禮論》。
④ 《荀子·榮辱》。
⑤ 《荀子·儒效》。

禮義,便成君子,反之則爲小人。此積習,便是所謂的"僞"。值得注意的是,這裏的"僞"不是"虛僞"、"虛假",而是"人爲"的意思①,與先天之"性"相對。"性"強調先天,"僞"強調後天;"性"是"不可爲"的,"僞"是"可爲"的:

> 性也者,吾所不能爲也,然而可化也;積也者,非吾所有也,然而可爲也。②

> 不可學、不可事而在天者,謂之性;可學而能、可事而成之在人者,謂之僞。……陶人埏埴而爲器,然則器生於陶人之僞,非故生於人之性也。故工人斲木而成器,然則器生於工人之僞,非故生於人之性也。③

陶藝之於陶人、工藝之於工人,正如禮義之於聖人,均是其後天之"僞",即其後天學習和積累的結果。這是荀子所言之"僞"的一般意義。在這層意義之上,荀子其實更加強調了"僞"指向"善"、"禮義"的這一層含義:

> 性者,本始材樸也;僞者,文理隆盛也。④

> 聖人積思慮,習僞故,以生禮義而起法度,然則禮義法度者,是生於聖人之僞,非故生於人之性也。……故聖人之所以同於衆其不異於衆者,性也;所以異而過衆者,僞也。⑤

能否"化性"、能否"起僞",是荀子所認爲的人禽之別、君子小人之別、聖人與常人之別。聖人是通過後天的選擇性積累,慢慢地建立起禮義法度。這裏且不論禮義法度的第一因問題,有兩點可以肯定:一是荀子所謂的禮義法度是在不斷發展著、完善著的,並非聖人自建立時起便一蹴而就,禮樂文明是一個動態發展的歷史過程;二是禮義法度"生於聖人之僞",但是根源於人本身——禮義要合於人心;禮義的建立正是針對於人性的弱點,禮義服務於對人性的改造。所以荀子也講:"禮以順人心爲本。故亡於《禮經》而順人心者,皆禮也。"⑥

"積"恰恰是一個"文明"的重要特徵,人類文明正是通過經驗的積累、知識的積累、習慣的積累、道德的積累塑造起來的,這一方面是人類社會整體的塑造,一方面是個體的"社會化"塑造。荀子的立論重點就是看到了人類社會的這種特性及其對社會個體的巨大力量。這種文明的積累一定是歷史性的,故而荀子非常重視聖王建立的文化傳統,而個體正是要

---

① 楊倞注:"僞,爲也,矯其本性也。凡非天性而人作爲之者,皆謂之僞。故爲字'人'傍'爲',亦會意字也。"見王天海《荀子校釋》卷十七《性惡》,上海古籍出版社 2005 年版,第 935 頁。楊倞認爲荀子這裏的"僞"是"人爲"的意思,本文在此採用楊倞這一說法。
② 《荀子·儒效》。
③ 《荀子·性惡》。
④ 《荀子·禮論》。
⑤ 《荀子·性惡》。
⑥ 《荀子·大略》。

通過"學"將此文化傳統内在化,以成爲一個真正意義上的人。可以説,"文質"是儒家重點關注的問題,荀子把儒家重視人類文明的"文"的維度前所未有地深化了,而孟子則更强調"質"中"自然人心"的價值。不過在筆者看來,孟子的"四端"依然也是在"社會"中、"文明"中孵育的産物,孟、荀二者之同,大於二者之異。

五、人"最爲天下貴"的原因:人之有"義"

"文明"與"人的自我理解"高度相關,在這個意義上可對荀子哲學再做一些探索。荀子認爲,人在天地萬物中是"最爲貴"的,這"最爲貴"不同於現代意義上的人類中心主義,而是强調,相比於其他生物,人被賦予了最大的主動性、能動性,能够最大程度地進行學習、認知,進而管理和運用萬物。這主要體現在三個方面:

(一)人之"有義"、"有辨"

> 水火有氣而無生,草木有生而無知,禽獸有知而無義;人有氣、有生、有知亦且有義,故最爲天下貴也。①
> ……然則人之所以爲人者,非特以二足而無毛也,以其有辨也。②
> 天能生物,不能辨物也;地能載人,不能治人也;宇中萬物、生人之屬,待聖人然後分也。③

"義"者,宜也,"義"就是人明辨是非的能力,明白生而爲人,什麽當做,什麽不當做;處於什麽樣的身份、位置,便做與之相應的事。這樣的自我認知和覺察能力是人所獨有的,人可以借此以最大限度地管理好自己。荀子是從這個角度指出,人是"最爲天下貴"的。

同時,"義"和"辨"是"分"的前提,"義"和"辨"指向"質"的一面,"分"指向"名"的一面,人通過"分"和"辨"達成對於自身、對於他人以及對於相互之間關係的正確認識,再由相應的名分將其規定下來、明確下來,後人照此而行,並因時調整,如此便形成一個社會動態發展的禮儀制度。這樣的能力以及社會組織方式,使得人類社會能够最大程度地合理發展。這是人類特性的一個重要體現。

---

① 《荀子·王制》。
② 《荀子·非相》。
③ 《荀子·禮論》。

（二）人之“能群”

> （人）力不若牛，走不若馬，而牛馬爲用，何也？曰：人能群，彼不能群也。①

荀子指出，人力氣不如牛、跑不如馬，在先天的生理性本能上並不比動物優越，但是如牛馬一般的動物都受人類的役使，原因就在於人之“能群”，即人類懂得結成群體、分工合作。而結群、合作，就需要一定的社會秩序，没有秩序、各自爲營的群體勢必流於相互争鬥，那麼也就無從發揮集體的優勢。

> 故人生不能無群，群而無分則争，争則亂，亂則離，離則弱，弱則不能勝物。故宫室不可得而居也，不可少頃舍禮義之謂也。②

這裏的“分”即社會規範下各自的“分位”。依據什麼來制定社會規範、由誰來制定和實行，這便引出了荀子乃至整個儒家特别强調的核心概念——“禮”：

> 先王惡其亂也，故制禮義以分之，以養人之欲，給人之求，使欲必不窮乎物，物必不屈於欲，兩者相持而長，是禮之所起也。”③

禮起源於人性之惡，先王制禮的目的，是爲了“養人之欲，給人之求”，這不同於後世對禮教的批評，荀子從源頭上指出，禮的産生，非但没有束縛個人，而正是爲了使每個人的欲求都得到合理的滿足——只有人人按照禮義去求，有“度量分界”地去求，才能避免争、避免亂，才能保證社會秩序的良好運轉以及整個群體的和諧；也只有在整個社會群體的和諧有序的前提下，每個個體才有可能安存，個人的欲求也才有實現的基礎。從這個角度講，禮是調節個人欲求與社會整體發展之間的平衡器：

> 夫貴爲天子，富有天下，是人情之所同欲也，然則從人之欲，則勢不能容，物不能瞻也。故先王案爲之制禮義以分之，使有貴賤之等，長幼之差，知愚、能不能之分，皆使人載其事而各得其宜，然後使穀禄多少厚薄之稱，是夫群居和一之道也。④

荀子指出人類社會的一大現實，同時也是一大困境：人對於物質、權力、地位的欲望是無窮的，但是物質資料是有限的，權勢地位也是必然有層次之分的，有限、有分的物質和權勢無法滿足每個人無限的欲望。如何解決這一困境？荀子將希望寄托於禮義，禮義既是在個人層面對人道德自覺的引導，也是社會層面對整體制度的構建。禮義的制定者是先王，

---

① 《荀子·王制》。
② 《荀子·王制》。
③ 《荀子·禮論》。
④ 《荀子·榮辱》。

先王通過讓每個人做與其分位相應的事、得到與之相應的報答,使得每個人的需求都有恰如其分的滿足,整個社會從而達到"群居和一"的局面。

(三)人之"能參"

這也是人主動性、能動性的一個重要體現。天有日月星辰、風霜雨雪,掌管著四時、節氣運行的規律;地有山河草木、飛禽走獸,提供著生活的材料;而人生天地間,人"有義"、"有辨"、"能群"的特征使得人能夠在掌握自然規律的基礎上,合理地治理萬物,這便是"天有其時,地有其材,人有其治"①,荀子將人的這一特性概括為"能參"。

如何"能參"? 荀子首先指出,要"明於天人之分"——針對當時人們思想中一個偏端,過分依賴"神",乃至將人事的一切都交付神來決定、訴諸於神的保佑,荀子指出,"天行有常,不為堯存,不為桀亡"②,人要破除對天的盲目迷信,充分認識到天的運行有其常道,進而明白天與人職能的界限,擺正天與人各自的分位,在此基礎上,"不與天爭職",從而把注意力放在屬於人的職分上。荀子指出,只有明乎天人之分、盡人之責,才是真正的進步;而混淆天人之分、將全部希望寄托於天的做法,實乃小人行徑,是一種退步:

> 故君子敬其在己者,而不慕其在天者;小人錯其在己者,而慕其在天者。君子敬其在己者,而不慕其在天者,是以日進也;小人錯其在己者,而慕其在天者,是以日退也。③

這是因為,阻礙社會進步、影響國家治亂的根本並不在於天,而在於人。荀子用天所垂示之怪異的自然現象與人事之亂象相比照,指出異象不可畏,將希望放在天意上勢必徒勞無功,而真正可畏的是"人祅"。何謂"人祅"?

> 苦耕傷稼,苦耘失歲,政險失民,田薉稼惡,糴貴民饑,道路有死人,夫是之謂人祅;政令不明,舉錯不時,本事不理,夫是之謂人祅;禮義不修,內外無別,男女淫亂,父子相疑,上下乖離,寇難並至,夫是之謂人祅。④

荀子在此將人倫秩序、人事興廢、政治治理放在了突出位置,明確要求君主將眼光放在民生疾苦和自身修為上,指出這才是人所能夠、所應當發揮能動性的最確當的空間。

荀子並以求雨這一祭祀活動為例,鮮明地表達了對於"天人之分"的態度:"君子以為文,百姓以為神",君子將這樣的儀式作為一種文飾、一種對人的教化,即長養人們敬畏心,

---

① 《荀子·天論》。
② 《荀子·天論》。
③ 《荀子·天論》。
④ 《荀子·天論》。

而後懂得更好地盡人事;百姓却認此爲實,祭祀便是真實地向神靈祈求,祈求的結果才是祭祀行爲的意義和目的。荀子批評説:"雩而雨,何也? 曰:無何也,猶不雩而雨也。"①求神而得雨,與不求神而得雨,其實質是一樣的,都是自然現象,天地不會因爲人是否向之祈求而改變"態度",所區別只在於,在這一祭祀過程中,人是否真實地涵養了感恩心、敬畏心,是否借此反思了人事、反思了自身。荀子在這裏以肯定的態度贊賞了"文",而批評了"神"。

在"明於天人之分"的基礎上,還要做到"制天命而用之",即人在理解和尊重天地運行的規律的基礎上,積極發揮人的主動性、能動性,參與到天地萬物的運化中去。荀子感慨道:

> 大天而思之,孰與物畜而制之! 從天而頌之,孰與制天命而用之! 望時而待之,孰與應時而使之! ……故錯人而思天,則失萬物之情。②

一味地誇大天、歌頌天、等待天意的降臨,遠不如運用人的聰明才智去理解和掌握天,制天命、用天時。可以説,荀子的"能參"思想折合了"任自然"與"盡人事"兩個方面,是一種有原則而又極其靈活的辯證觀。

然而,如對"制天命而用之"的思想理解不當,極容易走向另一個極端,即片面誇大人的能動性,對於天地自然失去尊重和敬畏,甚至妄圖征服自然、完全按照人類意志去改造自然。但是自然不可能被真正地"征服",天地萬物運化之道並不爲人的意志而轉移,人類違背"天命"而"强用之",其最終結果是人類生存環境以及社會關係的惡化,是"天"對人的"懲罰"。荀子認爲,這樣的懲罰表面來自天,實則源於人。荀子贊賞了商湯在遇大旱時,並没有求天、怨天,而是主動反思自身、反思政事的態度:

> 湯旱而禱曰:"政不節與? 使民疾與? 何以不雨至斯極也! 宮室榮與? 婦謁盛與? 何以不雨至斯極也! 苟且行與? 讒夫興與? 何以不雨至斯極也。"③

這一例表明,荀子主張是以人自身的道德修養、以人事的合理合宜爲參贊天地、應對"天命"的根本方式。

六、結語

在上文中引用的"觀乎天文以察時變,觀乎人文以化成天下"中,天文、人文緊密聯繫又

---

① 《荀子·天論》。
② 《荀子·天論》。
③ 《荀子·大略》。

各有特點。那麼,在荀子這裏,"人文"成爲一種更强的力量,但並非不尊重"天文"。荀子對"理性"的力量與限度做了深層次的揭示——要著重發展人文理性(既有聖王與禮義塑造的道德理性,又有知通統類的知性能力),不能妄測天文。荀子對於"理性"、"人文"的高揚在古代社會具有劃時代意義。但是同時要注意到,荀子的論述時時都與"禮"結合,提倡一種人文價值與人文理性,這種人文理性的重要内涵即是人的自我管理與限制(禮、義),並且本質上沒有脱離儒家哲學"天地人"的格局。

同時,在荀子對人之特性的解讀中,始終貫穿著一種"知止"的態度要求——知道什麼是人,不要模糊人禽之別而下趨於動物;知道人事與天職的界限,不要妄圖代天行事;知道在社會群體中自己的身份以及與之相應的職分,不越位也不缺位。"知止"是人類文明高度自覺自律的重要體現。

可以説,荀子深化了儒家重視"人文"、重視"文明"的精神特質,這種傳統把"文明"與"成人"聯繫在一起,即和内心自覺、自我管理和"自我限制"聯繫在一起。而正如樓宇烈先生所説,當下流行的文明觀念實則有許多弊病:

1. 重視生產、技術、物質生活的進步,重視人類對自然的控制,忽視人的内心與道德。

2. 與一種進步主義結合,把文明的希望放在明天,希望依靠所謂"進步"去解決一切問題,而忽視當下。

3. 明顯的人類中心主義特征,缺乏人類的自我節制和對自然的敬畏。

儒家哲學重視人文,不依賴於神秘力量和物質手段,樓宇烈先生概括儒家的這種人文精神爲"上薄拜神教,下防拜物教"。荀子哲學尤其重視人的主體力量。在這種思考下,從荀子思想中分析出的關於人類文明的思考就顯得更有時代適用性與啓發性。

在荀子哲學中"文明"一詞主要用於區分人與動物、區分人類社會與動物世界;劃分文明的主要標誌是人的内在的"紋飾"——人的禮義修養、人的自覺自律。人類被先天賦予了遠遠超出於動物的能力,人通過學習禮義、踐行禮義,可以不斷提高自身修養,甚至可以成賢成聖,與天地相參,實現最大程度的内在超越;而人如果不能正確對待自身的這一能動性,甚至利用人的能力去征服自然、欺凌萬物,這非但不能被稱爲文明,反而是一種人的自我退化,是人不自覺、不自知地將自己等同於動物。一個人的自覺、自律、自尊、自愛,標誌著一個人的文明修養;一個時代整個人類的自覺、自律、自尊、自愛,標誌著這個時代人類文明的程度。這是以《周易》、《荀子》爲典型代表的中國傳統的"文明"觀所給予我們的重要啓示。

[作者簡介]徐佳希:北京社會主義學院講師。

也談《繫辭》帛本與通行本的關係問題

——兼論《易》傳文獻形成過程中的"板塊運動"

章 莎 菲

提要:馬王堆帛書《繫辭》出土以來,關於其與通行本《繫辭》關係的思考與討論從未停止。本文在探究這一問題時,嘗試將其置於整個《易》傳類文獻形成、流傳的大背景中,通過對特定類型、體式的文本進行綜合交叉比對研究,發現《易》傳文獻生成過程中存在一種"板塊運動"①。"板塊運動"具有普遍規律性,以此審視《繫辭》帛本與通行本的關係,其間的動態聚合遂逐漸從已成型的文本平面下浮躍而出。

《繫辭》是傳統《易》傳文獻("十翼")中最引人注目的一篇。孔穎達言其"條貫義理"②,歐陽脩則言其"繁衍叢脞"③;自漢以下,經師於其分章問題歧見迭出,莫衷一是,宋儒乃至移易段落、刪省文句。足見《繫辭》文本既創通大義,有語脈相延之處,又缺少嚴整的結構與理路,難於一以貫之。故其章節段落間界限不明,而語義斷裂、複冗,文辭雜沓之處亦

---

① "板塊運動"這一名稱原借用於地質學術語(plate tectonics),以文本板塊與地質板塊具有相似性,即:板塊大小不一,數量衆多,其邊界可發生形狀改變或擴張;板塊處於不斷運動中,相互間會產生碰撞、聚合,小板塊聚合形成大板塊;板塊內部性質未必統一,存在不少變化因素,可能發生斷裂;等等。後經匿名評審專家提示,美國華盛頓大學鮑則岳(William G. Boltz)教授在中國早期文本研究中,曾提出"模塊"理論(building block),其說以早期文本的基本組成單位爲模塊(對應於不同文獻則有不同形式,如《易》的組成模塊爲"卦",《老子》的組成模塊爲"章",等等),導致文本面貌歧異(如出土的早期寫本與傳世本的文本差異)的決定性因素並非模塊本身,而是模塊的組合次序("And the manuscript and transmitted versions of these text units individually are fairly close in form and content to each other. It is the order in which the units themselves are put together to make larger texts that varies greatly between manuscript and received text. The larger texts are, to phrase it another way, constructed out of these kinds of units serving as textual building blocks." William G. Boltz, "*The Composite Nature of Early Chinese Texts*", in *Text and Ritual in Early China*, edited by Martin Kern [Seattle: University of Washington Press, 2005], pp. 50~78)。這一理論給予我們新的啓示和思考角度,在此謹對匿名評審專家致以謝忱。
② 王弼注,孔穎達疏《周易注疏》卷一〇,影印足利學校藏南宋初兩浙東路茶鹽司刻八行本,東京汲古書院 1973 年版,第 597 頁。以下凡引用《周易》經、傳、注、疏之文皆據此本,不復出注說明。
③ 歐陽脩《易童子問》卷三,《歐陽文忠公集》七十八,《中華再造善本》影印中國國家圖書館(以下簡稱"國圖")藏宋慶元二年(1196)周必大刻本,北京圖書館出版社 2005 年版。

頗有之。是故歐陽脩已疑其“非一人之言”“其説出於諸家,而昔之人雜取以釋經”耳①。

　　出土於馬王堆三號漢墓的帛書《繫辭》,其篇末原記有篇題及字數,“惟已殘損,不能復原”②,故其是否即題爲“毄(繫)辤(辭)”實未可知。以其内容與通行本《繫辭》大略相同,故學界仍以《繫辭》目之。二本相校,多數異文都屬於假借字、異體字、古今字、誤字的範疇,或是句末虚字的同異有無,皆不甚關涉文義;一小部分異文則足以産生歧解,或因而反映出時代思想、地域特色、學術流派等更深層的問題;而二本最大的區别在於,帛本較通行本缺少部分段落,這些段落除個别不見於帛書任何一篇《易》傳外,餘則見於帛書《衷》《要》二篇中。由此引發的關於帛本《繫辭》與通行本《繫辭》二者關係的思考與討論持續至今,主要存在四類觀點:一者認爲通行本是在帛本基礎上雜抄、整編其他《易》傳(以帛書《衷》《要》二篇爲代表)中的部分内容而形成的③;一者認爲二本只是不同傳本,未必有先後繼承關係④;一者認爲帛本是一個節録本,其祖本的面貌與通行本十分接

①　歐陽脩《易童子問》卷三,《歐陽文忠公集》七十八。
②　張政烺《馬王堆帛書〈周易〉經傳校讀·繫辭》注二〇四,收入李零等整理《張政烺論易叢稿》,中華書局 2011 年版,第 209 頁。
③　張政烺、李學勤(1993)(按:李先生的觀點前後有過變化,故本文中區分以李學勤[1989]、李學勤[1993]、李學勤[1994])、陳鼓應、樓宇烈、王葆玹、王博、陳松長、金春峰、劉大均等持此觀點。張先生在帛書出土後不久,即提出“今本《繫辭》是雜抄成書,完成其晚”的觀點(《在長沙馬王堆漢墓帛書座談會上的發言》,《張政烺論易叢稿》第 3—5 頁);李先生(1993)認爲“帛書《繫辭》上篇(引者按:帛書《繫辭》最初被認爲含上下兩篇,即以今已認定爲《繫辭》全體者爲上篇,而以帛書《衷》篇爲下篇,參看于豪亮先生《帛書〈周易〉》(《文物》1984 年第 3 期)、上揭張文;李先生于此尚仍此説)……已包含今本《繫辭》首尾,前後次序并無凌亂,看來今本即以之與下篇的一部分合纂而成”(《帛書〈繫辭〉上篇析論》,《江漢考古》1993 年第 1 期,第 80—83 頁);陳鼓應先生通過辨析帛本《繫辭》的道家傾向與通行本《繫辭》兼綜道、陰陽、儒、墨各家思想的特點,説明“帛本《繫辭》較今本近于原貌”“不見于帛本的今本《繫辭下》的若干儒家色彩較濃的段落,是編纂定本者從《易之義》(引者按:即《衷》篇,“易之義”爲其舊稱之一)和《要》中抽離出來而添補進去的”(《馬王堆出土帛書〈繫辭〉爲現存最早的道家傳本》,《哲學研究》1993 年第 2 期,第 42—49 頁);樓先生通過分析帛本與通行本的突出異文(影響文義者),論證帛本異文較通行本爲優,其文本面貌更原始,以説明“現通行各本基本上是在帛書《繫辭》基礎上整編而成的”(《讀帛書〈繫辭〉雜記》,收入陳鼓應主編《道家文化研究》第三輯,上海古籍出版社1993 年版,第 47—54 頁);王葆玹先生既從文字、修辭等方面論證帛本較通行本行文更爲古樸,又通過分析帛本《繫辭》與《易之義》分别體現的道、儒思想傾向,結合戰國秦漢時期道家《易》學派系的活動,説明“通行本《繫辭》乃是抄録并綜合《易之義》與帛書《繫辭》而形成的”(《帛書〈繫辭〉與戰國秦漢道家〈易〉學》,《道家文化研究》第三輯,第 73—88 頁);王博先生通過對戰國至漢初傳《易》情況的梳理(“六經異傳”),結合漢武帝時尊崇儒學的時代背景,推斷通行本大概是出於“正《易》傳”的政治、學術需要而在帛本的基礎上“采納《易之義》及《要》中的部分内容”而形成的(《從帛書〈易傳〉看今本〈繫辭〉的形成過程》,《道家文化研究》第三輯,第 144—154 頁);陳松長先生通過對帛本内在文理與邏輯的連貫性及保留較多戰國古文形體、思想内容更爲樸實等特徵的分析,説明通行本較帛本晚出,“并多經訛傳臆改”(《帛書〈繫辭〉初探》,《道家文化研究》第三輯,第 155—164 頁);金先生通過挖掘二本之異文背後所藴含的時代思想、文化,認爲帛本具有更多的占筮色彩,而通行本則具有較多的理性精神,以此説明帛本早出,通行本是對其進行改編的結果(《帛書〈繫辭〉反映的時代與文化》,《周易研究》2000 年第 3 期,第 1—10 頁);劉先生主要運用文字學、訓詁學的方法,對帛本顯異於通行本或晦澀難解之字句進行了詳細的解釋和分析,得出“今本《繫辭》應是帛本《繫辭》的增補修訂、整理合成本”的結論(《讀帛書〈繫辭〉》《再讀帛書〈繫辭〉》,《周易研究》2016 年第 3、4 期,第 5—11、5—12 頁)。
④　韓仲民、李學勤(1989)、張岱年、朱伯崑、張立文、趙爭等持此觀點。韓先生通過典籍中對《易》傳類文獻的稱引及對傳《易》情況的記載,得出“《易》傳則有許多不同的傳本”“帛書《繫辭》及卷後佚書……提供了另一種《易》傳傳(轉下頁)

近①；一者認爲帛本是一與通行本構成基本一致的竹簡本脱簡、錯簡的結果②。綜觀諸説，雖皆持之有據，然往往僅著眼于個别文例的分析，因此難免一些片面的推斷。

本文將繼續討論《繫辭》帛本與通行本的關係問題。與前賢略别的是，我們打算將這一問題置於《易》傳文獻形成過程的總體框架下，結合不同《易》傳中文本複重、近似、舛互、乖違等種種情況，綜合運用體式分析、文獻溯源等方法，辨析古代以至當代學者的相關論證，探索《易》傳形成過程中可能存在的普遍規律，以期爲《繫辭》帛本與通行本的關係問題帶來新的啓示。

一、《繫辭》重見、相似文本背後的"板塊運動"

《上繫》第六章云③：

　　聖人有以見天下之賾，而擬諸其形容，象其物宜，是故謂之象。聖人有以見天下之

（接上頁）本的情況"的結論（《帛書〈繫辭〉淺説——兼論易傳的編纂》，《孔子研究》1988 年第 4 期，第 23—29 頁）；李先生（1989）通過對通行本《繫辭》"大衍"章來源和年代的考察，及對《易》傳中常見的孔子論《易》的體式的分析，説明"帛書《繫辭》和今本《繫辭》只是編排有異，思想實相一致，這應該認爲是不同傳本，不好説是前後演變的關係"（《帛書〈繫辭〉略論》，《齊魯學刊》1989 年第 4 期，第 17 頁）；張岱年先生通過對通行本與帛本其來源、地域的考察，推定通行本之祖本爲北本，而帛本爲南本，又分析了二本的突出異文，得出通行本與帛本"當是同時異地的傳本"的觀點（《初觀帛書〈繫辭〉》，《道家文化研究》第三輯，第 1—5 頁）；朱先生主要通過漢初文獻所引用的《易》傳内容或不見於帛本而見於通行本、或異於帛本而同於通行本、或並不見於二本諸情況，説明"帛書本《繫辭》文，在漢初，只是一種傳本，并非唯一的傳本"，且通行本不見於帛本而見於帛書《易之義》《要》二篇的内容亦有可能出於其他《易傳》，未必原爲《繫辭》文（《帛書本〈繫辭〉文讀後》，《道家文化研究》第三輯，第 36—46 頁）；張立文先生主要通過對春秋戰國以下各種學派興起的時代背景、地域文化特色等的分析，認爲"帛書《繫辭》和其他佚書爲《周易》詮釋的另一系統"；趙先生通過對諸家觀點及其論證方式進行辨證，認爲將二本置於同一條成書綫索中始終存在無法圓融的解釋困難，又根據漢初文獻徵引《易》傳的情況，結合《繫辭》文本的内容特點和古書成書、流傳規律，得出帛本與通行本"當是分屬不同傳派的傳本，各自獨立流傳，之間很可能不存在相互影響"的結論（《馬王堆帛書〈繫辭〉成書問題覆議》，《周易研究》2015 年第 6 期，第 5—10 頁）。

① 廖名春、邢文等持此觀點。廖先生通過對帛本與通行本語意顯異的文句的分析，認爲這是"帛書本編寫者對其祖本的觀點加以改動造成的"，又從文義連貫的角度出發，論證帛本少於通行本的許多内容原是存在於帛本的祖本中的，最後通過分析帛書《易之義》《要》二篇的文本結構和文獻來源，説明"帛書《繫辭》是對接近於今本《繫辭》之祖本的節録、改編的結果"（《論帛書〈繫辭〉與今本〈繫辭〉的關係》，《道家文化研究》第三輯，第 134 頁）。邢先生從帛書《周易》經傳作爲一個整體的角度出發，通過分析各篇《易》傳的結構與性質，推定其編纂次序的先後，從而得出存在一個"與今本《繫辭》甚爲相近的《易傳》祖本"，乃帛書《繫辭》、《易贊》（即《衷》篇）、《要》共同的材料來源（《帛書〈周易〉的成書分析》，《傳統文化與現代化》1996 年第 3 期，第 50—54 頁）。

② 李學勤（1994）、劉光勝等持此觀點。李先生（1994）通過分析通行本《繫辭》不見於帛本《繫辭》的内容與其上下文的語意聯繫，結合帛書《易之義》中存在的錯簡情況，提出"帛書所根據的《繫辭》，其構成其實是和今傳本基本一致的，不過有一部分脱失，一部分又散入他篇，於是成了帛書的面貌"的觀點（《帛書〈周易〉的幾點研究》，《文物》1994 年第 1 期，第 44—49 頁）。劉先生通過帛書《易》傳各篇章節號（圓黑點）出現的位置判斷各篇所據底本的散亂情況，又分析了通行本《繫辭》不見於帛本《繫辭》而見於帛書《衷》《要》二篇的段落在次序上的連貫性及内容上的不重複性，以證成并揭李説相似的觀點（《帛書〈易傳〉成書問題新探》，《遼寧師範大學學報（社會科學版）》2009 年第 1 期，第 113—116 頁）。

③ 本文所標《繫辭》章次，如無特殊説明，皆依孔穎達《周易正義》，《上繫》分十二章，《下繫》分九章。

動,而觀其會通,以行其典禮,繫辭焉以斷其吉凶,是故謂之爻。言天下之至賾而不可惡也,言天下之至動而不可亂也。擬之而後言,議之而後動,擬議以成其變化。

按,"聖人有以見天下之賾"至"是故謂之爻"凡五十六字重複見於《上繫》第十二章:

> 是故夫象,聖人有以見天下之賾,而擬諸其形容,象其物宜,是故謂之象。聖人有以見天下之動,而觀其會通,以行其典禮,繫辭焉以斷其吉凶,是故謂之爻。極天下之賾者存乎卦,鼓天下之動者存乎辭,化而裁之存乎變,推而行之存乎通,神而明之存乎其人,默而成之,不言而信,存乎德行。

對於這種現象,歷代注《易》者多有議論;孔穎達於第十二章下云:

> "是故夫象,聖人有以見天下之賾"至"是故謂之爻"者,於第六章已具其文,今於此更復言者,何也? 爲下云"極天下之賾存乎卦,鼓天下之動存乎辭",爲此故更引其文也。且已下又云"存乎變""存乎通""存乎其人",廣陳所存之事,所以須重論也。

崔憬於第十二章注云:

> 此重明《易》之緼,更引《易》象及辭以釋之。言伏羲見天下之深賾,即《易》之緼者也①。

郭京認爲,第十二章首句"是故夫象,聖人有以見天下之賾"中"夫象"二字爲誤增,以"此一節本是第六章首,於此引之者,爲'極天下之賾者'以下爲引文成義之勢。有'夫象'字,驗第六章足見誤矣"②。呂祖謙則認爲"是故夫象"四字皆是衍文③。又,朱熹於第十二章注云:

> 重出以起下文④。

熊朋來於第六章注云:

> "聖人有以見天下之賾"至"擬議以成其變化"九十五字,本是錯簡在此,當入於第十二章重出之處,接下文"極天下之賾"至"化而裁之存乎變",以賾、動、變化三者申言之⑤。

按,孔、崔、郭、呂、朱氏並以第十二章重出之五十六字爲複引第六章之文,郭、呂氏更據此以校除數字;所以複引者,孔、郭、朱氏謂領起下文故,崔氏則謂重明《易》緼故;唯熊氏以爲第六章之九十五字(含重複之五十六字)乃由第十二章錯簡所致。然則諸氏蓋皆以《繫辭》爲一人之作,故將重出之文視作行文修辭或錯簡的結果。

① 李鼎祚《周易集解》引,卷十四,影印明嘉靖三十六年(1557)朱睦㮮聚樂堂刻本,北京圖書館出版社 2000 年版,第 253 頁。
② 舊題郭京《周易舉正》,卷下,日本東京大學東洋文化研究所藏明嘉靖四年(1525)范氏天一閣刊《范氏二十一種奇書》本。
③ 程頤、朱熹、呂祖謙《周易程朱傳義音訓》,卷九,《中華再造善本》影印國圖藏元至正六年(1346)虞氏務本堂刻本,北京圖書館出版社 2004 年版。
④ 朱熹《周易本義》,卷七,《中華再造善本》影印國圖藏宋咸淳元年(1265)吳革刻本,北京圖書館出版社 2003 年版。
⑤ 熊朋來《五經說》,卷一,影印文淵閣《四庫全書》本,臺灣商務印書館 1986 年版,第 184 冊,第 258 頁。

　　細讀重複之五十六字,所言者乃卦象及爻辭的由來、性質及義緼。其後若接"言天下之至賾而不可惡也"至"擬議以成其變化",則是進一步申説《易》之重要性;若接"極天下之賾者存乎卦"至"存乎德行",則更側重於論述《易》之用。二者雖文義稍别,却不存在明確的邏輯先後關係;反之,由其句式("言天下之至賾"/"言天下之至動"與"極天下之賾者"/"鼓天下之動者")、關鍵詞("賾""動""變化""變""通")的相似之處看來,二者更接近於出自同源而傳聞異辭或各自加工的平行狀態。

　　觀察第六章"聖人有以見天下之賾"至"擬議以成其變化"一段與其上下文的關係,可以發現:其上文(即第五章)氾論《易》道廣大及《易》之功,結以"成性存存,道義之門",語義已足,而"聖人有以見天下之賾"云云,又從卦、爻的産生和含義説起,與其上文並無直接的文義相承聯繫,故自馬融以下歷代注家皆視其爲别章,無一屬上;其下文(即第六章後半部分與第七章)則引七爻之辭而分説之,各明一義①,與"聖人"至"擬議"一段於行文體式及内容上並異其趣②,且帛本《繫辭》在"矣(擬)義(議)以成亓(其)變化"句下有一黑色圓點③,當可視作章節號④,表明七爻之義一段自爲别章。由此可見,"聖人"至"擬議"一段與其上下文並無必然的内在聯繫。

---

① 引中孚卦九二爻辭,説以"慎言行"之義;引同人卦九五爻辭,説以"同心"之義;引大過卦初六爻辭,説以"至慎"之義;引謙卦九三爻辭,説以"謙退自守"之義;引乾卦上九爻辭,説以"過亢有咎"之義;引節卦初九爻辭,説以"慎密"之義;引解卦六三爻辭,説以"非位致寇"之義。

② 古人往往基於《繫辭》爲孔子所作的認識而努力挖掘"擬議以成其變化"與下文七爻之義間的内在聯繫。孔穎達云:"此章又明聖人擬議《易》象,以贊成變化。又明人擬議之事,先慎其身,在於慎言語、同心行、動舉措、守謙退、勿驕盈、保静密、勿貪非位,凡有七事,是行之尤急者,故引七卦之義以證成之。"(第六章疏)張載、程頤、郭雍、朱震、項安世之説大義類此。朱熹則認爲"聖人"至"擬議"一段與七爻之義共同構成了對"卦爻之用"的論述(《周易本義·繫辭上傳第五》第八章注)。要之注《易》者多以兩段文字之内在聯繫爲總論與舉例説明的關係。然而亦有注家認爲兩段文字間並無邏輯或文義上的聯繫。李心傳云:"愚嘗疑《繫辭》雜論諸爻,似《文言》之未成者,故其體絶相類。然坤《文言》視乾已甚簡略,則他卦不必盡作。豈聖人姑舉此諸爻以見義例?"(《丙子學易編》,臺灣商務印書館影印文淵閣《四庫全書》本,第17册,第790頁)是疑七爻之義爲七卦《文言》之辭,即非是,亦得姑舉以見《文言》義例者,與"聖人"至"擬議"一段並不相屬。吴澄進一步認定《繫辭》中與七爻之義類似體式的論述皆本屬《文言傳》(吴氏受宋以來恢復古《易》的思潮影響,認爲"十翼"原各自成篇,總附於經後,非如通行本有散附於經文下者,故以《文言傳》爲獨立的一篇),後乃"錯簡在《繫辭》上、下傳二篇中"(吴澄《易纂言》,卷九,臺灣商務印書館影印文淵閣《四庫全書》本,第22册,第575頁),故吴氏於其《易纂言》中徑將七爻之義移置《文言傳》内,可見其並不認爲七爻之義與"聖人"至"擬議"一段存在文義上的聯繫。熊朋來既以"聖人"至"擬議"一段爲第十二章錯簡於第六章者,又以七爻之義爲諸卦《文言》散逸僅存者(《五經説》卷一,第255頁),是亦否定二者存在聯繫。我們認爲,李、吴、熊氏對七爻之義體式特徵近於《文言》的分析是值得肯定的,這種分析較爲客觀的説明了,七爻之義與其上文無論在内容、行文方式還是在寫作動機上都存在著明顯的區别,兩段文字間的内在聯繫是比較微弱的。

③ 本文凡引馬王堆帛書《周易》經傳的内容,皆據裘錫圭主編、湖南省博物館、復旦大學出土文獻與古文字研究中心編纂《長沙馬王堆漢墓簡帛集成·壹(圖版)、叁(釋文)》(中華書局2014年版),以下不復標注出處。

④ 帛本《繫辭》雖僅兩見黑色圓點符號(恰位於七爻之義一段文字的前後),但結合帛書其他《易》傳的情況看來(《二三子問》《要》《繆和》《昭力》的黑色圓點出現得較規律,尤以《二三子問》爲著,根據文意可明確判定爲章節號),這兩個圓點仍當看作章節號。但這並不意味著帛本《繫辭》僅分爲三章。至於其它位置何以不見章節號,或許與帛書的抄寫具有一定的隨意性有關。張政烺先生言"帛書本寫者是一文理不通之人"(《馬王堆帛書〈周易〉經傳校讀·繫辭》注四,第188頁),亦不爲無理。

第十二章"是故夫象,聖人有以見天下之賾"至"存乎德行"一段與其上下文的聯繫則似乎緊密一些,然文義上仍不很連貫,大致可劃分爲四個段落:

a) 子曰:"書不盡言,言不盡意。然則聖人之意,其不可見乎?"子曰:"聖人立象以盡意,設卦以盡情僞,繫辭焉以盡其言,變而通之以盡利,鼓之舞之以盡神。"

b) 乾、坤,其《易》之縕邪?乾、坤成列,而《易》立乎其中矣。乾、坤毀,則無以見《易》,《易》不可見,則乾、坤或幾乎息矣。

c) 是故形而上者謂之道,形而下者謂之器,化而裁之謂之變,推而行之謂之通,舉而錯之天下之民謂之事業。

d) 是故夫象……存乎德行。(前文已引,故此簡略)

按,d)中"化而裁之存乎變,推而行之存乎通"一語,與其上文c)中"化而裁之謂之變,推而行之謂之通"十分相類,惟語義稍別①,而c)、d)兩段文字似亦有內在的邏輯關聯②;d)又與a)在文義上有相通之處,皆論及聖人作《易》與卦爻之功的問題;惟b)所論乾、坤於《易》之重要性,則似乎上難承a),下難啓c),然若比照《上繫》第五、十章、《下繫》第一章,可以發現,這些氾論《易》之性質、功用的敘述中往往亦涉及乾、坤的特性或重要性③,因而無法斷定b)與a)、c)必然無關。

在通行本中,d)是《上繫》的結尾,其下文即《下繫》的第一章:

八卦成列,象在其中矣。因而重之,爻在其中矣。剛柔相推,變在其中矣。繫辭焉而命之,動在其中矣。吉凶悔吝者,生乎動者也。剛柔者,立本者也。變通者,趣時者也。吉凶者,貞勝者也。天地之道,貞觀者也。日月之道,貞明者也。天下之動,貞夫一者也。夫乾,確然示人易矣。夫坤,隤然示人簡矣。爻也者,效此者也。象也者,像此者也。爻象動乎內,吉凶見乎外,功業見乎變,聖人之情見乎辭。天地之大德曰生,聖人之大寶曰位。何以守位?曰仁。何以聚人?曰財。理財正辭,禁民爲非,曰義。

從內容上看,《下繫》第一章與《上繫》第十二章無疑有許多相似之處,二者的論述中心都是《易》

---

① "謂之"義在詮釋概念,"存乎"義在說明功用。

② c)提出並解釋了道、器、變、通、事業諸概念,d)則言《易》能法象而含容道、器、變、通,聖人神而明之,德施周普,故能成就天下之事業。

③ 如《上繫》第五章云"顯諸仁,藏諸用,鼓萬物而不與聖人同憂。盛德大業,至矣哉!富有之謂大業,日新之謂盛德。生生之謂易,成象之謂乾,效法之謂坤,極數知來之謂占,通變之謂事,陰陽不測之謂神""夫《易》廣矣,大矣!以言乎遠,則不禦;以言乎邇,則靜而正;以言乎天地之間,則備矣。夫乾,其靜也專,其動也直,是以大生焉。夫坤,其靜也翕,其動也闢,是以廣生焉。廣大配天地,變通配四時,陰陽之義配日月,易簡之善配至德";第十章云"是故闔戶謂之坤,闢戶謂之乾。一闔一闢謂之變,往來不窮謂之通。見乃謂之象,形乃謂之器,制而用之謂之法,利用出入,民咸用之,謂之神";《下繫》第一章引見下文。

的基本構成元素——卦、爻、象、辭及其蘊含的道，但具體的文義與思想却並不完全一致①。

對比第六、十二章中重出之文與其各自上下文的關係，後者顯然較前者密切，但文義上也不是完全貫通的。這給予我們一種什麼啓示呢？

重複出現於第六、十二章的“聖人有以見天下之賾”至“是故謂之爻”凡五十六字，可以視作一個文本板塊；其後接“言天下之至賾而不可惡也”至“擬議以成其變化”，或接“極天下之賾者存乎卦”至“存乎德行”，則可認爲是由於傳聞異辭或重新加工或各自加工而造成的板塊邊界擴張或形狀改變，從而形成兩個較大的板塊；其中一個以比較獨立的姿態抄入《繫辭》，另一個則可能先與其他文義相近或相通的小板塊發生了聚合②，形成一個更大的板塊後，才抄入《繫辭》，因而會出現第六、十二章中原始板塊與其上下文關係的緊密程度不同的情況。

將第十二章視作經過文義相近的小板塊聚合而形成的大板塊，似乎可以解釋其文理所呈現的鬆散關聯的形態。同時，作爲一個整體的大板塊，它又和其他一些章節的內容在文義上有相通或相似之處，如上舉《下繫》第一章，還有《上繫》第二、三章、《下繫》第三章等③，都涉及觀象立卦、觀變繫辭以及卦爻性質的內容。這些主題相近的大板塊逐步的被聚集到一篇文獻中，而另外一些主題的板塊也發生了同樣的聚集④，所以在《繫辭》中常常可以見到整段整段內容相似、旨歸相近甚至文句、體式相同的論述。由於這種聚合存在著較長的時間跨度和傳述易手，以致相同或相近主題的大板塊在《繫辭》中呈現分散的狀態，而大小板塊在抄入《繫辭》前亦可能發生過多次、多種聚合，這些動態的、多層次的聚合過程反映在成形的平面的今本《繫辭》中，就是“繁衍叢脞”的特色。

---

① 區別較爲明顯的一點體現在二者關於《易》産生和成立的論述上，《上繫》第十二章側重於“觀象立卦”，《下繫》第一章則增加了“重卦”的內容和思想。

② 第十二章在“聖人有以見天下之賾”這段與第六章重複的文字前有“是故夫象”四字，似乎可以看作是板塊聚合過程中爲求行文暢順而增加的過渡語。

③ 《上繫》第二章云：“聖人設卦觀象，繫辭焉而明吉凶，剛柔相推而生變化。”第三章云：“彖者，言乎象者也。爻者，言乎變者也。”《下繫》第三章云：“是故《易》者，象也。象也者，像也。彖者，材也。爻也者，效天下之動者也。是故吉凶生而悔吝著也。”

④ 比如《繫辭》中有“易簡”主題，《上繫》第一章云“乾以易知，坤以簡能。易則易知，簡則易從。易知則有親，易從則有功。有親則可久，有功則可大。可久則賢人之德，可大則賢人之業。易簡而天下之理得矣”，第五章云“易簡之善配至德”，《下繫》第一章云“夫乾，確然示人易矣。夫坤，隤然示人簡矣”，第九章云“夫乾，天下之至健也，德行恆易以知險。夫坤，天下之至順也，德行恒簡以知阻”，皆論及乾坤與《易》之大德在於易簡；又有“辭指”主題，《上繫》第二章云“是故吉凶者，失得之象也；悔吝者，憂虞之象也；變化者，進退之象也；剛柔者，晝夜之象也”，第三章云“吉凶者，言乎其失得也。悔吝者，言乎其小疵也。無咎者，善補過也。是故列貴賤者存乎位，齊小大者存乎卦，辯吉凶者存乎辭，憂悔吝者存乎介，震無咎者存乎悔。是故卦有小大，辭有險易。辭也者，各指其所之”，皆論及卦爻辭中占斷之辭之所指；又有“蓍德”主題，《上繫》第十章云“是故聖人以通天下之志，以定天下之業，以斷天下之疑。是故蓍之德圓而神，卦之德方以知，六爻之義易以貢”“神以知來，知以藏往”“是興神物，以前民用”，第十一章云“探賾索隱，鉤深致遠，以定天下之吉凶，成天下之亹亹者，莫大乎蓍龜。是故天生神物，聖人則之”，皆論及揲蓍之神功；等等。

以上主要以《上繫》第六、十二章的重見文本爲例,結合《繫辭》中多處文義相通、文句相似、内容相近的段落,探討了《繫辭》成篇過程中可能存在的“板塊運動”,即由少數詞句構成的小板塊通過文義或體式相近的原則先行聚合成大板塊,而大板塊在流傳過程中亦經由相同原則逐步的聚合於一篇文獻中;但是,板塊運動是多變的,板塊的界限是不固定的,構成板塊的各部分不必然是相關的。《繫辭》的成篇是一個受到各方面因素影響的極其複雜的動態層纍過程,“板塊運動”理論僅是對其中可能具有的某些規律的擬測和詮釋。

二、由特定體式分析多種《易》傳的形成過程

通行本《上繫》第六、七、十一章、《下繫》第三、四章有一種十分鮮明的文本體式,即稱引孔子之説以詮解某些爻辭①。《上繫》第十一章、《下繫》第三章僅分別涉及一爻之義,而《上繫》第六、七章、《下繫》第四章則各自聚集了多條爻辭的解説,形成一種體式群落。這種體式内部尚可劃分爲兩個類型:一是先引爻辭(其前或稱“《易》曰”或否),再引孔子之語以解之(其前稱“子曰”);一是徑引孔子之語(其前稱“子曰”),而其中引及爻辭(引用時稱“《易》曰”云云)。

宋元二代的《易》學家對這一體式特徵尤爲關注,更據以校勘《繫辭》。如張載、郭雍、朱熹等認爲,《上繫》第十一章僅有一爻之辭的説解,又不似《下繫》第三章的一爻之義可並入其下文第四章的體式群落中,故存在錯簡的可能,原當與體式群落相附近,惟其具體所在,則各家意見不同②。

南宋以後,復古《易》思潮大盛,吕祖謙編定的《古周易》十二篇次序由於爲朱子《周易本義》採用而產生了巨大的影響。《古周易》將通行本附於卦爻下的《彖》《象》及乾、坤二卦的《文言》重新剥離出來,使其依類彙集而各自成篇,故《古周易》十二篇次序爲:《上經》第

---

① 這些對爻義的説解或許並非皆源出孔子,但與孔子及其門人及再傳弟子必有不可脱却的聯繫。《繫辭》中稱“子曰”,乃歸本於仲尼,姑從言之,以便論述。

② 張載認爲,《上繫》第十一章對大有卦上九爻辭(“自天祐之,吉无不利”)的説解宜在《下繫》第四章最末一條對益卦上九爻辭(“莫益之,或擊之。立心勿恆,凶”)的説解下,因爲二者存在文義上的承繼關係,“蓋上言‘莫益之’,故此言多助也”(舊題吕祖謙編《周易繫辭精義》卷上引,《四庫全書存目叢書》影印《古逸叢書》影刻元至正刻本,齊魯書社 1997 年版,第 1 册,第 28 頁)。郭雍不讚同張氏的説法,“亦疑與前文義不相屬也”;他主要通過對行文體式的分析,指出《上繫》第十一章引用爻辭時稱“《易》曰”,與《下繫》第三章及第四章前兩條的稱引方式相同,且《上繫》第十一章引用爻辭前的文字與《下繫》第三章引用爻辭前的文字句法相似,“結語助辭多稱‘也’”,存在錯移的條件,從而推斷《上繫》第十一章所釋爻辭當在《下繫》第三章所釋爻辭之前(《郭氏傳家易説》卷七,臺灣商務印書館影印文淵閣《四庫全書》本,册 13,頁 236—237)。朱熹則認爲《上繫》第十一章所釋大有上九爻義“在此無所屬,或恐是錯簡”,宜在《上繫》第七章所釋多條爻辭之末(《周易本義》卷七、《周易程朱傳義音訓》卷九,二本有異文,互參而可得朱子之意)。

一、《下經》第二、《象上傳》第三、《象下傳》第四、《象上傳》第五、《象下傳》第六、《繫辭上傳》第七、《繫辭下傳》第八、《文言傳》第九、《説卦傳》第十、《序卦傳》第十一、《雜卦傳》第十二。其篇次面貌雖與通行本大異，然各篇之内容則略無增損。在這一基本框架下，學者們又逐漸對一些篇章内容歸屬的合理性提出了質疑。李心傳已懷疑《繫辭》中稱引孔子之説以解釋爻辭的這類文句本當屬於《文言》，吴澄、熊朋來則徑將這類文句由《繫辭》中拆出而移入《文言傳》①。吴澄云："'文言'者，象爻之辭也。……《繫辭傳》者，統論聖人繫辭之意也；《文言傳》者，詳釋經中文言之辭也。"又，"蓋夫子既釋乾、坤二卦，其餘六十二卦、三百七十二爻之辭不能徧釋，故上經釋九爻、下經釋九爻，以發其例，而他爻可以類推，是爲《文言傳》。後人以所釋乾、坤二卦之辭附入本卦，於是所釋上、下經十六卦爻辭十八節不能成篇，遂散入《繫辭傳》，離爲三處，顛倒紊亂特甚"②。按，李、吴、熊諸氏發現《繫辭》中説解爻義之辭與乾、坤《文言》在體式上存在相似性，這無疑是正確的，但他們對體式問題的分析及由此作出的推論又過於片面和簡單化了。

上文提到，《繫辭》中稱引孔子之説以詮解爻辭的這種體式可以分爲兩個類型，而這兩個類型在乾、坤《文言》中皆能找到相似者（如表1所示）：

表 1

類型 a（先引爻辭，再引"子曰"云云以釋之）			類型 b（所引孔子之語中引及爻辭）	
《上繫》第六章	《下繫》第四章	乾《文言》	《下繫》第四章	坤《文言》③
"同人，先號咷，而後笑。"子曰："君子之道，或出或處，或默或語。二人同心，其利斷金。同心之言，其臭如蘭。"	《易》曰："困于石，據于蒺藜。入于其宫，不見其妻，凶。"子曰："非所困而困焉，名必辱；非所據而據焉，身必危。既辱且危，死期將至，妻其可得見邪？"	九四曰"或躍在淵，无咎"，何謂也？子曰："上下无常，非爲邪也；進退无恆，非離群也。君子進德脩業，欲及時也，故'无咎'。"	子曰："小人不恥不仁，不畏不義，不見利不勸，不威不懲。小懲而大誡，此小人之福也。《易》曰：'屨校滅趾，无咎。'此之謂也。"	天地變化，草木蕃。天地閉，賢人隱。《易》曰："括囊，无咎，无譽。"蓋言謹也。

甚而能找到文句幾乎完全相同者：

---

① 參 163 頁注②。
② 《易纂言》卷九，第 567、575 頁。
③ 坤《文言》雖不稱"子曰"，然其性質實與"十翼"中稱"子曰"者無異，按其體式當歸入類型 b 中。

表 2

類型 a	
《上繫》第七章	乾《文言》
"亢龍有悔。"子曰:"貴而無位,高而無民,賢人在下位而無輔,是以動而有悔也。"	上九曰"亢龍有悔",何謂也? 子曰:"貴而无位,高而无民。賢人在下位而无輔。是以動而有悔也。"

　　熊朋來即通過表 2 中的重出現象推導出《繫辭》中"釋爻辭者即諸卦之《文言》"的結論①。但仔細分析表 1、表 2 中的類型 a 可以發現,乾《文言》與《繫辭》在稱引爻辭的具體行文方式上仍存在細微差别:乾《文言》採用統一的句式,以"爻題曰"引出爻辭,結以"何謂也"②;《繫辭》則徑引爻辭,或稱"《易》曰"引出爻辭,其後並無問句作結。這説明乾《文言》的文本在編定過程中經歷了一個整飭化的步驟,而《繫辭》則保留了較爲原始的面貌;乾《文言》與《上繫》第七章説解乾卦上九爻義的相同文辭或係出自同源,或係前者抄自後者。

　　在出土的帛書《易》傳中,類型 a、b 的體式隨處可見。將它們與傳世文本進行對照分析,有助於進一步了解含有這類體式的《易》傳的生成過程。

　　帛書《二三子問》通篇呈現類型 a 的體式,但前 14 行與後 22 行的行文方式仍有不同,故可分爲 a_1、a_2 兩類(全篇亦隨之分爲 a_1、a_2 兩部分):a_1 引卦爻辭前稱"《易》曰",a_2 則稱"卦曰";二者引孔子之説前皆稱"孔子曰"。a_1 引及五卦八辭,a_2 引及十六卦二十七辭(如表 3 所示,按篇中引及之先後次序排列):

表 3

體式類型	引及之卦	引及之辭
a_1	乾	初九、上九
	坤	上六
	蹇	六二
	鼎	九四、上九
	晉	卦辭
	坤	六四

---

① 《五經説》卷一,第 255 頁。
② 非惟上舉九四、上九二爻如此,其餘四爻的説解之辭亦如此。

體式類型	引及之卦	引及之辭
a₂	乾	九二、九三、九五、用九
	坤	初六、六二、六三、六五
	屯	九五
	同人	卦辭、初九、六二
	大有	六五
	謙	卦辭、九三
	豫	六三
	中孚	九二
	小過	六五
	恆	卦辭、九三
	蹇	九五
	解	上六
	艮	卦辭、六五
	豐	卦辭
	渙	九五
	未濟	卦辭

　　由上表可知，a₁ 引及的前四卦的排列次序與通行本《周易》卦序相符，而後兩卦不然；a₂ 引及諸卦的次序亦基本與通行本卦序相符，惟中孚、小過二卦不合。又，a₁ 引及乾卦初九、上九之辭，a₂ 則引及乾卦九二、九三、九五、用九之辭；a₁ 先後引及坤卦上六、六四之辭，a₂ 則引及坤卦初六、六二、六三、六五之辭；a₁ 引及蹇卦六二之辭，a₂ 則引及蹇卦九五之辭；要之 a₁、a₂ 凡所論之卦同，則所引、所釋之爻必不同，二者呈現一種互補狀態。

　　此外，a₁ 部分有三處出現“二三子問曰……孔子曰……”的問答體式：第一處位於 a₁ 部分之首（亦即篇首），是有關“龍之德”的問答；第二處位於孔子對鼎卦九四爻義的第一段說解後，是弟子的追問與孔子的補答；第三處位於 a₁ 部分之末、孔子對坤卦六四爻義的第一段說解後，亦是弟子的追問與孔子的補答。可見，這種問答體式貫穿 a₁ 部分首尾。然而在 a₂ 中，它的身影卻並未被發現。

　　綜合以上幾點，可以作出以下的推論：

　　i. 引卦爻辭前稱“《易》曰”與“卦曰”的不同，是《二三子問》篇應當分爲兩部分（a₁、a₂）的首要標誌。

ii. a_1 部分的編定可能本遵循通行本卦序,編至鼎卦爲一個結點;其後又記錄或採入晉、坤二卦之説,以致總體次序與通行本卦序不合,且同一卦(坤卦)的不同爻辭的説解分置兩處,呈現出一種較爲原始的文本面貌。

iii. a_2 部分的編定是對 a_1 的補充,因此凡 a_1 所論及之卦爻辭,a_2 則不復及之;由於 a_2 是爲補充而作的有意編定,故凡同一卦的不同爻辭的説解皆聚於一處,依爻位先後次序排列,而所論諸卦的總體次序亦基本遵照通行本卦序(中孚、小過二卦的失次或爲意外)。

iv. 僅見於 a_1 而不見於 a_2 的問答體式,進一步印證了 a_1 先於 a_2 編成、a_2 爲 a_1 之補充的推論。

從對帛書《二三子問》的體式分析中,我們又看到了"板塊運動"的影子——a_1 是一塊由多個小板塊(各爻説解之辭)先行聚合而成的大板塊(這個聚合過程不是簡單的一次性拼合,而是多層次的動態纍合),a_2 則是以已形成的大板塊爲參照、基於相似原則而聚合成的另一大板塊(這個板塊可能也經歷過多重聚合):兩大板塊共同組成了一篇《易》傳——但從理論上説,這篇《易》傳的篇界可以是不固定的。

在《二三子問》中,關於乾、坤二卦的説解是最多的;a_1 雖僅零星、分散的論及乾初九與上九、坤上六與六四,但 a_2 的補充却使乾、坤其餘諸爻幾乎都得到了詮釋——這體現了乾、坤二卦極其特殊而重要的地位,正因如此,有關它們各爻的説解逐步發生了彙聚。《二三子問》中的這種彙聚還不足以覆蓋乾、坤的所有爻辭(乾闕九四、坤闕用六[①]);其繼續彙聚的結果,就是乾《文言》中的類型 a 文段[②]。

那麽,是否存在相反的可能,即《二三子問》中有關乾、坤諸爻的説解是從一個備述乾、坤十四爻的完整類型 a 文本中先後離析出來的呢?通過分析,我們認爲這是不大可能的。僅就《二三子問》這一例來説,它缺少乾卦九四爻義及坤卦用六爻義的説解之辭;若其文獻來源是一完整版本,則在解釋這種缺失現象時會產生較大困難[③]。廣泛的就類型 a 這一體式的《易》説而言,其初作之意必不在對六十四卦卦辭、三百八十六爻(含用九、用六)爻辭進行逐一的闡説,而很可能只是對筮得之某卦或某爻的詮釋,如《左傳》襄九年載穆姜"始往而筮之,遇艮之八",史言"是謂艮之隨",當以隨卦卦辭("隨,元亨利貞,無咎")占之,穆姜遂釋云:"元,體之長也;亨,嘉之會也;利,義之和也;貞,事之幹也。體仁足以長人,嘉德足以

---

① 用六本非一爻,且對照乾《文言》的類型 a 文段,亦無對用九的説解;然《二三子問》中却引及對乾卦用九的詮釋,以坤與乾對照,則可以説篇中缺少對坤卦用六的詮釋。

② 乾《文言》中還有其他體式的文段,詳下文。

③ 九四位於一卦中部,遺漏的可能性實在不大,且其下上之九三、九五之説並具;若疑有意剔去,則更無憑據。

合禮,利物足以和義,貞固足以幹事。然故不可誣也,是以雖隨無咎。"①穆姜之語或亦承自古之《易》說,未必其自作;然由其說解筮得之卦一事觀之,具陳卦義、爻義之《易》說初蓋爲筮占而作。其後,儒家學派作了不少此類《易》說——然或已不爲筮占而作,以其於《易》"後其祝卜"而"觀其德義"②,故對所要詮釋的卦爻辭或有所選擇;同時,此類《易》說還有可能是講師與其弟子的問答記録,故所涉及之卦爻具有一定隨意性③。綜上所述,類型 a 這一體式的《易》說更可能經歷的是一種由零星、分散、隨機到以類聚合的演變過程④,而不是相反。

　　基於這樣一種認識,重新審視《上繫》第七章與乾《文言》中關於乾卦上九爻義的相同論述,可知前者雜處於其他卦爻的說解之辭間的形態是較早的,而後者與論說乾卦其餘五爻之辭完聚的形態是較晚的;這亦與上文根據乾《文言》類型 a 文段的句式整飾而作出的判斷相合。宋元學者長於文理、體式的分析,亦敢於疑經惑傳,然仍多囿於"十翼"爲孔子所作的傳統說法,將"十翼"看作一個平面的整體,加之文獻材料不如今日之富,故即使關注到不同《易》傳中某些相同或相似的體式特徵並嘗試以之作爲一個切入點去分析《易》傳的形成問題,也往往止於用簡單的離析拼合辦法進行解釋和處理,而不能深入探究一些動態的、多層次的生成過程。

　　以上主要藉由《繫辭》《文言》《二三子問》中的相關文段,分析了類型 a、b 的《易》說文本的板塊運動;以下仍擬以乾《文言》爲切入點,結合其他《易》傳,進一步探討更多不同體式的《易》說其生成演變的過程。

　　乾《文言》篇幅較長,孔穎達依文義將其分爲六節,而六節之體式亦不盡相同。第一節"明乾之四德"⑤,其内容與上引穆姜之語無大異;第二節"明六爻之義",以類型 a 體式文段對六爻進行逐一闡釋(例見前);第三節"論六爻之人事",以簡潔之韻語重論六爻,其體見於《小象傳》及帛書《衷》"鍵(乾)、川(坤)之厽(三)說"段:

---

① 杜預注,孔穎達疏《春秋左傳注疏》,卷二一,《中華再造善本》影印國圖藏宋慶元六年(1200)紹興府刻宋元遞修本,北京圖書館出版社 2003 年版。
② 帛書《要》篇所引孔子之言。
③ 上述的這一先後過程似乎可以在《二三子問》中找到一點倪端。其關於恆卦卦辭("恆,亨,无咎,利貞")的說解云:"恆者,【□□□】□(□□)者恆亓=(其德,其德)□長,故曰'利貞'。亓(其)占曰:'好善不留(?),【□□□□。】'亓(其)亨亦【宜矣】。"又,關於艮卦卦辭("艮其背,不獲其身。行其庭,不見其人")的說解云:"'根(艮)亓(其)北(背)'者,言任事也。'不獲亓(其)身'者,精白【□□】□也。敬宫(官)任事,身【不】得者鮮矣。亓(其)占曰:'能精能白,必爲上客;能白能精,必爲古(?)正。'以精白長衆者,難得也,故曰'行亓(其)庭,不見亓(其)人'。"按,二者皆引"其占曰"之語,並據以展開論述;所謂"其占曰"者,或近於爲筮占結果所作之卦、爻義說解乎?
④ 具體的聚合方式、結果還取決於編纂者所掌握的材料及其意圖。
⑤ 孔氏《正義》語,下同。

表 4

篇目	乾《文言》	乾《小象傳》	帛書《衷》
内容比照	“潛龍勿用”，下也。“見龍在田”，時舍也。“終日乾乾”，行事也。“或躍在淵”，自試也。“飛龍在天”，上治也。“亢龍有悔”，窮之災也。乾元用九，天下治也。	“潛龍勿用”，陽在下也。“見龍在田”，德施普也。“終日乾乾”，反復道也。“或躍在淵”，進无咎也。“飛龍在天”，大人造也。“亢龍有悔”，盈不可久也。用九，天德不可爲首也。	“橬（潛）蠪（龍）勿用”者，匿也。“見蠪（龍）在田”也者，德也。“君子冬（終）日鍵=（鍵鍵—乾乾）”，用也；“夕沂〈泥〉若，厲（厲），无咎”，息也。“或䎀（躍）在淵”，隱【而】能精（静）也。“翡（翡—飛）蠪（龍）在天”，見□□也。“炕（亢）龍有思（思—悔）”，高而争也。“群龍无首”，文而耶（聖）也。
韻脚字及韻部	魚部：下、舍 之部：事、治、災、治 職部：試①	魚部：下、普 幽部：道、咎、造、久、首	職部：匿、德、息② 耕部：精（静）、□③、争、耶（聖）

第四節“論六爻自然之氣”，雖亦作韻語，然其體與上有别（上“入韵之字，其下皆有也字”④；此入韻之字皆爲一句末字，其下並無虚詞）⑤；第五節“復説乾元之四德之義”，其體與乾《彖傳》近似，甚而有文句相同者：

表 5

篇目	乾《文言》	乾《彖傳》
内容比照	乾元者，始而亨者也。利貞者，性情也。乾始能以美利利天下，不言所利，大矣哉！大哉乾乎！剛健中正，純粹精也。六爻發揮，旁通情也。時乘六龍，以御天也。雲行雨施，天下平也。	大哉乾元！萬物資始，乃統天。雲行雨施，品物流形。大明終始，六位時成。時乘六龍，以御天。乾道變化，各正性命。保合大和，乃利貞。首出庶物，萬國咸寧。

① 之部、職部可陰入對轉，故試與事、治等通押。

② “德也”“息也”間雖尚有“用也”，然“用也”只是對九三爻辭（“君子冬［終］日鍵=［鍵鍵—乾乾］，夕沂〈泥〉若，厲［厲］，无咎”）首句（“君子冬［終］日鍵=［鍵鍵—乾乾］”）的解釋，在此文段中不處於必須押韻的位置；且用屬東部，與上下之韻確不合，故不以用爲韻脚字。

③ 此字即“見□□也”句之第三字，帛書原殘，然根據上下押韻規律，知此字當屬耕部。又，帛書的换韻是和句式的轉换相伴相隨的，由職部韻换至耕部韻後，詮釋爻辭的句式亦從單音節詞充當謂語轉换成並列詞組充當謂語。

④ 王念孫論《小象傳》體例語，見王引之《經義述聞》卷二“不速之客來敬之終吉”條（《續修四庫全書》影印華東師範大學圖書館藏清道光七年（1827）王氏京師刻本，上海古籍出版社 1995—2002 年版，第 174 册，第 295 頁）。

⑤ 其文曰：“‘潛龍勿用’，陽氣潛藏。‘見龍在田’，天下文明。‘終日乾乾’，與時偕行。‘或躍在淵’，乾道乃革。‘飛龍在天’，乃位乎天德。‘亢龍有悔’，與時偕極。乾元用九，乃見天則。”韻脚字：藏、明、行，陽部；革、德、極、則，職部。

（續表）

篇目	乾《文言》	乾《象傳》
韻腳字及韻部	耕部：精、情、平 真部：天①	耕部：形、成、命、貞、寧 真部：天、天

第六節“更廣明六爻之義”，其體與類型 a、b 有一些相似之處，且有與第二節文句相同者，然“《易》曰”“子曰”的明顯標誌已基本不見：

表 6

位置	第二節	第六節
內容比照舉例	九二曰“見龍在田，利見大人”，何謂也？子曰：“龍德而正中者也。庸言之信，庸行之謹。閑邪存其誠，善世而不伐，德博而化。《易》曰：‘見龍在田，利見大人。’君德也。”	君子學以聚之，問以辯之，寬以居之，仁以行之。《易》曰：“見龍在田，利見大人。”君德也。
內容比照舉例	九三曰“君子終日乾乾，夕惕若，厲，无咎”，何謂也？子曰：“君子進德脩業。忠信所以進德也；脩辭立其誠，所以居業也。知至至之，可與幾也。知終終之，可與存義也。是故居上位而不驕，在下位而不憂。故乾乾，因其時而惕，雖危无咎矣。”	九三重剛而不中。上不在天（真部），下不在田（真部）。故乾乾，因其時而惕，雖危无咎矣。

據上所述，分析如下：

i. 從乾《文言》六節文字所論述對象的順序（卦—爻—爻—爻—卦—爻）及行文體式的混雜和內容上與其他文獻的互見性及自身的複重性看來，乾《文言》是一篇由多個板塊聚合而成的《易》傳文獻②，編定時間較晚。

ii. 不同板塊的文獻來源有時代先後的差異，甚至在同一板塊中（如第六節），不同文段也有可能來自不同時期。

iii. 乾《文言》的個別板塊的內容可能參考了《彖》《象》一類文獻。

---

① 真、耕二部可通轉（參陸志韋《古音説略》第十二章“再論古收聲”，臺灣學生書局 1979 年版，第 216—221 頁），故天與精、情、平等押。

② 第一、二、五、六節似乎皆自成板塊，而三、四節由於體式上存在較大相似性且處於鄰近位置，故難以判斷其先原爲一個還是兩個板塊。

iv. 從上涉諸種傳世、出土的《易》傳中關於乾卦的論述以及乾《文言》編纂的複雜性看來,乾卦的《易》説材料無疑是六十四卦中最多的,其體式也是最繁的,而坤卦次之,這應當是惟乾、坤有《文言》的合理解釋。

以上通過對不同《易》傳中的特定體式及同一《易》傳中的多樣體式的分析,進一步説明了《易》傳形成過程中的"板塊聚合"現象,而這種聚合往往與體式的相近有關。

三、《繫辭》帛本與通行本關係探討

與通行本《繫辭》相較,帛本缺少的内容段落主要是:《上繫》第八章(含第九章首句)、《下繫》第四章大半、第五章、第六章、第七章絶大部分以及第八章。除《上繫》第八章(含第九章首句)外,餘不見於帛本《繫辭》的段落分别見於帛書《衷》《要》二篇(《下繫》第四章大半、第八章後三分之二見於《要》篇,第五章、第六章、第七章絶大部分以及第八章前三分之一見於《衷》篇)。故以下我們分兩類進行探討。

(一)不見於帛書《易》傳的"大衍之數"章

"大衍之數"章是《上繫》第八章,其論説的主要内容是揲蓍之法、天地之數、乾坤之策與成卦之功(引文據此分爲四段):

1)大衍之數五十,其用四十有九。分而爲二以象兩,掛一以象三,揲之以四,以象四時,歸奇於扐以象閏,五歲再閏,故再扐而後掛。

2)天數五,地數五,五位相得而各有合。天數二十有五,地數三十,凡天地之數五十有五,此所以成變化而行鬼神也。

3)乾之策二百一十有六,坤之策百四十有四,凡三百有六十,當期之日。二篇之策,萬有一千五百二十,當萬物之數也。

4)是故四營而成易,十有八變而成卦,八卦而小成。引而伸之,觸類而長之,天下之能事畢矣,顯道神德行。是故可與酬酢,可與祐神矣。

由於《上繫》第十章又有"天一,地二,天三,地四,天五,地六,天七,地八,天九,地十"二十字明言天地之數何爲者,與此"天數五,地數五"文義正相成;且《漢書·律曆志》《元包·運蓍篇》在引用《易》説時皆將"天一"二十字置於"天數五"之前,因而引發了後世學者(尤其是宋元學者)對"大衍之數"章錯簡的討論。張載、程頤等認爲"天一"二十字原當在"天數五"

之上，以錯簡之故遂脱在下①；蘇軾、郭雍、朱熹、項安世、吳澄等不僅徑移"天一"二十字於"天數五"上，更以 1)"大衍之數"文段亦錯簡，而移之於 2)下②；李心傳等則認爲當移 2)"天數五"一段於第十章"天一"二十字下③。

今觀帛本《繫辭》，雖無通行本《上繫》第八章，然在與通行本第十章相當之處則有"天一"二十字。這至少説明，通行本《上繫》第八、十章的文義參錯並非如宋元學者所推測，是在班固之後發生錯簡或傳抄失次導致的。那麽如何解釋帛本不見"大衍"章的現象呢？

張政烺先生認爲"大衍"章"是後加的""是西漢中期的作品"④。李學勤先生（1989）以"大衍"章中"五歲再閏"反映的閏周較"公元前五〇〇年前後已有"的"四分曆十九年七閏"的閏周顯然要疏得多"，推斷"大衍"章"起源不可能晚，大概在《繫辭》形成的時期即已存在"，且又認爲"大衍"章"内容和形式都與《繫辭》其他各章融合無間""没有理由説《繫辭》其餘部分和這章出於二手"，之所以帛本不見此章，"可能是傳流中造成的現象"⑤；此後，李先生（1993、1994）又提出"大衍"章的失去"很可能是脱文的緣故"⑥。朱伯崑先生通過《大戴禮記》等漢初文獻"所依的大衍之數説"及京房對大衍説的注釋，判斷"大衍"章並不晚出，帛本的缺失"或者出于其所依據的竹簡有脱落，或者抄寫時遺漏了"⑦。張立文先生認爲，"大衍"章中的"二篇之策"之語，與帛書《周易》經文不分上下篇的實際情況不符，故"帛書《繫辭》整理者編纂者没有整理進去"⑧。陳松長先生認爲"大衍"章"全是討論筮法的内容、結構、作用以及行筮的方法、步驟等，其本身與《繫辭》所著重闡述的易學原理就有根本的區别"，帛本無此章反較通行本爲優⑨。廖名春先生在李學勤先生的觀點上進一步發揮，指出帛本有"天一"二十字證明其祖本必有"大衍"章，以二者文義密合故；且通過梳理西漢

① 張載云："（天一……地十）此語恐在'天數五，地數五'處。"不過，張氏亦不敢必其語，故又云："然聖人之於書，亦有不欲併一説盡，慮易知後則不復研究，故有易有難，或在此説，或在彼説，然要終必見，但俾學者潛心。"（《橫渠易説》卷三，臺灣商務印書館影印文淵閣《四庫全書》本，第 8 册，第 739 頁）程頤云："自'天一'至'地十'合在'天數五，地數五'上，簡編失其次也。"（《周易繫辭精義》卷上引，第 27 頁）
② 見蘇軾《易傳》卷七（曾棗莊、舒大剛主編《三蘇全書》，語文出版社，2001 年，第 360—364 頁）、郭雍《郭氏傳家易説》卷七（第 227—231 頁）、朱熹《周易本義》卷七、項安世《周易玩辭》卷十三（臺灣商務印書館影印文淵閣《四庫全書》本，第 14 册，第 405—408 頁）、吳澄《易纂言》（第 549—551 頁）。
③ 李心傳謂《上繫》第八章"專論大衍之數，揲著求卦之法，不當以天地之數參錯乎其中也"，故不應將"天一"二十字移入，反當將"天數五"一段移入；且其亦不認爲此種"參錯不相貫屬"乃由錯簡所致，而可能由於"傳寫者偶失其次耳"（《丙子學易編》，第 790、791 頁）。
④ 張政烺《試釋周初青銅器銘文中的易卦》，收入《張政烺論易叢稿》，第 13 頁。
⑤ 李學勤《帛書〈繫辭〉略論》，第 19 頁。
⑥ 李學勤《帛書〈繫辭〉上篇析論》，第 83 頁；《帛書〈周易〉的幾點研究》，第 47 頁。
⑦ 朱伯崑《帛書本〈繫辭〉文讀後》，《道家文化研究》第三輯，第 37—38 頁。
⑧ 張立文《帛書〈繫辭〉與通行本〈繫辭〉的比較》，《道家文化研究》第三輯，第 122—123 頁。
⑨ 陳松長《帛書〈繫辭〉初探》，《道家文化研究》第三輯，第 157—158 頁。

《易》學傳授源流，推斷"大衍"章在西漢初年已進入《繫辭》，而帛本之所以不見，乃由於帛書《易》傳的編寫者"重德不重筮"，或"帛書產生的楚地也許會有不同的筮法"①。王葆玹先生反駁廖名春先生關於"天一"二十字與"大衍"章有必然聯繫的觀點，認爲通行本較帛本多出"大衍"章"當是西漢學者'正《易》傳'的結果"②。

對於以上意見，我們認爲有幾點需要辨證。

首先，"大衍"章的内容及其反映的思想出現的時代與其編定成章或進入《繫辭》的時代未必相同。李學勤先生言"五歲再閏"的曆法早於"十九年七閏"無疑是正確的，但這並不意味著"大衍"章編寫於"五歲再閏"通行的時代，即便僅就 1)"大衍之數"一段而言，也無法斷定其作於彼時。以 1)著重論述的是揲蓍之法，而非史事實録，言"五歲再閏"只是爲了給"再扐而後掛"這一步驟找一個具有象征意義的因由，正如前"分而爲二"言"象兩"，"掛一"言"象三"，"揲之以四"言"象四時"，"歸奇於扐"言"象閏"。因此，"五歲再閏"雖是古法，却無礙用於後世之文章。

其次，儘管一些漢初及以前的文獻存在和"大衍"章相似的内容，也不意味著"大衍"章早於它們編成或其時已進入《繫辭》。朱伯崑先生認爲，《大戴禮記·易本命》中"有羽之蟲三百六十，而鳳凰爲之長；有毛之蟲三百六十，而麒麟爲之長；有甲之蟲三百六十，而神龜爲之長；有鱗之蟲三百六十，而蛟龍爲之長；倮之蟲三百六十而聖人爲之長。此乾坤之美類，禽獸萬物之數也"一段③，據依的正是"大衍"章中"乾之策"至"當萬物之數也"一段，這是可以成立的；但這並不足以證明彼時"乾之策"一段已在《繫辭》中，《易本命》的作者在化用此説時依據的是《繫辭》還是其他《易》傳，我們無從得知④。且由於《易本命》僅涉及 3)"乾之策"一段的内容，我們甚至無法判斷，於時完整的"大衍"章是否已經存在。事實上，内容來源的早晚與文獻編定的早晚並非具有完全同步的關係。

再者，學者們用以推斷"大衍"章編成時代的一些文獻依據本身也存在時代上的爭議，而這削弱了它們作爲論據的力度。李先生(1989)、朱先生都提到《漢書·律曆志》取自劉歆《三統曆》⑤，"所以至少西漢晚期'大衍之數五十'已在《繫辭》篇中，與'天一，地二'一段並

---

① 廖名春《"大衍之數"章與帛書〈繫辭〉》，《中國文化》1994 年第 1 期，第 37—41 頁。
② 王葆玹《〈繫辭〉帛書本與通行本的關係及其學派問題——兼答廖名春先生》，《哲學研究》1994 年第 4 期，第 50—51 頁。
③ 戴德撰，盧辯注《大戴禮記》，卷十三，《中華再造善本》影印國圖藏元至正十四年(1354)嘉興路儒學刻本，北京圖書館出版社 2004 年版。
④ 從前文的分析中，我們已經知道，相同或相似的内容、文句會出現在不同時代編定的《易》傳中，因爲它們可能是以小板塊的形態存在的，故而可以和不同的板塊發生不同的聚合。
⑤ 李學勤《帛書〈繫辭〉略論》，第 18—19 頁；朱伯崑《帛書本〈繫辭〉文讀後》，《道家文化研究》第三輯，第 37 頁。

列了"①,這是很正確的。朱先生還提到京房已爲"大衍"章作注(《周易正義》引之),只是他並不確定《正義》所引京說屬前京房(梁丘賀之師)抑後京房(焦延壽弟子,字君明)②。廖名春先生進一步確認了"《正義》和《釋文》所稱引的京房,都指的是京君明"③,"京君明以'十日十二辰二十八宿'來解'大衍之數五十',這説明早在京君明之前,'大衍之數'章就是很有影響的《繫辭》之文了"④;此說亦不誤,京氏的活動時間主要在西漢宣、元之世。廖先生又以熹平石經(用梁丘《易》)基本留存"大衍"章、《説文》(用孟氏《易》)嘗引"大衍"章之文,推斷宣帝時立爲博士的梁丘賀、孟喜所傳《繫辭》已有"大衍"一章,從而得出"大衍"章之屬《繫辭》"至少當在西漢中期"的結論,亦頗可信。廖先生又以《子夏易傳》有釋"大衍"章之文(《玉海》所録僧一行《大衍論》引),而《子夏易傳》爲漢初韓嬰所作(從臧庸說,庸以韓嬰字子夏),得出"早在西漢初年,《繫辭》就有'大衍之數'章了"的結論——對於此說,我們並不認同。因爲臧庸關於《子夏易傳》作者的考辨,雖"掃昔人之所疑而空之"⑤,但仍非定論,余嘉錫先生云:"(臧庸)謂嬰爲幼孩,故字子夏,夏,大也,其解釋猶不免迁曲。惟宋翔鳳據《儒林傳》韓嬰之孫名商,謂子夏當是商之字,與卜子夏名字正同。此說文義既協,又與《七略》《漢志》及《儒林傳》均無不合,千古積疑,至斯可釋。韓嬰之傳而題以韓商之字者,蓋商又有所附益,古人家法相傳,固多如此。其後弟子題其親師,因曰子夏矣。"⑥此說當更近於歷史真實。如此則《子夏易傳》出自韓嬰之孫韓商(當在武、昭之世),而"大衍"章之屬《繫辭》只能推至西漢中期,難以再上溯。張政烺先生説"大衍"章"是西漢中期的作品",或許正是指其編定的年代,而非其内容創作的時代。

此外,學者們用文義、内容上的彌合與否去判定帛本《繫辭》的祖本是否有"大衍"章,這一方式或值得商榷。李學勤、廖名春二位先生在《繫辭》其他章節中找到了一些與"大衍"章文義相近的内容,但這不足以推導出《繫辭》原有"大衍"章,因爲此種推導若要成立,必須證明這樣一個前提,即《繫辭》基本出於一手,各章之間彼此呼應,相輔相成,缺一不可——而這是不符合《繫辭》文本"繁衍叢脞"的實情的。又,二位先生提到,通行本"大衍"章(《上繫》第八章)下的"子曰"云云(即第九章首句)與其下文密不可分,帛本既不見"子曰"句,必

---

① 李學勤《帛書〈繫辭〉略論》,第 19 頁。
② 朱伯崑《帛書本〈繫辭〉文讀後》,第 37 頁。
③ 此說當不誣。《隋書·經籍志》云:"《周易》十卷。漢魏郡太守京房章句。"(《隋書》卷二七,中華書局 1973 年版,第 909 頁)按,任魏郡太守者乃京君明。然則六朝以至隋唐所行京氏《易》説,蓋多屬後京房也。
④ 廖名春《"大衍之數"章與帛書〈繫辭〉》,第 39 頁。
⑤ 余嘉錫語,見氏著《古書通例》卷一,上海古籍出版社 1985 年版,第 37 頁。
⑥ 余嘉錫《古書通例》卷一,第 37 頁。

是脱去或删去,而非本無。但是,我們知道,對文義疏密的判斷是帶有主觀性的;且此"子曰"句,其屬上抑屬下的問題歷來是頗有爭議的。按通行本《上繫》第九章云:

> 子曰:知變化之道者,其知神之所爲乎?《易》有聖人之道四焉:以言者尚其辭,以動者尚其變,以制器者尚其象,以卜筮者尚其占。是以君子將有爲也,將有行也,問焉而以言,其受命也如響,無有遠近幽深,遂知來物。非天下之至精,其孰能與於此?參伍以變,錯綜其數。通其變,遂成天地之文。極其數,遂定天下之象。非天下之至變,其孰能與於此?《易》無思也,無爲也,寂然不動,感而遂通天下之故。非天下之至神,其孰能與於此?夫《易》,聖人之所以極深而研幾也。唯深也,故能通天下之志;唯幾也,故能成天下之務;唯神也,故不疾而速,不行而至。子曰"《易》有聖人之道四焉"者,此之謂也。

李先生(1994)認爲"非天下之至精、至變、至神"三句是緊緊扣住"知變化之道者,其知神之所爲乎"句來寫的,且"章末又以'子曰《易》有聖人之道四焉者,此之謂也'作結,因而連'子曰'兩字也應該有"[1];廖先生認爲"參伍以變"至"遂定天下之象"是對"大衍"筮法及其《易》理功能的概括,並將它們逐句與"大衍"章中的句子對應[2]。李、廖二位先生的看法雖與《正義》的分章相合,然同樣使用文義分析法的宋元學者却不認爲"子曰"句定要連下而爲一章。程頤即以"子曰"句"合與上文相連,不當在下"[3];朱子從之,且云:"'變化之道'即上文數法是也,皆非人之所能爲,故夫子歎之,而門人加'子曰'以别上文也。"[4]李心傳、吴澄等皆從程、朱之説。不得不承認,以上兩類觀點都言之成理,可見僅憑文義分析是不足以判斷"子曰"句的歸屬的;而若無法斷定"子曰"句與其下文密不可分,則"子曰"句存在的必然性也就消失了,那麽李、廖二位先生基於此而作出的推論恐亦難以成立了。事實上,從最新的帛書綴合成果看來[5],"《易》有耵(聖)人【之道四】焉"句上有一圓黑點章節號,足證此句爲别章之首,而"子曰"句與"大衍"章的關係更密切(可能是後來一併編入《繫辭》的)。

　　除此之外,廖名春先生的另一個文義論據是"天一"二十字與"大衍"章的緊密聯繫;他認爲,"天數五"至"凡天地之數五十有五"是據"天一"二十字概括而成的,且"大衍之數"即"天地之數"(從金景芳、高亨二位先生説),故帛書既有"天一"二十字,則必當有"大衍"

---

① 李學勤《帛書〈周易〉的幾點研究》,第 47 頁。
② 廖名春《"大衍之數"章與帛書〈繫辭〉》,第 38 頁。
③《周易繫辭精義》卷上引,第 25 頁。
④《周易本義》卷七。
⑤《長沙馬王堆漢墓簡帛集成·壹》"《繫辭》整理圖版"18 上,第 30 頁。

章①。對此，王葆玹先生已經作了合理的辨證，指出"'天一地二'一節的含義並不在於占筮籌算，而在於用陰陽變化的眼光來看待從一到十的奇偶變化""至於奇數屬天屬陽，偶數屬地屬陰，也是古人共識"②。無可否認，"天一"二十字與"天數五"一節從文義邏輯上來説確實頗有淵源，但並沒有更多客觀證據顯示它們絕對密不可分，否則何以無論在通行本抑帛本中，"天一"二十字始終不與"大衍"章中"天數五"一節相連③？可見，對文義彌合與否的判斷帶有較强的主觀性，不足以據此判定"大衍"章的有無。

最後，辨析一下張立文、廖名春二位先生對帛本《繫辭》無"大衍"章的原因的推測是否成立。二位先生的觀點和具體論證雖殊，但運用的邏輯方法却是一致的，即以帛書《周易》經傳各篇之間的一致性、整體性去推斷"大衍"章是由於獨特性而不被採用或删去。然而，運用這一方法必須先證明一個前提，即一致性的存在，亦即帛書《周易》經傳各篇的内容確實彼此呼應，且無明顯乖戾睽違之處——而這是不符合帛書實情的。衆所周知，帛書《周易》經文卦序與通行本不同，而與經文寫於同一幅帛上、緊接經文之後的《二三子問》篇則基本按照通行本卦序排列；可見帛書經、傳未必統一。文本的整體編排結構尚不一致，恐怕更難因爲"大衍"章中有"二篇之策"這一"不諧"之語而特意捨棄此章。另，雖然帛書《要》篇有明顯的先德義後卜筮的思想，但這並不代表帛書所有《易》傳都不談卜筮。僅就《繫辭》而言，其中便有許多讚歎蓍德（參165頁注④）、數象（前引《上繫》第九章即一例）之語；又如帛書《衷》篇有通行本《説卦》前三節言"參天兩地而倚數"者；等等。因此，以"後卜筮"之思想而删去"大衍"章的可能性是不大的。且廖先生既以"天一"二十字與"大衍"章密不可分，則"天一"云云亦屬筮數範疇，何以僅删"大衍"章而保留"天一"一節呢？可見，以"一致性"的原則去推測帛本《繫辭》無"大衍"章的原因是十分危險的，而由此得出的結論恐亦難以成立。

以上通過對諸家意見進行詳細的辨證，使我們對帛本《繫辭》無"大衍"章（含"子曰"句）這一問題的認識逐漸清晰起來："大衍"章的内容及其反映的思想並不會晚至帛本《繫辭》以後才出現，但内容產生的時間與文本編定的時間並非同一概念；其早期未必即以完整形態流傳，蓋經由多個文本板塊的逐漸聚合才呈現出通行本"大衍"章的面貌，這也解釋了何以"大衍"章的内容不甚連貫以致宋元學者對其文句次序多作調整；"大衍"章完成聚合及見於《繫辭》當在帛書以後④、西漢中期以前。

---

① 廖名春《"大衍之數"章與帛書〈繫辭〉》，第38頁。

② 王葆玹《〈繫辭〉帛書本和通行本的關係及其學派問題——兼答廖名春先生》，第50頁。

③ 所謂"相連"，即或如《漢書·律曆志》所引，或一併不見。

④ 據張政烺先生考證，帛書《周易》"蓋寫於漢文帝初年，約當公元前180—前170年"（《帛書〈六十四卦〉跋》，收入《張政烺論易叢稿》，第30頁）。

(二)不見於帛書《繫辭》而見於《衷》《要》二篇的通行本《下繫》文段

通行本《下繫》第四至八章僅有少量文句見於帛本《繫辭》,而其餘多數文段則見於帛書《衷》《要》二篇,其具體分佈情況如下表所示:

【説明】此表以通行本《下繫》的内容及分章作爲參照系,帛書《繫辭》《衷》《要》有對應内容者則誌以√號,僅有部分對應文句者則誌以○號,無則不作標記。由於有些對應情況較爲複雜,爲更清晰地反映各篇的内容出入計,茲於某些標記後括注文本内容,並將第四章、第八章進行切分(第四章根據所論及之卦爻分爲九節,各名以卦爻題;第八章分爲兩部分)。

表 7

通行本《下繫》		帛本《繫辭》	帛書《衷》	帛書《要》
第四章	①困六三	√		
	②解上六	√		
	③噬嗑初九、上九	√		
	④否九五			√
	⑤鼎九四			√
	⑥豫六二(子曰:"知幾其神乎? 君子上交不諂,下交不瀆,其知幾乎? 幾者,動之微,吉之先見者也。君子見幾而作,不俟終日。《易》曰:'介于石,不終日,貞吉。'介如石焉,寧用終日,斷可識矣。君子知微知彰,知柔知剛,萬夫之望。")	○("君子見幾而作,不位冬日。《易》曰:'介于石,不冬【日,貞】吉。'介于石,毋用冬日,斷可識矣。君子知物知章,知柔知剛,【萬夫之望。"】)		
	⑦復初九			√
	⑧損六三			√
	⑨益上九			√
第五章		√		
第六章		√		

（續表）

通行本《下繫》		帛本《繫辭》	帛書《衷》	帛書《要》
第七章（《易》之爲書也不可遠，……《易》之爲書也，原始要終，以爲質也。六爻相雜，唯其時物也。其初難知，其上易知，本末也。初辭擬之，卒成之終。若夫雜物撰德，辯是與非，則非其中爻不備。噫！亦要存亡吉凶，則居可知矣。知者觀其彖辭，則思過半矣。）		○（【若夫雜物撰德，】辯是與非則下，中教不備。初大要，存亡吉凶，則將可知矣。）	√（《易》之爲書也難前，……《易》之義，贊始要冬，以爲質。六肴相襂，唯侍物也。是故亓下難知，而上易知也。本難知也，而末易知也。本則初如疑之，敬以成之，冬而無咎。《易》【曰□□□□】脩道，鄉物巽德，大明	
			在上，正亓是非，則□人不【□□】與□□【□□】疑占，危戈！【□】□不當，疑德占之，則《易》可用矣。子曰：知者觀亓緣彝，而説過半矣。）	
第八章	前三分之一（二與四同功而異位，其善不同。二多譽，四多懼，近也。柔之爲道，不利遠者。其要无咎，其用柔中也。三與五同功而異位。三多凶，五多功，貴賤之等也。其柔危，其剛勝邪？）		√（《易》曰：二與四同【功異立，亓善不同。二】多譽，而四多瞿，近=也=者，嗛之胃也。《易》曰：柔之爲道也，不利遠【者】。亓要无咎，用柔若也。《易》曰：三與五同功異立，亓過【不同，三】多凶，五多功，□之等。要危岡□☑	
	後三分之二（《易》之爲書也，廣大悉備。有天道焉，有人道焉，有地道焉。……其要无咎，此之謂《易》之道也。）			√（又天道【焉，又地道焉，又地道】焉。……亓要【无咎】，此之胃《易》【之道也】。）

　　由上表可見,以通行本《下繫》爲參照,帛本《繫辭》與帛書《衷》《要》在内容上的互補可謂密合,基本没有缺失和複重的部分①。且值得注意的是,儘管通行本《下繫》第四至八章的大部分内容分見於帛書《衷》《要》,然並非散處其中,而是以與通行本大致相同的章節文本次序,集中位於《衷》篇之末、《要》篇之初②。又,帛書《繫辭》《衷》《要》三篇是在同一幅帛上先後連續抄寫的。綜合以上諸點,我們很難相信通行本與帛本《繫辭》之間没有繼承關係、僅是兩種不同傳本。但二本間的繼承關係究竟如何? 是通行本由帛本《繫辭》與《衷》《要》篇中的部分内容聚合而成,還是帛書各篇的互補局面由通行本(或與通行本極近似的本子)離析造就?

　　我們先討論後一種可能,持此類觀點的代表學者是李學勤、廖名春二位先生。但他們對離析的原因又有不同看法,李先生(1994)認爲是錯簡所致,廖先生則認爲是有意摘録、去重所致③。其實這兩種看法都有一些邏輯、情理上不能成立的地方。趙争先生曾提到,"竹簡散亂的不確定性與特定文本的形成之間存在矛盾",也就是説,錯簡具有偶然性、隨意性、不確定性,如何保證由通行本《繫辭》(或與通行本極近似的本子)錯至《衷》《要》二篇的内容如上述般整段甚至整章具在? 這種質疑確實削弱了錯簡説的可能性。同時,他還提到十分重要的一點,即"帛書《衷》《要》篇見於今本《繫辭》的内容中,特定字的用字習慣與《衷》《要》保持一致而與帛書《繫辭》不同,這種情形無疑不支持帛書底本散亂説"④;我們在讀帛書《易》傳時也發現了這一點,且我們進一步認爲,這種用字不同但在本篇中保持一致的情況説明《繫辭》《衷》《要》三篇的内容來源(或所據底本)是不同的,換言之,建立在共同底本基礎上的錯簡説與摘録去重説都是不大可能的。此外,廖先生的説法中,"去重"這一點也是很難解釋的。因爲從某一《易》傳類文獻中摘録相關段落,根據不同的需要編成新的不同的《易》傳,是合理、常見的情況(參前文所論乾《文言》的形成過程),但並不需要因此删去所從摘録的文獻中相同的部分,否則怎會出現相同《易》説見於不同《易》傳的情況(如前文所論者)? 而且,"去重"對源文獻的完整造成了破壞,習此"去重"之帛本《繫辭》者,豈必盡

---

① 有一處缺失,即第四章"子曰知幾其神乎……吉之先見者也"一段,既不見於帛本《繫辭》,又不見於帛書其他《易》傳;有一處複重,即第七章"若夫雜物撰德……則居可知矣"一段,既見於帛本《繫辭》,於帛書《衷》亦有"《易》【曰□□□□□】脩道,鄉物異德……則《易》可用矣"一段類似文句。

② 唯通行本《下繫》第四章中論説五卦五爻的部分不符合這一規律,該部分内容見於帛書《要》篇前三分之一處,反在通行本《下繫》第八章見於《要》篇的位置之後。

③ 所謂"摘録、去重",即從與通行本《繫辭》十分近似的帛書《繫辭》祖本中摘録一些段落、章節,結合其他材料,共同編成《衷》《要》二篇;抄寫帛書《繫辭》時,爲免複重,不再抄録已編入《衷》《要》二篇的部分。"由於它們取材于同一個來源,又是一人一時一地寫成,所以在運用同一材料時,三篇大致就能避免重複"(廖名春《論帛書〈繫辭〉與今本〈繫辭〉的關係》,《道家文化研究》第三輯,第 143 頁)。

④ 趙争《馬王堆帛書〈繫辭〉成書問題覆議》,第 8、9 頁。

知"去重"前之原貌乎？因此，從實用性的角度分析，"去重"似乎也很難説得通。

再來討論通行本《繫辭》由帛本《繫辭》與帛書《衷》《要》二篇中的部分文段聚合而成的可能。

首先需要説明的是，我們並不認爲《衷》《要》二篇屬於"源文獻"，其體式之糅雜足證二篇亦爲整合多種《易》説材料而成的《易》傳。關於這一點，前輩學者如朱伯崑、廖名春等先生都曾論及，並從語意分析、引文標誌、篇題含義等多方面舉證。朱、廖二位先生皆認爲，通行本《繫辭》見於《衷》《要》的内容並出於引用，其重要標誌即通行本《下繫》第八章"二與四同功而異位""柔之爲道""三與五同功而異位"三句於帛書《衷》内出現時句前多了"《易》曰"二字。廖先生根據西漢文獻《新語》《説苑》等引用《繫辭》時多稱"《易》曰"的情況，推斷"《易之義》（引者按：《衷》之舊稱）同于今本《繫辭》的文字，它直接稱之爲'子曰'或'《易》曰'，取之于《繫辭》的可能性最大"；而朱先生通過更廣泛的對西漢文獻稱引"《易》曰"的文例的考察，認爲"西漢時期的人所引'《易》曰'文句，除指經文外，亦指《易傳》文，但非各家自己解《易》的言論""《要》和《易之義》中與通行本《繫辭》相同的文句，原有所本，非此抄本一家解《易》之語。至於此部分文字，原爲《繫辭》文，還是其它《易傳》文，尚待考證"①。比較二位先生的論斷，朱先生更爲客觀，以其所舉諸稱"《易》曰"例中有不少出於通行本及帛書《易》傳之外，可見稱引"《易》曰"不等於稱引《繫辭》，乃爲漢人引《易》傳之通稱，而漢人所得見之《易》傳文獻，顯然遠遠多於今可見者，爲我們所不知不聞。

事實上，《衷》《要》篇中所見通行本《下繫》的内容，更可能是引自時人可見、今人未知的其他《易》傳，而非《繫辭》。除了上述對"去重"這一做法的合理性的質疑可作爲反面論證外，我們還能從一些具體文本中發現蛛絲馬跡。最耐人尋味的例子是，通行本《下繫》第七章"若夫雜物撰德"至"則居可知矣"一段，"重出"於帛書《繫辭》與《衷》，然兩處文字與文義又不盡同（詳表7及182頁注①）。若謂《衷》篇該文段引自《繫辭》，則不當有此歧異；且"重出"現象本身亦是摘録去重説的反例。另一個典型的例子是，通行本《下繫》第四章引孔子之言以論爻義時並稱"子曰"，該章見於帛本《繫辭》的部分亦如此，而見於帛書《要》篇的部分則稱"夫子曰"。攷通行本及帛本《繫辭》，凡稱引孔説皆呼"子曰"，帛書《要》則"子曰""夫子曰"並行，説明《要》篇的内容很可能有多個文獻來源，而其與通行本《下繫》第四章對應的部分並非引自《繫辭》。更進一步，可以擬測《衷》《要》見於通行本《下繫》的内容在二

---

① 以上所引二氏之文見朱伯崑《帛書本〈繫辭〉文讀後》、廖名春《論帛書〈繫辭〉與今本〈繫辭〉的關係》，《道家文化研究》第三輯，第42—43、142頁。

篇形成過程中的運動軌跡:它們或許原是數個較爲獨立的小文段(板塊),以其文義或體式等與之前已聚合的諸文段(板塊)存在相似性,故發生進一步聚合,從而逐漸形成編者所認爲的完整一篇(《衷》)①,其賸義、别義之文或成爲新篇(《要》)之首。與《衷》篇相比,《要》篇的字數較少,内容也更分散、零碎,雜抄《易》説的痕跡更爲明顯。

在排除了《衷》《要》的文獻來源是《繫辭》並明確了二篇的性質以後,我們可以來考慮二篇的相關内容進入《繫辭》的可能。趙争先生認爲,這種可能缺乏一個基本解釋,即依何種標準、何種原則從《衷》《要》中選擇内容並編入今本《繫辭》②。怎樣考慮這個問題呢? 我們認爲,這其實牽涉到編者的編纂意圖,而編纂意圖是帶有主觀性的,編者未必有嚴格的、硬性的選材標準與編纂條例——《繫辭》其餘部分“繁衍叢脞”的特點便是明證。因此在討論《衷》《要》的部分内容被編入《繫辭》的可能時,不當以“標準”責之。同時,我們也並非在否定文本的聚合是具有一定規律的,而這種規律或許正是前文反復論證過的“板塊運動”。從帛書《繫辭》《衷》《要》到通行本《繫辭》的板塊聚合軌跡實際上並不凌亂而費解,應即:《要》篇中稱引“夫子曰”以論説爻義者(涉及五卦五爻)先與帛本《繫辭》中位近末章、稱引“子曰”以論説爻義者(涉及四卦五爻)發生聚合(聚合的原因很可能是由於兩處文段的體式極近,即前文論述過的類型 a、b);其後,《衷》篇之末、《要》篇之初的諸文段作爲一個聚合的大板塊整體進入帛本《繫辭》,繫於先前進入的《要》篇論説爻義之文段下。這一聚合過程雖然看似簡單,但並不意味著只是平面的拼合,在具體整編過程中,一定始終貫徹著去粗取精、校訂文字、協調文例等種種細緻的工作③。

---

① 此過程可舉數例明之:a.《衷》篇中與通行本《下繫》第五章相當的文段起首云:“子曰:夫《易》之要,可得而知矣。鍵(乾)、川(坤)也者,《易》之門户也。鍵(乾),陽物也;川(坤),陰物也⋯⋯”此段氾論鍵(乾)、川(坤)之德性;而其上三段分别是“此鍵(乾)、川(坤)之厽(三)説也”“此鍵(乾)之羊(詳)説也”“此川(坤)之羊(詳)説也”,專論鍵(乾)、川(坤)卦爻之義;是編者有意抄録(或整合)此段以結上之文義。b.《衷》篇中與通行本《下繫》第六章相當的文段主要論述九卦之德義:“上卦九者,贊以德而占以義者也。履也者,德之亞(基)也;嗛(謙)也者,德之枋(柄)也;復也者,德之本也⋯⋯是故占曰:履,和而至;嗛(謙),尊(尊)而光(光);復,少而辨於物⋯⋯是故履以果行也,嗛(謙)以制禮也,復以自知也⋯⋯”可見此段文字有三種體式:①X(卦名)也者,德之 X 也;②X(卦名),X(德性)而 X(德性);③X(卦名)以 X(功用)也。這三種體式亦可在《衷》篇前半部分找到近似者,如:“是故鍵(乾)者,得之陽【也。川(坤)者】,得之陰也。肫(屯)者,【得】之隋也。【嬬(需)者,得】之畏也。容(訟)者,得之疑也⋯⋯”;“大牂(壯),小瞳(動)而大從”“説(兑),和説而知畏”“隋(隨)之卦,相而能戒也”“觀之卦,盈而能平”;“大牂,以卑□也。歸妹,以正女也”。這説明“九卦之德義”這一小板塊可能是由於其體式與《衷》篇前半部分的相似性而被整合入此篇的。c.《衷》篇中與通行本《下繫》第七章後半部分相當的文段云:“《易》之義,贊始要冬(終),以爲質。六肴(爻)相襍(雜),唯侍(時)物也⋯⋯”此段從六爻的角度論《易》之大義,正與《衷》篇篇首“子曰:《易》之義,誶(萃)陰與陽,六畫而成章”相呼應;這或許也是編者的有意爲之。由此可見,上述的這些段落(小板塊)或由於體式、或由於文義,都逐漸聚合至《衷》篇中,成爲《衷》篇的組成部分。

② 趙争《馬王堆帛書〈繫辭〉成書問題覆議》,第 7 頁。

③ 正是因爲存在這樣整編、修訂的工作,帛書《繫辭》《衷》《要》與通行本《繫辭》間的種種内容出入、文字歧異現象方能得到較爲合理的解釋,如帛書各篇與通行本對應的章節中或多出或少見的文句、帛書各篇用字不同而通行本(轉下頁)

綜上所述，我們認爲，不見於帛書《繫辭》而分見於《衷》《要》二篇的通行本《下繫》文段並非由一與通行本《繫辭》極近似的帛書《繫辭》祖本中離析而出，乃當出自今所不見的《易》傳文獻；其於《繫辭》編纂的板塊運動中，因體式或内容與已生成的《繫辭》文本在一定程度上相呼應、融合的緣故，逐步進入《繫辭》，幫助形成今通行本《下繫》所呈現的面貌。

四、結論

《繫辭》以其高度的思辨性與哲理性，在《易》傳中佔有十分重要而獨特的地位；又以其文本"繁衍叢脞"的鮮明特點，留給後世學人許多關於其作者、創製時代及流傳過程的迷思。馬王堆帛書《繫辭》及其他未傳世《易》傳的出土，爲探討《繫辭》文本的生成、傳寫等問題提供了新的材料及思考角度，引發了學界對帛本與通行本《繫辭》關係的廣泛討論。本文即試圖在前賢已作過的豐富而深入的研究工作的基礎上，以一種運動的視角去觀照包括《繫辭》在内的所有《易》傳類文獻的成立問題，通過對一篇《易》傳内部多重文本關係的解析及對多種《易》傳的交叉綜合比對，探索《易》傳文獻形成、流傳過程中的普遍性規律，最終藉以分析、考量帛本與通行本《繫辭》的關係問題。因此，我們首先討論了《繫辭》中有些文段重見或相似的現象，剖析其成因，挖掘出隱藏於平面文本形態背後的"板塊運動"——即由少量詞句構成的一個小文段可視作一個文本基礎板塊，該基礎板塊的邊界可改變形狀或發生擴張，數個小板塊可能根據體式或内容相近的原則先行聚合成大板塊，而大板塊在流傳過程中或亦經由同一原則逐步聚集，最終促成"篇"的建立。爲進一步探究"板塊運動"是否具有普遍性，我們選取了《易》説材料中一種突出的文本體式——稱引孔子之説以闡釋卦爻辭——進行研究，吸收宋元學者的文本分析成果，發現這一體式的文段在《繫辭》《文言》及帛書《二三子問》中都展現出顯著的"板塊聚合"特徵，足證"板塊運動"規律並非子虛烏有。

（接上頁）用字基本統一的情況等，都可能是整編過程中所做的增删、劃一等工作的結果。具體的例子又如，前文提及的通行本《下繫》第七章"若夫雜物撰德"至"則居可知矣"一段"重出"於帛書《繫辭》與《衷》的現象；不難推測，"重出"的兩個文段或許是傳聞異辭的結果，編者在將《衷》篇的相關内容整合入《繫辭》時，對這兩處"異辭"進行了去取，從通行本《繫辭》的情況看來，編者取的是帛書《繫辭》的文字，而捨棄了《衷》篇的表述。此外，若《要》篇稱引孔子之説時所呼的"夫子曰"，亦當是在其文整編入《繫辭》的過程中統一訂作了"子曰"，以求通篇的和諧。又如《衷》篇"《易》之義，贊始要冬（終）"，通行本《繫辭》作《易》之爲書也，原始要終，蓋因通行本《繫辭》全篇無"《易》之義"之語（《衷》篇篇首則有），故特改之以與上文"《易》之爲書也不可遠"句相應。又如《要》篇篇首始以"又（有）天道【焉】"句，而通行本《繫辭》於此句上還有"《易》之爲書也，廣大悉備"一句，或許也是整編過程中爲求與上文文脈貫通、前後呼應而增。我們甚而更大膽地揣測，帛書《繫辭》展現的是《繫辭》文本板塊聚合過程中不分上下篇的一個階段，在經歷了進一步的内容整合、修訂加工後，其文本容量得到了擴充，從而不得不分爲上、下二篇，亦即形成通行本《繫辭》所見的規格。

在這樣一個宏觀規律下重新審視帛本與通行本《繫辭》的關係,很多方向性問題都能得到較爲合理的解釋。我們一方面對諸家關於二本關係的重要論證進行詳細辨析,另一方面又運用"板塊運動"規律對帛本《繫辭》與帛書《衷》《要》二篇中的相關内容發生聚合、經過整編而逐漸生成通行本《繫辭》面貌的過程進行擬測。事實上,我們在探討二本關係時,並非著意於具體的孰先孰後、組合離析,更非否認除此二本外其他系統《繫辭》的存在;我們的重點在於,藉由帛書《繫辭》《衷》《要》這樣具象的"定格文本",去思考和探索今本《繫辭》的成立過程及期間可能存在的多種文本形態。

[作者簡介]章莎菲:北京大學中國語言文學系博士研究生。

先秦兩漢易學卦變理論略探*

于 成 寶

提要: 先秦兩漢易學貫穿著卦變説從産生、發展到成熟的演進脈絡。春秋時期的占筮活動使人們認識到易卦因爻變而相互轉變。戰國《易傳》以卦變説解釋卦爻辭及易卦的生成問題。西漢孟喜十二消息卦説是卦變説的發展,京房以之構建了陰陽消長、八宮迭變的卦變體系。東漢荀爽本於京氏八宮卦嘗試新的卦變構建,有著向戰國易學回歸的指向。虞翻通過對乾坤變六子卦的闡述構建了易卦體系的宇宙生成論,以乾坤變十二消息卦、十二消息卦變五十二卦的設計構建了系統的卦變體系,堪稱先秦兩漢易學卦變理論的集大成者。

《易緯·乾鑿度》開篇曰:"易者,易也,變易也,不易也,管三成爲道德苞籥。"①"變易"的思想,無疑是《周易》六十四卦的根本思想。《周易》變易思想的形成,既與文王作易時以"原始反終"、"陰陽互變"的變化觀念看待世界有關,也與運用《周易》進行占筮活動是分不開的。由此,也逐漸形成了易學上的爻變、卦變理論,成爲人們占斷易筮結果、解釋《周易》經文,乃至構建易學天道觀的工具。當今學術界關於個別易學家的卦變理論探析得較多,但缺乏關於易學卦變理論發展脈絡的論述。筆者不揣淺陋,茲先將先秦兩漢時期的易學卦變理論,作一粗淺的勾勒和闡述,不當之處,敬請方家通人指正。

一、春秋易學中的卦變現象及其理論

"卦變"的最初意義是"變卦",源於運用《周易》的占筮活動。就是在占筮時筮得的某一個或幾個爻之象在陰陽屬性上恰好處於向其對立面轉化的狀態,在這種情況下判斷占筮

---

* 本文係"山東科技大學公派訪問學者項目"成果。
① 安居香山、中村璋八《緯書集成》上冊,河北人民出版社 1994 年版,第 3 頁。

的結果,不能僅僅依靠所筮得的卦(即"本卦")及其爻辭的意義,還需參考所筮得的卦的這一個或幾個爻陰陽屬性變化之後所形成的新卦,即"變卦"(亦稱"之卦")的意義。按照《繫辭》所講的"大衍筮法",就是通過揲扐所得的七、八、九、六之數來確定爻的陰陽,分別代表少陽、少陰、老陽、老陰之象,少陽、少陰則不變,老陽、老陰則要向其對立面轉化,老陽變陰,老陰變陽。因爲爻變而形成變卦,這個現象可稱之爲"卦變"。可見,卦變的本質是爻變,這與《周易》"尚變"的主旨是一致的。

就《左傳》《國語》所載春秋時期的《周易》筮例來看,占筮者較多使用卦變理論解釋占筮的結果。大體可以分爲三種情況:第一種是只看本卦所變之爻的爻辭判斷占斷的結果。如《左傳·哀公九年》:

> 宋公伐鄭……晉趙鞅卜救鄭,遇水適火……陽虎以《周易》筮之,遇《泰》之《需》,曰:"宋方吉,不可與也。微子啓,帝乙之元子也。宋、鄭,甥舅也。祉,禄也。若帝乙之元子歸妹而有吉禄,我安得吉焉?"乃止。[1]

《泰》之《需》的"之",是變的意思,這則筮例是泰卦六五爻變,陽虎的占斷即依據了泰卦六五爻辭"帝乙歸妹,以祉,元吉"。

第二種情況是既看本卦所變之爻的爻辭、又看之卦的卦象或所變之爻在所變之卦的爻辭。如《左傳·僖公二十五年》:

> 公曰:"筮之!"筮之,遇《大有》之《睽》,曰:"吉,遇'公用享于天子'之卦,戰克而王饗,吉孰大焉!且是卦也,天爲澤以當日,天子降心以逆公,不亦可乎?《大有》去《睽》而復,亦其所也。"[2]

這則筮例是大有卦九三爻變爲陰爻而成睽卦,判斷占筮的結果,則主要依據本卦所變之爻的爻辭的意義,即大有卦九三爻辭"公用享于天子,小人弗克"。此外,還參考了變卦的卦象,大有卦象爲"乾下離上",變卦睽卦象爲"兌下離上",下卦乾爲天,兌爲澤,上卦離爲日,天變爲澤,與日相當,故曰"天爲澤以當日,天子降心以逆公"。再如《左傳·僖公十五年》:

> 初,晉獻公筮嫁伯姬于秦,遇《歸妹》之《睽》,史蘇占之,曰:"不吉,其繇曰:'士刲羊,亦無衁也;女承筐,亦無貺也。'西鄰責言,不可償也。《歸妹》之《睽》,猶無相也。震之離,亦離之震,爲雷爲火,爲嬴敗姬。車說其輹,火焚其旗,不利行師,敗于宗丘。

---

① 楊伯峻《春秋左傳注》,中華書局 1990 年版,第 1652—1654 頁。
② 楊伯峻《春秋左傳注》,第 431—432 頁。

《歸妹》'睽孤，寇張之弧'，姪其從姑，六年其逋，逃歸其國而棄其家，明年其死於高梁之虛。"①

這則筮例，是歸妹卦上六爻發生變化，筮者在解釋的時候，不但參考了《歸妹·上六》的爻辭："士刲羊，亦無亡也；女承筐，亦無貺也。"（與今本《周易》稍有差異。）而且還參看了所變之爻在所變之卦的爻辭，即《睽·上九》爻辭"睽孤，寇張之弧"（與今本《周易》稍有差異）。

第三種情況是不看本卦，專看之卦，以此判斷占筮結果的吉凶。如《左傳·襄公九年》：

穆姜薨於東宫。始往而筮之，遇《艮》之八。史曰："是謂《艮》之《隨》。《隨》，其出也。君必速出！"姜曰："亡！是于《周易》曰：'《隨》，元、亨、利、貞，無咎。'"②

關於春秋時期占筮中的"之八"現象，《左傳》中載有數例，至今其義未明，兹不細論。穆姜既已採納筮人"《艮》之《隨》"的卦變意見，却不從本卦及所變之爻去分析，而直接採用之卦的卦辭。

在《左傳》、《國語》所記十七條《周易》筮例中，涉及卦變的有十四例之多，占了筮例的絶大多數，這説明春秋時期的易學在占筮活動中，特別重視爻變現象，已經認識到爻變則卦變，在判斷占筮的結果時，注重從本卦、之卦兩個方面協同考慮。

值得注意的是春秋時期人們對於一卦六爻的稱呼，採用某卦之某卦的形式。如《左傳·昭公二十九年》：

秋，龍見於絳郊。魏獻子問於蔡墨……對曰："……龍，水物也，水官棄矣，故龍不生得。不然，《周易》有之，在《乾》之《姤》，曰'潛龍勿用'，其《同人》曰'見龍在田'，其《大有》曰'飛龍在天'，其《夬》曰'亢龍有悔'，其《坤》曰'見群龍無首，吉'，《坤》之《剥》曰'龍戰於野'。若不朝夕見，誰能物之？"③

乾之姤指乾之初九爻，乾之同人指乾之九二爻，乾之大有指乾之九五爻，坤之剥指坤之上六爻。以某卦之某卦的形式指稱卦爻，或是因爲當時還沒有以"初、二、三、四、五、上"表示六位與以"九、六"表示陰陽屬性組合起來標記爻題的方法。但由蔡墨對於乾卦諸爻的稱謂，説明人們已經熟練掌握了爻變導致卦變的規律，一卦各爻的變化，能够產生其他各卦，並反過來以某卦之某卦來稱謂並觀照各爻。

可以説，春秋時期的占筮活動，特別是揲扐成卦及占斷時突出所變之爻，注重探究所變之爻的爻辭吉凶以及兼取本卦、之卦兩個方面的意義，使人們逐漸認識到，一卦六爻的陰陽

---

① 楊伯峻《春秋左傳注》，第 363—365 頁。
② 楊伯峻《春秋左傳注》，第 964—965 頁。
③ 楊伯峻《春秋左傳注》，第 1500—1503 頁。

屬性的變化,是六十四卦之間相互聯繫、相互轉化的橋樑。這爲戰國時期的易學對於爻變、卦變理論的闡發提供了基礎。

二、戰國易學中的卦變理論

戰國時期易學的卦變理論,主要集中在《易傳》的《彖》《説卦》《序卦》等篇。《彖》當成書於戰國中期,是對六十四卦卦辭和卦象的解釋,其中蘊含著豐富的爻變、卦變理論。宋代學者朱震在其《漢上易傳·叢説》中對《彖》的爻變、卦變之説進行了闡述:

> 《訟·彖》曰:"剛來而得中。"《隨·彖》曰:"剛來而下柔。"《蠱·彖》曰:"剛上而柔下。"《噬嗑·彖》曰:"剛柔分動而明。"《賁·彖》曰:"柔來而文剛,分剛上而文柔。"《無妄·彖》曰:"剛自外來而爲主於内。"《大畜·彖》曰:"剛上而尚賢。"《咸·彖》曰:"柔上而剛下。"《損·彖》曰:"損上益下。"又曰:"損剛益柔。"《益·彖》曰:"損上益下",又曰:"自上下下。"《涣·彖》曰:"剛來而不窮,柔得位而上同。"《節·彖》曰:"剛柔分而剛得中。"剛者,陽爻也;柔者,陰爻也。剛柔之爻,或謂之來,或謂之分,或謂之上下,所謂唯變所適也。[1]

朱氏闡釋了《彖》中所謂的"剛柔",皆指爻之陰陽,歸納了《彖》以陰爻、陽爻的變動解釋卦名和卦辭的幾種體例,證明了《彖傳》中有著豐富的卦變理論,深化了人們對於戰國時期易學卦變説的認識。清代學者江永對《彖》的卦變説也作過精闢的闡釋,其在《群經補義·卦變考》曰:

> 按《彖傳》中有言剛柔、往來、上下者,虞翻謂之卦變,《本義》謂自某卦而來者,其法以相連之兩爻上下相易,取之似未安。倘謂來無所自,往無所之,但虚言之不指何卦,此《注疏》之説,又覺虚空無著。今更考之,文王之《易》,以反對爲次序,則所謂往來上下者,即取切近相反之卦,非别取諸他卦也。往來之義,莫明於《泰》《否》二卦之《彖》辭。《否》反爲《泰》,三陰往居外,三陽來居内,故曰"小往大來"。《泰》反爲《否》,三陽往居外,三陰來居内,故曰"大往小來"。《彖傳》所謂"剛來"、"柔來"者本此。而"往"亦爲"上","來"亦爲"下",又或因卦之義,而以"上"爲"進"爲"升",以"下"爲反其爲,取諸相反之卦則一也。[2]

雖然江氏認爲卦爻的"往來上下"皆取自通行本卦序相鄰兩卦的觀點值得商榷,但其指

---

[1] 朱震《漢上易傳》,文淵閣《四庫全書》本。
[2] 江永《群經補義》卷一,文淵閣《四庫全書》本。

出《彖》中的"往"、"來"、"上"、"下"、"進"、"升"皆爲爻之變動,無疑具有啓發意義。

成書於戰國中後期的《說卦》,則以乾坤兩卦爲父母卦,提出了乾坤相交生六子卦的主張:

乾,天也,故稱乎父;坤,地也,故稱乎母;震一索而得男,故謂之長男;巽一索而得女,故謂之長女;坎再索而得男,故謂之中男;離再索而得女,故謂之中女;艮三索而得男,故謂之少男;兌三索而得女,故謂之少女。①

《說卦》的乾坤生六子說,本質也是一種卦變説或爻變説。這一理論有著多重的意義:第一,突出了乾坤兩卦在八卦中的源頭性,其他六卦皆是其派生的,從而實質上將八經卦以及六畫經卦區分爲父母卦與子女卦兩大類;第二,從卦爻生成的角度,爲震、坎、艮、巽、離、兌六子卦的陰陽長幼之序提供了依據;第三,説明六子卦的誕生,是一個乾卦陽爻入坤卦,坤卦陰爻入乾卦的過程,也就是一個由爻變而卦變的過程。

此外,《說卦》"乾坤生六子"説的出現,以及《說卦》《繫辭》皆提出的一卦六爻涵攝天地人三才之道的説法,説明戰國中後期學者在構建易學天道觀時,已經深入到對卦象以及卦爻意義的考察上。

再看《序卦》,《序卦》的主要目的是解釋通行本卦序之緣由。從廣義上講,《序卦》所述,也是一種卦變説,即一卦發展終結,變爲另一卦。其以《乾》《坤》兩卦象徵天地,認爲其他六十二卦皆源於乾坤,相鄰兩卦的卦爻"非覆即變",將六十四卦的卦序,解釋爲宇宙萬物和人類社會前後相承、相依相因、相反相對的變化過程。

如果對戰國時期的卦變説作一總結的話,《彖》中運用卦變説是爲了解釋卦名和卦辭,《說卦》《序卦》中則運用卦變説解釋了八卦和六十四卦的生成問題,構建了以乾坤爲本、八卦爲用、六十四卦相依相生、相反相對的宇宙生成論。這爲兩漢時期卦變説的進一步發展奠定了理論基礎。

三、西漢易學卦變理論及其實踐

西漢易學是以孟喜、京房的卦氣易學爲代表,二者易學體系的構建都與卦變理論有直接的關係。就孟喜易學而言,其提出十二月辟卦説,以十二辟卦象徵陰陽在一年十二月中週期性的消長運動,見下表一:

---

① 黃壽祺、張善文《周易譯注》,上海古籍出版社 1989 年版,第 629—630 頁。

表一：孟喜易學十二消息卦表

卦名/卦形	月份	卦名/卦形	月份
復䷗	十一月中	姤䷫	五月中
臨䷒	十二月中	遁䷠	六月中
泰䷊	正月中	否䷋	七月中
大壯䷡	二月中	觀䷓	八月中
夬䷪	三月中	剝䷖	九月中
乾䷀	四月中	坤䷁	十月中

其中，從復→臨→泰→大壯→夬→乾，是一個陽氣持續增長的過程，反映在卦爻上，是陽爻自下而上改變陰爻；從姤→遁→否→觀→剝→坤，是一個陰氣持續增長的過程，反映在卦爻上，是陰爻自下而上改變陽爻。可見，十二辟卦説的本質，就是一種卦變或者爻變説。朱伯崑先生指出：

> 此説來於《象》的爻位説，如以剝卦爲"柔變剛"，夬卦爲"剛決柔"，所謂"消息盈虛，天行也"。[1]

陰長爲"消"，陽長爲"息"，孟喜"十二辟卦説"模擬了陰陽在乾坤兩卦十二位的消息運動，故又稱之爲"十二消息卦説"。與戰國時期的《象》不同的是，孟喜對於十二月辟卦説的構建，不是爲了説明卦名和卦爻辭，而是以陰陽在乾坤兩卦十二位的有序運動，模擬天道在一年十二月的陰陽循環，目的是爲了構建其易學框架下陰陽消長的天道觀。

對於京房易學而言，其直接受孟喜易學"十二消息卦説"的啓發，構建了八宮卦的卦變體系，見下表二：

表二：京房易學八宮世系表

八宮世系	乾☰	震☳	坎☵	艮☶	坤☷	巽☴	離☲	兑☱
一世	姤䷫	豫䷏	節䷻	賁䷕	復䷗	小畜䷈	旅䷷	困䷮
二世	遁䷠	解䷧	屯䷂	大畜䷙	臨䷒	家人䷤	鼎䷱	萃䷬
三世	否䷋	恒䷟	既濟䷾	損䷨	泰䷊	益䷩	未濟䷿	咸䷞

---

① 朱伯崑《易學哲學史》第一卷，華夏出版社 1995 年版，第 123 頁。

（續表）

八宮世系	乾	震	坎	艮	坤	巽	離	兌
四世	觀	升	革	睽	大壯	无妄	蒙	蹇
五世	剥	井	豐	履	夬	噬嗑	渙	謙
遊魂	晉	大過	明夷	中孚	需	頤	訟	小過
歸魂	大有	隨	師	漸	比	蠱	同人	歸妹

《京氏易傳·卷下》曰：

　　　　孔子《易》雲有四易：一世二世爲地易，三世四世爲人易，五世八純爲天易，遊魂歸魂爲鬼易。[1]

京氏對於“四易”的闡釋，無疑是源自《繫辭》和《説卦》，是對二者的易卦六爻涵攝天地人三才説的發展，並從《繫辭》的“精氣爲物，遊魂爲變”之語得到啓發。京氏八宮卦序的理論基礎，顯然是本之於《彖》《説卦》《序卦》中的卦變思想，並進一步發展，認爲八經別卦因陰陽消長導致卦爻變化而產生其他五十六卦，從而試圖構建起六十四卦之間的内在聯繫。對於八宮卦各宮所屬世卦的具體設計，則主要源于孟喜的十二消息卦説。如關於乾宮八卦，京氏於《乾》卦曰“純陽用事”，於一世《姤》卦曰“陰遇陽”，於二世《遯》卦曰“陰來陽退也”，於三世《否》卦曰“内象陰長”，於四世《觀》卦曰“内象陰道已成”，於五世《剥》卦曰“陰盛不可逆”，于遊魂《晉》卦曰“陰陽返復”，於歸魂《大有》卦曰“陰退陽伏”。可見，京氏易學中八宮卦中一世至八純六卦的構建模式，很明顯是孟喜十二消息卦説的翻版，一世初爻變，二世二爻繼續變，三世三爻繼續變，四世四爻繼續變，五世五爻繼續變，（“八純”或稱“六世”雖未出現，但就八宮卦的整個體系來看，當爲各宮卦主的全變之卦），遊魂、歸魂則按照物極則反的原則，在陰陽消長的指向上往各宮卦主靠攏。

前面已述，《彖》主要以剛柔言一卦之中陰陽各爻的變動情況，以之解釋卦名和卦辭。京氏論卦爻時雖亦言柔剛，如其於《剥》卦曰“柔長剛減，天地盈虛”，於《坎》卦曰“柔順不能履重剛之險，故以剛克柔而履險曰陽”等等，但由於京氏接受了漢代自董仲舒以來的以陰陽五行爲主幹的天人感應學説，以及深受孟喜十二月辟卦説中的陰陽消長天道觀的影響，故其主要是以陰陽關係闡述一卦之大意。如其於《震》卦曰“分陰陽交互用事”，“取象爲陽，配爻屬陰，故曰陰陽交錯而爲震”，“陰陽交互，陽爲陰，陰爲陽，陰陽二氣蕩而爲象，故初九

————————

[1] 郭彧《〈京氏易傳〉導讀》，齊魯書社 2002 年版，第 133 頁。以下關于《京氏易傳》的引文皆引自該書，不另行加注。

三陰爲豫";於《艮》卦曰"乾分三陽爲長中少,至艮爲少男。本體屬陽,陽極則止,反生陰象","剛極陽反,陰長積氣,止於九三,初六變陽,取其虛中,文明在內,成於賁"。等等,可見京氏傾向於以卦爻的陰陽關係,闡釋卦義;以卦爻的陰陽消長,闡釋卦變。可以説,本於陰陽消長理論,京氏創立了八宫卦的卦變體系,將《周易》六十四卦排布爲一個"陰陽運動,適當何爻,或陰或陽,或柔或剛,升降六位"(《京氏易傳·歸妹》)的模擬天道運行的過程;並以卦爻爲框架,吸納陰陽、五行、干支、律曆、星宿、人倫、階級、萬物於一體,從而構建起了涵攝天地、包容萬物、准擬人類社會的易學天道觀。

　　以上對於京房易學的卦變體系略作闡述,當然,這並不能包涵京氏卦變思想的全部,如:《京氏易傳·賁》曰:

　　　　泰取象,上六柔來反("反"當作"文")剛,九二剛上文柔,成賁之體,止于文明。

賁卦爲艮宫一世卦,京氏不取艮卦"初六變陽,取其虛中,文明在內,成於賁"之義,而是説賁卦是從泰卦卦變而來,泰卦上六陰爻返入二位,九二陽爻上升至上位。如《京氏易傳·益》曰:

　　　　天地不交曰否,六二陰上柔剛,九四下降積陰,故爲益。

益卦爲巽宫三世卦,從家人卦變而來,京氏不取家人卦"文明運動,變化之象,九三適陰入震,風爲雷合則益"之義,而是説益卦自否卦變而來,即九四陽爻下降到初位,初六陰爻上升至四位,六二陰爻則在初九陽爻之上,故曰"六二陰上柔剛,九四下降積陰"。就京房對於賁、益兩卦在卦名的解釋來看,其本之於泰、否的上下經卦(即三畫的乾、坤卦)之間陰陽爻的互動,從而賦予了泰、否兩卦在卦變上的特殊意義。這種解釋,實際上突破了八宫卦體系中的卦變規律,即卦變的動因皆是諸宫世卦之間次第的陰陽消長或升降,而不是一卦六爻內部的升降。這當是京氏對於六十四卦卦變關係的新思考,可惜《京氏易傳》中僅存兩例解釋,没有形成一種理論或原則性的卦變設計方法。但就東漢荀爽和虞翻的卦變説來看,《京氏易傳》中本於泰、否卦的卦變説對二者無疑都有著重要的影響。

　　總之,西漢時期易學對於卦變説的理論探討與實踐,既繼承了《彖》的卦變理論,以之闡釋卦爻陰陽之間的上下、往來、升降、變決、世應等各種關係,又發展了《繫辭》《説卦》的易卦涵攝天地人三才説、《説卦》的乾坤生六子説,從而構建了以十二消息卦説爲核心的易學天道觀和本於之八卦陰陽消長理論的新的易卦卦序體系及占斷體系。這不僅對西漢時人的易學觀念產生了深刻的影響,也對東漢荀爽、虞翻易學卦變説的構建,產生了若干實質性的影響,茲分別對二者的卦變説作一扼要的闡釋。

四、東漢荀爽易學卦變理論及其實踐

關於荀爽易學的卦變説，朱伯崑先生指出：

> 就占筮的體例説，荀爽從其乾升坤降説發展爲卦變説，即某一卦通過其爻位的變化，可以成爲另一卦。此説是《彖》《象》二傳的爻位説，特別是剛柔往來的新發展，也是本於《繫辭》所説："上下無常，剛柔相易，不可爲典要，唯變所適。"[①]

就現存荀爽《易注》來看，卦變説是其重要解《易》理論，張惠言《周易荀氏九家義》中考證荀氏卦變之説"見注者二十六卦"[②]——此數包括李鼎祚《周易集解》中所引的《九家易》，因《九家易》宗主荀爽易學，王琪指出："《九家易》宗主荀爽易學，與荀爽《易》注如出一轍。"[③]故可將《九家易》中的卦變説視爲荀爽易學。考慮到《周易》六十四卦在卦爻象數上又有著一定的規律性，荀爽在以卦變説解《易》時未必六十四卦皆一一注明；且古書在傳承過程中常常有亡佚等因素，故今存荀氏二十六條卦變説，也是一個可觀的數量，我們或可以由之推究荀氏關於《周易》六十四卦卦變設計之全貌，並探究荀氏卦變理論是如何構建的。

探究荀氏的卦變説，當從京氏易學八宮卦的體系入手。爲什麽這麽説呢？正如朱伯崑先生所指出的，荀氏的卦變説源於其乾升坤降説。而荀氏乾升坤降説的本質也就是陰陽爻的升降、相感、相交，它的創立直接受了京房"升降六爻"説或"陰陽升降"説。如《京氏易傳·剝》曰："陽息陰專，升降六爻，反爲遊魂，蕩入晉。"《京氏易傳·大有》曰："金土分象三十六候，配陰陽升降。六位相蕩，返復其道。"《京氏易傳·豫》曰："大矣哉，陰陽升降。"《京氏易傳·恒》曰："陰陽升降反于陰，君道漸進，臣下爭權，運及於升。"《京氏易傳·隨》曰："陰陽升降爲八卦，至隨爲定體。"《京氏易傳·屯》曰："内外剛長，陰陽升降，動而險。"《京氏易傳·賁》曰："起於潛至於用九，陰陽升降，通變隨時。"等等，可以説：京氏八宮卦體系構建的根本理論，就是陰陽升降説。荀爽曾拜師學習過京氏易[④]，從京氏易那裏得到推演出乾坤升降説，進而提出其易學體系的卦變説，是順理成章的事。

盧央先生曾指出："荀爽解説《周易》經傳時，多用京説。"[⑤]我們通過荀氏《易注》，亦可見京氏易學八宮卦的卦變理論對於其有著重要的影響，如荀氏注《隨·彖》"大亨貞，無

---

① 朱伯崑《易學哲學史》第一卷，第 208 頁。

② 林忠軍《象數易學史》第一卷，齊魯書社 1994 年版，第 181 頁。

③ 王琪《荀爽與〈九家易〉》，《周易研究》2012 年第 5 期，第 61 頁。

④ 王琪《荀爽易學研究》，山東大學 2009 年博士學位論文，第 47 頁。

⑤ 盧央《京房評傳》，南京大學出版社 1998 年版，第 430 頁。

咎"曰:

> 《隨》者,震之歸魂。震歸從巽,故大通。動爻得正,故"利貞"。陽降陰升,嫌於有
> 咎。動而得正,故"無咎"。①

《隨》卦爲震宮歸魂卦,與巽爲飛伏,且三四五爻互體巽卦,故荀爽曰:"震歸從巽。"《京氏易傳·隨》曰:"六位雖殊,吉凶象震,進退隨時,各處其位,無差晷刻。"故荀氏曰:"動爻得正。"再如荀氏注《蠱·彖》"蠱元亨,而天下治也"曰:

> 蠱者,巽也。巽歸合震,故"元亨"也。蠱者,事也。備物致用,故"天下治"也。

此處亦是受京氏易學的影響,蠱卦是巽宮的歸魂卦,與震爲飛伏,且三四五爻互體爲震卦,故荀爽曰:"巽歸合震。"再如荀氏注《恒·彖》"恒亨,無咎,利貞,久於其道也"曰:

> 恒,震世也,巽來乘之,陰陽合會,故"通無咎"。長男在上,長女在下,夫婦道正,故
> "利貞,久於其道也"。

恒卦爲震宮三世卦,《京氏易傳·恒》曰:"雷與風行,陰陽相得,尊卑定矣。"荀氏本於《京氏易傳》也是很明顯的。又如荀氏注《解·彖》"雷雨作而百果草木皆甲坼"曰:

> 解者,震世也。仲春之月,草木萌芽。雷以動之,雨以潤之,日以烜之,故"甲
> 坼"也。

荀氏強調"解者,震世也",可見其是將解卦納入震宮中考慮的。

　　鑒於此,爲了更清晰的闡釋荀爽卦變説的具體設計,筆者在探究荀爽易學的卦變説時,將其置於京氏八宮卦的體系下進行分析,認爲荀爽的卦變説主要有三方面的内容。

　　(一)本於乾坤卦。在荀氏易説中,特别重視乾坤作爲六十四卦生成的本原意義,荀氏注《乾·彖》"萬物資始"曰:

> 謂分爲六十四卦,萬一千五百二十册,皆受始於乾也。册取始於乾,猶萬物之生稟
> 於天。

注《坤·彖》"萬物資生"曰:

> 謂萬一千五百二十策,皆受始於乾,由坤而生也。策生於坤,猶萬物成形,出乎
> 地也。

乾坤卦作爲陰陽的根本,自然具有卦變其他卦的功能。而本於乾坤卦的卦變,則又分如下幾種情況。

　　1.六子卦由乾坤卦變而來。其中震、坎、艮三陽卦由坤卦卦變而來,巽、離、兑三陰卦由

---

① 李道平《周易集解纂疏》,中華書局1994年版,第210頁。以下關於荀爽易注、《九家易》、虞翻易注的引文皆引自該書,
　不另行加注。

乾卦卦變而來。

荀氏注《坤·彖》“含宏光大”曰：

> 乾二居坤五爲含，坤五居乾二爲弘，坤初居乾四爲光，乾四居坤初爲大也。

“乾二居坤五”，成坎卦；“坤五居乾二”，成離卦；“坤初居乾四”，成巽卦；“乾四居坤初”，成震卦。雖未言艮、兌兩卦，按荀氏的説法，當是乾三居坤六爲艮，坤六居九三爲兌。《説卦》中“乾坤生六子卦”的理論，只言三畫經卦，荀氏則將其推衍到六畫別卦，故有“坤五”、“乾四”之稱。再如荀氏注《坎·彖》“行險而不失其信”曰：

> 謂陽來爲險而不失中，中稱“信”也。

“陽來爲險”，即是説陽爻入坤卦，變成坎卦，陽爻居二五中位，故雖處險境而不失其信。再如荀氏注《離·彖》“離，麗也”曰：

> 陰麗于陽，相附麗也。亦爲別離，以陰隔陽也。離者，火也，托於木，是其附麗也。
> 煙焰飛升，炭灰降滯，是其別離也。

荀氏謂“陰麗于陽”或“以陰隔陽”，“麗”、“隔”皆爲動詞，是指陰爻入乾卦，或附麗于陽，或隔離于陽。其他各卦，荀氏雖未注解爻變情況，但皆可依此類推，求得其由乾或坤卦變而來，即震、坎、艮三子卦本於坤，巽、離、兌三女卦本於乾。

2. 除乾坤兩卦外的十二消息卦，皆由乾坤卦變而來。其中，乾宮一世至五世卦，即姤、遯、否、觀、剝卦本於乾卦；坤宮一世至五世卦，即復、臨、泰、大壯、夬卦本於坤卦。

荀氏注《姤·彖》“天地相遇，品物咸章也”曰：

> 謂乾成於巽而舍於離。坤出於離，與乾相遇，南方夏位，萬物章明也。

《九家易》對荀注進一步解釋説：

> 謂陽起子，運行至四月，六爻成乾，巽位在巳，故言“乾成於巽”。既成，轉舍於離，萬物皆盛大。坤從離出，與乾相遇，故言“天地遇”也。

荀氏曰“坤出於離，與乾相遇”，即是坤爻變乾卦初九，故姤卦本於乾卦。荀氏注《遯·彖》曰：

> 陰稱小，浸而長，則將消陽，故“利正”。居二與五相應也。

是説陰爻浸長至六二。荀氏注《否·九五》“其亡其亡，系于包桑”曰：

> 陰欲消陽，由四及五，故曰“其亡其亡”。謂坤性順從，不能消乾使亡。包者，乾坤相包也。桑者，上玄下黄，以象乾坤也。乾職在上，坤體在下，雖欲消乾，系其本體，不能亡也。

是説否卦下體三爻欲消乾之本體。荀氏注《觀·六三·小象》“觀我生進退，未失道也”曰：

“我”謂五也。生者，教化生也。三欲進觀於五，四既在前，而三故退，“未失道也”。
是説居於下位之陰爻六三、六四皆欲消乾之九五。荀氏注《剥·象》“剥，剥也，柔變剛
也”曰：

> 謂陰外變五。五者至尊，爲陰所變，故曰“剥也”。

是説陰爻消乾之九五而爲剥卦。可見，在荀爽易學的卦變體系中，姤、遯、否、觀、剥卦本於
乾卦，依次由坤爻消乾卦卦變而來。

再看復、臨、泰、大壯、夬五個卦。荀氏注《復·象》“利有攸往，剛長也”曰：

> 利往居五，剛道浸長也。

荀氏注《臨·九二·小象》“咸臨吉無不利，未順命也”曰：

> 陽感至二，當升居五，群陰相承，故“無不利”也。陽當居五，陰當順從，今尚在二，
> 故曰“未順命也”。

《九家易》注《泰·象》“君子道長，小人道消也”曰：

> 謂陽息而升，陰消而降也。陽稱息者，長也。起復成巽，萬物盛長也。陰言“消”
> 者，起姤終乾，萬物成熟，成熟則給用，給用則分散，故陰用特言消也。

荀氏注《大壯·象》“剛以動，故壯”曰：

> 乾剛震動，陽從下升，陽氣大動，故“壯”也。

荀氏注《夬·象》“孚號有利，其危乃光也”曰：

> 信其號令於下，衆陽危去上六，陽乃光明也。

可見，荀氏認爲復、臨、泰、大壯、夬五卦，是乾爻依次自下而上變坤卦而成，故皆本於坤卦。

3. 八宮卦中的一陰爻或一陽爻卦，由乾坤卦變而來。其中一陰爻之卦本之於乾卦，一
陽爻之卦本之於坤卦。這些卦有：乾宮歸魂卦大有，坤宮歸魂卦比；震宮一世卦豫，巽宮一
世卦小畜；坎宮歸魂卦師，離宮歸魂卦同人；艮宮五世卦履，兌宮五世卦謙。

《九家易》注《履·象》“説而應乎乾”曰：

> 動來爲兌而應上，故曰“説而應乎乾”也。

按：“動來爲兌”，即陰爻變乾九三而爲兌卦。此處“動”字，疑當作“陰”字。如荀氏注《謙·
象》“天道下濟而光明”曰：

> 乾來之坤，故“下濟”。陰去爲離，陽來成坎，日月之象，故“光明”也。

按：“乾來之坤”，即是乾爻入坤卦變六三而成謙卦，因乾上坤下，故這是個“下濟”的過程。
“陰去爲離”，不是説形成離卦，而是“離去”的“離”，荀氏以此諧離卦之意；“陽來成坎”，則
是指二三四爻成坎卦，故有日月之象。荀氏注《師·象》“能以衆正，可以王矣”曰：

謂二有中和之德,而據群陰,上居五位,可以王也。

按:"群陰",即"衆",坤也,"據"即依靠、佔有之意,乾爻來居坤卦二位,故曰"據群陰"。故師卦本於坤卦。此外,荀氏曰"上居五位",是指乾爻入坤五位成比卦。故此注説明了師、比卦皆由坤卦卦變而來。《九家易》注《同人·彖》"同人"曰:

謂乾舍於離,同而爲日。天日同明,以照于下,君子則之,上下同心,故曰"同人"。

荀氏注《同人·大象》"天與火,同人"曰:

乾舍於離,相與同居,故曰"同人"也。

按:荀氏曰同人卦"乾舍於離",須與上引荀氏《易注》及《九家易》注《姤·彖》聯繫起來看,姤卦是六陽爻成乾出巽位,坤出離位與乾相迎,坤爻變乾卦初九成姤卦;同人卦則是乾卦完全舍於離位,坤爻變乾九二成同人卦。故同人卦亦是由乾卦卦變而來。其他如大有、豫、小畜等卦,荀氏雖未明言其本于何卦,但依照體例,可知它們皆從乾、坤卦變而來。

總之,巽、離、兑、姤、遁、否、觀、剥、大有、小畜、同人、履等十二個卦,卦變本於乾卦;震、坎、艮、復、臨、泰、大壯、夬、比、豫、師、謙等十二個卦,卦變本於坤卦。本於乾坤卦變的,合計有二十四個卦。

(二)本於六子卦。按照荀爽的設計,乾坤卦具有六十四卦本源的意義,按照乾坤相交、升降的理論,其派生了六子卦、十二消息卦以及一陰爻一陽爻卦。六子卦亦具有卦變其他卦的功能,八宫卦中震、巽、坎、離諸宫的二世卦解、家人、屯、鼎四卦,分別由震、巽、坎、離卦變而來;坎、離、艮、兑諸宫的四世卦革、蒙、睽、蹇四卦,分別由兑、艮、離、坎卦變而來;震、巽、艮、兑諸宫的遊魂卦大過、頤、中孚、小過四卦,分別由兑、艮、巽、震卦變而來。

先看八宫卦中震、巽、坎、離諸宫的二世卦,荀氏注《屯·彖》"屯,剛柔始交而難生,動乎險中,大亨貞"曰:

物難在始生,此本坎卦也。

對於荀注,李鼎祚進一步解釋曰:

案:初六升二,九二降初,是"剛柔始交"也。交則成震,震爲"動"也,上有坎,是"動乎險中"也。動則物通而得正,故曰"動乎險中,大亨貞"也。[1]

可見,荀氏認爲屯卦由坎卦變來的依據,是《彖》"剛柔始交"之語,"始交",則是初爻變也,故荀氏認爲是從坎卦而來。荀氏注《解·彖》"解利西南,往得衆也"曰:

乾動之坤而得衆,西南,衆之象也。

---

① 李道平《周易集解纂疏》,第96頁。

注《解·象》“其來復吉,乃得中也”曰:

> 來復居二,處中成險,故曰“復吉”也。

注《解·象》“天地解而雷雨作”曰:

> 謂乾坤交通,動而成解卦,坎下震上,故曰“雷雨作”也。

注《解·象》“雷雨作而百果草木皆甲坼”曰:

> 解者,震世也。仲春之月,草木萌芽。雷以動之,雨以潤之,日以烜之,故“甲坼”也。

對於《解》卦由何卦卦變而來,張惠言在《周易荀氏九家義》中認爲:“《乾》二之《豫》爲《解》,《乾》五之《謙》爲《蹇》。”[①]李道平在《周易集解纂疏》中疏解荀注曰:“卦自《臨》來,初陽乾爻,動之四坤。”[②]對於李道平的觀點,林忠軍先生曾予以批駁,而提出解卦本於坤卦的觀點:

> 對《蹇》卦荀氏注所作的解説,李氏没有用卦變説。若按照李氏疏《解》卦荀氏注之範例,《蹇》當來自《觀》。然案荀注《蹇·象》“乾動往居坤五”,注《解·象》“乾動之坤而得衆”,當知此兩卦來自乾坤升降,《蹇》卦是乾三、五兩爻到坤三、五而成,《解》卦是乾二四兩爻到坤二四而成,故張、李之説有失。[③]

但林氏的觀點亦值得商榷。通讀荀氏關於《解·象》的注解,其強調“解者,震世也”,可見其是將解卦納入震宮中考慮的。其曰“乾動之坤而得衆”是指解卦九二爻動於坤中,其曰“來復居二,處中成險”之“復”,則是指由初位乾爻,復來居二,其曰“乾坤交通,動而成解卦”,不是説乾坤兩卦相互交通,而是指乾爻初九與坤爻六二相互交通,故解卦當從震卦卦變而來。再如荀氏注《鼎·象》“鼎,象也。以木巽火,亨飪也”曰:

> 巽入離下,中有乾象。木火在外,金在其內,鼎鑊亨飪之象也。

按:荀氏曰“巽入離下”,雖是就鼎卦上下兩經卦的卦象而言,但一“入”字,點出了鼎卦是以巽變離的結果,也就是離卦初位乾爻與二位坤爻相交的結果。

由之,可以看出,荀氏本於京房易學八宮卦的體系言卦變,有著鮮明的規律性。即八宮卦中震、巽、坎、離諸宮的二世卦解、家人、屯、鼎四卦,皆是由初爻與二爻相交而成,故巽宮家人卦,當本於巽卦卦變而成。並且這四卦的卦變,皆符合荀氏解《易》的總體原則——乾坤升降説。

---

① 張惠言《周易荀氏九家義》,清道光九年(1829)廣東學海堂皇清經解刻本。
② 李道平《周易集解纂疏》,第368頁。
③ 林忠軍《象數易學史》第一卷,第182頁。

再看坎、離、艮、兌諸宮的四世卦革、蒙、睽、蹇四卦。荀氏注《蒙·彖》"蒙亨,以亨行時中也"曰:

> 此本艮卦也。

對於荀注,李鼎祚進一步解釋曰:

> 案:二進居三,三降居二。剛柔得中,故能通發蒙時,令得時中矣。故曰"蒙亨,以亨行時中也"。①

李氏的疏解,指出了蒙卦是由艮卦六二陰爻與九三陽爻相交而成,故蒙卦本於艮卦,此亦符合荀氏的乾坤升降説。本於這一原則,我們再來審視其他各卦。與離宮相對的是坎宮,其四世卦革卦當是由兌卦九二陽爻與六三陰爻相交而成。荀氏注《革·六二》爻辭"巳日乃革之,征吉,無咎"曰:

> "日"以喻君也。謂五巳居位爲君,二乃革,意去三應五,故曰"巳日乃革之"。上行應五,去卑事尊,故曰"征吉,無咎"也。

按:"二乃革",指出了六二爻是革後的狀態;"意去三應五",則是指六二爻從三位而來,故荀氏雖然没有明確説革卦本于何卦,但從其在八宮卦中的位置以及荀氏對革卦六二爻辭的注解,可以推知其本於兌卦。以此類推,關於艮宮四世卦睽卦,其當由離卦六二陰爻與九三陽爻相交而成,故睽卦本於離卦;關於兌宮四世卦蹇卦,其當由《坎》卦九二陽爻與六三陰爻相交而成,故蹇卦本於坎卦。

再看震、巽、艮、兌諸宮的遊魂卦大過、頤、中孚、小過四卦,這四卦不但在八宮卦的體系處於相對的位置;在通行本《周易》卦序中,頤、大過爲第二十七、二十八卦,中孚、小過爲第六十一、六十二卦,也處於相對的狀態,按照孔穎達所歸納的"非覆即變"的説法,相鄰兩卦之間的六爻全變。關於這四卦是由何卦卦變而來,荀氏皆未注明。虞翻注《大過》卦曰:

> 大壯五之初,或兌三之初。

荀氏的卦變説對於虞翻易學有著直接的影響,林忠軍先生曾指出:

> 比較荀、虞卦變説,十分接近。……如《屯》自《坎》來,《蒙》自《艮》來,《隨》、《蠱》、《噬嗑》、《賁》、《咸》、《恒》、《既濟》、《未濟》、《損》、《井》、《旅》、《焕》、《困》等來自《泰》、《否》,荀、虞略同。可見,虞氏推崇荀易,很大程度上與荀氏言卦變是分不開的,荀氏卦變説在虞氏卦變説形成中的作用也是顯而易見的。②

按:虞氏的卦變説,主要是構建了十二消息卦卦變其他卦的體系,除了認爲屯、蒙自坎、艮卦

---

① 李道平《周易集解纂疏》,第106—107頁。
② 林忠軍《象數易學史》第一卷,第193頁。

變而來外,認爲卦由六子卦卦變而來僅此一例,疑當是采荀氏之説。如此看來,在荀氏的卦變體系中,大過卦當是由兑卦初九陽爻與六三陰爻相交而成,頤卦當是由艮卦初六陰爻與九三陽爻相交而成;中孚卦當是由巽卦初六陰爻與九三陽爻相交而成;小過卦當是由震卦初九陽爻與六三陰爻相交而成。

總之,本於六子卦卦變的,合計有解、家人、屯、鼎、革、蒙、暌、蹇、大過、頤、中孚、小過等十二卦。

(三)本於泰否卦。這其中又可以分爲三陰三陽卦和二陰二陽卦兩類。

1. 三陰三陽卦。八宮卦中一世卦節、旅、賁、困四個卦,三世卦恒、益、既濟、未濟、損、咸六個卦,五世卦井、噬嗑、豐、涣四個卦,遊魂卦隨、蠱、漸、歸妹四個卦,皆是三陰爻三陽爻之卦,或由泰卦、或由否卦卦變而來。

荀氏注《隨·彖》"大亨貞,無咎"曰:

> 動爻得正,故利貞。陽降陰升,嫌於有咎。動而得正,故"無咎"。

《九家易》注《隨·初九》"官有渝,貞吉。出門交有功"曰:

> 渝,變也。謂陽來居初,得正爲震。震爲子,得土之位,故曰"官"也。陰陽出門,相與交通,陰往之上,亦不失正,故曰"貞吉"而"交有功"。

《九家易》以荀爽易學爲主,與荀注可相互印證。即隨卦是陽降初位、陰升上位,如此則所動之爻皆得正位,可見隨卦是由否卦卦變而來。《九家易》注《蠱·彖》"利涉大川,往有事也"曰:

> 陽往據陰,陰來承陽,故"有事"也。此卦本泰。乾天有河,坤地有水,二爻升降,出入乾坤,"利涉大川"也。陽往求五,陰來求二,未得正位,戎事不息,故"有事"。

《九家易》曰"陽往據陰,陰來承陽"即是指蠱卦是初位陽爻往上位,上位陰爻往初位,故本泰卦也。蠱卦在通行本卦序中與隨卦前後相承,是隨卦的既"覆"又卦爻全變的卦,二者在京房八宮卦中又分別是震宮、巽宮的歸魂卦,隨本否、蠱本泰,正好相反。又如荀氏注《噬嗑·六五·小象》"貞厲無咎,得當也"曰:

> 謂陰來正居是而屬陽也。以陰屬陽,正居其處而無咎者,以從下明上,不失其中,所言"得當"。

按:荀注於六五爻言"陰來正居"、"從下明上",正是指六五爻從初位而來,而九五爻則下降至初位。故荀氏雖不明言噬嗑自何卦而來,由其注解可以看出噬嗑本於否卦。荀氏注《賁·彖》"賁亨,柔來而文剛,故亨。分剛上而文柔,故小利有攸往"曰:

> 此本泰卦。謂陰從上來,居乾之中,文飾剛道,交于中和,故"亨"也。分乾之二,居坤之上,上飾柔道,兼據二陰,故"小利有攸往"也。

噬嗑、賁屬於《周易》通行本卦序中相鄰兩卦卦爻相"覆"的卦，雖在八宮卦中屬於巽、艮宮不同的世卦，但在卦變上也呈現出相對的特點，賁卦本泰，噬嗑卦則本否。再如荀氏注《咸·彖》"天地感而萬物化生"曰：

> 乾下感坤，故萬物化生於山澤。

按：荀氏曰"乾下感坤"，是指否卦上九陽爻下降至三位，入坤卦中。相應的，六三陰爻上升至上位，入乾卦中，卦象變爲艮下兌上，艮爲山，兌爲澤，故荀氏曰"萬物化生於山澤"。荀氏注《恒·彖》"利有攸往，終則有始也"曰：

> 謂乾氣下終，始復升上居四也。坤氣上終，始復降下居初者也。

是説恒卦是由泰卦初九乾爻與六四坤爻相交而成。荀氏注《損·彖》"損而有孚"曰：

> 謂損乾之三居上，孚二陰也。

是説損卦是由泰卦九三居上位，上六居三位而成。

咸、恒、損三卦，同屬三世卦，就卦爻特點來看，咸、恒是相覆之卦，咸、損是全變之卦，咸卦本否卦，恒、損卦本泰卦，也是符合上述所舉卦的卦變原則，即一個卦與其相覆、全變之卦所本之卦是相對的。如果我們再進一步概括其卦爻特點的話：下經卦有二個陽爻的，本於泰卦；上經卦有二個陽爻的，本於否卦。由之，我們可以推斷出所有三陰爻三陽爻之卦所本泰卦或否卦的情況，即：節、賁、恒、既濟、損、井、豐、蠱、歸妹等九卦，由泰卦卦變而來；旅、困、益、未濟、咸、噬嗑、渙、隨、漸等九卦，由否卦卦變而來。

2. 二陰二陽卦，即二陰爻四陽爻卦或二陽爻四陰爻卦。本於泰、否卦者有大畜、萃、無妄、升、晉、需、明夷、訟等八個卦。

荀氏注《萃·上六·小象》"齎咨涕洟，未安上也"曰：

> 此本否卦。上九陽爻，見滅遷移，以喻夏桀殷紂。以上六陰爻代之，若夏之後封東婁公于杞，殷之後封微子于宋，去其骨肉，臣服異姓，受人封土，未安居位，故曰"齎咨涕洟，未安上也"。

按照前述荀氏三陰三陽卦卦變的規律，則萃卦的卦爻全變的艮宮大畜卦、萃卦卦爻相覆之卦的震宮升卦，當本於泰卦。而與升卦同世的巽宮無妄卦，則當由否卦卦變而來，荀氏雖没有注明無妄卦所本何卦，但二陰二陽卦所本於泰否卦的卦變理論，當來自於《無妄·彖》：

> 無妄，剛自外來而爲主於内。①

上文已述，《彖》以下經卦爲内卦，屬性爲"來"；以上經卦爲外卦，屬性爲"往"。《彖》之意，

---

① 黄壽祺、張善文《周易譯注》，第212頁。

即認爲初九陽爻從上經卦乾而來。荀爽的卦變説正是深受《象》這一思想的影響,認爲在由泰否卦變而成的卦中,既存在著乾坤升降,乾爻變坤,坤爻變乾,即兩個爻位陰陽屬性變化的情況;還存在著乾或坤只改變對方爻位屬性的情況。再如《九家易》注《需・九五・小象》"酒食貞吉,以中正也"曰:

> 謂乾二當升五,正位者也。

指出了九五爻來於乾卦,故需卦本於泰卦。荀氏注《訟・彖》"不利涉大川,入於淵也"曰:

> 謂陽來居二,坎在下爲"淵"。

指出了《訟》卦中的九二陽爻,是自外卦"來",入坤卦而爲坎。荀氏注《晉・彖》"是以康侯用錫馬蕃庶"曰:

> 陰進居五,處用事之位。陽中之陰,侯之象也。陰性安静,故曰"康侯"。馬,謂四也。五以下群陰錫四也。坤爲衆,故曰"蕃庶"矣。

《九家易》注《晉・六二・小象》"受兹介福,以正中也"曰:

> 五動得正中,故二受大福矣。大福謂馬與蕃庶之物是也。

荀氏注《晉・六五》"悔亡,矢得,勿恤。往吉,無不利"曰:

> 五從坤動而來爲離。離者,射也,故曰"矢得"。

可見,荀氏認爲晉卦六五陰爻是從下經卦坤中來,故可知晉卦是由泰卦卦變而來。由之可知,晉卦的相覆之卦明夷,當本於泰卦。總之,關於二陰二陽卦,大畜、升、需、明夷等四個卦,由泰卦卦變而來;萃、無妄、晉、訟等四個卦,由否卦卦變而來。

通過以上的分析,關於荀氏《周易》六十四卦的卦變設計,我們可以借用京房八宫卦的卦序體系作一示意、説明,見下表三(各卦所本之卦寫於小括弧內):

表三:荀爽易學六十四卦卦變表

八宫 世系	乾	震 (坤)	坎 (坤)	艮 (坤)	坤	巽 (乾)	離 (乾)	兑 (乾)
一世	姤 (乾)	豫 (坤)	節 (泰)	賁 (泰)	復 (坤)	小畜 (乾)	旅 (否)	困 (否)
二世	遯 (乾)	解 (震)	屯 (坎)	大畜 (泰)	臨 (坤)	家人 (巽)	鼎 (離)	萃 (否)
三世	否 (乾)	恒 (泰)	既濟 (泰)	損 (泰)	泰 (坤)	益 (否)	未濟 (否)	咸 (否)

（續表）

八宮 世系	乾䷀	震䷲ （坤）	坎䷜ （坤）	艮䷳ （坤）	坤䷁	巽䷸ （乾）	離䷝ （乾）	兌䷹ （乾）
四世	觀䷓ （乾）	升䷭ （泰）	革䷰ （兌）	睽䷥ （離）	大壯䷡ （坤）	无妄䷘ （否）	蒙䷃ （艮）	蹇䷦ （坎）
五世	剝䷖ （乾）	井䷯ （泰）	豐䷶ （泰）	履䷉ （乾）	夬䷪ （坤）	噬嗑䷔ （否）	渙䷺ （否）	謙䷎ （坤）
遊魂	晉䷢ （否）	大過䷛ （兌）	明夷䷣ （泰）	中孚䷼ （巽）	需䷄ （泰）	頤䷚ （艮）	訟䷅ （否）	小過䷽ （震）
歸魂	大有䷍ （乾）	隨䷐ （否）	師䷆ （坤）	漸䷴ （否）	比䷇ （坤）	蠱䷑ （泰）	同人䷌ （乾）	歸妹䷵ （泰）

　　通過對上表的觀察，可以看出，荀氏易學的卦變設計，在八宮卦中呈現出鮮明的規律性，即相對之宮的相同世卦所本之卦皆是相反或者説相對的，這也由之可以説明兩點：第一，荀氏的卦變説，確實是借鑒或本于京氏易學的八宮卦體系；第二，荀氏的卦變説，是對《周易》整個六十四卦的統籌考慮和系統設計的，其中有著既定的原則和依據的。在此，需要辨析的一個問題是：在荀氏的卦變設計中，爲什麼有的二陰二陽卦本於六子卦？而有的二陰二陽卦却本於泰否卦呢？其實，這其中還有著鮮明的象數上的區別。對於前者而言，其上下二經卦皆是乾坤相交，即乾體中有坤爻，坤體中乾爻；對於後者而言，則上下經卦中存有乾或坤一純體。荀氏可能正是看到了這一差別，故在深入研究卦爻辭以及卦變規律的基礎上，提出了兩種不同的卦變原則。

　　總之，荀氏的卦變説，一方面深受孟、京易學的影響，特別是京房八宮卦的卦變體系的影響，使其在探究六十四卦卦變規律的時候，既強調乾坤作爲陰陽根本而具備的卦變功能，並由之突出作爲乾坤合體的泰否兩卦的卦變功能；又承認六子卦的卦變功能，從而使其在整體的卦變設計上，反而不如京房八宮卦體系嚴整，没有形成一以貫之的卦變體例。另一方面，較之于孟、京易學的卦變理論，其又有重要的理論突破。孟喜的十二消息卦説、京房的八宮卦迭變體系，其理論依據皆是視陰陽消長的力量自外部來，儘管《京氏易傳》注"賁"、"益"卦有一卦六爻之間陰陽互動的意味，但畢竟没有形成體例。荀氏則將卦變的動因區分爲外部原因和内部原因兩類，特別是三陰三陽卦皆本之於泰否卦，以及部分二陰二陽卦本之於同爲二陰二陽卦的六子卦，這既符合自然變易中内因爲主的法則，又爲人們進一步探究爻變、卦變的規律的開闢了道路。此外，與孟、京易學以卦變説構建易學天道觀的主要目的不同,荀氏的卦變説鮮明的體現了向戰國易學回歸的指向,卦變理論的主要目的是爲了解釋《周易》經傳,構建《周易》"象"與"辭"之間的橋樑。

五、東漢虞翻易學卦變理論及其實踐

關於虞翻易學的卦變説,清代學者惠棟指出:

卦變之説本於《彖傳》,荀慈明、虞仲翔、姚元直及蜀才(范長生)、盧氏、侯果等之注詳矣,而仲翔之説尤備。①

可見清人對於虞翻易學的卦變説,評價甚高。虞氏的卦變理論,也得到了今人的肯定,林忠軍先生評價虞翻卦變理論時説:

其卦變體系的精微、龐大及完備是古代(宋以前)言卦變者望塵莫及的。②

虞翻易學的卦變説,當是受了荀爽易學的影響。《三國志·虞翻傳》注引虞翻曰:

經之大者,莫過於《易》。自漢初以來,海内英才,其讀易者,解之率少。至孝靈之際,潁川荀諝號爲知《易》,臣得其注,有愈俗儒。③

朱伯崑先生指出:

他(指虞翻,筆者注)發揮了荀爽的剛柔升降説,將卦氣説引向卦變説,以卦變説解釋《周易》經傳。④

林忠軍先生也指出:

虞氏推崇荀易,很大程度上與荀氏言卦變是分不開的,荀氏卦變説在虞氏卦變説形成中的作用也是顯而易見的。⑤

關於虞氏的卦變説資料,李鼎祚的《周易集解》中保存得比較完整,除了師、同人、大有卦不言自何卦卦變而來外,其他各卦皆言自何卦卦變而來,這爲我們比較全面的認識虞氏卦變説提供了條件。朱伯崑先生認爲虞翻卦變説的主要内容是:

一是乾坤父母卦變爲六子卦,一是十二消息卦變爲雜卦。⑥

筆者贊同朱先生的觀點,但虞氏對於二者的卦變設計有著不同的目的和意義。兹在前人研

---

① 惠棟《易漢學》卷八,文淵閣《四庫全書》本。
② 林忠軍《象數易學史》第一卷,第 192 頁。
③《三國志》卷五十七,中華書局 1982 年版,第 1322 頁。
④ 朱伯崑《易學哲學史》第一卷,第 211 頁。
⑤ 林忠軍《象數易學史》第一卷,第 193 頁。
⑥ 朱伯崑《易學哲學史》第一卷,第 211 頁。

究的基礎上,結合荀氏卦變説對於虞氏卦變説影響,對虞翻易學中卦變説作一具體的分析。

(一)本於乾、坤卦。這其中又分兩種情況,一種是乾、坤卦變而成六子卦,一種是乾、坤卦變而成十二消息卦(乾坤兩卦除外)。

1.乾、坤卦變而生六子卦。虞翻的這一卦變思想,遠紹《説卦》乾坤生六子説,近取荀爽易學的乾坤卦變六子卦説。虞翻將乾坤生六子的卦變過程,置於宇宙生成論的高度,以之解釋《繫辭》"太極生兩儀,兩儀生四象,四象生八卦"的過程。虞氏曰:

> 太極,太一也,分爲天地,故生兩儀也。四象四時也。兩儀謂乾坤也。乾二五之坤成坎離震兑。震春,兑秋,坎冬,離夏,故兩儀生四象……乾二五之坤則生震坎艮,坤二五之乾則生巽離兑,故四象生八卦。乾坤生春,艮兑生夏,震巽生秋,坎離生冬者也。

我們知道,孟喜易學在《説卦》八卦方位説的基礎上,提出坎、離、震、兑爲四正卦,並結合四正卦卦象在陰陽消長上的意義,構建了以四正卦二十四爻主宰一年四季二十四節氣的天道模式。虞氏則從乾坤卦變的角度,闡釋了四正卦在宇宙生成論上的重要意義,由"太一"→天地(乾坤)→四時(坎離震兑)→八卦,吸收了漢代國家信仰中的"太一崇拜",構建了易卦系統的宇宙生成論,這是其卦變説的創新之一。

儘管受荀爽卦變説的影響,虞翻認爲六子卦是由乾坤兩卦卦變而來,但從虞氏卦變的思想及具體卦變設計上,其更取十二消息卦卦變六子卦之義,故關於六子卦的卦變,存在著"兩可"的情況。如虞氏注《坎》卦曰:

> 乾二五之坤,與離旁通。於爻,觀上之二。

前一句是説坎自坤卦變而來,後一句是説坎自觀卦變而來。其注《離》卦曰:

> 坤二五之乾,與坎旁通。于爻,遁初之五,柔麗中正,故"利貞,亨"。

前一句是説離自乾卦變而來,後一句是説離自遁卦變而來。很明顯,關於前者,虞翻是受了荀爽卦變説的影響;關於後者,方是虞翻易學自成體系的卦變説。故虞氏注《震》卦曰"臨二之四",注《巽》卦曰"遁二之四",注《艮》卦曰"觀五之三",注《兑》卦曰"大壯五之三",皆認爲六子卦是由十二消息卦卦變而來。可見虞氏在六子卦的卦變設計上,是有著鮮明的規律性的。這也由之給我們一個啓示:虞氏的卦變説,其本于荀氏易學的,有的並不屬於虞翻自創的卦變體系。就是説,虞氏《易注》中的卦變説,有的僅僅是對於荀氏卦變説的記録或借用,並不能算作是虞氏的卦變思想或卦變設計。

在此需要提出的問題是:虞氏易學的卦變體系中是否有六子卦卦變雜卦的設計? 我們知道,在荀爽的卦變體系中,六子卦有卦變其他雜卦的功能的,而虞氏注《屯》卦曰:

> 坎二之初,剛柔交震,故"元亨";之初得正,故"利貞"也。

虞氏注《蒙》卦曰：

> 艮三之二。"亨"謂二。震剛柔接，故"亨"。

虞氏注《大過》卦辭曰：

> 大壯五之初，或兌三之初。"棟橈"謂三，巽爲長木稱"棟"。初上陰柔，"本末弱"，
> 故"棟橈"也。

虞氏《易注》中言本於六子卦卦變的僅此三例。其中，屯、蒙分別本於坎、艮，又見於荀注。上文已辨析，虞氏曰大過卦的卦變"或兌三之初"，亦當本于荀注。如何理解虞氏《易注》中的這三例卦變？林忠軍先生認爲：虞氏卦變說中屯、蒙、頤、中孚、小過、豐、旅等七卦屬於卦變中的特變，反映了虞氏卦變體系的前後矛盾。[①] 筆者認爲，就虞翻的整個卦變體系來看，十二消息卦卦變其他雜卦是主綫，如果說虞氏設計了六子卦卦變其他雜卦，考慮到虞氏將六子卦抬升到"兩儀生四象"、"四象生八卦"的哲學高度，六子卦又皆從臨、觀、遯、大壯四個消息卦卦變而來，則不會只構建坎、艮、兌三卦可以生成其他雜卦，而震、巽、離三個卦不能生成其他雜卦的體系。所以，僅就此三個卦的卦變而言，毋寧說是虞氏的卦變思想，不如說是其對荀爽卦變說的標記。因爲就京房八宮卦的體系來看，這三個卦分別爲二世、四世、和遊魂卦，而在荀爽的卦變體系中，本於六子卦的卦變，亦皆在這三世的卦中，故虞氏曰"坎二之初"、"艮三之二"、"兌三之初"之語，當是對荀氏易學六子卦卦變雜卦的理論總結。上文已述，虞氏注坎、離兩個卦的卦變有"兩可"之說，虞氏注大過卦的卦變亦存"兩可"之說，說明了"大壯五之初"，方是虞氏自創的卦變設計；此處不用己說，而取荀氏"兌三之初"的卦變說，與其注屯、蒙兩個卦一樣，只是爲了更好的解釋卦辭。故虞氏關於屯、蒙兩卦的卦變設計，從臨、觀卦變雜卦的規律來看：屯卦當是"觀上之初"，蒙卦當是"臨初之上"。再退一步說，坎、艮兩個卦屬於二陽四陰卦，卦變自臨、觀來，故言屯、蒙來自臨、觀卦的卦變，也是可以的。

　　2. 乾、坤卦變而成十二消息卦。就虞翻所處的東漢末期的學術思潮來看，孟喜開創的十二消息卦說已經不是新說。但從虞翻對於整個《周易》六十四卦的卦變來看，乾坤卦變十二消息卦，方是揭開了虞氏卦變說的帷幕。虞氏注《復》卦"陽息坤"，注《臨》卦曰"陽息至二"，注《泰》曰："陽息坤，反否也"，注《大壯》曰"陽息泰也"，注《夬》曰"陽決陰，息卦也"此五卦皆言"陽息"，本於《坤》卦。虞氏注《姤》曰"消卦也"，注《遯》曰"陰消姤二也"，注《否》曰"陰消乾，又反泰也"，注《剝》卦曰"陽消乾"也，於《觀》卦雖無注，但依其注《大壯》之例當

---

① 林忠軍《象數易學史》第一卷，第 200 頁。

爲"陰消否也",此五卦言"陰消",本於乾卦。可見虞氏本于京房、荀爽易學關於十二消息卦卦變的解釋,而更突出陽息陰消之義。

(二)本於十二消息卦。在荀氏的卦變設計中,十二消息卦中只有泰、否卦具有變成他卦的功能,虞氏則將十二消息卦的卦變功能又擴展到了遁、大壯、臨、觀、剝、復、夬、姤等八個卦上,這是虞氏對卦變説的新發展。大體言之,三陰三陽卦本於泰、否卦;二陰四陽卦本於遁、大壯卦,二陽四陰卦本於臨、觀卦;一陰五陽卦本於夬、姤,一陽五陰卦本於剝、復,並將其施之於其他五十二卦,從而基本構建起了一以貫之的卦變體系。

1. 本於泰、否卦。在荀爽的卦變體系中,所有的三陰三陽卦和部分二陰二陽卦由泰、否卦變而來;而在虞翻的卦變體系中,只有所有的三陰三陽卦本於泰、否卦,即節、賁、恒、既濟、損、井、豐、蠱、歸妹等九卦本泰卦;旅、困、益、未濟、咸、噬嗑、渙、隨、漸等九卦本否卦,與荀氏卦變之説相同。林忠軍先生認爲:"三陰三陽之卦的《豐》、《旅》本當來自《泰》、《否》,但虞注來自《噬嗑》、《賁》。"①筆者認爲,林氏之説欠妥。茲先看虞氏對於兩卦卦變的注解,注《豐》卦曰:

> 此卦三陰三陽之例,當從泰二之四。而豐三從噬嗑上來之三,折四於坎獄中而成豐,故"君子以折獄致刑"。陰陽交,故"通"。噬嗑所謂"利用獄"者,此卦之謂也。

注《旅》卦曰:

> 賁初之四,否三之五,非乾坤往來也。與噬嗑之豐同義。小謂柔,得貴位而順剛,麗乎大明,故"旅小亨,旅貞吉"。再言"旅"者,謂四凶惡,進退無恒,無所容處,故再言"旅",惡而愍之。

就虞氏曰豐卦"此卦三陰三陽之例,當從泰二之四",旅卦"賁初之四,否三之五,非乾坤往來也"來看,其並沒有破三陰三陽卦從泰、否而來的體例。只是出於解釋卦爻辭及《大象》辭的需要,又認爲豐卦從噬嗑卦而來,旅卦從賁卦來。

2. 本於遁、大壯卦。依虞氏注,二陰四陽卦中,兌、需、大畜、睽、鼎、大過等六個卦本於大壯卦;離、巽、訟、無妄、家人、革等六個卦本於遁卦。

3. 本於臨、觀卦。依虞氏注,二陽四陰卦中,震、蒙、頤、明夷、解、升等六個卦本於臨卦,坎、艮、屯、晉、蹇、萃等六個卦本於觀卦。

上述兩類卦變所列的二十四個卦中,屯、蒙兩個卦上文已分析過,在此專門分析一下頤卦,虞氏注《頤》卦曰:

---

① 林忠軍《象數易學史》第一卷,第200頁。

晉四之初,與大過旁通。"養正則吉",謂三之正,五上易位,故"頤貞吉"。反復不
衰,與乾、坤、坎、離、大過、小過、中孚同義。故不從臨、觀四陰二陽之例。或以臨二之
上,兑爲口,故有"口實"也。

通行本《周易》中頤與大過卦爲相對之卦,在京房八宫卦的體系中,大過與頤卦分别屬於震
宫和巽宫的遊魂卦,故也屬於相對之卦,二者在卦畫上屬於"全變"。而虞氏注《大過》卦曰
"大壯五之初,或兑三之初",已是肯定大過卦從二陰四陽之例,故此處注解《頤》曰"晉四之
初,與大過旁通"之語,乍一看來,確實令人費解。按虞氏卦變體例,二陽四陰卦,或本於臨,
或本于觀,虞氏不會不做推演。那麽,虞氏爲什麽還堅持頤卦"晉四之初"的卦變説呢?原
因在於表達其"成既濟定"的社會理想,即頤卦發生"三之正,五上易位"的變化而成既濟卦。
可見虞氏的卦變説,有時候因爲要服從其人文理想而進行改易。但虞氏又於注的末尾補充
説"或以臨二之上",可見其又認爲頤卦的卦變,是可以遵從臨、觀四陰二陽之例的。由之亦
可見,虞氏對於十二消息卦變五十二卦的卦變,有著鮮明的體例,但爲了更好的彌合卦爻辭
和卦爻象之間的關係,又部分的突破了其卦變的體例。

除此而外,屬於二陰二陽卦的尚有小過、中孚卦,虞氏注《中孚》曰:

訟四之初也。坎孚象在中,謂二也,故稱"中孚"。此當從四陽二陰之例。遯陰未
及三,而大壯陽已至四,故從訟來。二在訟時,體離爲鶴,在坎陰中,有"鳴鶴在陰"之
義也。

注《小過》曰:

晉上之三。當從四陰二陽臨觀之例。臨陽未至三,而觀四已消也,又有飛鳥之象,
故知從晉來。杵臼之利,蓋取諸此。柔得中而應乾剛,故"亨"。五失正,故"利貞"。
"過以利貞,與時行也"。

虞氏關於中孚、小過卦卦變的注解,受到了學者的質疑。如清代學者焦循曰:

《臨》《觀》未至三,二未至三成《明夷》也,《觀》四已消,五未至四成《晉》也。五先
之四,則四不消也,四不消而《晉》上之三爲《小過》,則《臨》二先至三成《明夷》,《明夷》
初之四成《小過》,亦可也。蓋兩陽爻齊之乃成小過,兩陰爻齊之乃成中孚。無兩爻齊
之之理,而其例既窮乃變其説,爲訟四之初,晉上之三,晉上之三仍是觀五先之四,觀上
次之三也。訟四之初仍是遯二先之三,遯初次之四也,仍是兩爻齊之。虞氏自知其不
可强通,故晦其辭,貌爲深曲,而究無奥義也。①

---

① 焦循《易圖略》卷七,九州出版社 2003 年版,第 124 頁。

林忠軍先生也評价説：

> 虞氏對《小過》特變所作解釋也不能令人置信。《小過》不從《臨》《觀》，在於《臨》陽未至三，《觀》四已消。若按照這種理論類推，《明夷》《震》《艮》等大部分皆有陽爻居三、四位，也不應從《臨》《觀》，這就等於推翻了《臨》《觀》生卦的理論。①

按：林氏之説似乎誤解了虞氏之注，焦氏雖察覺虞氏卦變説的問題所在，但評價有失公允。虞氏的這種卦變設計，其實體現了他卦變説的根本原則，兹作一揭示：第一，虞氏注《中孚》卦曰“此當從四陽二陰之例”，注《小過》卦曰“當從四陰二陽臨觀之例”，已經指出這兩卦亦須遵循虞氏的卦變條例。因爲訟、晉分別由遯、觀卦變而來，由訟變中孚，晉變小過，二者屬於間接從遯、觀卦變而來，按虞氏之注，這並沒有破其卦變體例。第二，虞氏注《小過》曰“臨陽未至三，而觀四已消也”之義，顯然是被誤解了。虞氏的意思是臨卦初、二位陽爻，觀卦五、上位陽爻，若直接從臨、觀卦變，因爲小過卦是三、四位陽爻，若進行一次陰陽爻位的升降或變化，是變不出小過卦的，故虞氏認爲從觀之晉，再從晉之小過，方完成二陰四陽之例的卦變。同樣的道理，遯卦初、二爻位陰爻，大壯卦五、上位陰爻，而中孚卦是三、四位陰爻，遯或大壯卦進行一次陰陽升降，是不能變成中孚卦的，故虞氏設計了二次卦變。由之，可以推知虞氏乾坤卦變十二消息卦，十二消息卦變其他五十二卦的一個根本原則：即一卦六爻的一次陰陽升降或陰陽變易變成另一卦。如前述乾坤卦變十二消息卦，即是一次陰陽爻位的變易；泰否卦變三陰三陽雜卦，即是一次陰陽升降。我們再分析二陰二陽卦的卦變情況加以印證，本於遯、觀、臨、大壯四個卦的卦變，可以分爲兩大類，相覆之卦和全變之卦，就相覆之卦的卦變來看，自然是分別本於臨、觀，或分別本於遯、大壯。而就全變之卦來看，除去分別本于訟、晉的中孚、小過卦，還剩下震、巽、坎、離、艮、兑六子卦和頤、大過等八個卦，而虞氏分別設計了四組卦變，窮盡了所有的組合形式，即震、巽分別本於臨、遯，坎、離分別本於觀、遯，艮、兑分別本於觀、大壯，頤、大過分別本於臨、大壯，這既充分顯示了虞氏對於卦變設計的深思熟慮，又是虞氏卦變原則使然。如震卦只能本於臨，而不能本於觀；巽卦只能本於遯，不能本於大壯；艮卦只能本於觀，不能本於臨；兑只能本於大壯，不能本於遯；晉只能本於觀，不能本於臨；訟只能本於遯，不能本於大壯……等等，皆是因爲一次陰陽升降完成卦變，而不是兩次或更多（下述一陰一陽卦也是一次陰陽升降或變易完成卦變），這是虞氏卦變説較荀爽卦變説改進的地方。從卦與卦之間的聯繫來看，一次陰陽升降或變易完成卦變，自然較多次陰陽升降或變易完成卦變，要更具有合理性。

---

① 林忠軍《象數易學史》第一卷，第200—201頁。

　　(三)關於一陰一陽卦的卦變。上文闡述了包括乾坤卦在內的五十六卦的卦變情況,還剩下一陰一陽卦的師、比、小畜、履、同人、大有、謙、豫等八個卦。關於這八個卦,虞氏有三個卦未注明變自何卦,有兩個卦違背卦變的體例,令人頗爲費解,茲具體分析之。

　　先看一陽五陰卦。謙、豫是通行本《周易》的第十五、十六卦,虞氏注《謙》卦曰:

　　　　乾上九來之坤,與履旁通。天道下濟,故"亨"。彭城蔡景君説"剝上來之三"。

按:虞氏曰"乾上九來之坤",即是説《謙》卦由《剝》卦卦變而來。注《豫》卦曰:

　　　　復初之四,與小畜旁通。坤爲邦國,震爲諸侯。初至五體比象,四利復初,故"利建侯"。

可見,虞氏關於謙、豫卦的卦變設計,遵循了十二消息卦變雜卦的原則。師、比是通行本《周易》的第七、八卦,虞氏注《師》卦曰:

　　　　坤爲衆,謂二失位,變之五爲比。(蜀才曰:"此本剝卦。")

虞氏注《比》卦曰:

　　　　師二上之五,得位。(蜀才曰:"此本師卦。")

由虞氏注《比》卦來看,其並沒有遵循一陽五陰卦本於十二消息卦剝、復的規律,而是認爲比卦由師卦卦變而來。那麼,師卦是由何卦卦變而來呢? 唐明邦先生指出:

　　　　蜀才的卦變思想,是將荀爽升降説,同虞翻卦變説相結合。基本上依虞氏卦變體例,對虞氏自違其例者,有所匡正。[1]

由蜀才對《比》卦卦變的注解來看,其對虞氏明顯"違例"的卦變説並無修正,則蜀才關於《師》卦卦變的注解,亦當是本于虞氏,即師卦本於剝卦,遵循了一陽五陰卦本於十二消息卦剝、復的體例。

　　再看一陰五陽之卦。小畜、履是通行本《周易》的第九、十卦,虞氏注《小畜》卦曰:

　　　　需上變爲巽,與豫旁通。豫四之坤初爲復,復小陽潛,所畜者少,故曰"小畜"。二失位,五剛中正,二變應之,故"志行乃亨"也。

虞氏注《履》卦卦辭"履虎尾,不咥人,亨,利貞"曰:

　　　　謂變訟初爲兑也,與謙旁通。以坤覆乾,以柔履剛。謙坤爲"虎",艮爲"尾",乾爲"人",乾兑乘謙震足蹈艮,故"履虎尾"。兑悦而應,虎口與上絶,故"不咥人"。剛當位,故通。俗儒皆以兑爲虎,乾履兑,非也。兑剛鹵,非柔也。

小畜、履皆是一陰五陽卦,而需、訟皆是二陰四陽卦,一陰五陽卦由二陰四陽卦卦變而來,這

---

① 唐明邦《范長生的易學思想》,《宗教學研究》2001年第4期,第11頁。

就突破了前述虞氏十二消息卦變雜卦的體例。小畜、履兩卦的特殊卦變,儘管由虞注來看其是出於注釋卦辭的需要,但也確實如學者所指出的:

　　　　一陰五陽、一陽五陰卦的卦變没有統一體例,顯示了虞氏體系的不完備,不嚴密。①

同人、大有是通行本《周易》的第十三、十四卦,虞氏注《同人》卦曰:

　　　　旁通師卦。(蜀才曰:"此本夬卦。九二升上,上六降二,則'柔得位得中而應乎乾'。下奉上之象,義同於人,故曰'同人'。")

虞氏注《大有》卦曰:

　　　　與比旁通。

對於大有卦,不但虞氏没有注明自何卦卦變而來,蜀才亦不言本于何卦,我們只能依照虞翻的卦變思想做一番推求。同人、大有分别與師、比旁通,即與之卦形全變,是否可以依比卦來自師卦的卦變説,而認爲大有卦來自同人卦呢? 答案是否定的。我們知道,"之正説"是虞氏重要的易學思想,爲什麽師卦必須變爲比卦,原因在於九二陽爻位不正,當升之五位,方爲正位。而同人卦之六二,如《彖》言"柔得位得中",位正且中,若六二上之五,雖得尊位而位不正,虞氏不會作此卦變上的考慮。由蜀才注《同人》卦"此本夬卦"之語,説明作爲同人卦的相覆之卦大有,亦當從一陰五陽卦卦變而來,而小畜、履雖是一陰五陽卦,却是從二陰四陽的需、訟卦卦變而來,若是大有卦又自小畜、履卦變而來,作爲虞氏卦變體系極其特殊的"違例",虞氏自當如注《比》卦一樣注明,故大有卦只有來自夬或姤卦。又由虞氏注《同人》卦曰"二至五體姤"之語,注《大有》卦曰"以乾滅坤,體夬"之語,可見虞氏已經深刻觀察到了二者與夬、姤兩卦在卦體上的相似性,按照陰陽升降的法則,同人卦是夬上六之二,故大有卦當是姤初六之五。

　　以上關於一陰一陽卦的分析,可見虞氏有違卦變體例的地方,這自然有失卦變系統的嚴整性。但如果我們不以苛求的眼光審視虞氏這幾處違例的卦變的話,比卦來自師卦,而師卦來自十二消息卦剥;小畜、履雖來自二陰四陽的需、訟卦,但需、訟分别來自十二消息卦中的大壯、遯,所以我們仍可以説,這並不違背十二消息卦變其他卦的總體理論構架。總之,關於虞氏易學六十四卦的卦變設計,我們可以圖表示之如下,見下表四:

---

① 林忠軍《象數易學史》第一卷,第202頁。

表四:虞翻易學六十四卦卦變表

乾：
- 剥 → 師、謙
- 比　　　　小過
- 觀 → 坎、艮、屯、晉、蹇、萃
- 否 → 隨、噬嗑、咸、益、困、漸、旅、渙、未濟
- 履
- 遯 → 離、巽、訟、无妄、家人、革
- 中孚
- 姤 → 大有

坤：
- 夬 → 同人
- 大壯 → 兑、需、大畜、睽、鼎、大過
- 小畜
- 泰 → 蠱、賁、恒、損、井、歸妹、豐、節、既濟
- 臨 → 震、蒙、頤、明夷、解、升
- 復 → 豫

通過虞氏易學卦變圖,可以很清楚的看出虞翻卦變思想,即以乾坤爲本,十二消息爲綱,相對之卦在卦變上的所本之卦亦基本相對。可見虞氏卦變説已經擺脱了京房八宮卦變體系的影響,而重新沿著《序卦》所闡述的通行本《周易》卦序探究卦變之理。有趣的是,通過虞氏易學卦變圖,可以查知本於乾卦(含乾卦)的卦變有三十四卦,本於坤卦(含坤卦)的卦變有三十卦。本於乾卦,即是以坤爻入乾;本於坤卦,即是以乾爻入坤,則乾爻動者三十卦,坤爻動者三十四卦,此與《周易》上下經所包括的卦數相合,又與《易緯·乾鑿度》之説相合:

孔子曰:陽三陰四,位之正也。故易卦六十四,分而爲上下,象陰陽也。夫陽道純而奇,故上篇三十,所以象陽也。陰道不純而偶,故下篇三十四,所以法陰也。[1]

此或是巧合,或是虞氏卦變説的本然之義。

總之,虞氏易學的卦變説,可謂集戰國時期《易傳》和兩漢孟喜、京房、荀爽易學中的卦變思想之大成,融會貫通而推陳出新,全面、深入而系統的卦變説的理論體系。其以乾坤卦變六子卦解釋《繫辭》"兩儀生四象,四象生八卦"的過程,突出了六子卦在宇宙生成論上重

---

① 安居香山、中村璋八《緯書集成》上册,第 15 頁。

要意義,從而進一步豐富和完善了兩漢時期的易學天道觀。同是本于孟喜"十二消息卦"的陰陽消長理論,却能繼京房八宮卦的卦變體系之後,以乾坤卦變十二消息卦、十二消息卦變其他五十二卦的卦變設計,富有邏輯性的構建起了《周易》六十四卦的卦變體系。在這個卦變體系下,貫穿著虞氏卦變的根本原則或者説基本規律,即一卦六爻内一次卦爻升降或一個爻位的陰陽變易完成一次卦變,前者基本體現在十二消息卦變其他卦上,後者基本體現在乾坤生十二消息卦上。儘管以今天的學術眼光審視,虞氏個別卦變之説有"違例"的地方,但瑕不掩瑜,其對於《周易》六十四卦之間卦變、爻變規律的闡發,既進一步揭示了《周易》六十四卦卦象相互聯繫、相互轉化的奥秘,解釋了《周易》卦爻辭與卦爻象之間的内在關係,也進一步豐富並深化了《易經》的變易思想,從而提升了人們對於《周易》思維體系的認識。從易學史發展的脈絡上看,虞翻的卦變理論,標誌著自戰國時期《易傳》開啓的兩個命題:即以卦變説解釋陰陽消長的天道觀,以卦變説解釋《周易》卦爻辭,經過兩漢時期孟喜、京房、荀爽易學的努力,至虞翻易學而最終予以比較圓滿的解決,意味著卦變説階段性的終結,從而又預示著易學將開啓新的學術轉向。

[作者簡介]于成寶:山東科技大學文法學院副教授。

今傳《易緯稽覽圖》的文本構成

——兼論兩種易占、易圖類著作的時代*

張 學 謙

提要：今傳《易緯稽覽圖》文本乃清乾隆間四庫館臣從《永樂大典》輯出，源自南宋館閣所藏七卷本《易緯》，其中包含了不少後代增益的內容。"推天元甲子之術""推易天地人之元術"是南北朝易占之書《易三備》的內容。"日主一爻"卦氣圖則屬於南北朝易圖之書《易通統軌圖》，這類易圖將曆法、物候、災異等與《易》結合，是對《易緯》的發展。這些增益之文當是唐代李淳風等續注《易緯》時添入，以爲補充參考之用。

《稽覽圖》是漢代《易緯》之一種，將易卦與曆法結合，以卦氣説災異，保存了漢易卦氣説的主要内容，自有其重要價值。今傳《稽覽圖》是清乾隆間四庫館臣從《永樂大典》中輯出，已非漢代舊貌，而是包含了不少後代增益的内容，文本面貌十分複雜。《四庫全書總目》即指出其中雜有南北朝及唐代年號，認爲此類内容"蓋皆六朝迄唐術士先後所附益，非《稽覽圖》本文"①。此外，其中尚有不少内容，雖無後代年號，亦非漢代舊文。此類内容，雖有殿本《稽覽圖》按語及張惠言《易緯略義》稍加提示，可惜未能引起大多數研究者的重視，故仍有重新檢討之必要。

一、《易緯稽覽圖》的流傳及今傳本的文本來源

隋唐時代，《易緯》是作爲一個整體流傳，根據《後漢書·樊英傳》李賢注的記載，共包括《稽覽圖》、《乾鑿度》、《坤靈圖》、《通卦驗》、《是類謀》、《辨終備》六篇②，而不同傳本各篇分卷又有不同，故《易緯》有六卷、八卷、九卷、十卷之別。北宋仁宗間成書的《崇文總目》著録

---

* 本文係國家社會科學基金青年項目"讖緯輯佚史研究與讖緯文獻的重新校理"（19CZS006）階段性成果。

① 永瑢等《四庫全書總目》，中華書局 1965 年版，第 46 頁。

② 《後漢書·方術列傳·樊英》，中華書局 1965 年版，第 2721 頁。

《易緯》九卷①，同時代的李淑《邯鄲書目》亦作九卷，並説明了各篇的分卷：“凡《乾鑿度》、《稽覽圖》、《通卦驗》各二，《辨終備》、《是類謀》、《坤靈圖》各一。”②徽宗時編成的《祕書省續編到四庫闕書目》則出現了單行的“《周易緯稽覽圖》一卷”③。到了南宋紹興年間，九卷本《易緯》已經散佚，孝宗時編成的《中興館閣書目》著録的是一種混入了《乾元序制記》的七卷本《易緯》，此外還有單行的“《稽覽圖》一卷”。七卷本《易緯》包括“《稽覽圖》第一，《辨終備》第四，《是類謀》第五，《乾元序制記》第六，《坤靈圖》第七，二卷、三卷無標目”④。陳振孫《直齋書録解題》也著録了這種七卷本《易緯》，此外還有單行本《易稽覽圖》三卷，“與上《易緯》前三卷相出入，而詳略不同”⑤，可見七卷本《易緯》中“無標目”的二卷、三卷亦是《稽覽圖》。因此，南宋時期流傳的《稽覽圖》既有七卷本《易緯》中的前三卷，也有一卷和三卷的單行本。

　　南宋館閣所藏七卷本《易緯》至明初尚存（内容較南宋時當有殘損），被收入《永樂大典》卷一五二九七“緯”字目中。據《永樂大典目録》所載，卷一五二九七“緯”字下爲《易緯稽覽圖》⑥，這是因爲首篇是《稽覽圖》，並非《大典》此卷僅收有《稽覽圖》一篇。清乾隆間修《四庫全書》，館臣閔思誠將《稽覽圖》從《大典》中抄出，經過整理校正，添附按語，作爲《易緯》八種之一，由武英殿於乾隆三十八年刊行，後收入《武英殿聚珍版書》及《四庫全書》、《四庫全書薈要》中，這就是我們今天看到的《稽覽圖》文本⑦。

　　《永樂大典》抄録《易緯》時未保留分卷，館臣僅能根據各篇篇名確定起訖，故《四庫總目》謂“今《永樂大典》載有《稽覽圖》一卷”，今傳本分爲二卷，乃是館臣“依馬氏舊録，析爲上下二卷”⑧。所謂“馬氏舊録”即元馬端臨《文獻通考·經籍考》，提要上文云：“馬氏《經籍考》載《易緯》七種，亦首列鄭注《稽覽圖》二卷。”實際上，馬氏此條乃是鈔録晁公武《郡齋讀書志》，晁目作“《周易緯稽覽圖》二卷、《周易緯是類謀》一卷、《周易緯辨終備》一卷、《周易緯乾元敘制記》一卷、《周易緯坤靈圖》一卷、《易通卦驗》二卷”⑨，凡六種，而非提要所云七種。除“《易通卦驗》二卷”外，五篇皆冠“周易緯”三字，篇次亦同七卷本，當是一個整體，惟其中《稽覽圖》作二卷，與七卷本有異。《易通卦驗》二卷則當是某人將單行本合附於後，與

① 王堯臣等編《崇文總目》卷一《易類》，明天一閣鈔本，寧波天一閣博物館藏。

② 王應麟撰，武秀成、趙庶洋校證《玉海藝文校證》卷一《易·易緯》，鳳凰出版社 2013 年版，第 53 頁。

③ 佚名編，葉德輝考證《祕書省續編到四庫闕書目》卷一《易類》，《宋史藝文志附編》，商務印書館 1957 年版，第 301 頁。

④ 王應麟撰，武秀成、趙庶洋校證《玉海藝文校證》卷一《易·易緯》，第 53 頁。

⑤ 陳振孫撰，徐小蠻、顧美華點校《直齋書録解題》卷三讖緯類，上海古籍出版社 2015 年版，第 79 頁。

⑥ 《永樂大典目録》卷四〇，影印清道光間靈石楊氏刊《連筠簃叢書》本，《永樂大典》第十册，中華書局 1986 年版，第 477 頁。

⑦ 以上詳參拙文《〈易緯〉篇目、流傳與輯佚的目録學考察》，《古典文獻研究》第二十輯上卷。

⑧ 永瑢等《四庫全書總目》，第 46 頁。

⑨ 晁公武撰，孫猛校證《郡齋讀書志校證》，上海古籍出版社 2011 年版，第 9 頁。

前五篇原非一本。《永樂大典》所收《稽覽圖》文本源自南宋館閣所藏七卷本《易緯》,館臣據馬氏《經籍考》(實晁目)分爲二卷,並不恰當。且從何處分卷並無任何依據,實際仍是館臣參酌文本内容,以己意爲之。

二、今傳本中的非《易緯稽覽圖》文本

(一)《易三備》

今本《稽覽圖》卷上首有"推天元甲子之術""推易天地人之元術"二段:

推天元甲子之術

置天元已來年數,以六十去之,不滿六十者,以甲子始數,算盡之上,所得之日,即生歲之卦,諸變皆如卦。十所年歲月朔日辰直子日者,即主今月之卦。今日辰直五子之日,即是今日之卦也。諸改變異,並與歲同占。至歲之卦,當隨太歲而移之,行一子,終則反始,無有窮也。

推易天地人之元術

先置天元,太初癸巳元年。一百九十萬八千八百五十三歲,乃始太初元年已來載數,至所求年歲上,以六十除之。不滿六十者,以從甲子所數,算盡者之上,即今歲用事。

其下有注云:

已上寫出一紙,本經《易緯》無之,此於《三備》上録出,以廣本耳。其所寫《三備》,並從前立卦者皆不寫,以緣此本有,更不能再出,故此本兩存耳。從後即是《易緯》本經,非《三備》所有也。

已明確説明這兩段文字並非《稽覽圖》原文,而是從"《三備》上"録出。此二術乃求主歲卦之法,與《稽覽圖》六十四卦主歲説相合,故有人將其抄録於此,以爲參考,即注文所謂"以廣本耳"。南宋黃震(1213—1280)所見《易緯稽覽圖》已有此二術[1],可見迻録《三備》此文入《稽覽圖》在黃氏前。馮椅《厚齋易學》云:"按《中興館閣書》,《易緯》七卷,又有李淳風等續注。其一推天元甲子之術,其二推易天地人之元術。"[2]上文已經指出,今傳《稽覽圖》乃從《永樂大典》中抄出,而《大典》所收即南宋館閣所藏七卷本《易緯》。《稽覽圖》在南宋七卷本《易緯》中居首,《中興館閣書目》(1178)所載二術正與今本《稽覽圖》一致。對於何人迻

---

① 黃震《黃氏日抄》卷五七《讀諸子》,元後至元刻本。
② 馮椅《厚齋易學》附録一《先儒著述上》,影印《文淵閣四庫全書》本。

録此文,殿本《稽覽圖》案語謂"乃後世術士所加",孫詒讓則云"此唐人校書所注補"①。據馮椅所引《中興館閣書目》,《易緯》有李淳風等續注,則迻録《三備》之文似出李淳風等人之手。

《三備》即《易三備》,所謂"三備"乃天、地、人三才兼備之義,運用八宫六十四卦,以世、應的定和動來預測事物之吉凶禍福②。故分《上備》、《中備》、《下備》三卷。《隋書・經籍志》、《舊唐書・經籍志》、《新唐書・藝文志》子部・五行類皆著録《易三備》三卷,另有一卷本③。《崇文總目》卜筮類、《通志・藝文略》五行・易占類有《周易三備》三卷,又《周易中備雜機要》一卷。《宋史・藝文志》子部・蓍龜類作"《周易三備》三卷,題孔子師徒所述,蓋依託也",子部・五行類又有《周易三備雜機要》一卷④,"三備雜機要"似是"中備雜機要"之誤,或即隋唐《志》著録之一卷本。

此書尚存五個敦煌寫本殘卷(S.6015、S.6349、S.12136、P.4924、P5031),但只有《中備》和《下備》二卷的内容。S.6349 包括《中備》、《下備》二卷,但可能是由兩個不同寫本拼合而成⑤。其中《中備》不避"世"字。P.4924 則可與 S.6349 中的《下備》寫本綴合,原爲一件⑥,"世"、"身"混用。《下備》卷終後附有《占候驗吉凶法》,卷末有題記"于時歲次甲申六月丙辰十九日甲戌申時寫訖",故《下備》當爲唐懿宗咸通五年抄寫⑦。S.6015 爲《下備》寫本,文字較 S.6349 簡略,避"世"字作"身"。P5031 包括 46 件小殘片,並非一書,其中第 11 片文字爲⑧:

　　　　　　　　　]八月卦,世在四,應在初。顏[　　　　　　　

　　　　　　　　　]南有伏尸。大河在下。去卜處[　　　　　　

經與 S.6349 對比,屬於《中備》需卦,文字基本一致,"大河在下"後脱"有玉石"三字。S.12136 僅存頁面下端兩殘行:"[　　　　　　]土井,應/[　　　　　　]子云:有伏屍。"難以確認屬於何卦文字⑨。

---

① 孫詒讓撰,梁運華點校《札迻》,中華書局 1989 年版,第 6 頁。

② 張志清、林世田《S.6015〈易三備〉綴合與校録——敦煌本〈三備〉研究之一》,《敦煌吐魯番研究》第九卷,2006 年,第 389 頁。

③《隋書》,中華書局 1973 年版,第 1034 頁。《舊唐書》,中華書局 1975 年版,第 2042 頁。《新唐書》,中華書局,1975 年,第 1553 頁。按:《新唐書・藝文志》作"《易三備》三卷,又三卷",據《舊唐志》可知,"又三卷"當爲"又一卷"之誤。

④《宋史》,中華書局,1985 年版,第 5238、5265 頁。

⑤ 同注②。鄭炳林、陳于柱則認爲,二卷出自不同底本,但爲一人所抄,屬於歸義軍時期産物,見二氏《敦煌占卜文獻敘録》,蘭州大學出版社 2014 年版,第 12 頁。

⑥ 張志清、林世田《S.6349 與 P.4924〈易三備〉寫卷綴合整理研究》,《文獻》2006 年第 1 期,未附録文。又收入《國家圖書館同人文選》第 4 輯(國家圖書館出版社 2009 年版),附有録文。

⑦ 陳槃《敦煌鈔本〈三備〉殘卷附校勘記》,《古讖緯研討及其書録解題》,上海古籍出版社 2010 年版,第 569 頁。

⑧ 圖片見國際敦煌項目(IDP)網站及《法國國家圖書館藏敦煌西域文獻》34,上海古籍出版社 2005 年版,第 84—101 頁。黃正建《敦煌占卜文書與唐五代占卜研究》(增訂版)已經指出 P.5031 可能屬於《易三備》(中國社會科學出版社 2014 年版,第 10 頁)。但黃氏似乎將 P.5031 所有殘片視爲一書,可能是由於當時所據圖片不够清晰,未能一一分辨。

⑨ 鄭炳林、陳于柱《敦煌占卜文獻敘録》(第 14 頁)認爲此二殘行屬於《下備》革卦,但僅"井應"、"子云"四字相合,難以信從。

　　四個殘卷中，S.6349保存内容最多，首有類似序言之文，介紹了《易三備》的主要内容：“《三備》者，經云：《上備》，天也；《中備》，筮人中宅舍吉凶也；《下備》，筮 地 下磐石 湧 泉深淺吉凶安葬地也。”①如序言所云，《易三備》分爲三部分：《上備》筮天（天上），《中備》筮人中，《下備》筮地下，天上、人中、地下皆備。《通志·藝文略》云：“《上備》言天文，《中備》卜筮，《下備》地理。”“卜筮”當爲“筮人”之誤②。

　　關於《易三備》的成書時代，此書既引及郭璞（景純）之名，又見於《隋書·經籍志》著録，故當爲六朝之書③。唐初不少佛書記載，北魏明帝正光元年（520），道士姜斌與僧人曇謨最（曇無最）在殿前對論，曇謨最云：“孔子有《三備》卜經，謂天、地、人，‘佛’之文言，出在《中備》。”④此項記載，史實多誤，應當出於北朝後期佛道論爭時的僞造文獻，雖非信史，仍可視爲北朝後期史料⑤。由此可知，《易三備》在當時已經頗爲流行，故爲釋氏所知，並視爲孔子之書。敦煌殘卷中，僅S.6349有《中備》内容，但殘損嚴重，現存文本無“佛”字。不過，隋杜臺卿《玉燭寶典》引孔子《内備經》云：“震爻動，則知有佛。”⑥宋羅泌《路史》卷三四《發揮三》“佛之名”條則引孔子《中備經》曰：“觀夫震爻之動，則知有佛矣。”可知《玉燭寶典》“内”爲“中”字之誤，此條引文即“‘佛’之文言，出在《中備》”所指。又唐釋湛然（711—782）《止觀輔行傳弘決》卷六之二云：“《易》測陰陽等者，如孔子《三備》卜經，上知天文，中知人事，下知地理。”日本具平親王（964—1009）《弘決外典鈔》卷三云：“孔子《易林》有《上備》、《中備》、《下備》。”⑦敦煌殘卷無題名，但文中屢稱“孔子云”、“子夏云”、“顏淵曰”等，《宋史·藝文志》謂“題孔子師徒所述”，佛書亦徑以孔子書視之。

　　S.6349序言後直接抄寫《中備》而略去《上備》，應該是由於《上備》筮天，所占皆國運興衰，在普通百姓日常生活中缺乏實用性，所以略而不抄⑧。《中備》和《下備》的文本形式是，先列一段類似於篇序的文字，講解占筮的理論依據與方法，然後以八宫乾、坤、震、巽、坎、

① 《英藏敦煌文獻（漢文佛經以外部份）》第11卷，成都：四川人民出版社，1994年，第28頁。陳槃録文“磐石”上脱“下”字。又“地”字原爲闕文，“湧”字中部殘損，陳槃録文未補，而引岑仲勉云：“以所引郭景純《占》例之，則‘筮’下蓋脱‘占’字，‘石’下蓋脱‘湧’字。謙按：岑氏補“湧”字甚是，然《中備》下文載“郭景純《占宅地下磐石湧泉伏尸法》”云云，“地下磐石湧泉”六字與上文正合，闕文當補“地”字爲是。
② 陳槃《敦煌唐咸通鈔本〈三備〉殘卷（增訂本）》，《古讖緯研討及其書録解題》，第543頁。
③ 陳槃《敦煌唐咸通鈔本〈三備〉殘卷（增訂本）》，第545頁。
④ 釋法琳《破邪論》卷上。此書撰於唐武德五年（622）。亦見唐釋道宣《續高僧傳》卷二三《曇無最傳》、《廣弘明集》卷一、《集古今佛道論衡》卷一及唐釋道世《法苑珠林》卷五三等書。
⑤ 此承山東大學《文史哲》編輯部孫齊博士教示，謹致謝忱。
⑥ 杜臺卿《玉燭寶典·二月仲春》，《尊經閣叢刊》影印日本尊經閣文庫藏日本南北朝卷子本，東京：侯爵前田家育德財團，1943年。
⑦ 具平親王《弘決外典鈔》，《續天台宗全書·顯教3》，春秋社1989年版，第75頁。
⑧ 張志清、林世田《S.6349與P.4924〈易三備〉寫卷綴合整理研究》，第52頁。

離、艮、兌分統六十四卦的順序排列各卦，《上備》的形式應當與此類似。今本《稽覽圖》所載"推天元甲子之術"、"推易天地人之元術"是從《三備》録出，講解如何求得各歲、月、日主事之卦。既云"易天地人之元術"，則此法之用統括《上備》天、《中備》人、《下備》地三卷，原本應位於《三備》卷首。但"推天元甲子之術"與"推易天地人之元術"二段中關於如何推算主歲卦的内容實際是重複的，不知爲何並立二術。迻録者注云："其所寫《三備》，並從前立卦者皆不寫，以緣此本有，更不能再出，故此本兩存耳。"也就是説，《三備》中根據以上二術立卦的文字不再抄寫，原因是《稽覽圖》中已有類似的内容，爲了避免重複，故在《三備》中略去，僅在《稽覽圖》中保存二術文字。

總之，《易三備》是南北朝之書，唐代李淳風等續注《易緯》，迻録《易三備》所載"推天元甲子之術"、"推易天地人之元術"入《稽覽圖》中，以爲補充參考之用，非《稽覽圖》本文。

(二)《易通統軌圖》

《稽覽圖》卷下有一種分卦值日的卦氣圖，將四正卦外的六十卦分爲兩組，三十卦配陽月，三十卦配陰月，六十卦三百六十爻，爻主一日，凡三百六十日。其説如下（爻畫從略）[1]：

八百諸侯正月　侯三月　侯五月　侯七月　侯九月　侯十一月

小過立春　豫清明　大有芒種　恒立秋　歸妹寒露　未濟大雪

初六一日　六二六日　九三十一日　九四十六日　六五二十一日　上六二十六日

二十七大夫蒙正月　大夫訟三月　大夫家人五月　大夫節七月　大夫無妄九月　大夫蹇十一月

初六二日　九二七日　六三十二日　六四十七日　六五二十二日　上九二十七日

九卿益正月　九卿蠱三月　九卿井五月　九卿同人七月　九卿明夷九月　九卿頤十一月

初九三日　六二八日　六三十三日　六四十八日　九五二十三日　上九二十八日

三公漸正月　三公革三月　三公咸五月　三公損七月　三公困九月　三公中孚十一月

初六四日　六二九日　九三十四日　六四十九日　九五二十四日　上九二十九日

天子泰正月　夫子夬三月　天子姤五月　天子否七月　天子剥九月　天子復十一月

初九五日　九二十日　九三十五日　六四二十日　六五二十五日　上六三十日

---

[1] 殿本按語云："按上文各卦圖，俱取五德，首一卦六爻，依日配之，以例其餘。原本多有脱落錯誤，今各依本卦補入。至策數亦有脱者，未敢妄補，姑仍其舊。"可見《永樂大典》所載文字原有脱訛，已經館臣校正。

右是六陽月三十卦,直事日依氣定,日主一爻。

八百諸侯二月　侯四月　侯六月　侯八月　侯十月　侯十二月

需驚蟄　旅立夏　鼎小暑　巽白露　艮立冬　屯小寒

初九一日　九二六日　九三十一日　六四十六日　九五二十一日　上六二十六日

二十七大夫隨二月　大夫師四月　大夫豐六月　大夫萃八月　大夫既濟十月　大夫謙十二月

初九二日　九二七日　九三十二日　六四十七日　九五二十二日　上六二十七日

九卿晉二月　九卿比四月　九卿渙六月　九卿大寒八月　九卿噬嗑十月　九卿睽十二月

初六三日　六二八日　六三十三日　九四十八日　九五二十三日　上九二十八日

三公解二月　三公小寒四月　三公履六月　三公賁八月　三公大過十月　三公升十二月

初六四日　九二九日　六三十四日　九四十九日　六五二十四日　上六二十九日

天子大壯二月　天子乾四月　天子遯六月　天子觀八月　天子坤十月　天子臨十二月

初九五日　九二十日　九三十五日　九四二十日　六五二十五日　上六三十日

應已上盡卦爻日,並上一同。

右是六陰月三十卦,直事日依氣定,日主一爻。

張惠言《易緯略義》曰:"右二圖陰陽月六十卦直事,題云'日主一爻',而圖列六爻,每爻中間五日,六爻則盡一月矣。"此圖先將六十卦按六陽月、六陰月分爲兩組,每組三十卦。再將三十卦分爲八百諸侯、二十七大夫、九卿、三公、天子五組,每組六卦,分別與六陽月、六陰月對應。如此則每月有五卦三十爻,爻主一日,正盡一月日數。以正月爲例,小過、蒙、益、漸、泰五卦,橫看則每卦之爻間隔五日,豎看則五卦初爻分主一日至五日,次爻分主六日至十日,以此類推,上爻分主二十五日至三十日。其餘各月均同此例。此二圖文字較爲簡省,未將各卦爻所主之日一一列出①,現以正月爲例,繪製一副較爲直觀的圖表:

────────────

① 清人俞樾將三百六十日值日之爻全部列出,見《春在堂隨筆》卷八,清光緒二十五年(1899)刻《春在堂全書》本。本文亦據以改繪一圖,見文末附錄一。

圖一　《易通統軌圖》正月"日主一爻"圖

小過	蒙	益	漸	泰
－－初六 1	－－初六 2	－初九 3	－－初六 4	－初九 5
－－六二 6	－九二 7	－－六二 8	－－六二 9	－九二 10
－九三 11	－－六三 12	－－六三 13	－九三 14	－九三 15
－九四 16	－－六四 17	－－六四 18	－－六四 19	－－六四 20
－－六五 21	－－六五 22	－九五 23	－九五 24	－－六五 25
－－上六 26	－上九 27	－上九 28	－上九 29	－－上六 30

　　此卦氣圖中，每卦各值六日，顯然與孟喜、京房及《稽覽圖》的六日七分説不同。唐一行在《曆議・卦議》中討論了孟氏、京氏及《易通統軌圖》三家卦氣説的區別，指出《易通統軌圖》的特點是"自入十有二節，五卦初爻相次用事，及上爻而與中氣偕終"①。雖仍爲每月五卦，但與孟氏、京氏五卦依次用事不同，改爲五卦初爻依次用事，正與上圖一致。故張惠言云："案此圖初爻一日，而二當六，則立春一日小過，初二日蒙，初三日益，初四日漸，初五日泰，初六日小過二，正是'相次用事'之法，則此圖即《易統軌》。"②此圖各月均從節氣（初氣）起，如正月起自立春，小過初六爲一日，蒙初六爲二日，益初九爲三日，漸初六爲四日，泰初九爲五日，小過六二爲六日，蒙九二爲七日，至泰九三爲十五日，立春節終。小過九四爲十六日，雨水氣始，至泰上六爲三十日，雨水氣終，即一行所謂"及上爻而與中氣偕終"（立春爲節氣，雨水爲中氣）。其他各月皆準此例。可見《稽覽圖》卷下所載此圖即《易通統軌圖》之説，與《稽覽圖》卦氣説不同，張惠言云："蓋此圖後世雜家所附益，非《中孚傳》（謙按：即《稽覽圖》）本文。"③

　　《隋書・經籍志》子部五行家、日本藤原通憲（信西）《通憲入道書目録》皆有《易通統卦驗玄圖》一卷，不著撰人④。《顔氏家訓・書證篇》引《易統通卦驗玄圖》曰："苦菜生於寒秋，更冬歷春，得夏乃成。"又曰："荔挺不出，則國多火災。"⑤《易通統卦驗玄圖》、《易統通卦驗玄圖》當即一書。⑥此外，《隋志》五行家尚有《易通統圖》二卷，又《易通統圖》一卷，同樣不著撰人。經部易家謂"梁又有《周易大演通統》一卷，梁氏撰"，也屬於圖譜一類。⑦所謂"通

①《新唐書・曆志三上》，第 599 頁。
②張惠言《易緯略義》，清光緒中廣雅書局刊民國九年番禺徐紹棨彙編重印《廣雅書局叢書》本，第 15a 頁。
③張惠言《易緯略義》。
④藤原通憲《通憲入道書目録》第一櫃，鐮倉初期寫本，日本宮内廳書陵部藏。
⑤王利器《顔氏家訓集解》（增補本），中華書局，1993 年版，第 410、418 頁。
⑥佚文輯録參見文末附録二。
⑦姚振宗撰，劉克東、董建國、尹承整理《隋書經籍志考證》，清華大學出版社 2014 年版，第 88 頁。

統圖", 即以易圖的形式通貫、綜括《易》之綱領、系統。《易通統卦驗玄圖》、《易通統圖》當是形式相近的易圖, 從《顏氏家訓》引文看, 這類易圖應是將曆法、物候("荔挺生"是七十二候之一)、災異等與《易》結合, 將各類内容一一納入易圖, 並確定一定的對應關係, 以便尋檢①。一行所謂《易通統軌圖》當即《易通統卦驗玄圖》或《易通統圖》, 抑或是同類易圖。此外, 一行在《曆議·卦候議》中説: "七十二候……自後魏始載於曆, 乃依《易軌》所傳, 不合經義。"《易軌》當即《易通統軌圖》之簡稱。唐李鼎祚《周易集解》云: "案《易軌》, 一歲十二月, 三百六十五日四分日之一。以坎、離、震、兑四方正卦, 卦别六爻, 爻主一氣。其餘六十卦, 三百六十爻, 爻主一日, 當周天之數。餘五日四分日之一, 以通閏餘者也。"②李道平《纂疏》謂"易軌者, 易策也"③, 並未將其理解爲書名。但就李鼎祚所言, 亦是一爻主一日之説, 與《易通統軌圖》一致, 惟不知是否爲初爻相次用事, 此《易軌》當亦爲《易通統軌圖》之簡稱。

　　《易通統卦驗玄圖》見於《隋書·經籍志》及顏之推《顏氏家訓》, 則成書不晚於隋代④。又一行《卦議》謂"惟《天保曆》依《易通統軌圖》",《卦候議》謂《正光曆》"依《易軌》所傳",《天保曆》爲北齊文宣帝受禪後命宋景業所造, 成於天保元年(550)⑤,《正光曆》爲北魏孝明帝正光元年(520)所頒⑥, 則《易通統軌圖》時代又在此前。

　　根據《易通統圖》的殘存佚文, 可以考證出此書的時代。《李嶠雜咏·乾象十首·日》唐張庭芳注引《易通統圖》云: "(春日), 日行東方青道曰東陸。夏日, 日行南方赤道曰南陸。秋日, 日行西方白道曰西陸。冬日, 日行北方黑道曰北陸也。"⑦敘述了四時、四方與日行四道的配合。《左傳》昭公四年載申豐曰: "古者日在北陸而藏冰, 西陸朝覿而出之。"也就是説, 古時候人們在太陽運行到"北陸"時鑿取冰塊, 儲藏於冰室, 這時自然是冬季⑧。到了"西陸"早晨出現在東方的時候, 則開始取用冰塊, 這時是春季⑨。《爾雅·釋天》: "北陸, 虚

① 據一行《曆議·卦候議》, 北魏《正光曆》是最早引入七十二候的曆法, 其次序與《逸周書·時則解》頗有不同, 當是進行過調整。唐代一行《大衍曆》之前的曆法均以《正光曆》的七十二候系統爲準(陳美東《中國科學技術史·天文學卷》, 科學出版社 2003 年版, 第 290—292 頁), 則南北朝間流行的此類易圖大概也是採用這種排列方式。
② 李道平撰, 潘雨廷點校《周易集解纂疏》, 中華書局, 1994 年版, 第 261 頁。標點有改動。
③ 李道平撰, 潘雨廷點校《周易集解纂疏》, 第 262 頁。
④《顏氏家訓》成書在入隋後, 見王利器《顏氏家訓集解·敘録》, 第 1—2 頁。
⑤《隋書·律曆志中》, 第 417 頁。
⑥《魏書》卷一〇七上《律曆志三上》, 中華書局, 1974 年, 第 2663 頁。
⑦ [日]山崎明、ブライアン·スタイニンガ《百二十咏詩注校本——本邦佚存李嶠雜咏注》,《斯道文庫論集》第五十輯, 2015 年, 第 248 頁。《太平御覽》卷一八時序部三、卷二一時序部六、卷二四時序部九、卷二六時序部十一亦分别引用, 但有訛脱。
⑧ 關於藏冰的時間, 經注皆以爲在夏正十二月。《詩經·豳風·七月》: "二之日鑿冰沖沖, 三之日納于凌陰。"毛傳: "冰盛水凍, 則命取冰於山林。""凌陰, 冰室。"又《周禮·天官·凌人》: "凌人掌冰正, 歲十有二月, 令斬冰。"又《禮記·月令》: "季冬之月, 冰方盛, 水澤腹堅, 命取冰。"鄭注: "此月日月在北陸, 冰堅厚之時也。"
⑨ 關於開冰的時間, 諸名家略有歧異, 服虔、賈公彦以爲在夏正二月, 杜預以爲在三月, 孫詒讓從前説。參見孫詒讓撰, 王文錦、陳玉霞點校《周禮正義》卷十, 中華書局, 2013 年版, 第 377—378 頁。

也。”“西陸,昴也。”則將北陸特指爲北方七宿之一的虚宿,將西陸特指爲西方七宿之一的昴宿。以此推之,南陸即南方七宿的星宿,東陸即東方七宿的房宿①。實際上,四陸之名通該東、南、西、北四象②。服虔、杜預注皆謂“陸,道也”,四陸即太陽所行之四道:東陸即東方蒼龍七宿,角、亢、氐、房、心、尾、箕。北陸即北方玄武七宿,斗、牛、女、虚、危、室、壁。西陸即西方白虎七宿,奎、婁、胃、昴、畢、觜、參。南陸即南方朱雀七宿,井、鬼、柳、星、張、翼、軫。

太陽在黄道運行,四象二十八宿分佈於黄道,日行黄道即日行四陸。在古人眼中,太陽圍繞地球旋轉,每年一周,每月到達一個位置。對於一年之中太陽在星空中的視運動,《吕氏春秋》和《禮記·月令》有相同的記載:孟春之月,日在營室。仲春之月,日在奎。季春之月,日在胃。孟夏之月,日在畢。仲夏之月,日在東井。季夏之月,日在柳。孟秋之月,日在翼。仲秋之月,日在角。季秋之月,日在房。孟冬之月,日在尾。仲冬之月,日在斗。季冬之月,日在婺女。

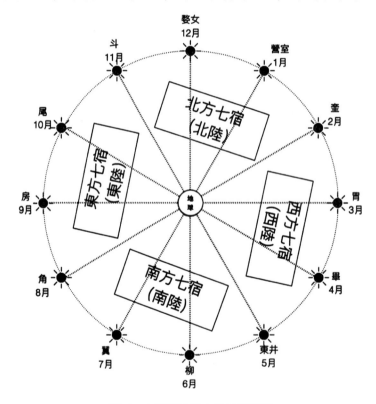

圖二　太陽在星空中的視運動圖

① 曾運乾撰,黄曙輝點校《尚書正讀》,華東師範大學出版社 2011 年版,第 10 頁。
② 服虔注云:“北陸言在,謂十二月日在危一度。西陸朝覲不言在,則不在昴,謂二月在婁四度,謂春分時,奎、婁晨見東方而出冰,是公始用之。”則知奎、婁亦可稱“西陸”,故孫詒讓亦云:“審文校義,西陸之名,通晐白虎七宿。”(孫詒讓撰,王文錦、陳玉霞點校《周禮正義》,第 377—378 頁)

由上圖可知,太陽在北陸(北方七宿)運行的月份是仲冬至孟春(11月至1月),在西陸(西方七宿)運行的月份是仲春至孟夏(2月至4月),在南陸(南方七宿)運行的月份是仲夏至孟秋(5月至7月),在東陸(東方七宿)運行的月份是仲秋至孟冬(8月至10月),所以當時的四陸(四象)並不完全與四季對應,而是有交叉。由於歲差,春分點大約每71年9月西移1°,而《呂氏春秋》記錄的時代,四陸與四季有一個月的偏差,如果要讓二者完全對應,春分點需要東移約30°,即時間上推約2150年,已在夏代之前。

戰國、秦、漢間,並無文獻以四陸與四季一一對應。至西晉司馬彪《續漢書·律曆志下》云:"是故日行北陸謂之冬,西陸謂之春,南陸謂之夏,東陸謂之秋。"方以北陸對冬,西陸對春,南陸對夏,東陸對秋。但這種"西陸—春"、"東陸—秋"的對應關係,與五行學説中"東方—春"、"西方—秋"的配合恰恰相反。後人昧於"四陸"本義,將對應關係妄改爲"東陸—春"、"西陸—秋",以合於五行。如《文選》載晉郭璞《遊仙詩》云:"蓐收清西陸,朱羲將由白。"[1]據《禮記·月令》孟秋之月"其神蓐收",蓐收既爲司秋之神,則郭璞以西陸爲秋也。循郭詩之意,呂延濟注亦云:"西陸,秋也。"李善注引司馬彪《續漢書》,更是改"西陸謂之春"爲"西陸謂之秋",可見皆已不知"西陸"原意[2]。較郭璞略早的張協(景陽)有《雜詩》云:"大火流坤維,白日馳西陸。"[3]所言亦爲秋日,誤同郭璞,李善注引《續漢書》亦妄改。可見與司馬彪同時之人即已有以西陸配秋,以東陸配春者。

此外,漢代緯書中還有"日行九道"的説法[4]。《尚書考靈曜》云:"萬世不失九道謀。"鄭注引《河圖帝覽嬉》云:"黃道一。青道二,出黃道東;赤道二,出黃道南;白道二,出黃道西;黑道二,出黃道北。日春東從青道,夏南從赤道,秋西從白道,冬北從黑道。"[5]鄭玄《禮記·月令》注亦有"日之行,春東從青道,發生萬物,月爲之佐"云云。孔疏云:

> 云"月爲之佐"者,以日月皆經天而行,月亦從青道,陰佐于陽,故云"月爲之佐"。知月亦從青道者,以緯云"月行九道,九道者並與日同,而青道二,黃道東;赤道二,黃道南;白道二,黃道西;黑道二,黃道北;并黃道而爲九道也",並與日同也。

---

① 蕭統編,呂延濟等注《六臣注文選》卷二一,影印日本足利學校藏宋刊明州本,人民文學出版社2008年版,第330頁。
② 姚範在《惜抱軒筆記》中認爲郭璞所用不誤:"按天之西陸,西方七宿也,主蓐殺之氣。景純言蓐收之氣應之,此本不誤,非謂日之所行也。當秋,日之所行自在東陸。……今李善既不達郭旨,遽改《續志》之文曰'西陸謂之秋',何其謬耶。"若按姚氏説,西陸爲西方七宿,故可主蕭殺之氣,而蕭殺之氣在秋,然則西陸可謂秋乎? 關鍵在於不可據五行説層層推導。故今不從姚氏説。
③ 蕭統編,呂延濟等注《六臣注文選》,卷二九,第457頁。
④ 九道是由於星辰四遊產生的,參見李天飛《緯書〈尚書考靈曜〉中的宇宙結構》,《揚州大學學報》(人文社會科學版),第17卷第6期,2013年11月。
⑤ 孔穎達《禮記正義》卷二一《月令》第六解題引,影印南宋越刊八行本,北京大學出版社2015年版,第458—459頁。

可見緯書中日月皆行九道。王充《論衡·説日》亦云"日月有九道"。但"日有九道"的概念並不常見,更爲人熟知的是"月有九道"①。劉向《洪範五行傳》:"日有中道,月有九行。"(一行《大衍曆議》引)《漢書·天文志》云:"月有九行者:黑道二,出黄道北;赤道二,出黄道南;白道二,出黄道西;青道二,出黄道東。立春、春分,月東從青道;立秋、秋分,西從白道;立冬、冬至,北從黑道;立夏、夏至,南從赤道。然用之,一決房中道。"②

圖三　《易通統圖》雜糅"日行四陸"與"日行九道"説

	"日行四陸"説/"日行九道"説	《易通統圖》
春	日行西陸→日行東陸 日東從青道	日行東方青道曰東陸
夏	日行南陸 日南從赤道	日行南方赤道曰南陸
秋	日行東陸→日行西陸 日西從白道	日行西方白道曰西陸
冬	日行北陸 日北從黑道	日行北方黑道曰北陸

所謂九道,從顔色上區分,實際只有青、赤、白、黑四道。按照"日行九道"的説法,日道與四季的對應關係爲:春—東從青道,夏—南從赤道,秋—西從白道,冬—北從黑道。這種春—東—青、夏—南—赤、秋—西—白、冬—北—黑的配合正與五行説一致。但漢代緯書中雖有此説,却並未以之牽合四陸,可見《易通統圖》並非漢代緯書。從時間上看,先是晉人將"日行四陸"説中的"西陸謂之春,東陸謂之秋"誤改爲"東陸謂之春,西陸謂之秋",然後《易通統圖》又將這種誤改過的"日行四陸"説與"日行九道"説雜糅合一。此書既見於《隋書·經籍志》,蓋成書於南北朝時期。

要之,《稽覽圖》中"初爻相次用事"的卦氣圖出自《易通統軌圖》,此書當即《易通統卦驗玄圖》或《易通統圖》,抑或是同類易圖。這類易圖將曆法、物候、災異等與《易》結合,是對《易緯》的發展,但皆屬南北朝時代的産物,不可以漢代緯書視之。

---

① 漢代的"月行九道"是用來解釋近點月問題的,參見陳久金《九道術解》,《自然科學史研究》1982 年第 2 期。
②《漢書·天文志》,中華書局,1962 年版,第 1295 頁。

（三）李淳風等續注

上文已經指出，《中興館閣書目》著録有李淳風等續注《易緯》，《易三備》和《易通統軌圖》之文蓋即續注之内容，唐人將其抄入《稽覽圖》中，以爲參考。《稽覽圖》卷下載四十二世軌，下有識語：“已上勾者，是勘《銘軌》加之，本經並無，只有單數不勾耳。”殿本按語云：“按此條乃後人標識之辭，原本混入正文，今姑存其舊，而用細字夾注以别之。”從稱《易緯》爲“本經”看，與“推天元甲子之術”、“推易天地人之元術”下注語相同，當亦李淳風等續注時添入。“勘銘軌加之”何意，前人無説，今檢《宋史·藝文志》子部五行類有《銘軌》五卷，[①]則《銘軌》中當亦有世軌之説，李淳風等比勘二者，根據《銘軌》對《稽覽圖》内容略加增益。《銘軌》或亦南北朝易占之書。此外，卷下所載推世卦術、推厄法有前後重複之處，又有舉例推算之文，頗爲繁複，顯然並非全爲《稽覽圖》原文，而是多有後人續注内容，但已經很難一一準確分别。

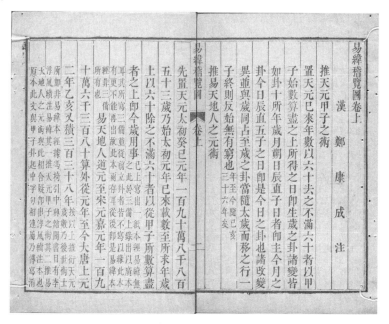

圖四　清乾隆三十八年武英殿刻本《易緯稽覽圖》

既云李淳風等，則所謂續注並非出於李氏一人。今傳《稽覽圖》文本中有一些李淳風之後的唐代年號，也説明尚有李氏之後唐人附益的内容。如卷上唐人附注之語云：“易天地人道元，至宋元嘉元年，一百九十萬六千三百八十算外。從元年至今大唐上元二年乙亥，又積

---

①《宋史》，第5262頁。

三百三十八年。"此語在"推天元甲子之術"、"推易天地人之元術"注文與《稽覽圖》正文"甲子卦氣起中孚"之間,殿本雖作大字(見圖四),但顯然並非二術文字。二術注文既云"從後即是《易緯》本經,非《三備》所有也",則當時並無此附注之文,而是直接《稽覽圖》本文,故附注文字時間較二術注文爲後。唐代有兩"上元"年號,一爲高宗,一爲肅宗。唐高宗上元二年(675)正當乙亥,然自宋元嘉元年(424)積三百三十八年當爲唐肅宗"上元二年辛丑"(761),"乙亥"蓋後人誤改。又宋元嘉元年爲甲子年,積年一百九十萬六千三百八十恰可整除六十,則"易天地人道元"爲甲子元。又如卷下推爻術後亦有唐人附注之文:"從伏羲天元甲寅已來,至大唐貞元年乙亥,積二百七十六萬一千二百二十算。至元和年三月,二百七十六萬一千二百三十一算。""貞元年乙亥"指唐貞元十一年乙亥(759),下"元和年"當爲元和元年(806),正差十一年。此外,最晚的年份已至元和十五年(820)。

三、結語

通過上文的考察可以看出,今傳《易緯稽覽圖》的文本十分複雜,既有南北朝時代的易占、易圖類著作的内容,又有不同時期的唐人附注之文。不同時代的文本錯雜而處,影響了我們對漢代《稽覽圖》文本的認識與利用。

經過考證,可以確認今傳《稽覽圖》中的"推天元甲子之術"、"推易天地人之元術"是南北朝易占書《易三備》的内容。此書取天、地、人三才兼備之義,運用八宮六十四卦,以世、應的定和動來預測事物之吉凶禍福,在中古時代頗爲流行,今尚存敦煌殘卷。至於《稽覽圖》中所載"日主一爻"的卦氣圖,則屬於一行《曆議·卦議》提及的《易通統軌圖》。據一行說,此書爲北魏《正光曆》所依,則成書必在正光元年(520)之前。見於書目著録的類似易圖著作有《易通統卦驗玄圖》和《易通統圖》二種,《易通統軌圖》當即二者之一,抑或是同類易圖。通過對《易通統圖》殘存佚文的考察,也證明此書晚出,非漢代文獻。總之,這類易圖將曆法、物候、災異等與《易》結合,是對《易緯》的發展,但皆屬南北朝時代的產物,不可以漢代緯書視之。

今傳《稽覽圖》中的《易三備》、《易通統軌圖》内容當是唐代李淳風等續注《易緯》時添入,以爲補充參考之用。續注工作亦非李淳風一人之力,而是唐代不同時期之人陸續增益,故有晚至元和之年號。

附錄一　"日主一爻"圖

		正月	二月	三月	四月	五月	六月
初一	八百諸侯	小過初六〔立春〕	需初九〔驚蟄〕	豫初六〔清明〕	旅初六〔立夏〕	大有初九〔芒種〕	鼎初六〔小暑〕
初二	二十七大夫	蒙初六	隨初九	訟初六	師初六	家人初九	豐初九
初三	九卿	益初九	晉初六	蠱初六	比初六	井初六	渙初六
初四	三公	漸初六	解初六	革初九	小畜初九	咸初六	履初九
初五	天子	泰初九	大壯初九	夬初九	乾初九	姤初九	遯初六
初六	八百諸侯	小過六二	需九二	豫六二	旅六二	大有九二	鼎九二
初七	二十七大夫	蒙九二	隨六二	訟九二	師九二	家人六二	豐六二
初八	九卿	益六二	晉六二	蠱九二	比六二	井九二	渙九二
初九	三公	漸六二	解九二	革六二	小畜九二	咸六二	履九二
初十	天子	泰九二	大壯九二	夬九二	乾九二	姤九二	遯六二
十一	八百諸侯	小過九三	需九三	豫六三	旅九三	大有九三	鼎九三
十二	二十七大夫	蒙六三	隨六三	訟六三	師六三	家人九三	豐九三
十三	九卿	益六三	晉六三	蠱九三	比六三	井九三	渙六三
十四	三公	漸九三	解六三	革九三	小畜六三	咸九三	履六三
十五	天子	泰九三	大壯九三	夬九三	乾九三	姤九三	遯九三
十六	八百諸侯	小過九四〔雨水〕	需六四〔春分〕	豫九四〔穀雨〕	旅九四〔小滿〕	大有九四〔夏至〕	鼎九四〔大暑〕
十七	二十七大夫	蒙六四	隨九四	訟九四	師六四	家人六四	豐九四
十八	九卿	益六四	晉九四	蠱六四	比六四	井六四	渙六四
十九	三公	漸六四	解九四	革九四	小畜九四	咸九四	履九四
二十	天子	泰六四	大壯九四	夬九四	乾九四	姤九四	遯九四
廿一	八百諸侯	小過六五	需九五	豫六五	旅六五	大有六五	鼎六五

（續表）

		正月	二月	三月	四月	五月	六月
廿二	二十七大夫	蒙六五	隨九五	訟九五	師六五	家人九五	豐六五
廿三	九卿	益九五	晉六五	蠱六五	比九五	井九五	渙九五
廿四	三公	漸九五	解六五	革九五	小畜九五	咸九五	履九五
廿五	天子	泰六五	大壯六五	夬九五	乾九五	姤九五	遯九五
廿六	八百諸侯	小過上六	需上六	豫上六	旅上九	大有上九	鼎上九
廿七	二十七大夫	蒙上九	隨上六	訟上九	師上六	家人上九	豐上六
廿八	九卿	益上九	晉上九	蠱上九	比上六	井上六	渙上九
廿九	三公	漸上九	解上六	革上六	小畜上六	咸上六	履上九
三十	天子	泰上六	大壯上六	夬上六	乾上九	姤上九	遯上九

		七月	八月	九月	十月	十一月	十二月
初一	八百諸侯	恆初六〔立秋〕	巽初六〔白露〕	歸妹初九〔寒露〕	艮初六〔立冬〕	未濟初六〔大雪〕	屯初九〔小寒〕
初二	二十七大夫	節初九	萃初六	无妄初九	既濟初九	蹇初六	謙初六
初三	九卿	同人初九	大畜初九	明夷初九	噬嗑初九	頤初九	睽初九
初四	三公	損初九	賁初九	困初六	大過初六	中孚初九	升初六
初五	天子	否初六	觀初六	剝初六	坤初六	復初九	臨初九
初六	八百諸侯	恆九二	巽九二	歸妹九二	艮六二	未濟九二	屯六二
初七	二十七大夫	節九二	萃六二	无妄六二	既濟六二	蹇六二	謙六二
初八	九卿	同人六二	大畜九二	明夷六二	噬嗑六二	頤六二	睽九二
初九	三公	損九二	賁六二	困九二	大過九二	中孚九二	升九二
初十	天子	否六二	觀六二	剝六二	坤六二	復六二	臨九二
十一	八百諸侯	恆九三	巽九三	歸妹六三	艮九三	未濟六三	屯六三
十二	二十七大夫	節六三	萃六三	无妄六三	既濟九三	蹇九三	謙九三
十三	九卿	同人九三	大畜九三	明夷九三	噬嗑六三	頤六三	睽六三

（續表）

		七月	八月	九月	十月	十一月	十二月
十四	三公	損六三	賁九三	困六三	大過九三	中孚六三	升九三
十五	天子	否六三	觀六三	剝六三	坤六三	復六三	臨六三
十六	八百諸侯	恆九四〔處暑〕	巽六四〔秋分〕	歸妹九四〔霜降〕	艮六四〔小雪〕	未濟九四〔冬至〕	屯六四〔大寒〕
十七	二十七大夫	節六四	萃九四	无妄九四	既濟六四	蹇六四	謙六四
十八	九卿	同人九四	大畜六四	明夷六四	噬嗑九四	頤六四	睽九四
十九	三公	損六四	賁六四	困九四	大過九四	中孚六四	升六四
二十	天子	否九四	觀六四	剝六四	坤六四	復六四	臨六四
廿一	八百諸侯	恆六五	巽九五	歸妹六五	艮六五	未濟六五	屯九五
廿二	二十七大夫	節九五	萃九五	无妄九五	既濟九五	蹇九五	謙六五
廿三	九卿	同人九五	大畜六五	明夷六五	噬嗑六五	頤六五	睽六五
廿四	三公	損六五	賁六五	困九五	大過九五	中孚六五	升六五
廿五	天子	否九五	觀九五	剝六五	坤六五	復六五	臨六五
廿六	八百諸侯	恆上六	巽上九	歸妹上六	艮上九	未濟上九	屯六上
廿七	二十七大夫	節上六	萃上六	无妄上九	既濟上六	蹇上六	謙上六
廿八	九卿	同人上九	大畜上九	明夷上六	噬嗑上九	頤上九	睽上九
廿九	三公	損上九	賁上九	困上六	大過上六	中孚上九	升上六
三十	天子	否上九	觀上九	剝上六	坤上六	復上六	臨上六

附録二　《易通統卦驗玄圖》佚文輯録

　　【輯録説明】由於篇名近似，隋唐諸書輾轉徵引《易通統卦驗玄圖》之文時，往往誤作《易通卦驗》，少量引文中仍可見致誤之跡。從佚文內容看，大致是先言某卦爻所應之物候，次言物候應期之象，次言物候失節之災，與《易通卦驗》有別，而與《正光曆》七十二物候相合。今以《正光曆》七十二物候爲序排列諸條佚文，並標出相應節氣、物候，以清眉目。諸書徵引篇名仍存其舊，以見致誤之跡。

【冬至三候：荔挺出】

〇《易統通卦驗玄圖》曰：荔挺不出，則國多火災。【《顏氏家訓·書證篇》、《太平御覽》卷一〇〇〇《百卉部七·荔挺》】

按：《太平御覽》引作《易統驗玄圖》。《御覽》“荔挺”條引文多出《顏氏家訓》，此條當亦如是。

【大寒次候：鵲始巢】

〇《易通卦驗》曰：鵲者，陽鳥，先物而動，先事而應，見於木風之象①。今失節不巢，陽氣不通②，故言春不束風也。【《太平御覽》九二一《羽族部八·鵲》、《初學記》卷三〇《鳥部·鵲》】

按：《初學記》引作《易統卦》，宋吳曾《能改齋漫録》、高似孫《緯略》引亦同，蓋所見《初學記》即如此，非誤字。

【大寒三候：雉始雊】

〇《易通卦驗》云：雉者是陽，雄鳴則雌應，陽唱陰和之義。當時則雊，亦號令之義。【《五行大義》卷五《論禽蟲·論三十六禽》】

【立春初候：雞始乳】

〇《周（書）〔易〕緯通卦》云：雞，陽鳥也，以爲人候四時。（四）〔萬〕人得以翹首、結帶、正衣常也③。【《太平御覽》卷二九《時序部一四·元日》引《荆楚歲時記》注】

《易通卦驗》曰：萬民聞雞鳴，皆翹首，結帶，正衣裳。【《開元占經》卷一一五《鳥咎徵·雞非時鳴》、《太平御覽》卷九一八《羽族部五·雞》】

按：《文選》卷四〇《奏記詣蔣公》李善注引至“皆翹首”。

【雨水次候：獺祭魚】

〇《易通卦》曰：雨水之氣，獺不祭魚，國多盜賊④。【《天地瑞祥志》卷一九《獸·獺》】

按：《開元占經》卷一一六《獸占·獸咎徵·獺不祭魚》引作《通卦驗》，無“雨水之氣”。

【雨水三候：鴻雁來】⑤

---

① “木”，《初學記》作“未”。
② “陽”，《初學記》作“癸”。
③《太平御覽》作大字，然依《荆楚歲時記》文例，應非宗懍原文，而是杜公瞻注文。“四人”之“四”字，宋蜀刻本《太平御覽》空闕，此據日本静嘉堂文庫藏宋建刻本。又據《開元占經》及《太平御覽》別卷所引，“四”當爲“萬（万）”字之誤，今改正。
④《天地瑞祥志》此下尚有雙行小字“鄭玄曰”云云，乃《禮記·月令》注，非此篇之文。
⑤《正光曆》七十二候中，雨水三候、白露三候皆爲“鴻雁來”，霜降次候爲“鴻雁來賓”。按《逸周書·時訓解》云：“雨水……又五日鴻雁來……鴻雁不來，遠人不服。”“白露之日鴻雁來……鴻雁不來，遠人背畔。”“寒露之日鴻雁來賓……鴻雁不來，小民不服。”故將此條佚文歸入雨水三候。

〇《易緯通卦驗》曰：鴈生邊垂，得陰陽之氣，動流天地間。今失時不來，故知遠人不服。【《天地瑞祥志》卷一八《禽·雁鴻》】

　　【驚蟄次候：桃始華】

　　〇《易通卦驗》曰：驚蟄，大壯初九候，桃始華。桃不華，倉庫多火。【《太平御覽》卷九六六《果部三·桃》】

　　按：《藝文類聚》卷八六《菓部上·桃》引有脱略。

　　【春分初候：鷹化鳩】①

　　〇《易緯通卦驗》曰：鷹者，鷙殺之鳥，德氣不施、小人不就之象，故多盜賊。【《天地瑞祥志》卷一八《禽·鷹》】

　　按：《初學記》卷三〇《鳥部·鷹》、《太平御覽》九二六《羽族部一三·鷹》引作《易通卦驗》，僅"鷹者，鷙殺之鳥"句。

　　【穀雨次候：田鼠化爲鴽】

　　〇《易通卦驗》曰：鼠者，居土而藏，夜行晝伏，奸人之象也。【《天地瑞祥志》卷一九《獸·鼠》】

　　【穀雨三候：虹始見】

　　〇《通卦驗》曰：虹不時見，女謁亂公。虹者，陰陽交接之氣，陽唱陰和之象。今失節不見者，以人君心在房内②，不脩外事③，廢禮失義，夫人淫恣而不敢制，故女謁亂（宮）〔公〕④。【《開元占經》卷九八《虹蜺占》、《太平御覽》卷一四《天部一四·虹蜺》、《太平御覽》卷八七八《咎徵部五·虹蜺》】

　　【小滿三候：苦菜秀】

　　〇《易統通卦驗玄圖》曰：苦菜生於寒秋，更冬歷春，得夏乃成。【《顏氏家訓·書證篇》、《經典釋文》卷三〇《爾雅音義下》、《爾雅·釋草》疏】

　　按：《爾雅音義》引作《易通卦驗玄圖》，"更"作"經"。《爾雅疏》蓋據《爾雅音義》轉引，"易"下增"緯"字，又脱"得夏"二字。

　　【芒種三候：螳蜋生】

---

① 《正光曆》七十二候中，春分初候鷹化鳩，處暑三候鷹祭鳥。按《逸周書·時訓解》云："驚蟄……又五日鷹化爲鳩……鷹不化鳩，寇（戎）〔賊〕數起。""處暑之日鷹乃祭鳥……鷹不祭鳥，師旅無功。"故將此條佚文歸入春分初候。
② "以"，《太平御覽》二處均誤作"似"。又《太平御覽》卷一四無"人"字。
③ "脩"，《太平御覽》卷八七八誤作"循"。
④ "公"，《開元占經》作"宮"，與上文不合，今改從《太平御覽》。"故"字下，《太平御覽》二處均有"曰"字。

○《易通卦驗》曰:螳蜋搏蟬蜱之虫,乘虛而殺物①,自隱蔽而有所害,捕搏之象也。奸人由陰行邪,令失節不生,武官不務奸,故爲奸猾事發。【《開元占經》卷一二○《龍魚虫蛇占·候螳蜋生》】

按:《太平御覽》卷九四六《蟲豸部三·螳蜋》引作《易通繫卦》,引至"捕搏之象也"。

【夏至次候:反舌無聲】

○《易通卦驗玄》曰:反舌者②,反〔舌〕鳥也③,能反覆其舌,隨百鳥之音。【《玉燭寶典·五月》、《藝文類聚》卷九二《鳥部下·反舌》、《太平御覽》九二三《羽族部一○·百舌》】

《易緯通卦》曰:能反覆其口,隨百鳥之音也。故爲反舌鳥,亦百舌鳥也。【《天地瑞祥志》卷一八《禽·反舌》、《五行類事占》卷四】

按:《藝文類聚》《天地瑞祥志》引作《易緯通卦》,《太平御覽》引作《易通卦驗》。

【夏至三候:鹿角解】

○《易通卦驗》曰:鹿者,獸中陽也。獸者陰,貴臣之象。鹿應陰解角者,夏至太陽始屈,〔陰氣始昇〕④,陰陽相向,君臣之象。今失節不解,陰不變陽,臣不承君之象,故爲貴臣作姦。【《開元占經》卷一一六《獸占·獸咎徵·候鹿解角》、《天地瑞祥志》卷一九《獸·鹿》】

按:《五行大義》卷五《論禽蟲·論三十六禽》有節引。《太平御覽》卷二三《時序部八·夏至》亦引,而頗有脫譌。

【小暑初候:蟬始鳴】

○《易通卦驗》曰:遘上九候⑤,蟬始鳴。不鳴,〔人臣力争〕⑥,國多妖言。蟬應期鳴,言語之象。今失節不鳴,鳴則失時,故多妖言。【《太平御覽》卷九四四《蟲豸部一·蟬》】

按:《開元占經》卷一二○《龍魚虫蛇占·候蜩鳴》引至"國多妖言"。

【大暑次候:蟋蟀居壁】

○《易通系卦》曰:蟋蟀之蟲隨陰迎陽,居壁向外,趣婦女織績,女工之象。今失節不居壁,似女事不成,有淫佚之行,因夜爲姦,故爲門户夜開。門户,人之所由出入,今夜不閉,明非也。【《太平御覽》卷九四九《蟲豸部六·蟋蟀》】

按:《文選》卷二六《夏夜呈從兄散騎車長沙》李善注引亦作《易通系卦》,僅"蟋蟀之蟲

---

① "虛",《太平御覽》作"寒"。
② 《藝文類聚》引作"百舌者"。
③ "舌"字據《藝文類聚》《太平御覽》引補。
④ "陰氣始昇"四字據《太平御覽》《天地瑞祥志》引補。《天地瑞祥志》"陰"誤"除"。
⑤ "遘",《開元占經》作"遁",誤。
⑥ "人臣力争"四字,據《開元占經》補。

隨陰迎陽"一句。

【霜降三候:雀入大水化爲蛤】

○《易通卦驗》曰:失節不入水爲蛤,民多淫祀也。【《天地瑞祥志》卷一八《禽·雀》】

[作者簡介]張學謙:北京大學中國語言文學系助理教授。

由劉、柳的易學爭論看劉禹錫的易學觀

——兼論中唐易學的轉型 *

范 洪 傑

提要:劉禹錫作《辨易九六論》,表彰董生、僧一行等關於"九六""舉老而稱"的易學見解。柳宗元認爲這一觀點是孔疏舊義,並非新説。實際上,劉禹錫此舉含有這樣一種深意:一行易學有別於孔穎達易學,是別有所自的。這也體現出劉禹錫注重漢易,重視象數學的易學觀念。中唐經學在唐代經學史上處於一個轉型、變化的時期,劉、柳的易學見解的差異,是中唐易學的承與變之間的分歧的突出體現,也是中唐易學發展的一個典型個案。

哲學史和思想史著作對劉禹錫的易學的研究較少,有代表性的易學史著作幾乎無人關注到劉禹錫在易學上的貢獻①。實際上,劉禹錫的易學成就和獨特的易學史觀念在唐代易學發展進程中是比較重要的,學界未注意及此,與柳宗元對劉禹錫的批評有直接關係。但是正是在與柳宗元的對比中,纔能看到劉禹錫易學的獨特之處。

一、劉、柳的易學爭論

劉禹錫作《辨易九六論》,表彰董生及其師僧一行等關於"九六""舉老而稱"的易學見解。柳宗元作《與劉禹錫論周易九六書》,批駁劉禹錫的觀點,認爲這一觀點在孔穎達《周易正義》中已有,一行的學説承韓康伯和孔穎達而來,並非新説,不值得表彰。對此評論,劉禹錫没有再辯,學者向來也就認爲柳宗元的批評是正確的,如瞿蛻園認爲"於董生之言初無精

---

* 山東省社科青年項目"中唐後期文人思想與文學之關係研究",項目編號:18DZWJ08。

① 近年來較有影響的幾部易學史專著中,林忠軍《象數易學發展史》(齊魯書社 1994 年版)、朱伯崑《易學哲學史》(華夏出版社 1994 年版),都未論及此公案及劉禹錫的《易》學成就;廖名春、康學偉、梁韋弦《周易研究史》(湖南出版社 1991年版)有一小段文字論及劉禹錫,徐芹庭《易經源流》上册(中國書店 2008 年版)第 499—500 頁有一節文字論及劉柳《易》學討論,但並未深入,持以柳宗元爲是的傳統看法。

義者,猶樂道之如此,亦惑也"①。"宜其來柳宗元之譏"②。

　　這個争論背後是這樣一個問題:僧一行的易學與孔穎達易學的關係是怎樣的,這種"九六"義是否必從孔穎達而來;僧一行的易學與前人的易學是什麽關係;而這又牽涉到劉禹錫的易學史觀的問題。劉禹錫在闡揚一行學説方面發揮了什麽作用,劉禹錫的易學見解在易學史上有無價值,這與劉禹錫的思想的關係是怎樣的,本文嘗試予以初步解答。

　　劉氏此文,主要關於三個方面,以下分别論説這三方面與前人之説的關係,以此爲基礎重新審視柳宗元對劉禹錫的批評:

　　第一,"九六"舉"老"而稱的問題。

　　文章開篇便提出這一觀點,柳宗元主要就這一觀點來評價劉禹錫的《辨易九六論》。在這個問題上,本文主要關注一行之學與孔穎達學説的關係,因爲這是柳宗元的主要的批評角度。

　　僧一行在唐代的一個重要貢獻是《大衍曆》的制定,正如《新唐書·曆志》所説"自太初至麟德,曆有二十三家,與天雖近而未密也,至一行,密矣,其倚數立法固無以易也。後世雖有改作者,皆依倣而已"③,可見影響之大。

　　學者對《大衍曆》的曆法成就進行了一些研究,在天文學和科技史上的貢獻進行了深入的探討④;但對其與易學的關係的研究尚缺乏深入系統的成果,對其與《周易正義》的關係也没有明確的闡釋⑤。《大衍曆》依《易傳·繫辭》"大衍之數五十,其用四十有九"的體系而來,但《易傳》記載簡略,易學家給予多種解釋。僧一行對此肯定有自己的取捨。姑且先以一行對"大衍"的看法,來整體考察一行的學説與孔穎達易學是否有必然關係。以此爲基礎,再具體來看"九六義"問題上一行、劉禹錫與孔穎達的説法的關係。

　　《大衍曆·曆本議》中,一行認爲天中之積、地中之積合千有二百,"二十四約之,則太極包四十九用"⑥。一行將"其一"解釋爲"太極",這是他較爲突出的看法。參考《周易正義》所匯總的唐前京房、馬融、荀爽、鄭康成、王弼、姚信、董遇諸家之説,把未用的"一"解釋成太極的有王弼和馬融兩家,王弼:"演天地之數,所賴者五十也。其用四十有九,則其一不

① 劉禹錫著,瞿蜕園箋證《劉禹錫集箋證》,上海古籍出版社 1989 年版,第 180 頁。
② 劉禹錫著,瞿蜕園箋證《劉禹錫集箋證》,第 1526 頁。
③《新唐書》,中華書局 1979 年版,第 587 頁。
④ 相關研究情況可參考吳慧《僧一行研究》,博士學位論文,上海交通大學 2009 年,第 5—10 頁。
⑤ 筆者所見,王仲堯《易學與佛教:走進瑰麗世界》第六章對僧一行與《易》學的關系進行了論説,但對僧一行與孔穎達《易》學的關系,並没有探討。
⑥《新唐書》,第 588 頁。

用也。不用而用以之通，非數而數以之成，斯易之太極也。四十有九，數之極也。夫無不可以無明，必因於有，故常於有物之極，而必明其所由之宗也。"馬融："易有太極，謂北辰也。太極生兩儀，兩儀生日月，日月生四時，四時生五行，五行生十二月，十二月生二十四氣。北辰居位不動，其餘四十九，轉運而用也。"很明顯，一行所贊同的是馬融的説法，因爲馬融的"太極"是"北辰"，完全從星象角度予以闡釋，這與一行把象數與曆法相結合正相契合，而且唐代星斗崇拜是極爲盛行的，這與密教有較大關係，一行作爲密教宗師，把"太極"落實爲"北辰"，也是情理之中的①。而王弼的"太極"是"無"，是形而上的本體，是"虛其一數"，兩説有較大區別。孔穎達的看法又如何呢？ 孔疏："但五十之數，義有多家，各有其説，未知孰是。今案王弼云'演天地之數，所賴者五十'，據王弼此説，其意皆與諸儒不同……顧歡同王弼此説。故顧歡云：'立此五十數，以數神，神雖非數，因數而顯。故虛其一數，以明不可言之義。'只如此意，則別無所以，自然而有此五十也。今依用之。"可見孔穎達完全遵從王弼的説法，與一行的説法實際上有很大區別。

　　唐代去六朝未遠，《隋志》所載《易》類之書多有存者②，一行博學善記，其易學不必定從孔書取資。《新唐書·藝文志》"《易》類"有"馬融《章句》十卷"③，一行對馬融之説的采納很可能是通過馬融的書直接擇取的。由此一例，似乎可見一行的易學觀與孔穎達易學，至少並非完全一致。一行的易學應該別有所自。

　　《新唐書·藝文志》共著録一行的《周易論》"《大衍玄圖》一卷"《義决》一卷"《大衍論》二十卷"共四種。其中《周易論》"卷亡"，至少在北宋已經亡佚。《新唐書·藝文志》還記載"李吉甫《注一行易》(卷亡)"④，《舊唐書·李吉甫傳》："嘗討論易象異義，附於僧一行集注之下。"李吉甫之書很可能是對《周易論》的補注。關於《大衍玄圖》，《舊唐書·一行傳》記載他少年時借《太玄經》閱讀，閱讀完畢並作《大衍玄圖》的事情，可見《大衍玄圖》與揚雄易學直接相關。《宋史·律曆志》："十二月卦出於孟氏，七十二候原於《周書》。後宋景業因劉洪傳卦，李淳風據舊曆元圖，皆未睹陰陽之賾。至開元中，浮屠一行考揚子雲《太玄經》，錯綜其數，索隱周公三統，糾正時訓，參其變通，著在爻象，非深達易象，孰能造於此

---

① 《大正藏》有僧一行翻譯的《北斗七星護摩法》一卷(經號 1310)；僧一行所在的玄宗時期密宗高僧翻譯出的相關經典有多部，如《北斗七星念誦儀軌》(金剛智譯，《大正藏》經號 1305)、《北斗七星護摩秘要儀軌》(灌頂述，《大正藏》經號 1306)、《佛説北斗七星延命經》(標記"婆羅門僧將此經到唐朝受持"，《大正藏》經號 1307)等。

② 晚唐(或五代)人史徵著有《周易口訣義》一書，也是屬於集注性質，《欽定四庫全書提要·經部一·周易口訣義六卷》評曰："蓋唐去六朝未遠，《隋志》所載諸家之書猶有存者，故徵得以旁蒐博引。"此處借用此語正合適。

③ 《新唐書》，第 1424 頁。

④ 《新唐書》，第 1426 頁。

乎!"①月卦和候卦都是卦氣説的内容,卦氣可以説是漢易的主要内容之一,一行的《大衍玄圖》似是漢易卦氣説的總結之作。

揚雄的《太玄經》也是易學的重要著作,孔穎達的易學並没有較多注意揚雄的學問。另外,《宋史・藝文志》有"沙門一行《傳》十二卷"②,《經義考》著録"釋[一行]《易傳》十二卷(佚)","《中興書目》:一行《易傳》十二卷,元闕四卷","朱震曰:孟喜京房之學其書概見於一行所集,大約皆自子夏傳而出,按《紹興闕書目》有唐《易論》一卷,疑即一行書"③,從朱震的説法來看,一行的易學是直承漢《易》的。這是很正確的觀點。而且,一行是以佛教高僧的身份入京的,在學術上與官方的孔穎達易學有差異,也屬正常。

既然一行學説與孔穎達的易學並没有必然的淵源關係,那麼一行的九六説與孔穎達的九六説之間難道就例外嗎? 實際上並不例外。

《周易正義・乾》的"九六"説:

　　陽爻稱"九",陰爻稱"六",其説有二:一者《乾》體有三畫,《坤》體有六畫,陽得兼陰,故其數九,陰不得兼陽,故其數六。二者老陽數九,老陰數六,老陰老陽皆變,《周易》以變者爲占……但《易》含萬象,所託多塗,義或然也。④

孔穎達在注中列舉了兩種説法,並進行了申説,唯有"但易含萬象,所託多途,義或然也"是孔穎達自己對這兩種説法的總結意見。"易含萬象"是孔穎達提出的一個重要的易學命題,也是孔疏的重要注釋體例之一,在書中有多處應用。劉玉建對其内涵做了闡釋:"其宗旨在於強調正是由於《周易》備包萬物萬事之形象、彰明萬物萬事之義理,而處於永無止境運動變化過程中的萬物萬事,其種類繁雜、形態不一、義理深奧及'陰陽不測',因此,在對以具體物象闡顯卦爻象所藴涵萬物萬事之義理的《周易》經文詮釋及易理把握等問題上,決不能束縛於個別具體物象或某一層面、某一角度、某一説法之義理而去執著地追求並固守某種單一的絶對化的解《易》體例。"⑤

從劉禹錫文章來看,一行是主一種見解的,就是舉"老"而稱"九六"。這與孔穎達"不可一例求之"的態度不同。這背後其實是易學觀的差異。孔穎達"不可一例求之,不可一類取之"的原則,即使在象數學裏也是有價值的命題,因爲《繫辭》説:"變動不居,周流六虚;上下

---

① 《宋史》,中華書局 1977 年版,第 1693 頁。
② 《宋史》,第 5035 頁。
③ 朱彝尊《經義考》卷十五《易十四》,光緒丁酉仲秋浙江書局刊本,第 11(b)頁。
④ 孔穎達《周易正義》,北京大學出版社 2000 年版,第 3 頁。
⑤ 劉玉建《〈周易正義〉導讀》,齊魯書社 2005 年版,第 79 頁。關於"易含萬象"作爲《易》學體例在注疏中的具體應用的例子,可參見該書第 76—82 頁。

無常,剛柔相易,不可爲典要,唯變所適。"象數學家對卦辭進行解釋時,就要充分探究"易理"和各種易例,靈活發揮,以求做出圓滿的解釋。但孔穎達的做法重點不是探討蘊含在象數的"易理"(在"象"與"辭"之間的"理"),而是注重在"義理"(雖有本於象數的一面,但也有脱離象數在"辭"上進行發揮的一面,李鼎祚稱之爲"野文"①),對象數的固有難題不予置辯,體現的是不太重視象數的態度。

作爲由科舉考試出身的士人,劉禹錫對官方經學的孔穎達易學肯定是熟悉的。但劉禹錫對象數的注重無疑是與孔穎達非常不同的地方。後面還要詳論。孔穎達雖也不棄象數,但確是以義理學爲主導。"九六"的問題畢竟是一個象數問題,在這個問題上無法避開前人的象數方面的解釋,孔穎達羅列前人之説,主要是一種資料保存之功。劉禹錫特别表彰畢中和與一行之説,深層的用意大約是認爲一行之説别有所自,並非從孔學而來。所以,柳宗元對劉禹錫的批評"果以爲新奇,不亦可笑矣哉",也就不能説完全正確。

第二,劉禹錫不僅如柳宗元指出的説明"九六"是取"老"而稱的問題,而且進一步解答"六""七""八""九"爲什麼有"老""少"之名的問題,這一點柳宗元並没有體察。

劉禹錫引用了一行的《大衍論》的一段文字:

> 一行《大衍論》云:"三變皆剛,太陽之象也。三變皆柔,太陰之象也。一剛二柔,少陽之象也。一柔二剛,少陰之象也。少陽之剛有始、有壯、有究,少陰之柔有始、有壯、有究。因綜四象之變,而成八象焉。八象之位,而八卦之本列矣。

這段文字也見於《新唐書・曆志》所録僧一行的《大衍曆》的《曆本議》篇,末句稍不同,其餘部分是一致的。

劉禹錫對這段文字做了注釋:

> 注云:"太陽始動,施於太陰而生震象之七(謂少陽之七,爲震初九)。再動於壯而生坎象之七(謂再索而得男也)。三動於究而生艮象之七(謂三索而得男也)。太陰始動,施於太陽而生巽象之八(謂少陰之八,爲巽初六)。再動於壯而生離象之八(謂再索而得女也)。三動於究而生兑象之八(謂三索而得女也),是以九六七八分爲八象。"

這是針對"老""少"得名而做出的解釋,從劉禹錫對一行文字的注釋看,要點有二:一、"三變"②之間各含卦象;二、"老""少"之名皆由"三變"所含卦象而得。第二點以第一點爲基礎,第二點是劉禹錫的基本主張。

---

① 李鼎祚著,陳德述整理《周易集解》,巴蜀書社 1991 年版,第 2 頁。
② "三變"是揲蓍術語,《易傳》對著占過程有一番簡要記述,謂"三變而成一爻"。關於著占,朱熹根據《易傳》並總結前人之説,作《筮儀》,對著占的具體步驟進行了描述,可參考。

　　乾坤生六子之説早就見於《説卦》:"乾,天也,故稱乎父。坤,地也,故稱乎母。震一索
而得男,故謂之長男。巽一索而得女,故謂之長女。坎再索而得男,故謂之中男。離再索而
得女,故謂之中女。艮三索而得男,故謂之少男。兑三索而得女,故謂之少女。"漢代京房據
此系統地提出八宮卦,以乾、坤爲父母卦,以震、坎、艮爲陽卦,以巽、離、兑爲陰卦,合爲八純
卦,每一純卦自成一宮,各領七卦,於是六十四卦都納入這個八宮系統中。但直到僧一行之
前,似乎没人用乾坤生六子的説法來解釋"老陽""老陰""少陰""少陽"的得名問題,因爲
"老陽""老陰""少陰""少陽"畢竟是爻名,與卦名似有區別。但僧一行創造性地將六子卦
和爻名的"老""少"問題相連接,使這個問題得到了較爲順暢的解釋。乾坤是父母卦,所以
是"老",餘六卦是子女卦,所以是"少",其中陽卦震、坎、艮爲少陽,陰卦巽、離、兑爲少陰,分
別對應三變之後的不同餘數項。這是一行充分利用漢代八宮説來解釋義例的結果。一行
認爲"三變"之間各含卦象,這個觀點在當時也比較新。因爲三變所餘之策,是形成爻的基
礎數字,很少人會將這個與卦象聯系在一起。這個觀點也是解釋"老""少"之名的基礎性的
觀點。一行這段文字經過劉禹錫的注釋,在此問題上自成一説,在後世頗有影響。宋代《雲
麓漫鈔》卷第十一録劉禹錫《辨易九六論》全文,緊接其後又録蘇軾《易解》解釋"十八變而
成卦,九變而成小卦"的一段文字,該文先敘述了對"老""少"問題的幾種傳統看法,均認爲
不妥,然後説:"惟唐一行之學則不然,以爲《易》固言之矣,十有八變而成卦,八卦而小成,則
十八變之間,有八卦焉,人莫之思也。"並引用了前面劉禹錫所引一行的那段論述,説:"故
七、八、九、六者,因餘數以名陰陽,而陰陽之所以爲老少者,不在是而在乎三變之間,八卦之
象也,此唐一行之學也。"[1]蘇軾對此是贊同的。清代乾隆年間徐文靖的《管城碩記》卷之二
"易二"部分也轉録了一行、劉禹錫和蘇軾的這一論説[2]。

　　近代易學家尚秉和先生對一行的這一看法評價很高,他借鑒這個看法來解釋"用九"
"用六"的《易》例問題。《易經》"乾"和"坤"兩卦卦辭之後分別有"用九,見群龍無首,吉"
和"用六,利永貞"兩句,歷來易學家對這兩句話各有解釋,並不統一。早在春秋時期的晉國
太史蔡墨與魏獻子的一番關於歷史上有無真龍的對話,説到"其(《乾》之)《坤》曰'見群龍
無首,吉'"[3],杜預注:"《乾》六爻皆變。"[4]孔穎達《春秋左傳正義》繼承杜注,説:"六爻皆

---

① 趙彦衛撰,傅根清點校《雲麓漫鈔》,中華書局 1996 年版,第 192 頁。

② 徐文靖撰,范祥雍點校《管城碩記》,上海古籍出版社 2013 年版,第 33—34 頁。

③ 這裏涉及後來易例中的"之卦"概念,"之卦"指在蓍占得出一卦之後,凡在這個過程中遇到"老陽""老陰"者,無論何
　爻,均當使陰變陽、陽變陰,"少陽""少陰"則不變,從而在原卦基礎上得到另一個新卦,即是"之卦",原卦是"本卦"。
　占斷時分別依據本卦、之卦產生變動的爻辭辨明義理。

④ 左丘明著,孔穎達疏《春秋左傳正義》,北京大學出版社 2000 年版,第 1736 頁。

變,乃得總用。"①都涉及對《易經》"用九,見群龍無首,吉"和"用六,利永貞"兩句如何理解的問題。尚秉和:"蔡墨不誤也,杜注誤也。"②他認爲杜預和孔穎達對蔡墨的理解都是錯誤的,"用九""用六"並非指六爻皆變,"此聖人教人知筮例也,非占辭也。且專就筮時所遇之一爻言,非論六爻之重卦也"③。這裏"專就筮時所遇之一爻言",就是運用了一行"三變"之間各含卦象的觀點。他説:"周秦人凡明《易》者無不明揲扐,故蔡墨言之而不詭,後之人不嫻揲扐,徒知講《易》,故杜預釋之而誤以一爻之乾變坤而認爲六爻,則揲蓍之法不嫻故也。此其義唯唐一行言之最詳。"尚氏也引用了前面劉禹錫所引一行的原文(文字略有差異),然後説"夫三變之間既各含卦象,則蔡墨所言之乾之坤爲一爻之乾之坤,可斷言也";"老少之義自來無確詁,獨僧一行以謂……乾坤爲父母,故曰老……震坎艮巽離兌爲男女六子,故曰少。由一行之説則老少之義皆由三變所含卦象而來,故知蔡墨所言乾之坤,即三變時所含之乾象變爲坤象也,專指筮時成一爻言也,此義既明,則歷來注疏家恃蔡墨以爲根據,謂用九用六爲六爻全變者,不攻自破矣"④。這樣就使《易經》"用九""用六"這一易例問題得到較爲圓滿的解釋。⑤

一行的論述在《大衍曆》中是爲了説明曆法問題的,並非專門論述易學問題,因此在其中並不特別突出。這段話之所以被後世反復引用,其思想意義得到後世不少易學家的充分認可,與劉禹錫對此的重點引用、推介和注釋,有直接的關係。所以後世易學家提到這段話時,往往把一行與劉禹錫並提。其中重要的學術意義,柳宗元並没有體察到。

第三,劉禹錫對《左傳》和《國語》中的筮例進行了解剖分析。

劉禹錫和董生分析了《國語》重耳歸國著占"貞'屯'悔'豫'皆八"之例、《左傳》穆姜在東宫筮"艮之八"之例、《國語》"董因迎公於河"得"'泰'之八"之例等。劉禹錫和董生的分析承接著前文"七、八"爲不變,"九、六"爲變的觀點,綜合運用了卦主説、内外二體卦、京房八宫卦世應説等《易》例,另涉及"互體"的問題,深究"易理",靈活地予以分析,自成一説。

這三個例子都涉及到占"八"之例,而關於占"八"之例在史書中只此數起,後世對此的認識也是各執一詞的。劉禹錫考究史書中的著占故事,總結具體方法,從易學史上看也是實事求是的學術研究路徑。尤其是先秦古史,記載的筮例早於《易傳》的時代,《易傳》所記述的著占技術或是必有承傳,或是另路擇取,所以通過研究古例來認識《周易》及《易傳》中

① 左丘明著,孔穎達疏《春秋左傳正義》,第 1737 頁。
② 尚秉和《周易尚氏學》,九州出版社 2005 年版,第 443 頁。
③ 尚秉和《周易尚氏學》,第 439 頁。
④ 尚秉和《周易尚氏學》,第 441 頁。
⑤ 又見劉大鈞《周易概論》(增補本),巴蜀書社 2008 年版,第 74—75 頁。

關於象數的相關問題,勾勒象數技術史,是一個很有價值的能啓發後人的研究路徑。宋代學者開始注意對先秦古史中的筮例進行專門的研究,程子裔孫程迥的《周易古占法》即其例,朱熹又承用此法總結筮例,撰成《易學啓蒙》。近代尚秉和先生采取此法,在朱熹的基礎上遍考包括先秦史書在内的古代歷朝史籍的筮占故事,總結占例,與《周易》參證,撰成《周易古筮考》和《〈左傳〉〈國語〉易象釋》等著作,在象數易例的研究方面有突出成績。[①] 尚氏説到自己在易象上的搜擇工作,"今證以《左傳》《國語》,周公《時訓》與《卦氣圖》,證以《焦氏易林》、郭璞《洞林》,回環互證以得其象也。及其既得而求其本,仍在《周易》"[②]。這正是劉禹錫的考《易》思路啓迪後人之處。

　　尚秉和在《周易古筮考》中也重點關注了這幾個例子,"論八"一則綜合論述這幾個例子,認爲歷來説法皆不圓滿,"蓋此等筮法,其亡已久。而《左氏内外傳》所記又只此三起,後人無以會其通,故無以索解耳"[③]。尚秉和在參考前人衆説時是充分注意到了劉禹錫的觀點的,他的"穆姜筮往東宫"一則引用劉禹錫"宜以少占也"的觀點,盡管認爲諸説皆不圓滿,但他明顯也認爲劉禹錫的觀點還是值得參考的一家言的[④]。可見這三個占"八"之例本就是著占的難題,劉禹錫在分析中批評杜預和韋昭的觀點,提出他的看法,自有意義。

　　柳宗元對此没有充分認識。當然,他盡管不認爲劉禹錫所論"九六義"舉"老"而稱是新説,但他也不得不承認"觀足下出入筮數,考校左氏,今之世罕有如足下求《易》之悉者也"。但緊接其後又説"然務先窮昔人書,有不可者而後革之",豈不知劉禹錫品評杜預、韋昭之説,又闡説新見,如果不深究前人書,如何辦到?

　　劉禹錫在文中對揲著過程進行了技術上的記載,其詳細程度,是很可觀的。與孔穎達的《周易正義》相比,劉禹錫所論自有價值。朱彝尊《經義考》特别著録"劉氏[禹錫]《辨易九六論》一卷"[⑤],視爲易學有價值之著作。因此,對劉禹錫的易學,應予以全新的審視。朱氏又著録"畢氏[中和]《揲著法》""佚",並引用朱熹的看法"朱子曰:'畢氏揲法視疏義爲詳'",朱彝尊並對劉柳關於"九六義"的争論發表了自己的看法:"按劉夢得與董生言易辨易九六……又謂董生言本畢中和,本其師,師之學本一行……子厚詆爲膚末而夢得稱其不誣,

---

① 尚氏《易》學,王晉卿、陳三立都給予極高評價,見《周易尚氏學》,第 586 頁。

② 尚秉和《周易尚氏學》,第 3 頁。

③ 尚秉和《周易尚氏學》,第 544 頁。另劉大鈞亦持此意見,見氏著《周易概論》(增補本),巴蜀書社 2008 年版,第 80—88 頁。高二適與章士釗在往來書信中也對占"八"的問題進行過討論,對禹錫的看法,二人評價不同,見章士釗《柳文指要》,《章士釗全集》第 9 卷,文匯出版社 2000 年版,第 728—734 頁。

④ 尚秉和《周易尚氏學》,第 513 頁。

⑤ 尚秉和《周易尚氏學》,第 3(a)頁。

參以朱子所云,則畢氏之説未爲妄矣。"①可見朱彝尊也認爲柳宗元詰責不公。

二、劉禹錫的易學觀

劉禹錫對僧一行其人及其易學非常敬服。《辨易九六論》作於元和三、四年間②,而《絶編生墓表》是元和七年七月在朗州爲顧彖所作③。文中顧彖簡要地論説了一番易學史,特別稱贊一行的易學,劉禹錫詳細記載這番言論,他無疑對此是贊同的。

> 始聞於師,晚熟於心。自尼父兼三才,紬八索,繫辭焉以通微言,與伏羲、文王並行,猶天三辰,同麗太極。秦脱大患,完文顯行。漢之田、丁、京、劉,而東京有馬、鄭、魏之何、荀、兩王,而吳有韋、陸。前者導源,後者浚之,渢融混合,百派奔湊。唐興,沙門一行方泄天機以探古人,神友造物,智斟人事,制動也有柅,變道也亡方。向之支流,委輸於我。其它紬繹祖述三十有餘家。朱藍之,樸斫之,爲羽翼,爲鼓吹,疇咨天人之際,旁魄上下,騖精於据摭,匱巧於穿鑿。猶制氏之於樂,鏗鏘而已;徐氏之於禮,善容而已。然而前修之盡心也,得以味腴窒芳焉。

在這種描述中,一行的易學可謂集漢易之大成,並深遠地影響著後來的易學發展。而對唐代的官方易學孔穎達一派却未作任何具體評論,應該是將其置於"其它紬繹祖述三十有餘家"之中,視爲"羽翼"和"鼓吹",認爲只是得到了一些表面的東西,而未得到易學真髓。而且這個描述較多地突出了象數學家,尤其是漢代象數家。這明確體現了劉禹錫獨特的易學史觀。

對於"董生"是何人,瞿蜕園據古代注家(如陳景雲《柳集點勘》等),認爲是與劉禹錫有較多往來的董侹,"綜各篇而觀之,董生乃談禪吟詩之客,非研經之士,禹錫殆以初至朗州,即友其人,姑徇其意而獎借之耳"④。認定劉禹錫此文是一篇應酬文字,但很難想象劉禹錫會對自己完全不同意的見解予以如此詳細的記載和闡發。而且"董生"實際上很可能並非"談禪吟詩"之董侹,而是另有其人,陶敏、陶紅雨做了新的考證:"按元和初在朗州與劉禹錫交往者爲董侹,後歸荆州……但禹錫《故荆南節度推官董府君墓志》並未言其精於易學,師承有自。此疑爲董和。《唐國史補》卷下:'大歷以後專學者……歷算則董和'……《新唐

① 尚秉和《周易尚氏學》,第3(b)頁。
② 劉禹錫著,陶敏、陶紅雨校注《劉禹錫全集編年校注》,嶽麓書社2003年版,第920頁。
③ 劉禹錫著,陶敏、陶紅雨校注《劉禹錫全集編年校注》,第950頁。
④ 劉禹錫著,瞿蜕園箋證《劉禹錫集箋證》,第180頁。

書·藝文志三》:'董和《通乾論》十五卷',注:'和,本名純,避憲宗名改。善曆算。裴胄爲荆南節度,館之,著是書云'。裴胄貞元末爲荆南節度使,永貞中,劉禹錫南貶,經荆州;其《復荆門縣記》云'工休之日,得以踐履',蓋元和三年,又至荆州,故有可能與董和相識。"[①]此條考證比瞿蛻園更進一步,否定是董侹,推測爲董和,更具合理性。如果這條考證爲真,董和在當時有曆算之名,得一行之傳,那麼對劉禹錫的易學史觀和對象數學的側重上產生影響,就是可以理解的了。

柳宗元實際上並没有深究劉禹錫思想背後的根據,柳的思想明快簡潔,但劉禹錫的思想自有其獨特價值和學理依據。至於爲什麼劉禹錫没有進一步反駁,原因不得而知。筆者猜測可能與劉禹錫個人的性格有關,劉禹錫本人性格温和寬厚,與柳宗元的穎鋭突出是不同的。他可能認爲交流學術,没必要過於執拗[②]。

劉禹錫於長慶四年十一月在和州所作《送惟良上人並引》。可見其思想的一貫性:

以貌窺天者曰:乾然健,單于然而高。以數迎天者曰:其用四十有九。天果以有形而不能脱乎數,立象以推筴,既成而遺之,古所謂神交造物者,非空言耳。軒皇受天命,其佐皆聖人,故得之。惟唐繼天,德如黄帝,有外臣一行,亦聖之徒與,刊胚考元,書成化去。今丹徒人惟良,生而能知,非自外求,以乾坤之筴,當十期之數,凝神運指,上感堰次,視玄黄溟涬,無倪有常,絶機泯知,獨以神會。數起於復之初九,音生乎黄鐘之宮,積微本隱,言與化合。夫天人之數,極而含變,變而靡不通,神趨鬼懾,不足駭也。惟良得一行之道,故亦慕其爲外臣,謬謂余爲世間聰明,子子來訪,初以説合,至於不言。[③]

劉禹錫對一行和惟良的象數學與曆法成就深致敬仰。惟良作爲一行後學,以爲劉禹錫是"世間聰明",來訪劉禹錫。或是劉禹錫《辨易九六論》、《天論》等文章已經流傳,惟良已經寓目,從而知道劉禹錫精於"天人之數"。

如果放在中唐易學發展整體情況下來看,那麼可知劉禹錫的易學史觀是應和時代潮流的。柳宗元的易學見解無疑是在孔穎達易學的籠罩之下,則是較爲保守的。下面予以申論。

象數和義理是易學的兩個方面。象數含蘊著義理,義理脱胎於象數。《易傳》含有豐富

① 劉禹錫著,陶敏、陶紅雨校注《劉禹錫全集編年校注》,第 920 頁;又,"董和"條見李肇《唐國史補》,上海古籍出版社 1979 年版,第 54—55 頁。
② 劉禹錫爲人謹厚的性格在與韓愈交往過程中可以看得很清楚,周勳初《韓愈的〈永貞行〉以及他與劉禹錫的交際始末》進行了精詳的論述,見《周勳初文集》第 3 册"文史知新"部分,江蘇古籍出版社 2000 年版,第 448—464 頁。
③ 劉禹錫著,陶敏、陶紅雨校注《劉禹錫全集編年校注》,第 341 頁。

精微的哲學意蘊,但還是以具體的筮法和象數爲基礎。漢代以京房、虞翻爲代表的易學家逐句對《易傳》進行象數方面的注釋解説,過度强調了卦爻辭和卦爻象的固定聯系,所以有公式化和絶對化之嫌,但漢《易》所體現的《易傳》的義理、卦爻辭與象數之間具有不可分割的關係則是無可置疑的。王弼的易學開闢了義理一派,在"貴無賤有"的整體玄學觀下,象數是被作爲"有"的一面而被貶低的;在言象意關係上,主張得意之後"忘言""忘象",這種理論方式被認爲是"掃象"的方式,對象數學構成了某種破壞的力量。唐代孔穎達總結此前的易學成果,以王弼注作爲標準,所謂"考察其事,必以仲尼爲宗;義理可詮,先以輔嗣爲本"(《周易正義序》),所以義理學一派得以成爲唐代的官方哲學。《四庫全書總目》:"至穎達等奉詔作疏,始專崇王注,而衆説皆廢。"①盡管如此,孔穎達在吸收王弼義理的同時,也認識到只重義理的偏頗。《周易正義·序》開篇即引述《繫辭》説:"夫易者,象也。"並用《易傳》所揭示的爻位説和一些基本的卦象來解《易》。孔氏不再提倡"忘象"之説,某種程度上對王弼的義理學有糾偏作用。但總體而言,孔疏的基本取向還是義理主導的。

因爲《易傳》的哲學構建是以象數爲基礎,所以後世易學家爲了使易理的基礎不失其牢固,就有不斷强化象數的研究的傾向。認爲只有這樣才能保持易學的本來面貌。這也是象數學派的價值所在。陸遊曰:"易學自漢以後寖微,自晉以後與老子並行其説,愈高愈非《易》之舊。"②但何謂"《易》之舊"? 四庫館臣:"《易》之爲書,推天道以明人事者也。《左傳》所記諸占,蓋猶太卜之遺法,漢儒言象數,去古未遠也。"(《四庫全書總目·經部·易類》)漢儒象數,去古不遠,是近於"易之舊"的。不斷地回歸漢代和漢前易學的風貌,可以説是易學發展中一股潛在的持久的力量。

如果把孔穎達的易學思想與李鼎祚的思想加以對比,便可以見到一個有意思的變化:二位經學家對"天"和"人"兩者的内涵的理解差別很大。《周易正義·序》説:"義理備包有無,而易象唯在於有者,蓋以聖人作《易》本以垂教,教之所備,本備於有。"這是用玄學的有無之説來强調易象的必要性。是説易理要與"象"相結合,才能實現教化的功能,因爲垂教所針對的對象,正是"有"的領域(聖人通過易象才能涉入民衆教化,否則缺乏中介)。在這裏,義理是"無",易象是"有",這是繼承了王弼的看法的。到了李鼎祚這裏,《周易集解序》:"自卜商入室,親授鍵言,傳注百家,綿曆千古……唯王鄭相沿,頗行於代。鄭則多參天

---

① 孔穎達《周易正義》,第1頁。按,有學者如朱伯崑已經指出這種説法不完全符合實際,認爲孔述並非唯王弼注是從,實具有調和象數和義理的傾向。但朱書比較《周易正義》與李鼎祚《周易集解》時又承認:"前者偏重玄學派的義理。"分别見朱伯崑:《易學哲學史》(第一卷),華夏出版社1995年版,第350、351頁。

② 朱彝尊《經義考》卷十五《易十四》,第12(b)頁。

象,王乃全釋人事,且易之爲道,豈偏滯於天人者哉。致使後學之徒,紛然淆亂,各修局見,莫辨源流。天象遠而難尋,人事近而易習。則折楊黃花,嗑然而笑。方以類聚,其在茲乎。"①用意也是義理和易象不可偏廢。但把鄭玄的象數學傳統稱爲"天象",把王弼之學歸於"人事"(也就是義理本身僅僅關涉"人事",相當於"有"或"末",而象數則屬於更高層面,是接近於更根本的"本"的層面),認爲義理近於人事,象數則難於體察。從孔穎達到李鼎祚這種思想的變化,一方面顯示象數地位的提高,它被視爲義理的最終根據,人事要獲得確證,必須探求象數。另一方面顯示出,象數學和義理學作爲易學的兩個不可分割的方面,在天人關係和本末有無這個思維框架中維持動態的平衡關係。中唐象數學的興起正是對義理學片面發展的補救,這是易學本身的發展規律所致。這兩個方面各有優長,各有缺點,所以不能互相替代,"而是各領風騷,此消彼長,他們的矛盾鬥爭構成了易學發展的内部的動力,並且在天人之學的整體作用的支配下,被迫超越狹隘的學派門户之見,各自向對方尋求互補"②。

　　唐代象數學的發展經歷了一個過程。唐初陸德明撰著易學著作多種,但今存只有《周易釋文》一卷,采用了王弼本,但博采漢魏以前諸家之説,卦首注某宫某世,采用了京房説。李淳風、陰弘道偏於道流,李淳風著有《周易玄義》(《通志》作三卷),已佚,清代馬國翰《玉函山房輯佚書》輯得一卷;陰弘道撰有《周易新傳疏》十卷③,馬國翰輯得一卷,《經義考》卷十四引《崇文總目》對陰書評語:"雜采子夏、孟喜等十八家之説,參訂其長,合七十二篇,於《易》有助云。"④可見是側重象數學的。一行作爲天文學家、密宗法師,對象數易學造詣很深,上文已論,不複述。大約同時或稍後,侯興果著《周易注》,兩《唐書》不載,李鼎祚《周易集解》有徵引,可知偏重象數派;崔憬著《周易探玄》一書,已佚,賴《周易集解》征引得以管窺,也是重象數的。李鼎祚的《周易集解》通過總結完成了中唐易學由義理學向象數、義理兼重的轉變,再次確立象數學在易學史上的地位。它在保存自子夏到中唐的象數學資料、開闢後世象數學方面具有很大的貢獻⑤。

　　《周易集解》進於代宗朝,劉禹錫貞元十一年到十二年間曾任太子校書(《劉子自傳》,又見卞孝萱《劉禹錫年譜》),或見到此書歟?

---

① 李鼎祚著,陳德述整理《周易集解》。
② 余敦康《象數易學發展史序》,林忠軍《象數易學發展史》第二卷,齊魯書社 1998 年版,第 7 頁。又,林忠軍:《從詮釋學審視中國古代易學》,《易學源流與現代闡釋》,上海古籍出版社 2012 年,第 322—324 頁。
③《新唐書》,第 1426 頁。
④ 朱彝尊《經義考》卷十五《易十四》,第 7(a)頁。
⑤ 林忠軍《李鼎祚〈周易集解〉與兩漢象數易學》,《易學源流與現代闡釋》,第 158—161 頁。

　　李肇《唐國史補》："大曆以後，專學者，有蔡廣成《周易》，强蒙《論語》，啖助、趙匡、陸質《春秋》，施士匄《毛詩》，袁彝、仲子陵、韋彤、裴茝講《禮》，章庭珪、薛伯高、徐潤並通經。其餘地理則賈僕射，兵賦則杜太保，故事則蘇冕、蔣乂，曆算則董和，天文則徐澤，氏族則林寶。"①其最顯者啖助、趙匡、陸質《春秋》學派，批評《左傳》，推尊《穀梁傳》，兼采《公羊傳》，疏通大義，對經文做出新的闡釋，代表了一種新的學風。這種學風有反對孔穎達之學獨尊的意味，因爲《五經正義》就是以《左傳》爲本的。其它數家也是在同一學術風氣的推動者，都是對"正義"之學的反對。

　　蔡廣成，《舊唐書》卷十三《本紀》第十三《德宗下》"貞元十一年"："（三月）丙申，諸州准例薦隱居丘園不求聞達蔡廣成等九人，各授試官，令給公乘，到京日量才敍用。"可見蔡廣成未經科舉，直接被征用。此外史書中便不見更多記載。全祖望《周易義序》："今觀唐人經學最草草，見於史者不過數家，《易》只推蔡廣成一人，廣成所著《啓源》十卷、《外義》三卷，明人《一齋書目》尚列之，而予未之見。"②由於其書不存，所以無從知其細節，想來也是不拘孔《疏》，或與李鼎祚一樣側重象數，因此有學者視二人爲同途：朱彝尊《李氏周易集解跋》："唐史論經學，《易》有蔡廣成、《詩》有施士匄、《禮》有袁彝、仲子陵、韋彤、韋茝、《春秋》有啖助、趙匡、陸質、《論語》有强蒙，獨未及鼎祚。"③全祖望《唐經師從祀議》論唐代經學之專門成家者："易則李鼎祚、蔡廣成。"④都認爲蔡、李的易學應該都屬於中唐有影響力的新經學之列。此外，張籍《贈梅處士》："早聞聲價滿京城，頭白江湖放曠情。講《易》自傳新注義，題詩不著舊官名。……"⑤這個聞名京城的梅處士看來也是講《易》新義的學者，只是古籍中未見記載，賴張詩得窺片影。

　　唐代易學以王注孔疏爲主導，漢易雖有數家，在中唐代表一種新趨向，但尚不能取代王注孔疏的影響力。這也是應注意的事實⑥。

　　綜上所論，中唐的象數易學出現復興之勢，這是孔穎達易學占據主導之後學術發展規律使然。劉禹錫形成不同於柳宗元的象數易學觀，與此風氣有莫大關係。劉禹錫早年以青年的雄心和捨我其誰的氣魄與一批改革之士共同推進政治改革。受挫被貶之後，劉禹錫的

① 李肇《唐國史補》，上海古籍出版社 1979 年版，第 54 頁。又《新唐書·儒學下》："大曆時，助、匡、質以春秋，施士匄以《詩》，仲子陵、袁彝、韋彤、韋茝以《禮》，蔡廣成以《易》，强蒙以《論語》，皆自名其學，而士匄、子陵最卓異。"（卷二百，第 5707 頁）。
② 全祖望《鮚埼亭集外編》卷二十三，朱鑄禹整理《全祖望集匯校集注》，上海古籍出版社 2000 年版，第 1171 頁。
③ 朱彝尊《曝書亭集》，世界書局 1937 年版，第 509 頁。
④ 徐世昌《清儒學案》卷六十九，中國書店 1990 年影印本，第 240 頁下。
⑤ 張籍著，徐禮節、余恕誠校注《張籍集系年校注》中册，中華書局 2011 年版，第 426 頁。
⑥ 徐芹庭《易經源流》上册，中國書店 2008 年版，第 495—498 頁。

思想或許發生了一些變化,其中表現之一即是對象數易學進行了深入的了解和研究。從劉禹錫論《易》的文章來看,劉禹錫對此產生興趣也緣於一些人事的機緣,他所接觸的顧彖和董生等人,都對劉禹錫的易學觀產生了深刻的影響。這促成了他對易學問題的深入思考和新的易學觀的形成,所以與柳宗元在此問題上有了很大的差異。

[作者簡介]范洪傑:山東師範大學文學院講師。

毛奇齡移易説探論

蔡　飛　舟

提要:卦變學説史上,清毛奇齡係極重要之一家,其學承虞翻辟卦逕生諸雜卦之説而有新變。其説以聚卦、半聚卦、子母卦逕變生卦,諸卦卦源未必唯一。以推易解經,一卦之卦源不一,而得以同解一卦之卦爻辭。其解經中,隱藏以今涵昔、以昔攝今之卦變時空觀,加之以推移十例輔之,故取象頗自由。然毛氏蓋又病其源卦之間頗有相悖,因以聚卦爲正推,而以半聚卦、子母卦爲輔佐。其所謂正推卦者,適與十辟卦同,可見毛氏實有迴歸虞氏卦變之跡象。

卦變之學,自三國吳虞翻主辟卦逕變之後,一變於宋李之才反對、相生之圖,再變於程子、蘇軾乾坤六子重成別卦之説。程蘇之説,奉行者寡;後儒言卦變者,不主相生,即入反對。主相生者,朱子及其後學;主反對者,俞琰、來知德諸氏。虞説雖則宋儒用之者寡,然在元明時,亦略可見其復興之勢。元吳澄《易纂言》用十辟卦變及六子卦變,明朱升《周易旁注》繪成其圖,吳、朱之學,實遠承虞氏辟卦主變而賦予新意。吳、朱之説,十辟卦變以一爻動成,六子卦變以二爻動成。經此安排,諸雜卦但有唯一來源。其與虞氏異者,在六子卦變,虞氏用一爻動而吳、朱用二爻動。至清毛奇齡,亦本虞氏而有新説,其以十辟卦爲聚卦,此外又有半聚卦、子母卦主變,諸卦卦源未必唯一。以卦之陰陽分佈論,十辟卦可視作陰陽二分之卦,則半聚卦、子母聚卦爲陰陽三分之卦。虞氏卦變大抵以陰陽二分卦生成諸雜卦,毛氏則擴充成陰陽二、三分之卦生成諸雜卦也。毛氏之後,惠棟、張惠言、李鋭諸氏旨在復原虞説。尤以張惠言氏,謹守虞氏義例,未嘗逾越虞氏舊説,洵爲虞氏功臣。虞氏卦變説沈淪既久,至此則隨有清漢學復甦之風而重振其學也。縱觀有清一代,言卦變主反對説者有之,如黃宗羲、胡渭、江永、晏斯盛、趙繼序等;述朱子遞變之説者有之,如包儀、傅以漸等。然多與前儒大同小異。至若承前學而出新意者,蓋在毛奇齡耳。

一、論毛氏移易説之結構

(一)演易繫詞用移易

毛奇齡《仲氏易》蓋述其仲兄之説而修潤之①,有所謂"五易"之説者,彼卷首曰:

> 仲氏者,予仲兄與三。其言《易》有"五易",世第知兩易而不知三易,故但可言易而不可以言《周易》。夫所謂兩易者何也? 一曰變易,謂陽變陰,陰變陽也。(如乾變坤、坎變離類。)一曰交易,謂陰交乎陽,陽交乎陰也。(如乾、坤交爲泰、否,坎、離交爲既、未濟類。)此兩易者,前儒能言之。(朱子《本義》首猶載其説。)然此祇伏羲氏之易也;是何也? 則以畫卦用變易,重卦用交易也。畫卦、重卦,伏羲之事也。若夫三易,則一曰反易,謂相其順逆,審其向背,而反見之。(如屯之轉爲蒙、咸之轉爲恒類。然此與重卦交易不同,若交則水雷屯反之爲雷水解,澤山咸反之爲山澤損矣。此專取爻畫,不取卦象者。)一曰對易,謂比其陰陽,絜其剛柔,而對觀之。(如上經需、訟與下經晉、明夷對,以地對天,以火對水。上經同人、大有與下經夬、姤對,以五陽對五陽,一陰對一陰類。然此與後儒正變占對不同,若正變占對,則需、訟自對,不對晉、明夷;夬、姤自對,不對同人、大有矣。此兼取象數,不專取形次者。)一曰移易,謂審其分聚,計其往來,而推移而上下之。(如泰爲陰陽類聚之卦,移三爻爲上爻,三陽往而上陰來則爲損。否爲陽陰類聚之卦,移四爻爲初爻,四陽來而初陰往,則爲益類。然此與十辟卦變及朱子卦變之説又不同,若諸卦變,則皆從兩卦遞變而順逆相接,以變占不以推演矣。此取推前演爻辭,不取變後占象數者。)此三易者,自漢魏迄今,多未之著,而《周易》之所爲易,實本諸此。是何也? 則以序卦用轉易,分經用對易(謂上下經),演易繫詞用移易也。夫序卦、分經者,文王之爲易也。演易繫詞者,則亦文王之爲易而或云周公之爲易也。夫文王、周公之爲易,則正《周易》也。今既説《周易》而曾不知周之爲易也而可乎?②

五易者,變易、交易、反易、對易、移易也。依毛氏義,前二易爲伏羲氏畫卦、重卦之法,後三易爲文王序卦、分篇、繫辭之法。

---

① 《四庫提要》:"初,奇齡之兄錫齡邃於《易》而未著書。惟時時口授其子文輝,後奇齡乞假歸里,錫齡已卒。乃摭文輝所聞者,以己意潤飾之,而成是書。或傳奇齡假歸之後,僦居杭州,一日著一卦,凡六十四日而書成,雖以其兄爲辭,實即奇齡所自解,以理斷之,或當然也。"見紀昀等《四庫全書總目》卷六,武英殿刻本,第14—15頁。
② 毛奇齡《仲氏易》,《清經解》第一册,上海書店1988年版,第486頁。

何謂變易？毛氏曰："伏羲畫卦，先畫三陽，參天也，參天之謂乾，故始乎乾也。然後以三而兩之，兩地也，兩地而得坤，所謂效法乎坤也。此陽之變陰者也。于是以三坤而變一陽，謂之震，所謂震一索而得男也；以三乾而變一陰謂之巽，所謂巽一索而得女也。夫然後二陽二陰再變、三變，而于是再索、三索之坎、離、艮、兑以次成焉。此陰陽互易，乾坤之變爲八卦者也，此變易也。"①其説先畫三陽之乾，兩之而成坤，蓋謂坤畫六斷，猶兩三陽而成也。乾坤既立，則有乾坤初畫相索成震巽，中畫相索成坎離，上畫相索成艮兑。由此觀之，畫成八卦之法，其意涵有二：一爲乾坤用"參天兩地"，先有乾，後有坤，乾畫兩之而成坤，換言之，乾三畫俱變而成坤也；一爲六子用乾坤交索，乾坤同位之畫相易而生六子，震巽相伴而生，坎離、艮兑同之，換言之，乾坤之某畫變而成新卦也。前者三畫俱變，後者但變一畫。若統其説，則不論變畫多寡，以陽變而成陰、陰變而成陽，即可謂之變易。故毛氏前言"陽變陰，陰變陽"，即本陰陽相變立説。此就畫卦之法言，若推而廣之，六畫之卦，亦可用變易之説。如《小畜》虞氏注："需上變爲巽。"毛氏《推易本末》曰："謂此從需卦上六變爲上九，易坎成巽而爲小畜，意以此卦從需來也，然全乎變易，非移易矣。"②以需上變爲巽爲"變易"，則毛氏言變易者，蓋與變卦之義略可相通。毛氏又言"乾變坤，坎變離"者，蓋以乾三畫俱變而成坤，坎三畫俱變而成離，則前儒所謂旁通、相錯者，亦"變易"之一義也。何謂交易？毛氏曰："至于八之乘八，則因而重之，謂之交易。以乾交乾則爲乾，以乾交坤則爲否，以坤交坤則爲坤，以坤交乾則爲泰，而于是以乾坤二卦遍交之六子之卦，而隨以六子之卦反交之乾坤而六十四卦成焉，此'因而重之'也，此真'兼三才而兩之'者也，此交易也。"③交易即八經卦重成六十四別卦也。虞氏所謂"兩象易"者，即交易法也。

　　毛氏以變易、交易推爲伏羲氏之易，經此二易，八卦、六十四卦既成。而既成之六十四卦，文王序卦、分經、推衍繫詞，則用反易、對易、移易三法。反易者何？毛氏曰："乃由乾而坤，由坤而屯而蒙，則又創爲反易一法。取諸兼卦之已成者，而相其畫之順逆向背，而故爲顛倒，不以名（如水雷屯不以坎震之名對雷水解）、不以義（如水雷屯不以天一爲坎、長男爲震之義繼乾坤後），專以畫數爲對待而次第之。"④則反易者，猶前儒所謂覆卦、反對也。對易者何？蓋《周易》分上下篇之依據。其法除八純卦及咸、恒、既濟、未濟十二卦外，上下篇各餘二十六卦，依卦序兩兩相對，是爲對易。毛氏曰"第分篇之意原無祕旨，祇以上下相對舉"

---

① 毛奇齡《仲氏易》，第487頁。
② 毛奇齡《推易始末》卷一，《西河合集》本，第11—12頁。
③ 毛奇齡《仲氏易》，第487頁。
④ 毛奇齡《仲氏易》，第487頁。

是也。毛氏撰有《文王分上下篇圖》,旨在探究對舉卦之内在關係,頗簡明可觀。考其圖,或以陰陽爻數相反對舉者,如屯、蒙與遯、大壯、泰、否與損、益,臨、觀與革、鼎;或以陰陽爻數相等對舉者,如同人、大有與夬、姤;或以變易而對舉者,如需、訟與晉、明夷,謙、豫與萃、升,頤、大過與中孚、小過;另有變例,如師、比與家人、睽(除四坎卦外,上三陰而下三陽),小畜、履與蹇、解(除四離卦外,上三陽而下三陰),剥、復與豐、旅(此地火與雷風山澤合并之卦),无妄、大畜與涣、節(此天水與雷風山澤合并之卦)。其中變易而對舉之卦,或諸爻全動,或部分爻動,尚未統一。同人、大有對夬、姤,此十陽二陰對十陰二陽之卦也,若仿其例,則剥、復宜同,而篇中實不與師、比對舉,是費解處。故諸卦對舉之例,《易》中頗不一,而毛氏概以“對易”一語稱之,是五易之最特殊者[1]。經反易而序卦,依對易而分經,文王所以演易繫詞者,則用移易之法也。移易者何? 毛氏曰:“審其分聚,計其往來,而推移而上下之。”[2]審察陰陽之萃聚,而以諸卦自萃聚之卦移爻而來。毛氏曰:“此與十辟卦變及朱子卦變之説又不同,若諸卦變,則皆從兩卦遞變而順逆相接,以變占不以推演矣。此取推前演爻辭,不取變後占象數者。”[3]案此處言十辟卦變者,覈之毛氏《仲氏易》、《推易始末》、《易小帖》諸書辭例,蓋謂元朱升之説,其説以卦自十辟卦而生,而分内外體,又有六子卦變之説,俾諸卦卦變有唯一來源,其説大抵本虞氏而變通之。至於朱子卦變,亦本十辟卦生成,然鄰爻相易,遞換成變,其重出之卦甚多。二家雖異,皆旨在推求卦之所來,毛氏言諸卦變説“以變占不以推演”,顯與情實不合,蓋誤以《啓蒙》變占圖爲卦變也。毛氏以移易一法爲《周易》演易繫辭所特有,遂假以解卦爻辭及象傳。毛氏以文王用移易法演易繫詞,經中根據何在?《推易始末》曰:

> 第在當時抽辭比旨,多取成卦之聚畫,陽與陽聚,陰與陰聚,無所間錯者,而乃從而分移之,移陽于陰,亦移陰于陽。《大傳》所謂“乾坤成列”,則陰陽聚也;其所謂“分陰分陽”,則從而分之者也;所謂“剛柔相推”,則移之也。推者,移也。而總以二語概之曰“方以類聚,物以群分”,然後推移之旨全焉。特三聖屬辭,往往引而不發,以俟其人之自省。有曰“書不盡言,言不盡意”,惟是“神而明之”,默成其德,以俟乎其人。故《雜卦》言反易不言反易也,第言其對峙,而反峙以明;《序卦》言對易不言對易也,第言其聯

---

① 毛氏《仲氏易》言“對易”時舉例曰:“上經同人、大有與下經夬、姤對。”張師善文先生《歷代易學要籍解題·仲氏易》引六庵黄壽祺先生之言曰:同人、大有“當作剥、復,西河原書有誤,《提要》仍未改”。又引六庵《周易名義考》云:西河所謂“對易,亦同虞氏之旁通”。見張師善文《歷代易家與易學要籍》,福建人民出版社 1998 年版,第 344—345 頁。愚案,以《文王分上下篇圖》觀之,毛氏“對易”之法,蓋以除八純卦及咸、恒、既濟、未濟卦外,上下經各二十六卦,依卦序彼此對舉耳,其中除需、訟與晉、明夷外,其餘對舉之卦皆非旁通,毛氏舉例當不誤。
② 毛奇齡《仲氏易》,第 486 頁。
③ 毛奇齡《仲氏易》,第 486 頁。

序,而對序以著;《繫傳》言移易不言移易也,第言其變易、遷易,而移易以見。是以卦之命名即有以移爲名者,艮兑名損,山澤無所爲損也;巽震名益,風雷何以有益也;澤高于地,則不聚而反名聚;風入地下則不升而反名升。徒以損泰乾則移畫在上;益否坤則移畫在下;萃四移觀陽而不間則猶有聚;升四移過柔而上行則亦名升。是當其命卦名時,固早已豫啓其例,而況《彖》、《象》爲辭,非此不解。《訟》無故而有"舊德",《比》何先而稱"後夫"? 天難入澤,安有"其旋"? 一陽初畜,何爲"復道"? 又況夫子所贊,每故變其辭以示其義,如"剛來下柔"則明有往來;"柔上剛下"則顯相上下;"剛自外來而爲主于內"則明明移彼而就此;"柔來而文剛,分剛上而文柔"則公然以兩爻爲移易。是移易一例,文、周倡之,夫子早發明之。①

《繫辭上傳》曰:"乾坤其易之緼邪。乾坤成列,而易立乎其中矣。"乾坤含易之緼,猶言陰陽二體對立而有易也。乾坤固陰陽萃聚之極則,故毛氏用以佐證推移説本陰陽聚卦。《説卦》曰:"分陰分陽,迭用柔剛,故易六位而成章。"以下言"迭用"、"六位成章"諸語觀之,分陰分陽,蓋言爻位一三五爲陽、二四六爲陰也,毛氏借此四字,而言移爻,蓋其發明。《繫辭上傳》:"聖人設卦觀象,繫辭焉而明吉凶,剛柔相推而生變化。"《繫辭下傳》:"因而重之,爻在其中矣。剛柔相推,變在其中矣。"虞注《繫辭下傳》曰:"謂十二消息,九六相變,剛柔相推而生變化,故變在其中矣。"②虞言卦變,用移易法,移易前後,卦體陰陽爻數不變;然卦源十二消息以陰變陽、陽變陰解,則"剛柔相推"者,正變易法也。毛氏以"乾坤成列"爲卦源,遂以"剛柔相推"爲移易,是其解經與虞氏異者。毛氏將之總作"方以類聚,物以群分",此語見諸《繫辭上傳》,案二句互文,揣其本義,蓋謂方物因類而聚,遂有群種之分辨。可見類聚與群分,乃事情之二端,並無先後之別。韓康伯曰:"方有類,物有群,則有同有異,有聚有分。"③其説得之。毛氏則以移易法附會之,而巧將類聚作爲群分之前提,以類聚言聚卦,以群分言分卦,二者遂有先後之別也。彼注曰:"方以類聚,取此六十四卦三百八十四爻中其上下方位陰陽合并者謂之聚卦。夫陽與陽類,陰與陰類,而從而聚之,是類聚也。《乾》卦所謂'亦各從其類'者是也。乃即此卦畫之類聚者而于以推移而分易之謂之分卦,亦謂之易卦。夫聚陽爲陽群,聚陰爲陰群,而此爲分之,是群分也。"④毛氏説雖未必契合《易》旨,然經義廣博,見仁見智,亦不失爲一解也。

---

① 毛奇齡《推易始末》卷一,第2—4頁。
② 李鼎祚《周易集解》卷十五,嘉慶二十三年姑蘇喜墨齋張遇堯局鐫本,第1頁。
③ 王弼、韓康伯注,孔穎達疏《周易正義》,嘉慶二十年江西南昌府學刻《十三經注疏》本,卷七,第2頁。
④ 毛奇齡《仲氏易》,第553—554頁。

　　毛氏又自經傳中尋求例證。

　　一論卦之命名已用移易。損卦兌澤在下，艮山在上。鄭玄曰：“艮爲山，兌爲澤，互體坤，坤爲地，山在地上，澤在地下，澤以自損增山之高也。”①澤卑處下，山巍在上，有自損以益山高之象也。王弼變其説而以艮止兌説解，彼謂“陽止於上，陰説而順，損下益上，上行之義也”②，猶言上下卦各效艮兌之德，上止下説，因有自損奉上之意。鄭玄雖以經卦本象立論，然隱然已用二卦之德義矣。蓋草澤汙坳，今居下卦，其本然之狀也；若使居於上，又詎得有高大之體？是澤損益山，斷無此理，必以澤爲高大可損之物，今居下而損之，方有合乎卦旨者。故鄭氏誠暗以澤山爲虛義，山尊澤卑，似有二人於此，一效澤卑甘處乎下，一應山尊高居於上，則損一人而益一人者，是損之意也。由此觀之，此二人氣力相當，其一甘居草澤，方有損義。王弼用卦德解，亦摒棄卦之本象而以理發明之，較鄭氏爲簡明，實與鄭氏内理相通。益與損義正相反，震雷在下，巽風在上，雷動而風遜之，鄭玄曰：“雷動風行，二者相成。猶人君出教令，臣奉行之。”③又王弼曰：“巽非違震者也，處上而巽，不違於下，損上益下之謂也。”④二家亦隱然以卦德立論者。若以本象解，風助雷勢爲益，約略可通；而以卑澤益山爲損，則顯迂滯。若以卦德解，説從上止爲損，巽從下動爲益，雖非顯見，然於理亦非不可通也。毛氏曰：“艮兌名損，山澤無所爲損也；巽震名益，風雷何以有益也？”其疑蓋未必是。毛氏《仲氏易》注損卦曰：“夫艮與兌而何以謂之損哉？原推易之法，文王有之，伏羲未嘗有之也。其因重命名，或取卦義，或取卦象，未嘗移卦畫而上下之也。惟此損、益兩卦，則于象于義俱無所取，而獨取卦畫上下移易焉而爲之定名。一若伏羲畫卦早于名六十四卦時示移易之意，而文王演辭則始從而盡發之。”⑤毛氏以伏羲氏爲命卦之人，故命卦但用象、義。象者，天地雷風之類；義者，健順動入之類。毛氏困於損、益二卦用象、義不可解，遂論伏羲氏於此二卦揭示移易之意，至文王從而發明光大之也。案前已論損、益二卦象有礙而義可通，毛氏必斤斤於此者，蓋又因移易説解此二卦名爲最明暢也。泰損三益上爲損，否損四益初爲益，二卦反對爻動方向相反，卦旨亦正相反。故毛氏以此二卦名用移易而歸之伏羲。毛氏又舉萃、升二卦，以爲澤高於地，必有潰溢；風入於地，不可謂升。然兌、巽何必取澤、風，若取象膏澤、樹木，則地上受澤而草木以萃；地下木生而微萌將升，亦有何不可。由此觀之，毛氏所謂卦名已豫啓移易之例，可爲一家之説，然未必合乎情實。

① 李鼎祚《周易集解》卷八，第 9 頁。
② 王弼、韓康伯注，孔穎達疏《周易正義》，卷四，第 26 頁。
③ 李鼎祚《周易集解》卷八，第 12 頁。
④ 王弼、韓康伯注，孔穎達疏《周易正義》，卷四，第 30 頁。
⑤ 毛奇齡《仲氏易》，第 530 頁。

一論卦爻辭用移易。卦爻辭中涉先後、新舊，或言某種動作之趨嚮、變遷者，毛氏悉以移易解之。毛氏所舉凡四例：《訟》六三"食舊德"、《比》卦辭"後夫"、《履》上九"其旋"、《小畜》初九"復自道"是也。兹依其序，試申論之。例一：《訟》六三爻辭"食舊德"毛氏《推易始末》曰："猶是六爻排連，何新何舊？惟以三陰從大過之上兑來，今反欲訟上，是以我所自來之兑口，而還以訐之；所來比之于我有舊德，而今反噬没之也。則大過所必推矣。"①毛氏以三自大過上來，今迫於二而反欲訟上，所謂訟上者，非謂訟體復反成大過，實言三上相應成訟争，有吞噬舊之德我者。三欲食上，而食象自大過上卦來，則三中隱藏昔日之兑口矣。案虞氏以卦自遯三之二，彼注曰："乾爲舊德，食謂初四，二已變之正，三動得位，體噬嗑食，四變食乾，故食舊德。"②其説以乾爲舊德，亦本移易之法，李道平所言"訟乾即遯乾，故爲舊德"③是也。然何以食舊德？虞氏用之正解，除二三逞變之正外，初四用易位得正而狀陰食乾體。此説甚爲迂迴。毛氏卦源與虞氏異，然釋"舊"之法實則不遠。皆以卦變前卦爲舊也。夷考二説，毛氏用大過解，較虞氏爲簡潔。例二：《比》卦辭"後夫"，毛氏曰："比九五爲剥上所移，而今處五後，且在剥爲陽，故稱夫。"④此説以比之九五自剥上來，五較上位爲後，且爲陽夫，故稱後夫。例三：《履》上九"其旋元吉"毛氏《推易始末》曰："履上九爲夬之三陽所移，苟仍返爲陽，則純乾矣，故曰其旋元吉，不然上天下澤，無所旋返。"⑤此説以履上自夬三來，當履既成後，履上返三則得純乾，然履上卦非乾歟？可見此處所謂乾者，謂夬三移上，易爻成履，履上復歸三而變陰成陽，至此六爻皆陽，遂有乾元亨之吉，故曰"其旋元吉"。可見毛氏以既移之陽爻足以化成既易之陰爻，此説蓋毛氏新例。又《仲氏易》曰："向以下乾之三剛，易而爲上乾之上剛，特未能旋其剛而復之三耳。其旋之乎，則以兑從乾者，而更爲純乾，雖居履卦之終，而實爲乾卦之首。"⑥其義同。爻辭言"其旋"，似有一既往之前情，以移易解此，甚切"旋"義。然以陽來化陰而通體成乾，向所未聞，不若逞設辭言既易之爻若得旋返原位，之正得吉。案《履》上九虞氏曰："三上易位，故其旋元吉。"⑦虞氏注闕，未審履自何卦來，然以三上易位釋其旋，蓋亦本諸夬三之上成履也。履上反三，故曰元吉，逞用之正解。例四：《小畜》初九"復自道"毛氏《推易始末》曰："小畜初九本姤四所移，今初四相畜，不過

① 毛奇齡《推易始末》卷四，第 15 頁。
② 李鼎祚《周易集解》卷三，第 2 頁。
③ 李道平《周易集解纂疏》，中華書局 1994 年版，第 124 頁。
④ 毛奇齡《推易始末》卷一，第 3 頁。
⑤ 毛奇齡《推易始末》卷一，第 3 頁。
⑥ 毛奇齡《仲氏易》，第 503 頁。
⑦ 李鼎祚《周易集解》卷三，第 12 頁。

還其所相易者,故曰復自道。不然五陽一陰,有何復道?"①姤四移初成小畜,初畜四也,而今初復還四,故曰復自道。然小畜初四已正,復道之理終歸不明。故虞氏解此,改以小畜旁通豫卦作解,彼注曰:"謂從豫四之初成復卦,故復自道。"②其説亦迂迴。例三、例四,皆應爻之變,作易者因之繫辭,蓋有慮之。毛氏以移易解此,雖非必是,然以動卦釋動辭,與經文固甚切也。案卦爻辭涉前後新舊者,當源於某種對比,以卦自某卦變來,不失爲解説之一途。若某爻變易而成新體、某卦倒轉而成新卦,爻之陰陽形勢前後變更,亦不失爲解釋爻辭語涉先後新舊之法。故毛氏以移易解爻辭先後新舊可通,然尚不得遂視爲唯一,亦可知矣。

　　一論《彖》、《象》用移易。毛氏以夫子作傳,頗發明文王、周公餘緒,故移易一法,亦得見諸十翼。毛氏所舉之例有四。例一:《隨》彖"剛來而下柔",毛氏以隨自否、咸、益來。《仲氏易》曰:"蓋隨自否來,以上剛與初易;又自咸來,以三剛與初易;又自益來,以上剛與四易,皆剛來而下乎柔。"③按虞氏以否上之初,朱子以卦自困、噬嗑、未濟來。朱子用鄰爻相易,虞氏陰陽二爻相易,並未匡限於鄰爻變中,毛説近虞。然虞氏卦源多唯一,其來源或有異者,解卦亦但取其一;朱子卦源不一,然解卦多取其一,恝置之卦甚多;毛氏每卦卦源不一,而解卦多引衆源卦合解,如以隨自否、咸、益來合解彖辭"剛來而下柔"語是也。例二:《咸》彖"柔上而剛下",毛氏《推易始末》曰:"咸以否之六三與上九相易,是柔移上剛移下。"④案《仲氏易》以咸自否、恒來,恒剛上而柔下,與彖辭異,故第取否卦立説,是卦源雖繁,與彖辭合者,未必每卦皆是也。虞氏以否上之三,與毛氏同。朱子以咸自旅來,限於鄰爻之變,而不得不用旅,旅者陰升之卦,若自困則爲陽升之卦,與彖異矣。例三:《无妄》彖"剛自外來,而爲主于内",毛氏《推易始末》曰:"无妄初九係遯三所移,爲内震之主。"⑤案《仲氏易》无妄自遯、中孚來,中孚九二剛上至四,與彖異,故不取。虞氏以遯上之初,變例也,依其例當從遯三之初。朱子自訟變,宥於鄰爻取義也。例四:《賁》彖"柔來而文剛,分剛上而文柔",毛氏《推易始末》曰:"賁移泰之上柔,損之三柔,而皆飾乎二之剛。又分益之五剛在上位者,而文三之柔。"⑥毛氏以賁自泰、損、益來,泰、損陰降,故曰"柔來而文剛";益陽降,故曰"分剛上而文柔",則毛氏讀上爲去聲也。荀爽曰:"此本泰卦,謂陰從上來,居乾之中,文飾剛道,交於中

① 毛奇齡《推易始末》卷一,第 3 頁。
② 李鼎祚《周易集解》卷三,第 9 頁。
③ 毛奇齡《仲氏易》,第 508 頁。
④ 毛奇齡《推易始末》卷一,第 3 頁。
⑤ 毛奇齡《推易始末》卷一,第 3 頁。
⑥ 毛奇齡《推易始末》卷一,第 4 頁。

和,故亨也。分乾之二,居坤之上,上飾柔道,兼據二陰,故小利有攸往矣。"①此以卦自泰來,以泰上之二爲"柔來而文剛",以泰二之上爲"分剛上而文柔",則讀上爲上聲矣。案彖辭"柔來"與"剛上"對文,則"上"當讀上聲爲是。毛氏迂迴,不若荀氏簡要。朱子以卦自損、既濟來,亦讀作上聲。以上四例,可知毛氏用移易解《彖》之梗概,其説以諸卦有不同卦源,皆得合解經文,移易時主兩爻互換,未限於鄰爻變中,與虞説相似。案古來言卦變者,其難在於疏通彖辭剛柔往來之語,諸家大率執"易"之一義而作敷衍。以五易觀之,除對易外,其餘四易,前儒皆用之矣,要其類有三:以移易説解者,虞翻、朱子是也;以變易、交易説解者,程子、蘇軾是也;以反易説解者,俞琰、來知德是也。毛氏移易之説,與虞氏頗類,而彼以萃聚卦作爲卦源及演易之法,是與虞氏異者。

(二)《文王演易繫辭圖》

毛氏以文王演易繫辭用移易,故製有圖。彼圖如下②:

不易卦(謂無可移易也,《大傳》所云"乾坤成列"者也)

乾☰　　　坤☷

聚卦(謂陰陽各聚于一方,以待移易,《大傳》所云"方以類聚"是也)

五陰一陽	剥	一陽五陰	復
四陰二陽	觀	二陽四陰	臨
三陰三陽	否	三陽三陰	泰
二陰四陽	遯	四陽二陰	大壯
一陰五陽	姤	五陽一陰	夬

此漢儒所稱十辟卦也,京房祖田氏舊易,立時日卦法,以此十卦并乾坤作十二月卦,謂之十二辟卦。辟者,君也。及行之推易,則又去乾坤而以此十卦爲聚卦,曰十辟卦。焦贛有云:"一陰一陽之卦,自姤復來。五陰五陽之卦,自剥夬來。"正指此也。

半聚卦,一名環聚卦(謂陽聚于中,則陰兩分。陰聚于中,則陽兩分。衹半聚而半實分焉。然不名分卦者,以其卦衹可分移與他卦,而不受他卦所分移故也。其又曰環聚,則以所分者初與上可環接也。)

| 二陽四陰 | 小過 | 四陽二陰 | 中孚 |

---

① 李鼎祚《周易集解》卷五,第11頁。
② 毛奇齡《仲氏易》,第489—491頁。

（續表）

此漢儒所稱四幹卦也。六十四卦皆可反易、對易，而惟此中孚、頤、大過與乾、坤、坎、離八卦祇可以伏羲變易之例行之。故上經以此二卦與坎、離終篇，下經以頤、大過與二濟終篇。如牆幹之夾持于兩端，謂之幹卦。今此與十辟對峙，而復與頤、大過子母之聚夾持于二陽二陰之傍，一如文王之位置于上下篇者，此豈偶然也耶？

子母聚卦，一名子母易卦（謂本卦爲他卦所移爲子，然又可移之作他卦之母者也。《大傳》所云“分陰分陽，迭用柔剛”是也）

一陽五陰	無			
二陽四陰	頤☷	萃☷	升☷	
三陽三陰	咸☷	恆☷	損☷	益☷
四陽二陰	大過☷	无妄☷	大畜☷	
五陽一陰	無			

此《傳是齋日記》所稱子母之卦。如《周官·冢宰》“同五官爲卿”而又“統五官以爲之長正”，指此。

分易卦，又名分推卦（謂移所聚而易其畫，則陰陽俱分。《大傳》所云“物以群分”，是也。第聚卦與易分卦受易、與易者，每一卦可易四卦，至九卦止。受易者，則每一卦可易二卦，至四卦止。往來推移，神明存焉。《大傳》所云“往來不窮，謂之通”、又曰“剛柔相推而生變化”，此之謂也。）

一陽五陰		剝☷	復☷	每卦可易四卦		
剝上移二	師☷	移三	謙☷	移四	豫☷	移五	比☷
復初移二	師再易止	移三	謙再易止	移四	豫再易止	移五	比再易止
二陽四陰	觀☷	臨☷	小過☷	每卦可易八卦		
觀五移初	頤☷	移二	蒙☷	移三	艮☷	移四	晉☷
上移初	屯☷	移二	坎☷	移三	蹇☷	移四	萃☷
臨初移三	升☷	移四	解☷	移五	坎再	移上	蒙再
二移三	明夷☷	移四	震☷	移五	屯☷	移上	頤再易止
小過三移初	震再	移二	解再	移五	萃再易止	移上	晉再
四移初	明夷再	移二	升再易止	移五	蹇再	移上	艮再
子母	頤	萃	升	每卦可易六卦		
頤初移二	蒙三	移三	艮三	移四	晉三		
上移三	明夷三	移四	震三	移五	屯三		
萃四移初	屯四易止	移二	坎三	移三	蹇三		

（續表）

五移初	震四易止	移二	解三	移五	晉四易止
升二移初	明夷四易止	移五	蹇四易止	移上	艮四易止
三移四	解四易止	移五	坎四易止	移上	蒙四易止
三陽三陰	否☷☰	泰☰☷	每卦可易九卦		
否四移初	益☴☳	移二	渙☴☵	移三	漸☴☶
五移初	噬嗑☲☳	移二	未濟☲☵	移三	旅☲☶
上移初	隨☱☳	移二	困☱☵	移三	咸☱☶
泰初移四	恆☳☴	移五	井☵☴	移上	蠱☶☴
二移四	豐☳☲	移五	既濟☵☲	移上	賁☶☲
三移四	歸妹☳☱	移五	節☵☱	移上	損☶☱
子母	咸	恆	損	益	每卦可易八卦
咸三移初	隨再	移二	困再		
四移初	豐再	移二	恆再易止	移上	旅再
恆二移初	豐三易止	移五	咸再易止	移上	旅三易止
三移初	歸妹再	移五	困三易止	移上	未濟再
四移五	井三易止	移上	蠱再		
損初移三	蠱三易止	移四	未濟三易止	移五	渙再
二移三	賁再	移四	噬嗑再	移五	益再易止
上移四	歸妹三易止	移五	節再		
益初移二	渙三易止	移三	漸三易止		
五移二	損再易止	移三	賁三易止	移四	噬嗑三易止
上移二	節三易止	移三	既濟三易止	移四	隨三易止
四陽二陰	遯☶☰	大壯☳☰	中孚☴☱	每卦可易八卦	
遯三移初	无妄☰☳	移二	訟☰☵		
四移初	家人☴☲	移二	巽☴☴		
五移初	離☲☲	移二	鼎☲☴		

（續表）

上移初	革	移二	大過	
大壯初移五	大過再易止	移上	鼎再	
二移五	革再	移上	離再	
三移五	兌	移上	睽	
四移五	需	移上	大畜	
中孚初移三	巽再	移四	訟再	
二移三	家人再	移四	无妄再易止	
五移三	大畜再易止	移四	睽再	
上移三	需再	移四	兌再	
子母	大過	无妄	大畜	每卦可易六卦
大過二移初	革三			
三移初	兌三	移上	訟三	
五移上	鼎三			
无妄初移二	訟四易止	移三	家人三	
五移二	睽三	移三	離三	
上移二	兌四易止	移三	革四易止	
大畜初移四	鼎四易止	移五	巽四易止	
二移四	離四易止	移五	家人四易止	
三移四	睽四易止			
上移五	需四易止			
五陽一陰	姤	夬		
姤二移初	同人			
三移初	履			
四移初	小畜			
五移初	大有			
夬二移上	同人再易止			

（續表）

三移上	履	再易止
四移上	小畜	再易止
五移上	大有	再易止

一陰五陽與一陽五陰同，二陰四陽與二陽四陰同，然前移陽、後不移陰者，以陰無主移之理也。

《文王演易繫辭圖》首列聚卦有四：不易卦、聚卦、半聚卦、子母聚卦是也。

一曰不易卦，不易卦者，"無可移易"之卦，乾、坤是也。二卦漢儒亦未嘗以爲卦變之源，以其卦體純粹，無所移易故也。

一曰聚卦，聚卦者，"陰陽各聚于一方，以待移易"之卦也。因"陰陽各聚于一方"，則六位之二隅，有上一下五、上二下四、上三下三、上四下二、上五下一五種，加之陰陽所聚，或陽上陰下、或陰上陽下，合之凡十卦，剥、復、觀、臨、否、泰、遯、大壯、姤、夬是也，此正合漢儒所謂十辟卦者。

一曰半聚卦，半聚卦者凡二卦，小過、中孚是也。此二卦，"陽聚于中，則陰兩分。陰聚于中，則陽兩分"。小過可視爲二陽四陰卦之特例，中孚可視爲二陰四陽卦之特例。虞氏以中孚自訟四之初，毛氏非之，《推易始末》曰："中孚，半聚卦，與四陽二陰之例不同，原非遯、壯所自來，若本訟，則荒唐矣。"[1]虞氏以小過自晉上之三，毛氏亦不以爲然。蓋以晉、訟不得爲卦源也。《推易始末》又曰："中孚本二陰間四陽之卦，小過本二陽間四陰之卦。既有所間，非聚卦矣。然而臨、觀之二陽聚者不能移而爲小過。遯、大壯之四陽聚者不能移而爲中孚。以推移之法，祇以一爻作往來，無兩爻往來之例。臨、觀兩陽在初上二五，不能通移至三四；遯、大壯四陽俱在三四，不能通移至初上二五，則豈分卦可隸乎？"[2]毛氏判定小過、中孚二卦特殊，原因在於二卦不得自遯、大壯或臨、觀一爻往來變得，可見毛氏所謂"半聚卦"者，仍受漢儒十辟卦卦變規則限制。虞氏於一爻動外，別用遞變解小過、中孚，彼雖以小過、中孚自訟、晉來，然訟、晉未嘗不自遯、觀來也。毛氏無遞變之説，而又囿於十辟卦變，是以小過、中孚不得逐變自辟卦，遂謂彼無所來之卦，而視此二卦爲聚卦之特例。然若以聚卦原理目之，此二卦亦非儼然陰陽各聚一隅者，故毛氏曰："既有所間，非聚卦矣。"所以名曰"半聚卦"者，蓋慮此而姑爲之名也。既爲半聚卦，則不得不賦予分卦之權，毛氏曰"其卦祇可分移與他卦，而不受他卦所分移"是也。毛氏雖屢言漢儒十辟卦之非，然所立半聚之卦，實步

---

① 毛奇齡《推易始末》卷二，第11頁。
② 毛奇齡《推易始末》卷四，第7頁。

趨十辟卦變原則而創爲新説。若以聚卦原理視之，十辟卦陰陽各居一隅，乃聚卦之極則。今因十辟卦不得經一爻往來而生成小過、中孚，遂謂此陰陽“有所間”之卦爲半聚之卦，無乃於陰陽分立之際又創新異也。此種新異，即於陰陽二分之卦外，別立陰陽三分之卦也。而半聚卦與子母聚卦，皆得視作陰陽三分卦之一種，所不同者，子母聚卦可“爲他卦所移”，而半聚卦“不受他卦所分移”也。

　　一曰子母聚卦，子母聚卦者，“謂本卦爲他卦所移爲子，然又可移之作他卦之母者也”。毛氏列其類有三：一爲二陽四陰卦，凡頤、萃、升三卦；一爲三陽三陰卦，凡咸、恒、損、益四卦；一爲四陽二陰卦，凡大過、无妄、大畜三卦。而一陽五陰及五陽一陰卦皆無。案剥、復所移生之師、謙、豫、比四卦，姤、夬所移生之同人、履、小畜、大有四卦，不在子母聚卦之列，頗疑毛氏以諸卦逕自辟卦變來，故不另作子母聚卦也。然細而思之，子母卦二陽四陰可自臨、觀來，三陽三陰可自泰、否來，四陽二陰可自遯、大壯來，而毛氏獨以一陽一陰卦不立子母聚卦，顯與二、三、四陽卦立子母聚卦相左矣。竊謂一陽一陰若得立子母卦，終與二、三、四陽立子母卦無異。假定一陽一陰所生卦若得再移作新卦，則所動之爻前後俱同，如復所生卦師別有生卦之權，則師二之三生謙，謙九三本於師九二，亦即本乎復初九也。而二、三、四陽子母卦之移變，亦有此例，如咸本否上之三，其爲子母卦，有生卦之權，咸三移初成隨，則隨初者，本咸三，而咸三者，又本否上也。可見一陽一陰若得立子母卦，其移易之理曾無異同。毛氏立子母卦所以不用一陽一陰卦者，蓋欲免夫諸卦雜出之弊也。由此可推知毛氏立子母卦，蓋因小過、中孚二卦特出，不得不別立一法而尋諸二、三、四陽之卦也。二、三、四陽子母聚卦所分諸卦，皆得自辟卦變來，毛氏因小過、中孚二卦，而遂立陰陽三分一例，無乃蛇足乎。

　　自四種聚卦一爻往來而生成之卦，謂之分易卦，毛氏圖列在其後。其生成之法，主變之卦除子母卦不得生成辟卦外，諸卦之中爻性相異之二爻，皆得自由變換。故子母卦中，咸恒、損益得以相易而互爲子母也。至於卦圖中分易諸卦之安排，皆本陽移立論，主變卦之陽爻自下而上依次與自下而上之陰爻相易以成新卦，如否卦居下之陽爻與初、二、三之陰爻依次換得益、渙、漸；居中之陽爻與初、二、三之陰爻依次換得噬嗑、未濟、旅；居上之陽爻與初、二、三之陰爻依次換得隨、困、咸。餘卦如之。此毛氏所謂“陰無主移之理”者也。

　　除不易卦外，聚卦、半聚卦、子母聚卦俱得移成新卦。不易卦者，陰陽一分之卦也；聚卦者，陰陽二分之卦也；半聚、子母卦者，陰陽三分之卦也。若陰陽三分之卦如咸、恒，陰陽四分之卦如震、巽，陰陽五分之卦如坎、離，陰陽六分之卦如既、未濟者，皆得移自聚卦，可見半聚卦、子母聚卦非理之所必有者，亦可知矣。至若半聚卦小過、中孚，雖不得卦源之用一爻往來者，然所生諸卦皆在聚卦所生諸卦中，故此二卦姑視作三分卦之特例，自聚卦三分後再變而成之可也,此虞氏所謂自訟、晉來者。今因此二卦故,而別立半聚卦,又仿半聚卦而立子母聚卦,陰陽三分既有子母聚卦,爲何陰陽四、五分者無子母聚卦,此於理頗不可通,故諸卦卦源以陰陽二分爲最宜。除小過、中孚二卦外,非聚卦者,俱得自聚卦逞變而得。由此可知,毛氏所謂聚卦、分卦之説者,仿虞氏十辟卦生成之法,而卦源反不若虞氏簡絜。雖主移易但自一爻往來生成之法,然子母聚卦所生諸卦,非辟卦之遞變者歟? 毛氏雖力避遞變之法,仍不免落入其中也。

毛氏之説,主變之卦較虞氏十辟卦外,多半聚二卦、子母十卦,合廿二卦。毛氏既言移易之法爲“審其分聚,計其往來,而推移而上下之。”則陰陽爻數相等者,其卦源不宜或多或寡也。毛氏以一陽一陰卦自復、剥與姤、夬來(四卦);二陽二陰卦自臨、觀、小過、頤、萃、升與遯、大壯、中孚、大過、大畜、无妄來(十二卦);三陽三陰卦自泰、否、咸、恒、損、益來(六卦)。卦源多寡不同,反不若虞氏卦變説之整飭可觀也。

(三)小結

毛氏以“五易”説《易》,以變易、交易爲伏羲之易,以反易、對易、移易爲文王之易,是《周易》者,乃因三易而作,故演易繫辭,遂以移易一法貫穿之。毛氏移易説,蓋卦變説之一種,要其法,蓋因虞氏辟卦逞變説舊制而有新變。其主變之卦凡廿二卦,除聚卦與十辟卦同,另有半聚卦、子母聚卦諸名目,其卦源稍顯雜亂。分易卦卦源或不同,解卦時不同卦源常合解同一卦爻辭,是其卦圖與經注較爲密合也。漢上用李挺之反對、相生二圖解易,然多抉擇而用;朱子演卦變圖,注經亦不過廿一卦。毛氏之説較之宋儒雖則過之,然較虞氏終有未逮也。

二、毛氏移易解經試論

(一)移易十例辨析

毛氏《推易始末》卷一論移易之法曰:

《周易》者,移易之書也。雖易例有三,一曰倒易,叙卦用之;一曰對易,分篇者用之;而必以移易一例,爲演易屬辭之用。即演易屬辭,概有十例:曰名,曰義,曰象,曰方位,曰次第順逆,曰大小體,曰互體,曰時曰氣,曰數目,曰乘承敵應。而第在當時抽辭比旨,多取成卦之聚畫,陽與陽聚,陰與陰聚,無所間錯者,而乃從而分移之,移陽于陰,亦移陰于陽。《大傳》所謂“乾坤成列”,則陰陽聚也;其所謂“分陰分陽”,則從而分之者也；所謂“剛柔相推”，則移之也。推者，移也。而總以二語概之曰“方以類聚，物以群分”，然後推移之旨全焉。①

毛氏以文王三易例中，反易、對易爲序卦分經之用，而移易爲“演易屬辭”之用，意即《周易》卦爻辭之撰作，皆本移易也。至於演易屬辭，於《易》中又歸納爲十例：

一曰名。毛氏曰：“如‘天行’、‘地勢’、‘雲雷屯’、‘山風蠱’諸詞皆乾坤八卦別名。”②“天行”“地勢”“雲雷屯”語出自《象傳》，“山風蠱”一語《易》中所無。要其義，言天地雷風水火山澤爲八卦別名也。

一曰義。毛氏曰：“乾健、坤順、坎險、震動，皆義也。詞有‘順以動’，‘險而健’類。”③此言八卦之德也。順動險健出自夫子《象傳》。

一曰象。毛氏曰：“一恒象如乾首坤腹、乾馬坤牛、乾圜坤方、乾金玉坤布釜類，皆《説卦》所有者，辭悉用之。一偶象如震偶象缶、巽偶象牀、剝艮偶象廬、益坤偶象龜類，他並無象矣。”④一恒象本《説卦》，一偶象多與虞氏同，蓋歸納爻辭而得，文王繫辭或即用之。

一曰方位。毛氏言八卦方位，恪守《説卦》“帝出乎震”章，而以先天方位爲非。言爻位，單卦以二五爲中，重卦以三四爲中。又單卦以初爲地，二爲人，三爲天；重卦以初二爲地，二三爲人，五上爲天。又五爲君，二爲臣，初爲民。以上皆舊例也。唯遇純爻而坎離見一例，頗異前人。毛氏曰：“一二三即陽陰陽，爲離位。四五六即陰陽陰，爲坎位。凡遇純爻則兩位見，如《坤》三爲‘光’，以純坤而下離見，離爲光。《同人》之象曰‘涉川’，以純乾而上坎見，坎爲川也。”⑤此説未知所據，蓋於卦遇純爻時擴充取象之一法也。《仲氏易》中亦時見用此法者，如頤自臨來，《頤》上九“利涉大川”毛注“且臨上爲坤，以純陰而坎位見，此大川也。今以剛填之，而涉之矣。”此以臨上坤純陰而見坎解“大川”。然毛氏注《益》象曰：“夫卦位之在內者坎也，否以純坤而見坎，則大川也。”以益自否來而以否內純坤見坎，顯與坎位在上不合，蓋毛氏用其例而偶失之也。

一曰次第順逆。毛氏曰：“自初至上爲往、爲順，自上至初爲來、爲逆，凡卦皆然。往前爲右，來後爲左。《師》卦‘左次’、《豐》卦‘右肱’皆是。順上爲貴，逆下爲賤，《鼎》之‘從貴’，《屯》之‘下賤’皆是。順往則初爲本、上爲末。《咸》之‘志末’、《大過》之‘本末弱’皆

① 毛奇齡《推易始末》卷一，第 1—2 頁。
② 毛奇齡《推易始末》卷一，第 1 頁。
③ 毛奇齡《推易始末》卷一，第 1 頁。
④ 毛奇齡《推易始末》卷一，第 1 頁。
⑤ 毛奇齡《推易始末》卷一，第 1 頁。

是。逆來則上爲首,初爲足,《乾》之'无首'、《比》之'无首'、《咸》'其拇'、《賁》'其趾'皆是。"①次第順逆一例與爻位高低相似,所不同者,爻位有定體,而次第則大體分上下二方。故《師》以五爲右、四爲左,而《豐》則以三在離上爲右,左右無定體,不過因上下次第而分也。此例常與爻之移易合説,如《屯》初九象"以貴下賤,大得民也"毛注:"第初分自觀,與上相易。又分自萃,與四相易。上、四皆高位而俱下,而易之爲初,似乎以貴下賤者。"②屯自觀、臨、萃、頤來,此不取臨、頤者,以臨、頤初未變也。

一曰大小體,毛氏曰:"《益》六爻體大離,曰'大光';《大過》六爻體大坎,曰'過涉';《豫》自初至五五爻體小比,曰'利建侯';《大壯》自三至上四爻體小兑,曰'喪羊于易'、曰'羝羊觸藩'。以此類推可見。"③小體虞氏已用之,如《蒙》注"二體師象",大體來知德已用之,其法大同。

一曰互體,毛氏曰:"《謙》互坎曰'利涉大川'、《豫》互艮曰'介于石'、《師》互震曰'長子帥師'、《隨》互艮曰'係小子',若《泰》之'帝乙歸妹'以互震兑也,震兑者,歸妹卦也。《履》之名履,以互離巽也,離巽東南卦,主禮。履者,禮也。"④互體亦漢儒舊法。

一曰時、氣,毛氏曰:"《臨》'至于八月'、《復》'七日來復'、《豐》'雖旬无咎'、《革》'已日乃孚'、《蠱》'先甲後甲'、《巽》'先庚後庚',皆時也。"⑤案《仲氏易》以臨之覆卦觀解"至于八月",用辟卦;以剥之覆卦復解"七日來復",以每爻爲一日,與虞翻同;以納甲震納庚、離納巳,自庚至巳歷周十干爲十日解"雖旬无咎";以十干中庚有更義附會革卦之旨,而以已在庚前解"已日乃孚",不用納甲,而以干支名義解此;以互震在東應甲解"先甲後甲";以互兑在西應庚解"先庚後庚"。可見毛氏言時,或用辟卦,或用納甲,或用五方之氣,其法不一。至於"氣"例,毛氏曰:"'甘臨',土氣。'苦節',火氣。'噬黄金',金氣。《渙》'乘木有功',木氣。以及震巽木,甲乙乾,兑金庚辛,坤艮土戊巳,離火丙丁,坎水壬癸,皆氣也。若值日卦氣、納甲、納音諸説,雖《易》亦有之,然詞未嘗一及,則何必矣。"⑥所謂氣者,以後天八卦應五方取五行之義,與"時"例"先甲後甲"、"先庚或庚"同。

一曰數目,毛氏曰:"用九,老陽。用六,老陰。'三驅'、'七復',長陽、少陽。'十朋'、'二簋',中陰、少陰。其他大衍五十、天地之數五十五、二篇之策萬一千五百二十,其爲數止

---

① 毛奇齡《推易始末》卷一,第1—2頁。
② 毛奇齡《仲氏易》,第496頁。
③ 毛奇齡《推易始末》卷一,第2頁。
④ 毛奇齡《推易始末》卷一,第2頁。
⑤ 毛奇齡《推易始末》卷一,第2頁。
⑥ 毛奇齡《推易始末》卷一,第2頁。

此而已。俗儒謬增倍數,妄甚。"①不用先後天數,而本大衍數、天地數、爻數等立説②。

一曰乘承敵應,毛氏曰:"上爻乘下爻曰乘,《屯》六二之'難乘剛也'。下爻承上爻曰承,《歸妹》初九'吉相承也'。初與四二與五三與上其陰陽相抗者曰敵,《艮》'上下敵應,不相與也。'其陰陽相配者曰應,《比》'上下應'、《恒》'剛柔皆應'也。若後儒有乘承比應四義,則在易爻例並無所謂比者。"③不用比義。

由此可見毛氏論演易繫辭十例,未必皆本卦爻辭,如"名"例本《象》,"義"例本《彖》,"象"、"方位"例本《説卦》云云,皆夫子十翼也,此毛氏所謂"文、周倡之,夫子早發明之"者也。然則演易繫辭十例與移易關係若何?竊謂除"次第順逆"、"乘承敵應"二例顯與移易相關外,其餘諸例,似與移易無關。可見十例與移易合者,皆爻例而非三畫卦例也。至於三畫卦例,實於移易爻例外,擴大取象,庶得合解經文。毛氏曰:"而第在當時抽辭比旨,多取成卦之聚畫,陽與陽聚,陰與陰聚,無所間錯者,而乃從而分移之,移陽于陰,亦移陰于陽。"毛氏以繫辭屬卦多取聚畫分移之法,因爻有分移,則爻位、卦象皆隨之而變,可見演易繫辭十例,實輔佐移易一法而同爲解經之用者也。十例大抵與漢儒同,唯遇純爻而坎離見一例與前人異,蓋在純爻之卦難以取象,不得不援用坎離而擴充之也。十例與移易相表裏,因移易法與漢儒多不同,十例雖無大變,然彼用象取義,終與前儒多異。

(二)毛氏移易解經之特色

縱觀《仲氏易》一書,毛氏用移易解經,有二端頗異前人。

1. 衆源卦合解同一卦乃至同一句經文

以衆源卦合解同一卦乃至同一句經文,此例前儒注中偶見之,毛氏用此法,則幾乎無卦無之,推考其實,蓋以諸源卦爲構成今卦之某一層面,合諸層面之變遷,方促成今卦之形成,故《履》毛注曰:"姤、夬兩陰推易之,祇一柔也。"④彼不以兩陰疊加得兩柔而但得一柔者,緣此。此説之弊在於,諸源卦爻動方向或有相反,以不同源卦合解同一經文往往不能盡合,如毛氏以《賁》自泰、損、益來,然泰、損柔降剛上,益則柔升剛下,彖"柔來而文剛"以泰、損解可通,以益則不可通;又毛氏讀彖"分剛上而文柔"之"上"爲去聲,謂剛在上者分而降之以文柔,若依其説,益得通而泰、損不可通矣。毛氏讀《大畜》彖"剛上而尚賢"之"上"爲上聲,謂移

---

① 毛奇齡《推易始末》卷一,第 2 頁。
② 案,爻數者,《訟》九二《仲氏易》曰:"大抵易例以陽爲七,以陰爲十。若汎及數目,則皆稱三,以爻數在三,如'三品'、'三狐'、'三驅'、'三錫'類。"
③ 毛奇齡《推易始末》卷一,第 2 頁。
④ 毛奇齡《仲氏易》,第 502 頁。

大壯之九四而易爲上九,然卦又自中孚九五之三來,則與象辭"剛上"相違。又毛氏《坎》九二注未用萃解、《明夷》注未用臨解、《損》注未用臨解、《漸》注未用咸解、《旅》注未用咸、恒解,蓋困於諸源卦不得同解一卦之辭也。

　　2. 以今涵昔、以昔攝今之卦變時空觀

　　自虞氏以來,用源卦解經,必以源卦在先、今卦居後;源卦作因,今卦爲果。源卦滅而今卦見,此自然之理也。至毛氏解經,則全然不顧今卦、源卦之畛域,彼將諸卦同位爻依爻位次序重組成新卦以取象,是前人所無者;甚而改用今卦作因、源卦作果,變換物理發生秩序,讀其書者恐不能無惑矣。愚於毛氏思之既久,以爲其説似違常理,實別有一種以今涵昔、以昔攝今之時空因果觀念。夫今日之爻非生而如此者,或因盛而衰,或由弱及強。雖則此一時彼一時,然千尋之竹,虚心如初,是以今卦中涉變之陽爻未嘗無昔日柔静之情;百足之蟲,至死不僵,是以今卦中涉變之陰爻亦未嘗無昔日健壯之姿也。《小畜》毛注以卦自姤、夬來,彼注上九"月幾望"以姤夬合上兑下巽爲大坎取月象是也。又卦之成變,必有其因,然曩者爻動之幾,常微茫不可深索,方其顯豁,則既移易而成新卦矣,則新卦之中,實藏昔日致變之因,聖人既嘆"知幾其難",今執果而賫因,非避難而求易者歟?毛氏《蒙》注以蒙二坎震爲長、五艮爲少,論源卦觀五宜來二不宜二往之五解卦辭"匪我求童蒙,童蒙求我",即以今卦二五之勢反推源卦二五所宜之動,此"果中含因"也;毛氏解《井》初六"舊井",以初自泰來,今易成井,而泰初遂得謂之井,泰初經移易而成新卦,則泰初謂之舊井,此以今卦反論源卦當有今卦之象也,此"因中蘊果"也。

　　正因毛氏用移易解經,隱藏以今涵昔、以昔攝今之卦變時空觀,故注中取象方式頗自由。或以今爻昔日所在之爻取象者,如《震》上六"婚媾有言"毛注:"若上從頤來,頤之四柔本初剛之妃也,婚媾也。今易上以柔,而初剛四亦剛,兩剛相敵,俱有震言,則姻婭之情較鄰尤切。"[1]頤四爲初之妃,以其相應故也。今頤四往上而成震,兩震相敵,俱有言也。震上六沿用頤四妃象,故有婚媾,此以今爻昔日所在論其象也。或以源卦之同位爻取象者,如《蒙》六五象"童蒙之吉,順以巽也"毛注:"順者臨之坤,巽者觀之巽也。"[2]卦自臨、觀來,六五同位之爻,一在臨之坤中,一在觀之巽中,故曰順以巽,此自源卦之同位爻取象也。或以源卦同位爻今日所在之爻取象者,如《无妄》九四"可貞"毛注:"四則可正者,若曰四得中孚之二陽而易居于四,四即非正,然而可正者,以正吾固有者也,二也。"[3]四自中孚來,然中孚之九

① 毛奇齡《仲氏易》,第541頁。
② 毛奇齡《仲氏易》,第497頁。
③ 毛奇齡《仲氏易》,第516頁。

二移至四位,以陰居陽,皆不正也。爻辭言可正者,以中孚六四移之二位,以陰居陰,故可正也。毛氏言"正吾固有者也,二也"即謂中孚之六四移成无妄之六二也,此自源卦同位爻今日所在之爻取象也。或以今卦及源卦諸爻次序重組成新卦取象者,如《同人》象"利涉大川,乾行也"毛注:"況姤、夬未推,則初上兩陰而夾中陽爲大坎。大坎,大川也。今既推之則已滅坎象,爲利涉矣。"①以移易前之姤、夬重組成大過,大過體大坎,今易成同人則坎滅,故利涉大川,此以今卦及源卦諸爻次序重組成新卦取象也。

(三)小結

毛氏主推易解經,一卦之卦源不一,而得以同解一卦之卦爻辭,甚而同一句經文仍得用諸源卦合解。然亦有窘促,諸源卦剛柔往來方向若不同,則不得不擇取與象辭同者而立説,不同者則别用取象附會之。反不若朱子《本義》以《易》但明一義,源卦雖多,第取與象合者注經爲簡便。毛氏用移易解經,隱藏以今涵昔、以昔攝今之卦變時空觀,故注中取象頗自由,或以今爻昔日所在之爻取象,或以源卦之同位爻取象,或以源卦同位爻今日所在之爻取象,或以今卦及源卦諸爻次序重組成新卦取象。凡此種種,不一而足,加之以推移十例輔之,其取象可謂隨心應手矣。然毛氏蓋又病其源卦之間頗有相悖,假以合解一卦之辭,雖有獨出心臆處,然不免牽合之弊。因以聚卦爲正推②,蓋繫辭之人所主用者,而以半聚卦、子母卦爲輔佐。其所謂正推卦者,適與虞氏十辟卦同,可見毛氏實有迴歸虞氏卦變之跡象也。

[作者簡介] 蔡飛舟:福建師範大學社會歷史學院講師。

---

① 毛奇齡《仲氏易》,第 505 頁。
② 案《震》卦名毛注:"震、艮對卦,虞氏以震爲臨二之四,艮爲觀五之三,皆以正推言。"毛氏言"正推"者,又見《震》六二注:"推易重正推,故爻于臨卦所易,尤致意如此。"毛氏言推易,一卦卦源或不同,而不同源卦得以合解一卦經傳,乃至合解同句經文。試想卦爻辭若確因推易而造,則繫辭之人作一辭必綜考衆源卦之往來,於紛繁卦象中尋得諸卦可並解之言,則何劬勞之至也。且諸源卦陰陽往來或各相左,用以解同一經文,理應無之。毛氏蓋鑒乎此,而於諸源卦中別擇一正推之卦,其餘諸卦蓋輔佐正推者也。而正推之卦何以定之? 蓋選其與卦爻辭最密合者。而所舉震以臨、艮以觀,皆本虞氏消息卦變,似可見毛氏蓋以聚卦爲正推,半聚、子母聚卦爲輔推。由此觀之,毛氏於虞説雖常存未愜之意,然彼論移易,本質在於繼承虞氏十辟卦變外,另輔以半聚、子母,所以廣其取象之資耳。

汲古書院和刻《晉書·載記》後趙部校證

——五胡十六國霸史基礎文獻研究之二*

童　嶺

提要:晚清以來,利用域外漢籍校勘正史之舉絡繹不絕,頗有成效。本稿輯録日本覆刻明萬曆南監刊正史《晉書》卷一百四、卷一百五、卷一百六及卷一百七《載記》天頭之日本儒生志村楨幹的批點,並加以校證。如"天地怒"、"天之怒"等條,可與《宋鈔本洪範政鑒》互校。而上述四卷乃集中於五胡十六國後趙石勒與石虎之事跡,因此亦可爲傳統中古政治史解讀提供若干史籍依據,如程遐勸石勒爲皇太子石弘計,應早日除掉石虎,而石勒不從,所謂"卿當恐輔幼主之日"之文字校勘等。皆可補充對正史之理解及傳統校勘學之未足。

1971 年,日本汲古書院"和刻本正史"系列,影印出版了南監本的覆刻批識本《晉書》三大册,《載記》與《晉書音義》均收于第三册中,第一册前則有書誌學大家長澤規矩也的《和刻本晉書解説》,提及:"本書是川越藩主柳澤吉保,覆刻明萬曆南監刊正史計劃中最早完成的一種,欄上校語之末可見'正誤凡幾、志村楨幹(或荻生茂卿)謹識'版心上魚尾的右上方,又可見'元禄辛巳年'。其中卷一的第一頁,尚有'崎陽鞍岡元昌補寫'數字。下魚尾的右下方則有'松會堂'三字。"①然而,覆刻批識南監本《晉書》原版近一半毀於火災,長澤規矩也在《和刻本南齊書解題》等其他解題中也曾經提及此事②。

"京都學派"奠基人、著名古典文學學者吉川幸次郎在《汲古書院版和刻漢籍のために》一文中説道:

柳澤吉保開版的《晉書》,包括此下六朝時代在内的五部正史,荻生徂徠得到了同

---

* 本文爲 2015 年國家社科基金青年項目"五胡十六國霸史基礎文獻考證及研究"(15CZW018)及 2019 國家社科重大項目"中國經學制度研究"(19ZDA025)的階段性成果之一。感謝《國學研究》匿名審稿專家提出的修改意見。
① [日]長澤規矩也《和刻本晉書解題》,載《和刻本晉書》,東京:汲古書院 1971 年版,卷首。
② [日]長澤規矩也《和刻本南齊書解題》,中譯稿載:童嶺《南齊時代的文學與思想(附:南監本〈南齊書〉荻生徂徠批識輯考)》,中華書局 2013 年版,第 182 頁。

藩志村禎幹的協助,施加了假名。關於《晉書》上志村禎幹施加的訓點之苦心孤詣,可以參考湯淺常山的《文會雜記》"卷之一上",堀正脩對於服部南郭所施加在《唐書》上訓點的贊詞,亦可見同書的"卷之三上"。①

京大人文研金文京先生曾經對筆者有言,吉川幸次郎平時授課并不看重和刻本,某些場合甚至禁止看和刻本。雖然如此,但吉川氏還在另一篇《〈和刻本正史〉景印本のために》中説道:

> 現代東洋史學的進步,當然遠超江户時代之上。然而,當時漢文閲讀能力並不普及,在此之際,一部六朝史的專家之書:松會堂版《晉書》,得到了荻生徂徠和柳澤藩邸同僚志村禎幹的協助,施加了訓點並和刻刊行,我大力推薦此本。此外,志村禎幹訓點的《宋書》,也是稀覯之作,我看過該書《宋書·樂志》的部份施加了唐音的假名,實在是做的漂亮極了!②

荻生徂徠固然爲治文史者所熟知。志村禎幹與服部南郭,雖然在中國學者中的知名度不及荻生徂徠,但也是江户時代漢學的重要人物。吉川幸次郎提到的江户時代的五部中國中古正史,即:《晉書》、《宋書》、《南齊書》、《梁書》、《陳書》。當前中古史學界對於這一份資料重視度并不夠,即使在日本的東洋史學界,利用此種資料者亦寥寥無幾。陋見所記,僅有川勝義雄,據川勝學生回憶,在他涉及《南齊書·竟陵王子良傳》經濟史料的演習課上,給學生們使用過荻生徂徠的批識③。

筆者曾經全書校勘過南監本《南齊書》④,部分成果已經被的中山大學新校本《南齊書》整理小組採納(2017 年中華書局出版)。目前,筆者擬對和刻《晉書·載記》展開全面校勘,以期對十六國霸史基礎史料有一"域外文獻"之關照與參考。已經完成有:《汲古書院和刻〈晉書·載記〉序論及漢趙部校證——五胡十六國霸史基礎文獻研究之一》⑤。

本稿接續上揭"漢趙部"校證,擬對"後趙部"展開文獻考證。《晉書·載記》第四至第七,分別爲石勒及石虎載記,是關於五胡十六國羯族建立後趙的最重要史料。今檢日本藏和刻南監本批識共二十九則,爲日本儒者志村禎幹所作。略作記録、校證,以補清儒及今人

---

① [日]吉川幸次郎《汲古書院版和刻漢籍のために》,該文發表于 1975 年,載《吉川幸次郎全集·第二十三卷》,東京:筑摩書房 1977 年版,第 574 頁。

② [日]吉川幸次郎《〈和刻本正史〉景印本のために》,該文發表于 1973 年,載《吉川幸次郎全集·第二十三卷》,第 572 頁。

③ [日]福原啓郎《魏晉政治社會史研究》,京都:京都大學學術出版會 2012 年版,第 450 頁。

④ 參考《南齊時代的文學與思想(附:南監本〈南齊書〉荻生徂徠批識輯考)》。

⑤ 拙作《汲古書院和刻〈晉書·載記〉序論及漢趙部校證——五胡十六國霸史基礎文獻研究之一》,文載劉玉才、潘建國主編《日本古鈔本與五山版漢籍研究論叢》,北京大學出版社 2015 年版。

校勘之遺漏。

　　本校證稿的體例一如此前之漢趙部校證,分爲:一、首頂格列南監本《晉書》原文,原句括號後爲 1974 年中華書局點校本之頁碼;二、次行退兩格輯志村楨幹的批識,簡稱"和批";三、又次行退兩格爲筆者之"校證"語,校證除參考異本外,亦旁及諸清儒及近人之校勘、札記成果。

載記第四　晉書一百四

既而賣與茌平人師懽爲奴。(頁 2708)

　　和批:舊作"莊平"。

　　校證:"莊"字形近而誤。"茌平"無誤,中古時代茌平在平原郡東,黃河故道之北。後趙之平原國領縣九,茌平爲其一。洪亮吉《十六國疆域志》卷二云:"茌平,漢舊縣。沈《志》稱《晉太康志》屬平原。《水經注》昔石勒之隸師懽,屯耕於茌平,聞鼓角鞞鐸之聲,於是縣也。《晉書》建興二年,勒將逯明攻甯黑於茌平,降之。茌平令師懽獲黑兔獻之於勒。有博固城。"古書"茌"作"莊"者乃多涉傳鈔或刻工之誤。

茛乘勝追擊,枕尸三十餘里,獲鎧馬五千匹。(頁 2718—2719)

　　和批:舊作"就尸"。

　　校證:涉形近而誤。又,此處言石勒遣將孔茛等攻擊段部鮮卑段末杯、段就六眷。"追擊"二字後,和刻南監本舊作"就"字,或因上句"生擒末杯,就六眷等衆遂奔散"人名"就六眷"而誤。

　　《册府元龜》卷二百二十一《僭僞部》、《資治通鑑》卷八十八《晉紀十》均作"枕尸三十餘里",胡三省注云:"枕,可亥翻。"

烏丸審廣、漸裳、郝襲背王浚,密遣使降于勒,勒厚加撫納。(頁 2720)

　　和批:舊作"撫訓"。

　　校證:此處作"撫納",乃指石勒收降烏丸。案"納"字,中古漢語多做"歸"解。如杜預注《左傳·襄公二十九年》"子速納邑與政"云:"納,歸之公。"又,韋昭注《國語·魯語上》"則請納祿"云:"納,歸也。"考"訓"字《説文》本作"説教"義,中古時期如《玄應音義》卷五云:"訓,導也。"司馬貞《史記索隱·衛康叔世家》"子聲公訓立"句下云:"訓作馴。"故作"撫訓”比“撫納”除招降義之外,更强調教導馴順之義。審《晉書・石勒載記》此處上下文,石勒不僅有使烏丸歸降之義,下文更云:“司冀漸寧,人始租賦。”可見石勒對烏丸降將亦多有訓教之舉,故作“撫訓”似更爲妥。

又案,本板乃和刻本“晉載記卷四”第十五葉,本葉及下葉,字體樣式均不同於前後板,疑二葉乃補刻。且此二葉版心爲“晉載記卷四”,“卷”字衍。

既而備九命之禮,虛葬于襄國城南。(頁 2720)

和批:舊作“九牢”。

校證:九命,見《周禮・春官・典命》,有云:“上公九命爲伯,其國家、宫室、車旗、衣服、禮儀,皆以九爲節。”孫詒讓《正義》疏:“明儀與命相將,經互文以見義也。云‘故書儀作義,鄭司農讀爲儀’者。”九牢,見《周禮・秋官・大行人》,有云:“上公之禮,執手、桓圭九寸,繅藉九寸,冕服九章,建常九斿,樊纓九就,貳車九乘,介九人,禮九牢。”孫詒讓《正義》疏:“云‘禮九牢’者,賈疏云:‘此謂饗餼大禮,朝享後乃陳於館,以數有九,故進之與介同在上。’”考《周禮》本義,九命範疇大於九牢,九牢者,據孫詒讓引賈疏,乃饗餼之大禮,屬於賓禮及客儀。此處《石勒載記》文意乃“勒母王氏死,潛窆山谷,莫詳其所”,屬於兇禮,用“九牢”不妥。湯球《十六國春秋輯補・後趙録二》作“九牢”,亦舛訛也。

又案,《册府元龜》卷二百二十四《僭僞部》亦作“九命”。

使石季龍奔襲乞活王平于梁城,敗績而歸。(頁 2725)

和批:“奔”字衍。

校證:百衲本及諸本《晉書》無“奔”字。湯球《十六國春秋輯補・後趙録二》作“奔襲”。承魏宜輝兄告示,古書作“奔襲”者,多見於宋及宋以後文獻。此處《十六國春秋》疑輯補過程中所誤增。

季龍夜棄營設伏于外,揚聲將歸河北。平等以爲信然。(頁 2725)

和批:“北”字下漏“平”字。

校證:百衲本、《册府元龜》卷二二百二十一《僭僞部》均不脱“平”字。唯杜佑《通典》卷一百五十四引此文作“張平以爲信然”。

載記第五 晉書一百五

勒徙洛陽銅馬、翁仲二于襄國,列之永豐門。(頁 2738)

和批:舊作"翁重"。

校證:疑音近而誤。諸本《晉書》及《十六國春秋輯補·後趙録三》、《太平御覽》卷八百十三均做"翁仲"。

勒司州刺史石生攻晉揚武將軍郭誦于陽翟。(頁 2740)

和批:舊作"司馬"。

校證:石生初任司州刺史,檢《石勒載記》及萬斯同《偽趙將相大臣年表》,任石勒司馬者,有張屈六、程遐、夔安、傅暢等,亦未見有石生。

不用忠臣言,語之過也。(頁 2742)

和批:"語"一作"吾"。

校證:此石勒語,作"語"者,乃涉上"言"字而誤增偏旁。

然明主未始不爲變,所以敬天之怒也。(頁 2749)

和批:舊作"天地怒"也。

校證:此事乃暴雨雷震,毀石勒建德殿及襄國市西門。又有冰雹擊殺人,樹木摧折。石勒以問徐光。徐光以五行讖緯答之,并引出此乃石勒禁寒食之故。

《宋鈔本洪範政鑒》卷二《水行》記載此事云:"然明主未始不爲變,以懼天怒也。""敬"字作"懼",後逕作"天怒"。《太平御覽》卷八百七十八、《十六國春秋輯補》卷十五《後趙録五》、《文獻通考》卷三百五《物異考》均做"天之怒"。《册府元龜》卷二百二十六《僭偽部》則作"天怒"。考"然明主未始不爲變"前有"雖天地之常事"句,下言"敬天地(之)怒"於文意及文脈皆比"天之怒"爲妥。

寒食既并州之舊風,朕生其俗,不能異也。(頁 2949—2750)

和批:舊作"冀"也。

校證:《説文段注》:"冀,叚借爲望也、幸也,蓋以冀同覬也。"《慧琳音義》卷二十五"冀得”注引《玉篇》云：“冀，幸也，望也，謂希望也。”審《石勒載記》此處文意，當以“冀”字爲佳。作“冀”者，形近而誤也。

《文獻通考》卷三百五《物異考》、《册府元龜》卷四百六十九《臺省部》、嚴可均《全上古三代秦漢三國六朝文》引《下書議復寒食》均做“舊”。

卿當恐輔幼主之日。（頁 2752）

和批：舊作“忠”。

校證：“恐”、“忠”二字形近。此爲程遐勸石勒爲皇太子石弘計，應早日除掉石虎，而石勒不從，以爲“何至如卿言也”，誤認程遐是擔憂自己今後不能擅權，下文有“不得獨擅帝舅之權故耳”。百衲本作“恐輔”者，《十六國春秋輯補》卷十五《後趙録五》等作“患輔”。王太岳等《欽定四庫全書考證》卷二十五云：“又鄉當患輔幼主之日，不得獨擅帝舅之權故耳。刊本‘患’訛‘忠’，並據毛本及《通志》、《十六國春秋》改。”王太岳《考證》鈔本誤將“卿”作“鄉”。案，“患”、“恐”義近而略有差別，《説文·心部》：“恐，懼也。”同部云：“患，憂也。”以辭意之強弱云，“恐”劇於“患”也。時程遐尚有實權，石勒仍在世，云“恐”似爲過。而南監舊本誤作“忠”者，乃“忠”、“患”形近而致也。故從文意及致誤之由，此處當做“患”勝於“恐”也。

尋殺之，在位，時年二十二。（頁 2756）

和批：“位”字下脱“二年”字。

校證：和批爲是。今百衲本及中華整理本不脱。南監本“在位”二字行末，疑換行而漏刻“二年”。《十六國春秋輯補》卷十五《後趙録五》作“在位二年卒，時年二十二”，“卒”字南監本、百衲本皆無。

載記第六　晉書一百六

季龍以租入殷廣，轉輸勞煩。（頁 2763）

和批：舊作“轉輪”。

校證：百衲本及《十六國春秋輯補》均做“轉輪”。輸、輪二字，古無通假例。作“輪”者，形近而誤也。

朔望朝會即乘輻軒。（頁 2763）

　　和批：舊作“會節”。

　　校證：百衲本、中華本及《册府元龜》卷二百二十九均做“即”，唯《十六國春秋輯補》卷十六《後趙錄六》作“朔望朝會節，乘輻軒”，節、即二字形近。此處《石季龍載記》記述石虎遷都鄴城的祭祀活動，前文有云：“始制散騎常侍已上得乘輻軒，王公郊祀乘副車。”石虎是十六國時代製造車類最多的君王，輻軒車、司南車等都製造于石虎的禮制整備時期。此處上下文均爲“乘某車”句式。疑或當做“節”也。

以四輪纏輞車。（頁 2764）

　　和批：舊作“纏網”。

　　校證：百衲本、南監本、中華本均作“輞”。《十六國春秋輯補》卷十六《後趙錄六》及《太平御覽》卷七百六十九引文作“網”[1]。輞、網形近而誤也。《釋名·釋車》云：“輞，网也，网羅周輪之外也。關西曰輮，言曲輮也。”作“輞車”爲是。此處石虎需要將洛陽的銅駝、翁仲等運至鄴城，故輞車者，即爲古代之承重履帶車也。此輞車即爲尚書令解飛所作。李約瑟（Joseph Needham）《中華科學文明史》第四卷《機械工程》引用《鄴中記》認爲石虎定都河南北部的鄴城，需要這些遊牧式車輛裝備。

金一斤直米三斗。（頁 2764）

　　和批：一作“二斗”。

　　校證：中華本作“二斗”，有校勘記云：“《御覽》三五引《三十國春秋》、八一〇引《後趙錄》‘斗’並作‘升’。”今檢《十六國春秋輯補》卷十六《後趙錄六》亦如是。案，自三國兩晉南北朝迄隋，爲中國度量衡變化最複雜時期，此處文字校勘，一則涉及數量，二則涉及量詞，唯不敢擅改，存此以俟來哲。

統步騎十萬爲前鋒，以伐段遼。季龍衆次金臺，支雄長驅入薊。（頁 2767）

　　和批：舊作“李隆”。

　　校證：此處文無疑義，檢百衲本及《十六國春秋輯補》等，均無“李隆”異文，此二字無所安置。南監本、《册府元龜》卷二百三十一、《通志》卷一百八十七等作“段遼”，據百衲本及

---

[1] 案，據《國學研究》匿名審稿專家提示：“舊作‘纏網’，似可視作後置定語修飾‘四輪’？ 四輪纏網以運銅駝、翁仲重物，蓋爲減少顛簸？”

《晉書斠注》當做"段遼"。

遼左右長史劉群、盧諶,司馬崔悦等。(頁 2767)

　　和批:舊作"劉郡"

　　校證:百衲本及《十六國春秋輯補》卷十六、《資治通鑑》卷九十六、《册府元龜》卷二百三十一并作段遼左長史"劉群",又據胡三省注云:"群、諶、悦奔令支,見九十卷元帝大興元年。"作"郡"者,形近而誤也。

而主者循爲恒法。(頁 2770)

　　和批:舊作"遁爲"。

　　校證:百衲本及《十六國春秋輯補》卷十七《後趙録七》均作"循爲"。案,朱駿聲《説文通訓定聲》云:"循,又叚借爲遁。"嚴可均《全晉文》録此題爲《因災異又下書》,作"而主者遂爲恒法"。王念孫《讀書雜誌·晏子春秋·内篇諫下》校"循"可爲"遂"。

案以爲令僕之負。(頁 2770)

　　和批:舊作"之貟"。

　　校證:諸本及《十六國春秋輯補》無作"貟"者,疑形近而誤也。案,此處指石虎命令僕選官之舉,若有不當,皆令僕之責任,當做"負"。王筠《説文解字句讀》云:"背德曰負。"鮑彪注《戰國策·燕策二》云:"負,言荷罪在身。"

乃禁畜馬,匿者腰斬。(頁 2772)

　　和批:畜字下漏"私"字。

　　校證:《晉書斠注》及《十六國春秋輯補》卷十七《後趙録七》作"乃禁畜馬"。以文意考察,後文云"收百姓馬四萬餘匹,以入于公"。上文"畜馬"當與"公"對,漏一"私"字。百衲本不缺字。核《資治通鑑》卷九十六《晉紀十八》作"有敢私匿者腰斬,凡得四萬餘匹"。

載記第七　晉書一百七[①]

西時貫日,日没後分爲七道。(頁 2783)

---

① 案,此卷末題"正誤凡七志村楨幹謹識",實際共六則。

和批：舊作"月没"。

校證：《十六國春秋輯補》卷十八《後趙録八》亦作"日没"。案，于文意西時貫日無大礙，唯下文云"日没分爲七道，每相去數十丈，間有白雲如魚鱗，子時乃滅"，若再云"日没"，於"子時"似不符。南匈奴及羯族君主，多有以"月"自比者，如《劉聰載記》云："月爲胡王。"又《劉曜載記》記太史令弁廣明云："昨夜星犯月，師不宜行。"詳參拙文《"五牛旗建"與"赤牛奮靷"》①。故此處若作"月没"，于文意亦無不可。

吾知太子處矣。（頁2785）

和批：舊作"吾之"。

校證：《十六國春秋輯補》卷十八《後趙録八》、《資治通鑑》卷九十八《晉紀二十》、《册府元龜》卷二百二十五《僭僞部》引石虎此語，均做"吾知"。作"之"者，音近而誤也。

李城迴師，無棘奴豈有今日！（頁2790）

和批：舊作"令月"。

校證：《十六國春秋輯補》卷十九《後趙録九》、《資治通鑑》卷九十八《晉紀二十》均做"今日"。作"令月"者，形近而誤也。

于時高鼻多鬚至有濫死者半。（頁2792）

和批：舊作"高甲"。

校證：案，作"甲"者，乃"鼻"之形近而誤也。又，和批南監本作"于是高鼻多鬚至有濫死者半"，于文意"是"字亦通。又《十六國春秋輯補》卷十九《後趙録九》作："於時高鼻多鬚至有濫死者。"無"半"字。

虔劉我都邑。（頁2798）

和批：舊作"處劉"。

校證：《春秋左傳正義》卷二十七《成公十三年》"虔劉我邊陲。"杜預注云："虔劉，皆殺也。"孔穎達疏云："劉，殺。《釋詁》文。《方言》云：虔，殺也。重言殺者，亦圓文也。""虔劉我都邑"句，爲《晉書·載記》"史臣曰"部分，句式當取自《春秋左氏傳》。作"處"者，形近而

---

① 拙作《"五牛旗建"與"赤牛奮靷"——文本視域下南匈奴漢趙時代的預言與讖緯》，文載《文學遺産》2016年第6期。

誤也。

假豹姿於羊質。（頁 2798）

　　和批：舊作“羊失”。

　　校證：楊雄《法言》卷四《吾子》曰：“羊質而虎皮，見草而説，見豺而戰。”徐興無編《汪榮寶法言注釋殘稿三種》之《法言疏證》此句下引《文選》魏文帝《與吳質書》云：“以犬羊之質，服虎豹之文。”“假豹姿於羊質”對下句“騁梟心於狼性”，故知舊作“失”者，與義不通。

[作者簡介] 童嶺：南京大學文學院教授、博士生導師。

夏侯始昌所傳《洪範》五行學師法源流考*

程　蘇　東

摘要: 自夏侯始昌爲《洪範五行傳》初步建立起闡釋、占驗體系後,《洪範》五行學逐漸成爲相對獨立於《尚書》學的師學體系。通過對傳世文獻的勾稽,至少可以大致辨識出跨越前、後兩漢的七代師法傳人,而其傳播範圍亦逐步越出小夏侯《尚書》的師學弟子,受到更多學者的關注。從存世的零散師説看來,夏侯始昌所傳師法對《洪範五行傳》所言各種災異的具體形態和生成原理進行了進一步闡述,在運用中更注重對既有災異咎責的探求,這些都與《洪範五行傳》的立場相一致;但在處理"六沴"與"六罰""六極"的關係方面則與《傳》文存在重要差異,尤其是對《傳》文中叙述詳盡的共御之術未加利用,主張純以德政塞除災變,較《傳》文顯示出更加強烈的儒學色彩。《洪范》五行學師法體系在西漢雖然流傳不廣,但始終不絶如縷,至東漢以後逐漸衰落,師法弟子似鮮有傳承,對於《洪範》五行學的闡述也顯示出駁雜的傾向。

衆所周知,漢代經學注重師法傳承,因此,有關兩漢群經師法譜系的研究歷來是漢代經學研究的重點,自清季以來,洪頤煊、鍾襄、劉傳瑩、唐晏、王國維、錢穆、沈文倬、程元敏等學者先後著力於此,已經取得令人矚目的成果①。然而,據筆者管見,作爲較早以單篇而形成

---

* 本文爲國家社科基金資助項目"漢代《洪範》五行學研究"(14CZX022)的階段性成果。

① 可參洪頤煊《漢置五經博士考》,《筠軒文鈔》卷六,民國二十三年《遼雅齋叢書》本,第 5 葉 B—6 葉 A;鍾襄《五經博士辨證》,《考古録》卷三,清嘉慶十三年阮元刻本,第 1 葉 B;劉傳瑩《兩漢五經各立學官考》,《漢魏博士考》卷下,賈貴榮輯《歷代石經研究資料輯刊·一》,北京圖書館出版社 2005 年影印本,第 377—379 頁;唐晏《兩漢三國學案》,中華書局 2008 年版;王國維《漢魏博士考》,《觀堂集林》卷 4《藝林四》,《王國維全集·第八卷》,浙江教育出版社、廣東教育出版社 2010 年版,第 112 頁;錢穆《兩漢博士家法考》,《兩漢經學今古文平議》,商務印書館 2001 年版,第 218 頁;沈文倬《黃龍十二員博士的定員與郡國學校的設置》,《宗周禮樂文明考論(增補本)》,浙江大學出版社 2006 年版,第 469—515 頁;程元敏《〈漢書·藝文志·儒林傳贊〉論經學博士討核》,《"國立"編譯館館刊》,第 29 卷第 2 期(2000),第 65—98 頁。相關研究還可參方麟《秦漢博士制度初探》第三章《博士制度的發展與定型——漢代》,北京大學 2010 年博士學位論文,第 100—156 頁;亦可參拙著《從六藝到十三經——以經目演變爲中心》,北京大學出版社 2018 年版,第 158—237 頁。

"別傳"師法的《洪範》五行學,其師學譜系與師法要義却尚未得到學界的足够關注,甚至在《隋書·經籍志》中出現了"濟南伏生之傳,唯劉向父子所著《五行傳》,是其本法"的説法①,可見由於師學譜系的斷絶和師法著作的亡佚,夏侯始昌所傳《洪範》五行學師法在隋唐時期已基本湮没無聞了。由於對傳習者的知識結構有特殊的要求,《洪範》五行學雖經夏侯勝而得以傳習,但無論是其師學譜系,還是師法要義,都不屬於夏侯勝所建立的"大夏侯《尚書》",因此,其在兩漢儒生中的傳習範圍相對有限,這也許是這一論題未能引起學界足够關注的主要原因。但值得注意的是,自夏侯始昌據《洪範五行傳》初步建立師法始,夏侯勝、許商、谷永、孔光、李尋、周磐等數代師學弟子始終維繫著這一師法的傳承,他們不僅編纂出標志著師法走向成熟的《五行傳記》這一具有"章句"性質的傳説,而且在各種政治場合援據師法解説災異、譏刺時政。可以説,在兩漢儒學災異論的龐雜體系中,夏侯始昌所傳《洪範》五行學師法具有廣泛而持續的影響,代表了《洪範》五行學的基本形態。只有瞭解了這一基本形態,我們才有可能進一步辨清劉向《洪範五行傳論》、劉歆《洪範五行傳論》、班固《漢書·五行志》、鄭玄《尚書大傳注·洪範五行傳》等非師法譜系《洪範》五行學著作的結構特點與思想個性,同時也才能更全面、平實地認識"師法"在漢代經學傳播中具有的實際形態。基於此,本文擬利用散見於《漢書》《後漢書》以及《續漢書》劉昭注等文獻中的相關材料,對夏侯始昌所傳《洪範》五行學的師學譜系及其師法要義等問題進行初步梳理。

一、作爲"別傳"的《洪範》五行學

有關《洪範》五行學的建立及其傳播方式,較早的記載見於《漢書·五行志》:"孝武時,夏侯始昌通《五經》,善推《五行傳》,以傳族子夏侯勝,下及許商,皆以教所賢弟子。"②此外,在述及夏侯勝的師承時,亦言"勝少孤,好學,從始昌受《尚書》及《洪範五行傳》,説災異"③。這兩條材料顯示,至少就西漢時期而言,《洪範五行傳》的傳習僅在"所賢弟子"的範圍内展開,而"受《尚書》"與"受《洪範五行傳》"也是兩個相對獨立的過程。《後漢書·周磐傳》稱其"少游京師,學《古文尚書》《洪范五行》《左氏傳》"④,將"《洪範五行》"與《古文尚書》《左氏傳》並舉,可見至東漢初期,"《洪範五行》"仍然是一門獨立授受的學問。皮錫瑞由此提出

---

①《隋書》卷三二《志·經籍一》,中華書局 1973 年版,第 915 頁。
②《漢書》卷二七中之上《五行志》,中華書局 1962 年版,第 1353 頁。
③《漢書》卷七五《夏侯勝傳》,第 3155 頁。
④《後漢書》卷三九《周磐傳》,中華書局 1965 年版,第 1310—1311 頁。

所謂"别傳"之説:"經學有正傳,有别傳,《洪範》五行猶《齊詩》'五際',專言術數,皆經學之别傳。"在論及《春秋》災異學時,皮錫瑞再次指出:"漢儒言占驗者,齊學爲盛,伏傳《五行》,《齊詩》五際,皆齊學。公羊氏亦齊學,故董子書多説陰陽五行,何氏《解詁》説占驗亦詳,要皆《春秋》之别傳,與大義無關。猶《洪範五行傳》與《齊詩》,非《詩》《書》大義所關也。"①我們認爲,皮錫瑞對於"正傳"與"别傳"的區分是合理的,特别是他注意到這種區分與"言占驗"這一特殊的功能之間存在關聯,見識尤精,這一點下文還將論及。

　　不過,清儒多認爲《洪範五行傳》既然是"别傳"之學,則其文本不應包括在舊題伏生所傳的《尚書大傳》之中,如袁鈞即指出:"《尚書五行傳》一卷,舊列《大傳》中,稱《鴻範五行傳》。案《大傳》自有《鴻範傳》,此當别是一篇。"②皮錫瑞也認爲:"《伏生大傳》四十一篇而《洪範五行傳》别出於後,此以《五行傳》爲别傳之證。"③但驗之史料,所謂"《洪範五行傳》别出於後"的説法並無依據。侯金滿舉出《漢書·楚元王傳》贊語稱"劉氏《洪范論》發明《大傳》"之例④,可證班固所見本《洪範五行傳》已爲《尚書大傳》之一篇⑤,而類似的例證還見於《白虎通·災變》:"妖者,何謂也?衣服乍大乍小,言語非常。故《尚書大傳》曰:'時則有服妖也。'"孽者,何謂也?曰:介蟲生爲非常。《尚書大傳》曰:'時則有介蟲之孽''時則有龜孽'。"⑥顯然,這三句引文均出自許商、劉向所據本《洪範五行傳》,而《白虎通》稱引《尚書大傳》,足證班固所見《洪範五行傳》已屬《尚書大傳》。清儒以《洪範五行傳》不見於伏生《大傳》的説法恐怕是難以信從的。

　　具體而言,皮錫瑞所謂"别傳"之説應包括兩點:其一,大夏侯《尚書》章句及解詁中應有關於《洪範》篇的具體説解,是大夏侯《尚書》學的必要組成部分,與夏侯始昌、夏侯勝所傳《洪範五行傳》並非一説,故袁鈞、陳壽祺等均分别輯録《洪範傳》和《洪範五行傳》。從佚文所見形式上看,前者專注於經文本身,如"八政何以先食?《傳》曰:食者萬物之始,人事之本也,故八政先食"⑦。而後者所言"五行""五事""皇極""庶徵"等雖取材於《洪範》,但自成體系,不僅涉及的知識已大大超越《洪範》篇乃至《尚書》學的範圍,對於五行、五事等的理解

① 皮錫瑞《經學通論》卷一《論五福六極明見經文不得以爲術數五行配五事當從伏傳漢志》,中華書局 1954 年版,第 64 頁;卷四《論春秋書災異不書祥瑞左氏公羊好言占驗皆非大義所關》,第 29 頁。
② 袁鈞《尚書五行傳注·序》,袁鈞輯、袁堯年校補《鄭氏佚書》第 4 册,光緒戊子浙江書局本。亦可參徐興無《經典闡發與政治術數——〈洪範五行傳〉考論》,《經緯成文——漢代經學思想與制度》,鳳凰出版社 2015 年版,第 77 頁。
③ 皮錫瑞《經學通論》卷一《論五福六極明見經文不得以爲術數五行配五事當從伏傳漢志》,第 65 頁。
④《漢書》卷三六《楚元王傳》,第 1972 頁。
⑤ 侯金滿《〈尚書大傳〉源流考》,南京大學 2013 年碩士學位論文(指導老師:許結教授),第 58—59 頁。
⑥ 陳立《白虎通疏證》卷六《災變》,中華書局 1994 年版,第 270 頁。
⑦ 蕭統《文選》卷七《藉田賦》李善注,上海古籍出版社 1986 年版,第 342 頁。

和運用也不再受經文本身的束縛。值得説明的是,清儒在區分《洪範傳》與《洪範五行傳》的佚文時也存在失誤之處。例如陳壽祺輯本《洪範傳》有"晦而月見西方謂之朓,朓則王侯奢也;朔而月見東方謂之側匿,側匿則王侯肅"數句,皮錫瑞《尚書大傳疏證》襲其説,但《漢書·五行志》引用此文,並録劉向、劉歆説解:

> 晦而月見西方謂之朓,朔而月見東方謂之仄慝,仄慝則侯王其肅,朓則侯王其舒。劉向以爲,朓者疾也,君舒緩則臣驕慢,故日行遲而月行疾也。仄慝者不進之意。君肅急則臣恐懼,故日行疾而月行遲,不敢迫近君也。不舒不急,以正失之者,食朔日。劉歆以爲,舒者侯王展意顓事,臣下促急,故月行疾也。肅者王侯縮朒不任事,臣下馳縱,故月行遲也。當春秋時,侯王率多縮朒不任事,故食二日仄慝者十八,食晦日朓者一,此其效也。①

我們知道,劉向、劉歆僅論説《洪範五行傳》,並未涉及《洪范》全篇,而班固在此段末亦言:"此皆謂日月亂行者也。"足見"晦而月見西方"諸語正是承接"皇之不極"條"日月亂行"而下,是對"日月亂行"的進一步陳述。此外,東漢盧植在奏議中稱引"日晦而月見謂之朓,王侯其舒"數語時②,亦稱出自《五行傳》,凡此皆可證此四句不應定爲《洪範傳》佚文,而應是《洪範五行傳》佚文。

其二,《洪範》五行學雖然由夏侯始昌、夏侯勝所傳,但其師法傳承與《尚書》大夏侯學相對獨立,一方面多數大夏侯《尚書》學弟子並不傳習此傳,另一方面,從小夏侯《尚書》弟子李尋、歐陽《尚書》弟子鮑宣等亦習《洪範》五行學師法的情況來看,《洪範》五行學的傳承也存在溢出大夏侯氏師學譜系的現象。究其原因,恐怕是因爲《洪範》五行學對於傳習者的知識結構有較特殊的要求,除了傳統《尚書》學的故訓以外,與月令、陰陽、天文、曆算諸學關係密切,而後者並不是當時儒學弟子必須修習的內容,因此,如同後來《儀禮》學發展出《喪服》學、《禮記》中《中庸》《大學》均獨立成學一樣,《尚書·洪范》成爲"五經"中最早以單篇成學的經典文獻。

二、夏侯始昌所傳《洪範》五行學師學譜系考

從現存史料看來,作爲最早研習《洪範五行傳》,並用其説災異、傳授弟子之人,夏侯始昌無疑是《洪範》五行學的師法奠基人。可惜除了他以"《洪範傳》説災異"傳諸族子夏侯勝

---

① 《漢書》卷二七下之下《五行志》,第 1506 頁。
② 《後漢書》卷六五《盧植傳》,第 2117 頁。

的記載見於《漢書》本傳以外①,我們對夏侯始昌的五行學説幾乎一無所知。《漢書》本傳稱其曾於太初元年(前 104)"先言柏梁臺災日,至期日果災"②。這裏夏侯始昌是采用何種方法預知"柏梁臺災日",實不可知,而從《洪範五行傳》佚文來看,似乎也没有能夠預知災異日期的占術,故對於夏侯始昌的《洪範》五行學,目能暫付闕如。

至於夏侯勝的《洪範》五行學,據《漢書》及鄭玄《尚書大傳》注可考知者蓋有三事。其一,他曾據《洪範五行傳》推知昌邑王劉賀遭廢一事,從現存史料來看,這是《洪範》五行學第一次登上西漢宫廷政治的舞臺,事在昭帝元平元年(前 74):

> 會昭帝崩,昌邑王嗣立,數出。勝當乘輿前諫曰:"天久陰而不雨,臣下有謀上者,陛下出欲何之?"王怒,謂勝爲袄言,縛以屬吏。吏白大將軍霍光,光不舉法。是時,光與車騎將軍張安世謀欲廢昌邑王。光讓安世以爲泄語,安世實不言。乃召問勝,勝對言:"在《洪範傳》曰'皇之不極,厥罰常陰,時則下人有伐上者',惡察察言,故云臣下有謀。"光、安世大驚,以此益重經術士。③

此事後來亦爲劉向《洪範五行傳論》所録④,並被班固收入《漢書·五行志》⑤。昌邑王遭廢是西漢政治史上最重要的事件之一,而圍繞此事産生的關聯性事件自然容易引發時人的關注。《洪範》五行學後來一度成爲西漢宫廷中的顯學,應與夏侯勝這次成功的占驗有關。值得注意的是,夏侯勝對於《洪範五行傳》的理解和運用與傳文自身存在一定的差異。傳文引言部分稱:"若六沴作見,若不共禦,六伐既侵,六極其下。"⑥這裏"六沴"包括傳文所言妖、孽、禍、痾、眚、祥等各種異象,主要起警示的作用,而"六伐""六極"則指傳文所言之罰、極,是對"六沴作見"後人君不加共禦的進一步責罰。因此,按照傳文的邏輯,妖、孽、禍、痾等的出現應當早於罰、極,而具體到"皇之不極"條而言,所謂"下人伐上之痾"與射妖、龍蛇之孽等一樣,也屬於起警示作用的預兆之一,只有在君主不加"共禦"的情況下,才會進一步出現"厥罰常陰"和"厥極弱"的災變。但是,從夏侯勝的占驗實踐來看,他顯然不是這樣理解《洪範五行傳》的,他根據天氣久陰不雨,也就是"常陰"的現象來推測將有"下人伐上",實際上是將"六伐"反過來視爲警示性的預兆,而將"痾"視爲進一步導致的災變。作爲

---

①《漢書》卷七五《眭兩夏侯京翼李傳》,第 3155 頁。

②《漢書》卷七五《眭兩夏侯京翼李傳》,第 3154 頁。

③《漢書》卷七五《眭兩夏侯京翼李傳》,第 3155 頁。

④ 見於徐堅《初學記》卷一八《人部中》"當車扣馬"條引"《尚書洪范五行傳》曰"。由《舊唐書·經籍志》可知,唐人所謂"《尚書洪范五行傳》"實即劉向《洪範五行傳論》,相關論述可參拙文《流動的文本:劉向〈洪範五行傳論〉佚文考辨》,《中華文史論叢》2017 年第 1 期,第 272—281 頁。徐堅《初學記》,中華書局 1962 年版,第 438 頁。

⑤《漢書》卷二七下之上《五行志》,第 1459 頁。

⑥ 皮錫瑞《尚書大傳疏證》卷四《洪範五行傳》,《師伏堂叢書》本,第 5 葉 A。

《洪範》五行學的早期代表性人物,夏侯勝對於《洪範五行傳》的理解對於漢代《洪範》五行學的影響可想而知,但他在實際占驗中幾乎完全倒置了《洪範五行傳》原本的邏輯體系,顯示出作爲"師法"的《洪範》五行學與《洪範五行傳》本文之間確實存在重要差異。關於這一點,我們在下文還將提及。

其二,由於夏侯勝對於《洪範五行傳》的理解和運用與傳文之間存在差異,這使得他對於其師所傳《洪範五行傳》部分文本的可靠性也産生了懷疑。其説見於《續漢書·五行志》劉昭注引鄭玄《尚書大傳》注:

鄭玄曰:夏侯勝説"伐"宜爲"代"。書亦或作"代"。①

據上文所引《漢書》可知,夏侯勝曾據《洪範五行傳》中"時則有下人伐上者"一句推知昌邑王將遇變故,則夏侯始昌所傳本《洪範五行傳》此句應作"下人伐上"無疑;而從《漢書》的記載來看,夏侯始昌是漢初唯一傳承《洪範五行傳》的經師,可知鄭注中"書亦或作'代'"一句應是鄭玄本人校語,非引自夏侯勝,後者改字之説只是他根據自身對《洪範五行傳》的理解而做出的"理校",並無版本依據。我們知道,《洪範五行傳》在早期流傳過程中出現了版本的分化,以致後來劉歆所據本與許商、劉向所據本在整體結構上大相徑庭,而由此看來,據己意更改《洪範五行傳》文本的傳統似乎正始於夏侯勝。

就這條材料而言,"伐"原爲攻擊之意,但在春秋以來儒家的政治語境中,逐漸被賦予一種等級化的意義。孔子曰:"天下有道,則禮樂征伐自天子出。"②"征伐"被視爲王權的象徵,與"攘夷""復仇"等共同構成早期儒家認可的少數幾種合法的暴力觸發機制。《洪範五行傳》將"下人伐上"作爲"六沴"之一,可以説是一種很特別的設計——一方面,《五行傳》並不將"下人伐上"視爲一種正當的抗争方式,因此,其在本質上屬於"沴",與傳文中"下體生於上之沴""口舌之沴""目沴""心腹之沴"等一樣,是一種具有病態化體徵的異象;但另一方面,在整個《五行傳》的災異體系中,所謂"帝令大禹步於上帝,維時洪祀六沴,用咎於下"③。作爲"六沴"之一,"下人伐上之沴"與諸妖、孽、禍、痾一樣,本身又是"天"意的體現,是上帝警示人君的一種方式,因此,儘管這一行爲在人間秩序中呈現爲一種病態,但在神學意義上卻具有無可争議的正當性。這種巧妙的設計體現出《洪範五行傳》既强調"尊尊",又主張"重民"的儒學立場。值得注意的是,"下人伐上"既然仍屬於具有警示性意義的"六沴",則這裏的"伐"顯然應理解爲一般意義上的侵犯、僭越、凌辱等,至於真正誅滅君父的弑

①《後漢書》志第一六《五行五》,第3341頁。
② 程樹德《論語集釋》卷三三《季氏》,中華書局1990年版,第1141頁。
③ 皮錫瑞《尚書大傳疏證》卷四《洪範行傳》,《師伏堂叢書》本,第4頁B。

殺行爲，恐不在其列。劉歆在《傳論》中認爲此句應作“下體生上之痾”，以爲“下人伐上，天誅已成，不得復爲痾云”①，就是將“伐”理解爲狹義的誅殺，認爲既然已行誅殺，自然不宜再僅僅列爲“痾”，但如果回到戰國秦漢的實際語境中，則這裏的“伐”作爲一般意義上的侵伐，仍然是可以講通的。

不過，與後來的劉歆一樣，夏侯勝對於《洪範五行傳》的這一設計似乎並不認同。根據前文的分析，由於他並未將“下人伐上”視爲具有警示、預兆性質的異象，反而是將作爲“六伐”之一的“常陰”視爲“下人伐上”的預兆，這樣“下人伐上”反過來就成爲由“常陰”而導致或揭示的最終結果了，而基於這樣一種災異學邏輯，“下人伐上”也就不再僅僅是一般意義上的侵伐、僭越，而更傾向於被理解爲弑殺、誅滅等更爲嚴重的行爲了。夏侯勝在徵引《洪範五行傳》時，僅稱“時則有下人伐上”，不言“之痾”，未知是否亦如劉歆一樣，有意否定“下人伐上”作爲“痾”的性質②。總之無論如何，對於夏侯勝而言，這種弑父弑君的行爲若仍以“下人伐上”稱之，則似乎賦予了其完全的合法性，這顯然是他無法接受的，因此，他認爲宜用中性的“代”字取代具有合法性色彩的“伐”字。此説在當時似産生了一定的影響，確實出現了以“代”字替代“伐”字的版本，但從劉向、劉歆《傳論》以及《漢書·五行志》《續漢書·五行志》的引用來看，作“伐”者仍爲主流版本，可見夏侯勝對於其師所傳《傳》文雖有懷疑，也提出了異説，但似乎並未據此徑改其所傳《洪範五行傳》文本。這種對於“師法”既不盲從，亦不輕廢的審慎態度，頗值得我們注意。

其三，夏侯勝將《洪範五行傳》及其推度災異之法傳於其所賢弟子，確立了《洪範》五行學作爲“別傳”的獨特師學傳統。據《漢書·五行志》記載，《洪範五行傳》自夏侯勝而下以至許商，“皆以教所賢弟子”，作爲大夏侯《尚書》的建立者，夏侯勝沒有將《洪範五行傳》列入其《尚書》學的常規章句體系中，這反映出他對於《洪範五行傳》的獨特認知，只是相關材料有限，於此難以細論。以上是有關夏侯勝《洪範》五行學的基本情況。

自夏侯勝以下，《漢書·五行志》明確記載的《洪範》五行學師法傳人僅許商一人，不過，從志文中“皆以教所賢弟子”一句可知，在夏侯勝與許商中間，《洪範》五行學仍有其他師學傳人。如果從許商往上逆推，則其師周堪親炙夏侯勝，《漢書·儒林傳》列爲大夏侯《尚書》的首位傳人，故可以相信，周堪應傳夏侯勝《洪範》五行學。

此外，西漢後期名儒孔光在奏議中解説哀帝元壽元年（前2）正月朔日的日蝕時，亦徵引

①《漢書》卷二七下之上《五行志》，第 1459 頁。
② 鄭玄《尚書大傳·洪範五行傳》注論“下人伐上之痾”，稱“王極氣失之病也”，知鄭玄所據本《尚書大傳·洪範五行傳》亦有“之痾”二字。《後漢書》志第一六《五行志》劉昭注，第 3342 頁。

《洪範五行傳》,且稱述師法①,可知其亦習《洪範》五行學。孔光之師爲周堪的另一位弟子牟卿,這不僅進一步佐證了周堪曾傳《洪範》五行學,亦可見除許商外,周堪亦將此學傳與牟卿,並由後者傳與孔光。因此,如果以夏侯勝爲《洪範》五行學第一代師學傳人,則周堪應爲第二代師學傳人,許商、牟卿是第三代師學傳人,孔光則是第四代師學傳人。

　　關於許商,儘管《漢書》中並未記載他有關災異的具體説解,但仍有兩點值得注意。第一,《漢書·儒林傳》載許商"善爲算,著《五行論曆》",《漢書·藝文志·數術略》著録"許商《算術》二十六卷"②,可知其精於曆算。從《洪範五行傳》的佚文來看,其"皇之不極"部分頗涉及日月星辰之變,與天算之學關係密切,許商有這方面的知識優勢,無怪乎其得以傳習《洪範》五行學。第二,從其撰《五行傳記》一篇可知,許商是《洪範》五行學師法傳承過程中的關鍵人物。《洪範》五行學自夏侯始昌、夏侯勝而下,雖持《洪範五行傳》以爲本,但説解奧義,則多以口耳相傳,而在西漢經學史上,一種師學如果想要立爲官學,除了要有傳承有序的師學譜系以外,一般還要有書面可據的章句傳注。因此,許商《五行傳記》的撰寫,標志著《洪範》五行學的師法體系已逐漸成熟。作爲"大夏侯《尚書》"的"別傳"之學,《洪範》五行學雖然沒有争立官學的目的,但其傳播形態已經具有了相當的獨立性,於"五經"諸家師法中儼然別爲一宗了。同時,在許商著《五行傳記》以前,《洪範五行傳》的傳習似乎主要在大夏侯《尚書》學內部展開,而隨著《五行傳記》的撰寫與流傳,《洪範》五行學開始越出夏侯始昌所傳師學弟子的範圍,劉向、劉歆、揚雄等不在《尚書》學師法譜系中的碩學通儒也開始閲讀、研習《洪範五行傳》,向、歆父子甚至爲之撰寫傳論,《洪範》五行學的學術地位得到了進一步提升。我們雖然沒有直接的材料能夠證明許商《五行傳記》與此之間的直接聯繫,但二者在時間節點上的相關性至少是值得注意的。

　　除上述師法譜系明確可考的傳習者以外,從《漢書》的記載來看,西漢《洪範》五行學師法的傳習者至少還有谷永和李尋。關於谷永的師學背景,《漢書》未有明確記載,唯稱其"於天官、《京氏易》最密"③,而其用《洪範五行傳》説災異的事例亦屢見於《漢書》。第一例見於《外戚傳》,事在成帝建始元年(前 32),時太后及帝諸舅恐成帝無嗣,遂以諸異象歸咎於許皇后,許皇后上書辯白,而成帝乃以劉向、谷永之言報曰:

　　　　日者,建始元年正月,白氣出於營室。營室者,天子之後官也。正月於《尚書》爲皇
　　極。皇極者,王氣之極也。白者西方之氣,其於春當廢。今正於皇極之月,興廢氣於後

①《漢書》卷八一《匡張孔馬傳》,第 3360 頁。
②《漢書》卷八八《儒林傳》,第 3604 頁;卷三〇《藝文志》,第 1766 頁。
③《漢書》卷八五《谷永杜鄴傳》,第 3472—3473 頁。

官,視后妾無能懷任保全者,以著繼嗣之微,賤人將起也。……於戊己,虧君體,著絕世於皇極,顯禍敗及京都。①

此事又見於《漢書·五行志》②。劉向、谷永所言"正月於《尚書》爲皇極",顯然援據《洪範五行傳》"六沴司月"之説:"十二月與正月,維王極是司。"

第二例見於《五行志》,未知何年:

> 惠帝七年正月辛丑朔,日有食之,在危十三度。谷永以爲,歲首正月朔日,是爲三朝,尊者惡之。③

此事又見於《續漢書·五行志》④。這裏所謂"三朝"之説,亦取自《洪範五行傳》:"凡六沴之作,歲之朝,月之朝,日之朝,則後王受之。"

第三例見於其本傳,他在成帝元延元年(前12)的奏議中再次提到所謂"三朝"之説:

> 建始元年以來二十載間,群災大異,交錯鋒起,多於《春秋》所書。八世著記,久不塞除,重以今年正月己亥朔日有食之,三朝之會,四月丁酉四方衆星白晝流隕,七月辛未彗星橫天。⑤

第四例亦見於其本傳,事在建始三年(前30),對於我們認識谷永《洪範》五行學的師學淵源最爲重要:

> 建始三年冬,日食、地震同日俱發,詔舉方正直言極諫之士,太常陽城侯劉慶忌舉永待詔公車。對曰:……竊聞明王即位,正五事,建大中,以承天心,則庶徵序於下,日月理於上;如人君淫溺後宮,般樂游田,五事失於躬,大中之道不立,則咎徵降而六極至。凡災異之發,各象過失,以類告人。……經曰:"皇極,皇建其有極。"傳曰:"皇之不極,是謂不建,時則有日月亂行。"……臣聞災異,皇天所以譴告人君過失,猶嚴父之明誡。畏懼敬改,則禍銷福降;忽然簡易,則咎罰不除。經曰:"饗用五福,畏用六極。"傳曰:"六沴作見,若不共御,六罰既侵,六極其下。"⑥

所謂"大中之道",即其下文所言"皇極",這裏將"五事"與"皇極"結合起來,認爲若此六者有失,將導致"咎徵降而六極至"的發生,而所謂"咎徵",正是《洪範》中所言"曰狂,恒雨若;曰僭,恒暘若"等六者,亦即《洪範五行傳》所謂的"六罰",故其下文引《洪範五行傳》

---

① 《漢書》卷九七下《外戚傳》,第3978頁。
② 《漢書·五行志》亦載此事:"成帝建始元年正月,有星孛於營室,青白色,長六七丈,廣尺餘。劉向、谷永以爲營室爲后宮懷任之象,彗星加之,將有害懷任絕繼嗣者。"《漢書》卷二七下之下,第1517頁。
③ 《漢書》卷二七下之下《五行志》,第1500頁。
④ 《後漢書》志第一八《五行六》,第3369頁。
⑤ 《漢書》卷八五《谷永杜鄴傳》,第3468頁。
⑥ 《漢書》卷八五《谷永杜鄴傳》,第3443頁。

中“六沴作見”之文爲證,表明其所言災異學原理正依據《洪範五行傳》。值得注意的是,這裏谷永以“竊聞”“臣聞”引起其説,表明其所言諸事皆有依據,而有趣的是,這些所聞之言與《漢書·孔光傳》所載元壽元年(前 2)孔光以“臣聞師言”的方式引述的經説非常相似。谷永所聞“五事失於躬,大中之道不立,咎徵降而六極至”,孔光奏議中作“貌、言、視、聽、思失,大中之道不立,則咎徵薦臻,六極屢降”。谷永所聞“災異,皇天所以譴告人君過失,猶嚴父之明誡。畏懼敬改,則禍銷福降;忽然簡易,則咎罰不除”,孔光奏議稱“臣聞師曰,天左與王者,故災異數見,以譴告之,欲其改更。若不畏懼,有以塞除,而輕忽簡誣,則凶罰加焉,其至可必”①。谷永、孔光對於《洪範五行傳》中“六沴作見,若不共禦,六罰既侵,六極其下”一句的闡釋幾乎完全相同,顯示谷永所謂“臣聞”之説並非虛辭,而是與孔光一樣,係師法相傳之説。即便我們無法確認谷永就是《洪範》五行學的師學弟子,我們至少可以相信,谷永所習《洪範》五行學與夏侯始昌所傳師法是基本契合的。

　　至於李尋,其本師爲夏侯建之弟子張山拊。夏侯建雖從夏侯勝習《尚書》學,但既兼取歐陽《尚書》,又旁及它經,故自立小夏侯師法。據《漢書·李尋傳》,尋“治《尚書》,與張孺、鄭寬中同師。寬中等守師法教授,尋獨好《洪範》災異,又學天文、月令、陰陽”②。從這一叙述看來,李尋所“獨好”的“《洪範》災異”之學,顯然不屬於鄭寬中等所守小夏侯師法,而是別有淵源。《漢書·溝洫志》載有成帝鴻嘉四年(前 17)李尋、解光所上治河之議:

　　　　陰氣盛則水爲之長,故一日之間,晝減夜增,江河滿溢,所謂“水不潤下”,雖常於卑下之地,猶日月變見於朔望,明天道有因而作也。衆庶見王延世蒙重賞,競言便巧,不可用。議者常欲求索九河故迹而穿之,今因其自決,可且勿塞,以觀水勢。河欲居之,當稍自成川,跳出沙土,然後順天心而圖之,必有成功,而財用力寡。③

　　這裏“水不潤下”一説顯然取自《洪範五行傳》。李尋認爲黃河泛濫與日月之變一樣,是“天道有因而作”,顯然也將河患視爲災異,故援引《五行傳》而爲其定性。但從《溝洫志》所引奏議來看,李尋在進一步論述治河方略時,却完全抛開了災異學立場,對《洪範五行傳》所列“水不潤下”的幾項咎由未有一點言及④,而是主張在技術上放弃王延世築堤塞河的思路,

---

①《漢書》卷八一《匡張孔馬傳》,第 3360 頁。

②《漢書》卷七五《眭兩夏侯京翼李傳》,第 3179 頁。

③《漢書》卷二九《溝洫志》,第 1691 頁。

④ 如谷永爲此事所上奏議即完全從災異學角度出發:“先是,谷永以爲‘河,中國之經瀆,聖王興則出圖書,王道廢則竭絶。今潰溢橫流,漂没陵阜,異之大者也。修政以應之,災變自除’。”《漢書》卷二九《溝洫志》,第 1691 頁。

而根據黃河決口後的自然流勢來疏浚河道。這一主張與許商、平當的奏議基本一致①，應爲西漢《尚書》家“以《禹貢》治河”的基本思路②。總之，這裏“水不潤下”之説雖被提出，但在論述中並未發揮實際影響。至哀帝建平二年(前 5)發生“有大聲如鐘鳴”之異，李尋乃完全援據《洪範》五行學“師法”加以説解，事見《漢書·五行志》：

> 哀帝建平二年四月乙亥朔，御史大夫朱博爲丞相，少府趙玄爲御史大夫，臨延登受策，有大聲如鐘鳴，殿中郎吏陛者皆聞焉。上以問黃門侍郎揚雄、李尋，尋對曰：“《洪範》所謂鼓妖者也。師法以爲人君不聰，爲衆所惑，空名得進，則有聲無形，不知所從生。其《傳》曰‘歲、月、日之中，則正卿受之。’今以四月日加辰巳有異，是爲中焉。正卿謂執政大臣也。宜退丞相、御史，以應天變。然雖不退，不出期年，其人自蒙其咎。”揚雄亦以爲鼓妖，聽失之象也。③

“鼓妖”之説並不見於《洪範》經文，故李尋所謂“《洪範》”顯然並非指經文，而是指《洪範》五行學。李尋在占驗中明稱“師法”，復引《傳》文，顯示其《尚書》學雖屬小夏侯師法，但《洪範》五行學則另有所師。前文已言，《洪範》五行學自許商以下而師法漸備，這裏李尋以小夏侯弟子而傳習大夏侯所傳之《洪範》五行學，正顯示了西漢後期《洪範》五行學師法體系的相對獨立性。

除了上述基本可以確定爲師學弟子的傳習者外，西漢後期士人在奏議和論著中涉及《洪範五行傳》的，除了先後撰著《洪範五行傳論》的劉向、劉歆父子以外，還有揚雄、鮑宣、王嘉等數人。關於揚雄之例，已見於上引哀帝建平二年“有大聲如鐘鳴”事中，揚雄將其定爲“鼓妖，聽失之象也”，顯然是根據《洪範五行傳》“聽之不聰，時則有鼓妖”之説而判定。只是此事係揚雄與李尋同奉詔應答，未知揚雄之説是否即受李尋影響，故暫不將其列爲師學弟子之疇。

此外，又有鮑宣，爲平當弟子，治歐陽《尚書》。《漢書·平當傳》稱“每有災異，當輒傅經術，言得失”，可知歐陽《尚書》平氏之學本身已包含了災異學的成分，但這種災異學與《洪範》五行學之間關係如何，就目前所見文獻來看，尚難以判斷④。鮑宣在奏議中曾援用《洪範

---

① 《漢書·溝洫志》載許商之議：“古説九河之名，有徒駭、胡蘇、鬲津，今見在成平、東光、鬲界中。自鬲以北至徒駭間，相去二百餘里，今河雖數移徙，不離此域。孫禁所欲開者，在九河南篤馬河，失水之迹，處勢平夷，旱則淤絕，水則爲敗，不可許。”此及李尋奏議中所言“議者常欲求索九河故迹而穿之”者。至於平當有關治河之議，亦見《漢書·溝洫志》：“哀帝初，平當使領河堤，奏言‘九河今皆寘滅，按經義治水，有決河深川，而無堤防雍塞之文……’”所謂“經義治水，有決河深川”之説，正與李尋“因其自決”之説相合。許商治大夏侯學，李尋治小夏侯學，平當治歐陽學，然於治河則皆主“決河深川”之法，可知其爲今文《尚書》通義，與楊焉、王延世所主障塞法不同。《漢書》卷二九《溝洫志》，第 1690—1691 頁。
② 皮錫瑞《經學歷史》，中華書局 2008 年版，第 90 頁。
③ 《漢書》卷二七中之下《五行傳》，第 1429 頁。
④ 張兵認爲平當所習災異學説即爲《洪範》五行學，然未舉出證據。張兵《〈洪範〉詮釋研究》，齊魯書社 2007 年版，第 32 頁。

五行傳》“三朝”之説,但未言依據師法,其事在哀帝元壽元年(前 2):

　　　　宣復上書言:陛下父事天,母事地,子養黎民,即位已來,父虧明,母震動,子訛言相
驚恐。今日蝕於三始,誠可畏懼。小民正月朔日尚恐毀敗器物,何況於日虧乎![1]

　　這裏的“三始”顯然就是《傳》文所言之“三朝”,鮑宣稱“三始”,未知是否其所見《傳》文
即如此。前文已言,到西漢後期時,《洪範》五行學的傳習已經不再局限於封閉的師學系統
之内,因此,鮑宣雖然爲歐陽《尚書》弟子,但亦有機會獲見《傳》文,並用其説災異。因此,在
没有直接材料證明鮑宣曾習夏侯始昌所傳《洪範》五行學師法的情況下,我們同樣暫不將其
歸入師學弟子之列。

　　至於王嘉,其師學背景亦不明,但在哀帝元壽元年的日食奏對中,他也提到了所謂“三
朝”之説:

　　　　今太皇太后以永信太后遺詔,詔丞相、御史益賢户,賜三侯國,臣嘉竊惑。山崩地
動,日食於三朝,皆陰侵陽之戒也。[2]

　　循鮑宣之例,對於王嘉是否爲師學弟子,我們也取存疑的態度。

　　至於東漢時期,光武帝建武二年(26),尹敏曾“上疏陳《洪範》消災之術”:

　　　　建武二年,尹敏上疏曰:“六沴作見,若是供御,帝用不差,神則大喜,五福乃降,用
章於下。若不供御,六罰既侵,六極其下。明供御則天報之福,不供御則禍災至,欲尊
六事之體,則貌、言、視、聽、思心之用合,六事之揆以致乎太平,而消除轗軻鞷害也。”[3]

　　據《後漢書·尹敏傳》,敏“少爲諸生,初習歐陽《尚書》,後受古文,兼善《毛詩》《穀梁》
《左氏春秋》”[4],未言其曾傳習《洪範》五行學,但這裏所論“六沴”及“共御”之術,顯然均援
據《洪範五行傳》,而且,尹敏所論消災之關鍵,在於“尊六事之體”,顯然皆就人事而言,不涉
及《洪範五行傳》本身所言祈禳之術,與上文所引谷永、孔光等師學弟子所言完全相合,可見
尹敏之《洪範》五行學雖不知所出,但大抵與師法不悖。

　　據筆者所見,東漢士人中唯一有可能傳習《洪範》五行學師法的是活躍於和帝時期的名
儒周磐。《後漢書·周磐傳》稱其“少游京師,學《古文尚書》《洪范五行》《左氏傳》”[5],既然
是年少游學時習得《洪範五行》,則其所學應係師法所傳者。據其本傳,周磐於安帝建光元
年(121)時以七十三歲高齡而參加朝會,可知其生年當在光武帝建武二十四年(48),此時西

---

①《漢書》卷七二《王貢兩龔鮑傳》,第 3091 頁。
②《漢書》卷八六《何武王嘉傳》,第 3498 頁。
③《後漢書》志一三《五行志》,劉昭注引《續漢書》,第 3268 頁。
④《後漢書》卷七九上《儒林列傳》,第 2558 頁。
⑤《後漢書》卷三九《周磐傳》,第 1310—1311 頁。

漢末年曾傳習《洪範》五行學的許商、李尋、孔光諸人均已作古,故周磐所師者恐怕應是許商甚至是孔光的弟子一輩了。周磐本傳稱其曾於晚年"夢見先師東里先生",但此"東里先生"究竟是否即傳其《洪範五行》者,實難考知。此後,儘管班固、王充、盧植、蔡邕、張衡、鄭玄等學者均曾在奏議、論著、傳注中徵引《洪範五行傳》,但一方面,他們從不稱引師法,另一方面,他們對於《洪範五行傳》文本的認識和使用也與夏侯勝、谷永、李尋、孔光等師法弟子存在明顯差異,顯示出東漢《洪範》五行學發展的新特點,故不再納入夏侯始昌所傳《洪範》五行學師法弟子的範圍。

這樣,我們可以將夏侯始昌所傳《洪範》五行學師法的大致譜系及其興衰始末簡述如下:

第一代,即夏侯始昌。他據其所見《洪範五行傳》初步建立起推度災異的知識體系。

第二代,即夏侯勝。他傳承了夏侯始昌的《洪範》五行學,並用之占驗,使《洪範》五行學開始在西漢宮廷中產生影響。同時,他以此學"教所賢弟子",確立了《洪範》五行學作爲"別傳"之學的獨特師法形態。

第三代,以周堪爲代表。他從夏侯勝傳習《洪範》五行學,並將其傳授所賢弟子。

第四代,以許商、牟卿爲代表。許商始將自夏侯始昌以來的口傳師說著於竹帛,這標志著《洪範》五行學師法體系走向成熟,並開始影響到劉向、谷永等大夏侯師法系統以外的儒生,《洪範》五行學的傳播開始具有一定的獨立性。

第五代,以孔光爲代表。他在奏議中援據師法論說災異,《洪範》五行學廣泛參與到成哀時期的宮廷政治中,李尋、揚雄、劉歆、鮑宣、王嘉等名儒均在奏議中援用《洪範五行傳》,《洪範》五行學迎來其在兩漢傳播史上最興盛發達的時期。與此同時,隨著劉歆所見本《洪範五行傳》的出現,以及劉向、劉歆父子各自《洪範》五行學體系的建立,夏侯始昌所傳師法也開始面臨文本和闡釋層面的挑戰,《洪範》五行學的發展開始呈現出駁雜多元的特點。

第六代,傳習於兩漢之際,其人湮沒無聞。

第七代,以周磐爲代表。未見其具體災異說解,亦未知其是否將師法傳諸弟子。不過,其災異說解完全不見於《續漢書·五行志》,東漢《洪範》五行學師法的衰落於此可見一斑。

三、夏侯始昌所傳《洪範》五行學師說輯略

關於夏侯始昌所傳《洪範》五行學的具體師說,由於許商《五行傳記》早已亡佚,且諸書未見明確徵引,因此已難知其貌。不過,上文通過對夏侯勝、谷永、孔光等人在奏議、占驗中所論《洪範五行傳》的相關內容,已略窺漢代《洪範》五行學師法之崖略,而除了這些奏議中

引述的師説以外,在《漢書·五行志》中,還有一部分未具名,而以"一曰"領起的《傳》文説解值得我們注意。筆者在研究劉向《洪範五行傳論》的佚文時已經指出,"一曰"的體例在劉向《傳論》中已經存在,《漢書·五行志》中不少"一曰"就是抄録自劉向《傳論》,而劉向《傳論》的撰寫不早於其領校中秘(河平三年,前 26),不晚於王鳳之死(陽朔三年,前 22),此時《洪範五行傳》的傳習仍主要在夏侯始昌所傳師法弟子的範圍內進行,故劉向《傳論》所引對於《洪範五行傳》文本的别家説解,很可能即出自許商《五行傳記》,至少大部分應屬於夏侯始昌所傳《洪範》五行學師説。這一點我們可以從《傳論》所引"一曰"對《傳》文"常陰""鼓妖"兩種異象的説解中得到一些驗證。

關於"常陰"之罰,劉向認爲《春秋》無其應,但《漢書·五行志》在文公十三年,"自正月不雨,至於秋七月"條下有"一曰,不雨,近常陰之罰,君弱也"之文,在"皇之不極"的説解中又言:"皇極之常陰,劉向以爲《春秋》亡其應。一曰,久陰不雨是也。"①均顯示漢人有以《春秋》之"不雨"爲"常陰"者,而這一點在《南齊書·五行志》所引劉向《傳論》中亦得到驗證:

　　"思心"《傳》曰:"心者,土之象也。思心不睿,其過在瞀亂失紀。風於陽則爲陰,於陰則爲大臣之象,專恣而氣盛,故罰常風。心爲五事主,猶土爲五行主也。一曰,陰陽相薄,偏氣陽多爲風,其甚也常風;陰氣多者,陰而不雨,其甚也常陰。"②

這裏的"思心《傳》"正是劉向《傳論》的"思心"條③。在劉向的理論中,風兼陰、陽之性,各有所象,唯陰、陽之氣過於專恣,則有"常風"之罰。其後,劉向又引用别家之説,此説以風爲陽,故陽氣勝則有"常風",陰氣勝則爲"常陰",而在描述"常陰"的具體異象時,"一曰"稱"陰而不雨",這印證了《漢書·五行志》中"一曰"以"不雨,近常陰之罰"的説法。我們知道,劉向之所以認爲"常陰"於《春秋》無其應,是因爲他將"不雨"納入"常陽"之罰,而前引夏侯勝在占測昌邑王遭廢一事時,正以"天久陰不雨"作爲"常陰"之象,可見劉向《傳論》及《漢書·五行志》所引"一曰"對於"常陰"的解釋,與《洪範》五行學師法恰相吻合。

關於"鼓妖"的具體所指,劉向與時人亦有不同意見,佚文見於《南齊書·五行傳》:

　　"聽"《傳》曰:不聽之象見,則妖生於耳,以類相動,故曰有鼓妖也。一曰,聲屬鼓妖。④

這裏劉向認爲所謂"鼓妖"主要不是外界出現異常的聲音,而是"妖生於耳",也就是耳

---

①《漢書》卷二七中之上《五行志》,第 1391 頁;卷二七下之上,第 1459 頁。
②《南齊書》卷一九《五行志》,中華書局 2017 年版,第 418—419 頁。標點未盡從。
③ 關於此處"思心《傳》"及下"聽《傳》"即劉向《洪範五行傳論》,可參拙文:《流動的文本:劉向〈洪範五行傳論〉佚文考辨》,《中華文史論叢》2017 年第 1 期,第 274—276 頁。
④《南齊書》卷一九《五行志》,第 427 頁,標點未盡從。

朵出現幻聽的症狀,《漢書·五行志》以"鼓妖"爲"妄聞之氣發於音聲"[1],顯然正是遵從劉向之説。但劉向也引"一曰"指出,時人亦有以"鼓妖"爲外部異常聲響,無關耳者,而前引《漢書·五行志》載李尋在判斷"有大聲如鐘鳴,殿中郎吏陛者皆聞焉"一事時,正認爲其屬"鼓妖",並稱"師法以爲人君不聰,爲衆所惑,空名得進,則有聲無形,不知所從生",所謂"有聲無形",顯示"鼓妖"之異確實在於"聲"而不在於"耳"。

在傳世文獻所見爲數不多的師法弟子奏議中,夏侯勝對於"常陰"的解釋和李尋對於"鼓妖"的解釋都與劉向《傳論》所引"一曰"相合,這顯示出"一曰"確實與夏侯始昌師法之間存在著某種聯繫。此外,《漢書·五行志》所引"一曰"中還有一些非常具有體系性的説解,例如關於"六禍":

	"一曰"
鷄禍	水歲鷄多死及爲怪
犬禍	旱歲犬多狂死及爲怪
羊禍	暑歲羊多疫死及爲怪
豕禍	寒歲豕多死及爲怪
牛禍	牛多死及爲怪
馬禍	馬多死及爲怪

這些解釋前後思路一致,顯然是出於同一説解體系。其中"犬禍""馬禍"之説,分別見於《開元占經》和《南齊書·五行傳》所引劉向《傳論》[2],顯示這一闡釋體系至晚在西漢成帝前期已經出現,不能排除其出自夏侯始昌所傳師法的可能性。如果將劉向對諸禍的解釋與之對比,會發現劉向頗用《周易·説卦》與六禍加以勾連,帶有一定的比附色彩,而"一曰"之説則相對平實,將鷄、犬、羊、豕之禍分別與水、旱、暑、寒歲相對應,乃是根據《傳》文中貌、言、視、聽之失分別將導致恒雨、恒陽、恒奥、恒寒之罰的説法提出,與《傳》文之間的關係更爲貼合。

---

[1]《漢書》卷二七中之下《五行志》,第1421頁。
[2]《開元占經》:"《洪範五行傳》曰:'犬禍者,西方也,以口守,言之類也。言氣毁則犬傷疾矣,故曰犬傷禍也。旱歲犬多狂死,或言氣亂則犬爲怪,以期占之。"《南齊書·五行志》:"《傳》曰:'《易》曰'乾爲馬'。逆天氣,馬多死,故曰有馬禍。一曰,馬者,兵象也,將有寇攻之事,故馬怪。"《開元占經》卷一一九《犬咎徵》,九州出版社2012年版,第1124頁,標點不盡從;《南齊書》卷一九《五行志》,第428頁,標點未盡從。關於此處《開元占經》所謂"《洪範五行傳》"實即劉向《洪範五行傳論》,可參拙文《流動的文本:劉向〈洪範五行傳論〉佚文考辨》,《中華文史論叢》2017年第1期,第279—281頁。

　　當然,劉向《傳論》也有對同一災異引用兩種"一曰"者,如上引"常陰"之罰,《南齊書·五行志》所引劉向《傳論》在引用了第一種"一曰"之後,又引用了第二種"一曰":"一曰,風宵起而晝晦,以應常陰,同象也。"①將"思心"之失引起的"常風"與"皇之不極"而致的"常陰"視爲"同象"。所謂"同象"之説,確實見於《漢書·五行志》所引"一曰":"一曰,夜妖者,雲風並起而杳冥,故與常風同象也。"②以"脂夜之妖"與"常風"同象。又如《南齊書·五行志》引《傳》曰:"大雨雪,猶庶徵之常雨也,然有甚焉。……一曰,與大水同象,曰攻爲雪耳。"③《魏書·靈徵志》引《傳論》作:"《洪範論》曰:《春秋》之大雨雪,猶庶徵之恒雨也,然尤甚焉。……一曰與大水同,冬故爲雪耳。"④以《春秋》中的"大雨雪"與"大水"同象。值得注意的是,這兩處"同象"説雖然所論不同,但其所言"同象"都是指兩種異象具有同樣的災異學原理,故"脂夜之妖"和"常風"同歸咎於"思心之不容",而"大雨雪"與"大水"則同歸咎於"貌之不恭"。可是,"常風"與"常陰"分別歸咎於"思心之不容"與"皇之不極",二者並非基於同一災異學原理,故劉向《傳論》"常陰"條所引的這第二種"一曰"雖然也采用"同象"之説,但其所指顯然與《傳論》"大雨雪"條和《漢書·五行志》"脂夜之妖"條所引"一曰"有所不同,這兩種"一曰"應出於不同的理論體系。此外,《魏書·靈徵志》"牛禍"條在引用劉向《傳論》時,也出現了兩種"一曰":

　　　　《洪範論》:《易》曰"《坤》爲牛",《坤》,土也,土氣亂則牛爲怪,一曰,牛禍,其象宗廟將滅。一曰,轉輸煩則牛生禍。⑤

　　凡此皆可見在劉向撰述《傳論》之時,其所知《洪範五行傳》説解已出現不止一種,《傳論》所引"一曰"雖有部分出於夏侯始昌所傳師法,但亦不可將其完全納入師説,仍需結合具體説解逐條辨析。

四、夏侯始昌所傳《洪範》五行學的思想特點

　　從上述所舉《洪範》五行學師説來看,夏侯始昌所傳師法弟子除了利用《洪範五行傳》的占驗體系對災異進行占測、説解以外,還對《傳》文中部分災異名目的具體所指,以及整個災異體系的内在合理性作了進一步論證,二者應構成夏侯始昌所傳師法的主要内容。前者如

----

①《南齊書》卷一九《五行志》,第419頁。標點未盡從。
②《漢書》卷二七下之下,第1441頁。
③《南齊書》卷一九《五行志》,第413頁。標點未盡從。
④《魏書》卷一一二上《靈徵志》,第2905頁。
⑤《魏書》卷一一二上《靈徵志》,第2918頁。標點未盡從。

谷永、孔光等對於所謂"皇極"的解釋,以及劉向《傳論》所引"一曰"對於"常陰"等異象的具體解釋,後者如李尋在論及"鼓妖"出現的原因時,即聯繫其咎由"聽之不聰",認爲是君主惑於讒言,遂使有名無實者得進所致,故對於鼓妖的塞除之法就是要去除這些名不副實之徒,這些都有助於《五行傳》的使用者進一步理解傳文中各種災異的生成機制。在具體的解説風格上,相較於劉向多處援引《易》説闡釋傳文,僅就目前所見師説來看,其解説大多本於傳文,不牽引他經。夏侯勝在批評夏侯建《尚書》學時,即認爲後者牽引他經,破碎大道①,看來這種謹守本傳的解説風格在其所傳《洪範》五行學中也得到了貫徹。

從災異學的整體立場上看,師法弟子在運用《洪範五行傳》説災異時,更注重對於既有災異的解釋,而非對未現災異的預測,這一點也與《洪範五行傳》文本自身的災異學取向是基本一致的。陳侃理在分析早期中國災異文化時指出,數術學傳統下的災異論注重對於未來的預測,而儒學傳統中的災異論則注重對既有災異的回溯咎責,同時兩者之間也存在相互影響②。在以"譴告"説爲代表的儒家災異理論中,經師宣稱對於既有災異的解釋能够幫助君主找到咎由,從而避免災異繼續發生;但如果君主真的不予理會,則未來的災異將在何時、何地、以何種方式出現,經師大多只能做出籠統的警示,在技術層面缺乏更具操作性的知識儲備,只有等進一步的災異出現以後,才能再次做出解釋。以《洪範五行傳》爲例,其以大量篇幅論述了五事、皇極、五行等人事之失將分別導致什麼樣的異象("六沴"),這些異象應歸咎於何人("三朝"説),同時也詳細介紹了"六沴作見"後應采取何種禳救之法,但從傳世佚文來看,對於"若不共御,六罰既侵,六極其下"的具體方式,則僅僅援用《洪範》中"咎徵""六極"的相關名目,並未具體展開,顯示出《洪範五行傳》作爲儒家災異學著作,對於"數"理層面的相對輕視。

但有趣的是,對於《洪範》五行學師法的兩位早期建立者來説,無論是夏侯始昌對柏梁臺災日的精確預測,還是夏侯勝對昌邑王遭廢的預知,恰恰是以其預知未來的能力而贏得皇帝及朝官的青睞,如果將視野進一步擴充到其他的經師,則梁丘《易》學、京氏《易》學的興起,也與他們每能預測未來有關③。這充分顯示出儒家災異學的理論訴求與漢代災異文化的主流之間的差異——對於以皇帝爲代表的多數朝官而言,重要的不是解釋災異,而是避免災異,至少是預知災異,如果一種災異學理論永遠只能在事後做出解釋,它在根本上是不符合朝臣對於災異學的預期的。夏侯始昌、夏侯勝以預知而著名,但他們所傳《洪範》五行

---

①《漢書》卷七五《眭兩夏侯京翼李傳》,第3159頁。
②陳侃理《儒學、數術與政治:災異的政治文化史》,北京大學出版社2015年版,第175頁。
③《漢書》卷八八《儒林傳》,第3600—3602頁。

學師法却並未沿著這條道路繼續發展,而是回到了與董仲舒、劉向等大體相同的儒學立場,可見《洪範五行傳》這一文本本身對於《洪範》五行學的發展仍起到了主導性的影響。從上舉谷永、孔光、李尋、鮑宣等人的實際用例來看,西漢中後期士人使用《洪範五行傳》的主要方式都是解釋既有災異,僅有的兩處具有預測性的占驗,一處是劉向、谷永對“建始元年正月,白氣出於營室”的占驗,二人根據異象出現的時間推知其應將在“皇極”,又根據營室主後宮,推知此天象意味著將有“后妾無能懷任保全者”,是“繼嗣之微,賤人將起”之象。這裏《洪範五行傳》主要被用來建構起異象發生的時間與其所應的對象之間的關係,但最終將災應明確爲“懷任”者,仍需借助於“營室主後宮”的星占學知識。另一個例子則是李尋在論及“鼓妖”時所言“不出期年,其人皆自蒙咎”,這種“不出某年”的説法是數術類占書中常見的術語,李尋這裏稱“不出期年”,顯然有意强調《洪範》五行學同樣具有占測未知的能力,但這一説法在《洪範五行傳》中並不能找到依據,看來不過是熟悉數術之學的李尋泛泛而言的占測之辭,其奏議的重點仍在於歸咎公卿,策免大臣。因此,這兩個例子雖然含有預測的成分,但恰恰顯示出《洪範五行傳》在預測未知方面的知識體系是不完備的。漢代災異學推崇對於未知災異的占測,谷永、李尋等身當其境,自然不能不受其風氣的影響,但從他們的奏議來看,《洪範》五行學顯然更多被用來追究咎責,陳述時弊,反映出逐漸成熟後的《洪範》五行學師法已經成爲一種典型的儒學災異論,像夏侯勝那樣用《傳》文預測未知的做法在西漢中後期已經越來越少見了。

不過,師法與其所據《傳》文之間也存在著重要的差異,師法對“六沴”與“六伐”“六極”之間關係進行了重構,並由此形成了對於“共御”之法的全新理解。前文已言,當夏侯勝據“厥罰常陰”推知將有“下人伐上”時,他是以“六伐”作爲“六沴”的預兆,這與《洪範五行傳》的文本幾乎是完全相悖的,而這一點到了谷永、孔光所言師法中就顯得更爲突出,以孔光所言爲例:

> 會元壽元年正月朔日有蝕之,後十余日傳太后崩。是月,徵光詣公車,問日蝕事。光對曰:“臣聞日者衆陽之宗,人君之表,至尊之象。君德衰微,陰道盛强,侵蔽陽明,則日蝕應之。《書》曰‘羞用五事’,‘建用皇極’。如貌、言、視、聽、思失,大中之道不立,則咎徵薦臻,六極屢降。皇之不極,是爲大中不立,其《傳》曰:‘時則有日月亂行’,謂朓、側匿,甚則薄蝕是也。又曰‘六沴之作,歲之朝日三朝,其應至重’。乃正月辛丑朔,日有蝕之,變見三朝之會。上天聰明,苟無其事,變不虛生。《書》曰‘惟先假王正厥事’,言異變之來,起事有不正也。臣聞師曰,天左與王者,故災異數見,以譴告之,欲其改更。若不畏懼,有以塞除,而輕忽簡誣,則凶罰加焉,其至可必。《詩》曰:‘敬之敬之,

天惟顯思,命不易哉!'又曰:'畏天之威,於時保之。'皆謂不懼者凶,懼之則吉也。……《書》曰'天既付命正厥德',言正德以順天也。又曰'天棐諶辭',言有誠道,天輔之也。明承順天道在於崇德博施,加精至誠,孳孳而已。俗之祈禳小數,終無益於應天塞異,銷禍興福,較然甚明,無可疑惑。"①

事實上,《洪範五行傳》已經建立起一種自足的"譴告——災應"體系。"六沴"是具有警示性的前兆,而"六伐""六極"才是具有懲戒性的災禍,而勾連"六沴"與"六伐"的關鍵就是具有數術色彩的"共御"。陳侃理已經指出:"《洪範五行傳》反映了天人關係思想中更爲古老的邏輯:與天神溝通必須借助特定的祭祀儀式,用直接的好處取悅神靈。"②根據傳文,一旦出現"六沴",則純靠德政已經不足以扭轉局面,必須輔以相關的祈禳之術,才能變禍爲福。但這裏孔光言"如貌、言、視、聽、思失,大中之道不立,則咎徵薦臻,六極屢降",所謂"咎徵",即《洪範》經文所言"曰狂,恒雨若"等六者,亦即《洪範五行傳》所言"六伐",在孔光所言師法中,"六事"之失將直接導致"六伐"和"六極",而在傳文中具有關鍵性地位的"共御"實際上被架空了。而細讀奏議,我們發現其實孔光也提到了"共御"之法:"天左與王者,故災異數見,以譴告之,欲其改更。若不畏懼,有以塞除,而輕忽簡誣,則凶罰加焉,其至可必",這幾句所言"災異",顯然是具有警示性的預兆,而所謂"凶罰",則是具有懲戒性的災禍,因此,"若不畏懼,有以塞除"顯然正是對應《傳》文中的"若不共御",只是孔光認爲,這裏的"塞除"之法應是"明承順天道在於崇德博施,加精至誠,孳孳而已。"特別強調"俗之祈禳小數,終無益於應天塞異,銷禍興福,較然甚明,無可疑惑。"顯然,這與《洪範五行傳》自身所言的"共御"之法已經完全不同了。作爲大夏侯《尚書》學弟子,孔光在奏議中言稱"師曰",顯示其所説應可代表《洪范》五行學師法的基本觀點,而這一説法既不同於夏侯始昌所傳《洪範五行傳》,也與夏侯勝據"六極"推測"六沴"的做法有所不同,顯示即便是以"師法"形態傳承的《洪範》五行學,其內部也存在前後期的變化。事實上,清儒常稱西漢經學重師法,"師之所傳,弟之所受,一字毋敢出入"③,但近年來有關西漢經學史的研究正不斷顯示,這種説法顯然是過於簡單化了。如果"師法"自確立後就不能更易一字,則《漢書·儒林傳》中各家師法不斷孳生出的"某家之學"又該如何解釋呢?作爲一種經學體系,師弟之間傳承固然有其穩定性,但隨著時代更易,無論是政治局勢的變化,還是知識結構的發展,都必然推動師法要義的變化,也正是因爲存在這種變化,今文學章句才出現不斷膨脹的現象,也才

---

①《漢書》卷八一《匡張孔馬傳》,第3360頁。
②陳侃理《儒學、數術與政治:災異的政治文化史》,第80頁。
③皮錫瑞《經學歷史》,第77頁。

出現徐防等人反對更易師法的建議。《洪範》五行學雖然只是西漢今文師法中影響較小的一種,但也頗能體現西漢師法演變的實際形態。

值得注意的是,孔光所謂"俗之祈禳小數",表面看指的似乎是民間流行的不經之道,但如果系統梳理兩漢朝廷的禳災措施,就會發現,兩漢諸帝普遍重視以祈禳之術應對災異。元帝初元三年(前 48),面對"陰陽錯謬,風雨不時"的現狀,元帝詔令"丞相御史舉天下明陰陽災異者各三人"①,所謂"陰陽災異",恐怕更多指的是以陰陽數術禳除災異的方士異人,從公孫臣、新垣平到夏賀良,方士在漢代宮廷中始終扮演著重要的角色。特別有趣的是,當鐘離意向漢明帝奏言商湯以"六事自責"應對災異時,明帝在詔報中强調的,却仍是其"分布禱請,窺候風雲,北祈明堂,南設雩場"諸事②。這一君臣之間"錯位"的對話非常具有代表性,深刻揭示出漢代儒生試圖建立的災異學理論與作爲漢人普遍知識的災異學觀念之間的根本差異。這種差異在西漢時期已經暴露出來,而在東漢時期得到了進一步的彰顯,並最終將《洪範》五行學推向漢代政治和學術的邊緣。由此可見,《洪範五行傳》本身所言祈禳之術才是一種更加符合世情的災異學觀念,《洪範》五行學師法對《洪範五行傳》的更改非但不是順應漢代社會普遍的知識結構,反而是與當時的"社會常識"刻意求異、背道而馳的,其有意回避數術,歸本德政的儒學傾向可以說是非常鮮明的了。在通常的經學史論述中,兩漢之際今文學常常被冠以"神秘化"的籠統叙述,但至少從《洪範》五行學的形態來看,谷永、孔光所論雖然是最具有神秘傾向的災異之事,但他們却恰恰有意反對以神秘化的方式應對災異,主張回歸"崇德博施",這也進一步提示我們,兩漢今文學的發展演變是一個非常複雜的過程,類似"神秘化"這樣的籠統判斷恐怕無益於我們真正認識漢代經學史的本來面貌。

總之,從體例和功能的角度來說,《洪範傳》屬於"內傳",《洪範五行傳》屬於"外傳"③;而從傳播方式的角度來說,則大、小夏侯與歐陽《尚書》師法屬於皮錫瑞所謂"正傳",夏侯始昌所傳《洪範》五行學師法則屬於其所謂"別傳"。這種"別傳"之學所傳承的往往是"外傳",與經文之間保持著若即若離的聯繫,往往更切近時用,寬泛一點說,兩漢之際逐漸興起的緯學事實上也可以納入這一視域中加以理解。由於這類知識常常具有一定的神秘色彩,因此東漢時期又被好事者稱爲"內學",以示秘傳。但作爲師法的《洪範》五行學似乎有意强調其作爲聖人之道的儒學身份,而有意淡化其數術色彩。我們知道,劉歆《七略》將具有儒

---

①《漢書》卷九《元帝紀》,第 284 頁。

②《後漢書》卷四一《第五鐘離宋寒列傳》,第 1408 頁。

③ 關於"外傳"的體例特徵及其功能,可參常森《論漢代〈詩經〉著述之內外傳體》,《國學研究》第 30 卷,北京大學出版社 2012 年版,第 145—155 頁。

學背景的《易》注與具有數術背景的《易》説分别歸入“六藝略”和“數術略”,而在處理“五行”學著作時,劉歆同樣將劉向、許商的《五行傳記》列入“六藝略”,而將其它五行學著作列入“數術略”。此外,尹敏是東漢初期反對圖讖之學的代表性人物,但他對於《洪範》五行學却極爲推崇,凡此皆可見夏侯始昌所傳《洪範》五行學師法重“道”輕“數”的立場,確實得到了漢代士人的體認。經過谷永、孔光、李尋等人的發揮,到西漢中後期,《洪範五行傳》已成爲與京氏《易》學、《春秋》公羊學鼎足而三的儒學災異理論,獲得了一定的政治影響力;而隨著劉向、劉歆《傳論》的先後出現,《洪範》五行學在學理層面也得到了進一步的發展。不過,隨著東漢時期讖緯之學的全面興起,《洪範》五行學終究未能避免其逐步邊緣化的命運,有關劉向、劉歆及東漢《洪範》五行學的相關内容,筆者將另撰文討論,這裏就不再贅述了。

[作者簡介]程蘇東,北京大學中國語言文學系長聘副教授、研究員。

管子學派的思想流變

張　涅

提要:《管子》是管子學派的論文集。所謂《管子》思想的構成,其實是管子學派思想的流變和集合。管子後學的思想具有多向性、多元性的特徵,又在爭鳴的過程中相互影響,旁取匯入,呈現枝蔓雜蕪的流變狀態。其中第一組《經言》基本上爲管子以"商"輔"農"、以"法"補"禮"政治思想的記錄或傳述,以下七組則是後學從法家、兵家、名家、農家、陰陽家、輕重家、黄老道家等方向的闡發或轉進。後者或繼續政治路綫的探索,或旁入經濟學、軍事學、農學等領域,或把"水""氣""心""道"提升至形而上的層面,都不乏卓見。據此亦可知戰國中後期諸子各家在堅持己說的同時吸收它說的思想特點。

陳寅恪先生曾説:"中國古代史之材料,如儒家及諸子等經典,皆非一時代一作者之産物。昔人籠統認爲一人一時之作,其誤固不俟論。今人能知其非一人一時之所作,而不知以縱貫之眼光,視爲一種學術之叢書,或一宗傳燈之語録,而斷斷致辯於其横切方面。此亦缺乏史學之通識所致。"[1]史華慈也説:"現在西方的中國思想研究者所面臨的主要任務不是要沉思於那不變的本質,而應當去找尋中國思想的廣度、多樣性及其問題。"[2]筆者以爲,這也應該是研究《管子》思想的基本方向。本文即循此作客觀性、系統性的疏述,並討論春秋末至漢初諸子思想發展的若干問題。

一、《管子》研究的方法

《管子》内容豐富,問題叢生,前人已多有考述。葉適説"《管子》非一人之筆,亦非一時之書"[3],此爲不刊之論。但是具體何人所著,著於何時,學界有不同的意見。[4]　郭沫若説:

---

① 陳寅恪《馮友蘭〈中國哲學史〉審查報告》,《金明館叢稿二編》,上海古籍出版社 1980 年版,第 248 頁。

② 史華慈《論中國思想中不存在化約主義》,許紀霖、宋宏編《史華慈論中國》,新星出版社 2006 年版,第 28 頁。

③ 葉適《習學記言序目》卷四五《管子》,《景印文淵閣四庫全書》卷八四九,臺灣商務印書館 1986 年版,第 750 頁。

④ 參見劉建國《中國哲學史史料學概要》(上),吉林人民出版社 1981 年版。徐漢昌《管子思想研究》,學生書局 1990 年版。胡家聰《管子新探》,中國社會科學出版社 1995 年版。張固也《〈管子〉研究》,齊魯書社 2006 年版。

"《管子》書當分析成若干類型以進行研究。"①這是在著作者及其時代、社會背景不明情況下的科學態度和方法,從研究學派思想和尋覓思想資源的需要看,這樣的處理也有事半功倍的效果。但是,要全面系統地認識《管子》思想,尤其是具體梳理其在先秦思想史上的承傳源流關係,只有分類研究是不夠的。故而在 20 世紀後期,有加强"整體結構及其内在的思想聯繫"②的研究呼聲。其中"管子學派"的觀點較有影響。余敦康指出:"管仲學派作爲一個具有獨立的思想體系的學派,是哲學史上無可置疑的事實。這個學派和魯學派(即儒家學派)以及三晉學派(即法家學派)並列,代表著戰國時期新興地主階級的三個不同的政治傾向。"③張岱年也説:"《管子》一書是戰國時期齊國祖述管仲的學者的著作彙集,其中可能保存了管仲思想的記録和傳説,但大部分是依託管仲的,可稱爲管子學派的著作。"④日本學者金谷治也認爲"稱之爲管仲學派是恰當的"⑤。

　　强調"管子學派"的存在,也就是認爲《管子》的思想内容有核心,有相互聯繫,可謂系統説。張岱年就説:"《管子》基本上是一部綜合性的系統性的著作,具有自己的中心觀點。這中心觀點就是法教統一,或者説兼重法教。"⑥馮契還具體指出:"《管子》一書的特點,正在於黄老之學和法家相結合,而並非是黄老和法家兩派著作的雜拌。"⑦這與認爲《管子》思想雜合的觀點相異。雜合派强調《管子》無思想核心和系統建構。黄震説"龐雜重複"⑧,支偉成説"雜説所叢"⑨,胡適説"是後人把戰國末年一些法家的議論和一些儒家的議論和一些道家的議論,還有許多夾七夾八的話,並作一書"⑩,都是這個意思。這兩種觀點都有合理性,也有不周處。雜合説强調了《管子》思想内容的豐富性和多元性,當屬客觀,但是否定其有基本思想傾向,與《漢書·藝文志》以來標爲"道家"或"法家"的記載不合⑪,不能認爲是一種透徹的認識。系統説以西方理論的一般形式來建構管子思想,顯然難以統攝整部《管子》

① 郭沫若《〈侈靡〉篇的研究》,《奴隸制時代》,《郭沫若全集》(歷史編)第三卷,人民出版社 1984 年版,第 145 頁。
② 劉毓璜等《紀念本刊創刊五周年筆會》,《管子學刊》1992 年第 3 期,第 43 頁。
③ 余敦康《論管仲學派》,《中國哲學》第二輯,人民出版社 1980 年版,第 67 頁。
④ 張岱年《〈管子〉的法教統一觀》,《管子學刊》1989 年第 3 期,第 3 頁。
⑤ 金谷治《稷下學與〈管子〉》,《管子學刊》1989 年第 3 期,第 76 頁。
⑥ 張岱年《齊學的歷史價值》,《文史知識》1989 年第 3 期,第 9 頁。
⑦ 馮契《管子和黄老之學》,《中國哲學》第十一輯,人民出版社 1984 年版,第 2 頁。
⑧ 黄震《黄氏日抄》卷五十五《讀諸子》,《景印文淵閣四庫全書》卷七〇八,臺灣商務印書館 1986 年版,第 405 頁。
⑨ 支偉成《管子通釋》,泰東圖書局 1924 年版,第 1 頁。
⑩ 胡適《中國哲學史大綱》,東方出版社 1996 年版,第 12 頁。
⑪《漢書·藝文志》所標的"道家"爲黄老道家,與法家近。故而《史記·禮書》記:"孝文好道家之言。"《儒林列傳》又記:"孝文帝本好刑名之言。"前人也已經指出過,例如谷中信一説:"漢初的道家曾是具有濃厚的法家色彩的所謂黄老思想。"(《〈老子〉與〈管子〉》,王海清譯,《管子學刊》1994 年第 2 期,第 14 頁)王鐵説:"當時的道家與刑名,實際上正是一回事。"(《漢代學術史》,華東師範大學出版社 1995 年版,第 239 頁)

所述。例如關於消費觀，《管子》既宣導"儉其道"①、"節用"②，又提出"興時化"，"莫善於侈靡"③，以高消費促進生産發展和財富增加，還有"儉則傷事，侈則傷貨"④的辯證認識。窺斑見豹，可知其不能統一在某一個理論體系内。

　　本文以爲，"管子學派"的存在是客觀的，但是不能用静態的理論方式來構架。《管子》原本也是一部學派的論文集⑤，所謂《管子》思想的構成，其實是管子學派思想的流變和集合。後學的思想深淺不一，而且多向多元，故而學派思想具有流變性，呈現出雜蕪的狀態。假若作静的系統建構，忽略流變過程中早期思想與後期思想、不同流變方向的不同思想之間的差異和矛盾，那麽就不是基於文本的客觀認識⑥。因此整體研究《管子》的方法應該是：先疏理學派思想的流變狀態，再據其動態的過程作系統構架。其題名《管子》，當表明早期思想與管子有關。第一組《經言》，"經"表明其思想内容具有標準性和真理性，而且與《左傳》《論語》《史記》等所記的管子思想基本吻合，應該是比較原始的記録或傳述。其後七組，是後學對於管子思想的發展，若以一詞概之，可謂"流變"。所謂"流"，是指其像河流一樣有方向，有上下游、主流與支流等關係。所謂"變"，則是指思想在流動的過程中呈現變向、多向的狀態。《管子》就是這樣一部有思想方向，但是缺乏整體結構，顯得雜蕪枝蔓、多有附綴的著作。從這樣一個角度去認識，我們當可以認定先秦諸子思潮中有一個管子學派。

　　這一點前人已經提到過。例如屈雄説："縱然碰到了前後矛盾的地方，也姑説是《管子》前後作品上思想的變遷的痕跡。"⑦徐漢昌説："可藉此略窺古人思想遞邅之跡。"⑧張固也《〈管子〉研究》也注意到流變性問題："《管子》可以分成多個思想特徵略異的層次，各個層次之間的遞進式演進，一定程度上可以反映出春秋戰國時期學術思想發展，尤其是道、法兩

---

①《管子》卷六《法法》，黎翔鳳《管子校注》，梁運華整理，中華書局 2004 年版，第 299 頁。

②《管子》卷十七《七臣七主》，第 995 頁。

③《管子》卷十二《侈靡》，第 633 頁。

④《管子》卷一《乘馬》，第 88—89 頁。

⑤ 先秦諸子著作爲學派論集，此前人也多有論述。例如吕思勉説："先秦諸子，大抵不自著書。今其書之存者，大抵治其學者所爲。而其纂輯，則更出於後之人。亡佚既多，輯其書者，又未必通其學。不過見此類學術之書，共有若干，即合而編之，而取此種學派中最有名之人，題之曰某子云耳。然則某子之標題，本不過表明學派之詞，不謂書即其人所著。"（《先秦學術概論》，世界書局 1933 年版，第 17 頁）張固也説："先秦諸子書有很多都是一個學派著作的彙編。"（《〈管子〉研究》，齊魯書社 2006 年版，第 57 頁）拙作《走近諸子的另一條路徑》（《光明日報》2019 年 3 月 2 日），對這一問題有進一步的討論，可參見。

⑥ 余敦康先生當亦注意到這一問題，故而他把《管子》中有關稷下先生的著述排除在外，強調"其中大部分的思想資料是屬於管仲學派的"（第 45 頁），"如果我們把稷下先生的著作從今本《管子》書中剔出來，剩下的便屬於管仲學派的著作"（第 46 頁）。如此著重於理論體系的建構，以至没有認識到稷下先生的著作亦是管子學派多元流變的一部分。

⑦ 屈雄《管子的政治思想》，《中大季刊》第一卷第四號，1927 年。

⑧ 徐漢昌《管子思想研究》，第 111 頁。

家思想發展的軌跡,而各層次之間也確有作爲同一個思想流派所共有的一些特徵,形成一個多層次、多分支的思想體系。"①若干學人推定其爲"稷下學宫的學報"②,"是一部'稷下叢書'"③,這雖無實證,但是指出其思想範疇相近而又觀點紛呈,不爲無見。齊國的稷下學宫約存在於公元前 374 年至前 221 年期間,這一百多年思想激蕩,諸家從各個層面、各個方向闡述該國大政治家管子的思想當合乎邏輯。惜思考的重點不在於此,未作具體的梳理。

二、春秋末至漢初的諸子思潮

　　一個學派的思想流變,必然是在時代發展的過程中進行的,必然與各家思想相碰撞。故而在分析管子學派之前,有必要先認識春秋末至漢初的諸子思潮。

　　一般認爲,諸子思潮始於春秋後期的孔子。④ 這作爲哲學思想史的認識無疑是合理的。不過,從文化思想史的角度講似有不周。哲學思想追求形而上的體系建構,文化思想則著重於對社會實踐活動予以意義總結和指導。從先秦諸子創造了一個"軸心時代"⑤,深刻地影響了中國歷史的客觀事實看,其價值在於確立了民族的文化精神並昭示了思想方式。如此,諸子思潮的開端當以《論語》和《孫子兵法》的出現爲標誌⑥。

　　《論語》和《孫子兵法》都是在春秋末至戰國初形成的。這兩部著作總結了夏商以來的歷史經驗,表現了兩種不同的文化精神和思想方式,被其後諸子所取捨闡發。那時期"國之

① 張固也《〈管子〉研究》,第 19—20 頁。
② 馮友蘭《中國哲學史新編》,人民出版社,998 年版,第 118 頁。
③ 顧頡剛《"周公制禮"的傳説和〈周官〉一書的出現》,《文史》第六輯,中華書局 1979 年版,第 16 頁。
④ 一些學者認爲開端期不應只是孔子一位。其中有四種説法較有影響:(1)認爲是孔子與墨子。例如《淮南子·俶真訓》記:"周室衰而王道廢,儒、墨乃始列道而議,分徒而訟。"(張雙棣《淮南子校釋》上,北京大學出版社 2013 年版,第225 頁)"列道"即"裂道",即認爲是儒、墨兩家相爭。侯外廬也説"孔墨顯學主潮"爲子學開端。(《中國古代思想學説史》,遼寧教育出版社 1998 年版,第 19 頁)(2)主張是老子與孔子。例如梁啓超説:"發端實在春秋之末。孔北老南,對壘互峙。"(《論中國學術思想變遷之大勢》,上海古籍出版社 2001 年版,第 18 頁)。(3)認爲是老子、孔子與墨子三位。例如楊東蒓《中國學術史講話》(江蘇教育出版社 2005 年版)第二講"學術思想的解放與分野",先介紹這三家學説並作綜論,顯然以此爲子學的開端。(4)還有學人特別重視名家思想,提出是老子、孔子和鄧析。例如王錦民認爲:"老子、孔子、鄧析三子可以視爲先秦諸子之宗源,其後之諸子,或爲此三子之傳承流變,或者另有所出,而立學立説必取資於三子。"(《古學經子》,華夏出版社 2008 年版,第 248 頁)
⑤ 卡爾·雅斯貝爾斯把公元前 500 年前後同時出現在中國、西方和印度等地區的人類文化突破現象稱之爲"軸心時代"。他説:"在中國,孔子和老子非常活躍,中國所有的哲學流派,包括墨子、莊子、列子和諸子百家,都出現了。""這個時代產生了直至今天仍是我們思考範圍的基本範疇。"(《歷史的起源與目標》,魏楚雄、俞新天譯,華夏出版社 1989 年版,第8 頁,第 9 頁)
⑥ 參見拙作《先秦諸子思潮的開端》,《諸子學刊》第 7 輯,上海古籍出版社 2012 年版;《"哲學"、"思想"抑或"文化基質"——先秦諸子的意義指向》,《江海學刊》2017 年第 2 期。

大事,在祀與戎"①,"祀"要求信仰的素質,"戎"蘊含著理性精神,兩者構成了文化的基質。《論語》的"禮"即從"祀"發展而來,其由對"天"、"神"的敬畏發展至對於傳統和價值的崇敬,開啓了信仰一端。而"戎"以生命爲代價,最具有功利性,也最能促使理性認識的深入,這在《孫子兵法》中得到了集中體現。而且兩者的思想方式也各有示範性:孔子信仰精神是由天道至人倫,自上而下;孫子的功利理性則基於戰爭經驗,自下而上。其後諸子有的宣介光大孔子的信仰精神,有的繼承發展孫子的理性精神,有的則是有所擇取地批判融通,提出了不同的政治人生觀念,但是内在的精神和思想方式實不外乎這兩個方面。

墨子以後,開始了百家爭鳴的階段。《莊子》講"天下多得一察焉以自好","道術將爲天下裂"②,即明示這個意思。約至戰國中期之前,諸子多是從各自的經驗出發,提出不同的政治、人生學説,相互尖鋭對立。墨子以"兼愛"、"節用"、"非攻"等觀點批判孔子思想,"以爲其禮煩擾而不悦,厚葬靡財而貧民,〔久〕服傷生而害事,故背周道而用夏政"③。孟子由孔子的"仁"發展出"性善"、"仁政"説,斥責"楊氏爲我,是無君也。墨氏兼愛,是無父也"④。莊子認爲所有的社會政治制度的設置都有害個人的生命意義,從而主張"逍遥"、"無爲"。商君則説:"國用《詩》、《書》、禮、樂、孝、弟、善、修治者,敵至必削國,不至必貧國。"⑤強調要以"法"爲本,以富強爲的,一民於農戰。老子講"大道廢,有仁義;智慧出,有大僞;六親不和,有孝慈;國家昏亂,有忠臣"⑥,提出"無爲而無不爲"⑦的統治思想。如此形成了墨、儒、道、法、術諸家。⑧

至戰國中後期,諸子思潮發展到了第三個階段。這個階段的特點是,各家在堅持己説的同時吸收了其它家的思想。白奚曾説:"在稷下,無論是哪一家學派,都在一邊同别家學説展開爭鳴,一邊不可避免地受到對方的影響,從而自覺不自覺地以本學派基本主張爲本位吸取著别家之長。"⑨他所説的就是這一階段的普遍特徵。這一階段的著作,有的融匯起

---

① 《左傳》卷八《成公十三年》,楊伯峻《春秋左氏注》二,中華書局 1990 年版,第 861 頁。
② 《莊子》第三十三《天下》,郭慶藩《莊子集釋》下,中華書局 1961 年版,第 1069 頁。
③ 《淮南子》卷二十一《要略》,張雙棣《淮南子校釋》下,北京大學出版社 2013 年版,第 2199 頁。
④ 《孟子》卷六《滕文公下》,朱熹《孟子集注》,《四書章句集注》,中華書局 1983 年版,第 272 頁。
⑤ 《商君書》卷一《去強》,蔣禮鴻《商君書錐指》,中華書局 1986 年版,第 30 頁。"敵至必削國,不至必貧國"句,蔣本在"國"前標點,似誤。
⑥ 《老子》18 章,陳鼓應《老子注釋及評價》,中華書局 1984 年版,第 134 頁。
⑦ 《老子》37 章,第 209 頁。
⑧ 本文認同通行本《老子》成書於戰國早中期的觀點,此不詳論。另認爲一般所説的法家學派實有法治主義與術治主義之別,《老子》《韓非子》的思想特質在"術"上,其形成了一條術治主義路線。參見拙作《〈孫〉〈老〉〈韓〉的精神異變》(《中國哲學史》1998 年第 1 期)、《先秦的法治主義和術治主義》(《浙江社會科學》1999 年第 5 期)。
⑨ 白奚《稷下學研究——中國古代的思想自由與百家爭鳴》,生活・讀書・新知三聯書店 1998 年版,"導言"第 4 頁。

來,例如《韓非子》以"術"爲本,吸納了"道"、"法"、"勢"、"名"思想。《荀子》以"禮"爲本,融"法"入"禮","禮""法"並重;又吸納《老子》"道"的客觀性、有序性思想,有"天人之分"的認識論。有的處於雜合狀態,例如《莊子》"外雜篇",有"術"、"名"等思想,還有縱橫家風格的《説劍》等。①

　　至秦漢之際,諸子思潮進入到了第四個階段,出現了以《吕氏春秋》《淮南子》爲代表的雜家學派。其總結先秦各家的思想特質,認爲都有合理性和局限性,應看它是否應用在適宜的場合。故而從陰陽組合和變化的規律出發,既匯合百家,又不固執於一家一説,根據當時的社會政治需要而相應擇取。選録諸家學説,雜合在一起,構成龐雜的思想資料庫,是爲特定階段的政治實踐作參考和備用。這樣爲大一統政治尋覓思想資源,並提供思想方式。這裏的"雜"只是雜合,不是雜糅;是指雜取衆家,集合一起,並非糅而爲一,合成一體。《説文》:"雜,五彩相會。"《方言》:"雜,集也。"《廣雅》:"雜,聚也。"②即有這個意義。《易·繫辭》"雜物撰德",孔穎達《正義》:"言雜聚天下之物,撰數衆人之德。"③《楚辭·離騷》"雜申椒與菌桂兮",王逸注:"猶雜用衆賢,以致於治。"④亦是這個意思。顯然,這一階段的雜家學派没有某一種具體的政治規劃,没有一以貫之的思想觀點,一切循從陰陽變化的規律。這使之未能完成對先秦思想的綜合,未提出合乎該時代小農業經濟和宗法社會需要的政治綱領,只是過渡性的,不久就被"儒術"所取代。至此,子學退潮,經學興起。百家爭鳴的諸子時代走向了盡頭,而以大一統思想爲本的經學時代在鳴鑼聲中開啓。

　　據這個大略的疏理,可知《管子》開啓了法家道路又雜合諸家加以發展,具有第三階段的思想特徵。其作爲法家一派的代表,與以"道"爲本的《莊子》"外雜篇"、以"墨"爲本的《墨經》、以"術"爲本的《韓非子》、以"禮"爲本的《荀子》,共同代表了戰國中後期諸子思潮的發展成果。把握這一點,才能認識《管子》的思想特質和價值所在,並疏理清先秦法家思想的進程。

三、《經言》中的管子思想

　　留存于世的《管子》是劉向整理而成的,分《經言》《外言》《内言》《短語》《區言》《雜篇》

---

① 參見拙作《〈莊子〉"内篇"的思想特點及其與"外雜篇"的關係》,《國學研究》第 12 卷,北京大學出版社 2003 年版。

② 轉引自《漢語大字典》下,四川辭書出版社、湖北辭書出版社 1995 年版,第 4106 頁。

③ 王弼注,孔穎達疏《周易正義》,李申、盧光明整理,《十三經注疏(標點本)》一,北京大學出版社 1999 年版,第 317 頁。

④ 屈原《離騷》,洪興祖《楚辭補注》,白化文等點校,中華書局 1983 年版,第 7 頁。

《管子解》《輕重》8 組。原 86 篇，今存 76 篇。作爲一個學派的論集，其應該有管子的思想本旨，即這個學派的早期思想。對於這個問題，前人已有充分的論證。例如朱長春《經言一》題下評曰："《經言》，管氏之本宗也。"①張固也説："《經言》爲管子學派之早期經典。""雖非管仲遺著，却應作爲研究管仲思想的主要資料。"②本文以爲，從《經言》的名稱意義和内容特質看，這個結論是可信的，我們據《經言》和先秦典藉的有關記載，基本上可以瞭解管子的思想本旨。

那麽，管子的思想特質是什麽呢？概之當爲以"商"輔"農"，以"法"補"禮"。這是在經濟基礎和上層建築兩個領域的思想創造。《乘馬》提到"務市事"，"市者可以知治亂"③，即已經認識到商業活動的社會經濟意義。當然，其政治思想的落實點在以"法"補"禮"的上層建築上，如趙用賢説的，"王者之法，莫備于周公；而善變周公之法者，莫精于管子"④。管子考慮國家政治管理問題，在那個時代所繼承的必然是周公制訂的禮樂制度。故而説："國有四維，……一曰禮，二曰義，三曰廉，四曰恥。""政之所興，在順民心。"⑤這些顯然屬於西周以來民生爲本、禮教至上的政治路綫。當時已經有禮樂崩壞的症狀，故而管子又强調："上身服以先之，審度量以閑之，鄉置師以説道之；然後申之以憲令，勸之以慶賞，振之以刑罰。故百姓皆説爲善，則暴亂之行無由至矣。"⑥"然後"就表明要通過"憲令"、"刑罰"這些法家手段來改造禮治傳統。具體地看，其策略主要有四：

（一）重視法規，改造禮制。《經言》反復强調："嚴刑罰則民遠邪，信慶賞則民輕難。"⑦"欲民之可御，則法不可不審。"⑧"正法直度。"⑨而且建立鄉村組織，"分國以爲五鄉，鄉爲之師。分鄉以爲五州，州爲之長。分州以爲十里，里爲之尉。分里以爲十游，游爲之宗。十家爲什，五家爲伍，什伍皆有長焉"⑩，以保障法規的有效實施。

（二）重視經濟，夯實實施"禮"、"法"的基礎。其中主要是農耕，故而説："凡有地牧民者，務在四時，守在倉廩。國多財則遠者來，地辟舉則民留處，倉廩實則知禮節，衣食足則知

① 朱長春《管子權序》，《管子權》二十四卷，明萬曆四十年張維樞刻本，《四庫全書存目叢書》子部第 36 册，齊魯書社 1995 年版，第 26 頁。
② 張固也《〈管子〉研究》，第 65 頁，第 141 頁。
③《管子》卷一《乘馬》，黎翔鳳《管子校注》上，第 88 頁。
④ 趙用賢《管子書序》，戴望《管子校正》，《諸子集成》（五），中華書局 1954 年版，第 1 頁。
⑤《管子》卷一《牧民》，第 11 頁、第 13 頁。
⑥《管子》卷一《權修》，第 50 頁。
⑦《管子》卷一《牧民》，第 14 頁。
⑧《管子》卷一《權修》，第 57 頁。
⑨《管子》卷二《版法》，第 127 頁。
⑩《管子》卷一《立政》，第 65 頁。

榮辱。"①另外卓越之處是注意到了"關市之賦"的商業活動,指出"市者可以知治亂"②。

（三）重視征戰,提高政治功效。《七法》説:"能治其民矣,而不明於爲兵之數,猶之不可。""兵不必勝敵國,而能正天下者,未之有也。"③指出富强是治國的目標,用兵才能强大。

（四）重視"五行",建構指導政治的思想體系。《幼官》《幼官圖》都由"中方本圖"、"中方副圖"、"東方本圖"、"東方副圖"、"南方本圖"、"南方副圖"、"西方本圖"、"西方副圖"、"北方本圖"、"北方副圖"組成,這種"本圖"、"副圖"相配和"五方"的結構,正是這種努力的表現。

由此,管子對於西周以來的禮樂制度作了改造,指示了法治的方向,可謂是法家的先驅。後學發展爲以"法"代"禮",成爲法家一派。

管子的這種思想發展顯然合乎那個時代發展的需要。春秋末的孔門弟子,若干也有類似的認識。例如樊遲"請學稼"、"請學爲圃"④,即認識到小農業經濟對於國計民生的重要性。冉有爲季氏改革賦税,《孟子》記:"求也爲季氏宰,無能改於其德,而賦粟倍他日。"⑤以致被孔子斥爲"非吾徒也"⑥,即因爲有法家方向的改革。子路强調"千乘之國,攝乎大國之間,加之以師旅,因之以饑饉;由也爲之,以及三年,可使有勇,且知方也"⑦。如此崇尚戰爭這種暴力的手段,當亦認識到軍事活動是國家政治的基礎。

《外言》組以下各篇對於管子思想的繼承和闡釋極多,計有《外言》組的《五輔》《宙合》《樞言》《八觀》《法禁》,《内言》全組,《短語》組的《君臣上》《君臣下》《小稱》《四稱》《小稱》《四稱》《正》《九變》,《雜篇》組的《封禪》《小問》《桓公問》《弟子職》,《管子解》組的《形勢解》《立政九敗解》《版法解》等。其與《經言》組一樣,强調道德建設和農業經濟是國家政治不可缺略的,而且在强化禮制時重視法規建設。此不贅述。

四、法家方向的思想展開

當然,《外言》組以下更多地對於管子思想作了發展。這些發展是多向的、漫衍的,呈現

---

①《管子》卷一《牧民》,第 2 頁。
②《管子》卷一《乘馬》,第 88 頁。
③《管子》卷二《七法》,第 105 頁,第 106 頁。
④《論語》卷七《子路》,朱熹《論語集注》,《四書章句集注》,第 142 頁。
⑤《孟子》卷七《離婁上》,朱熹《孟子集注》,《四書章句集注》,第 283 頁。
⑥《論語》卷六《先進》,朱熹《論語集注》,《四書章句集注》,第 126 頁。
⑦《論語》卷六《先進》,第 129—130 頁。

流變的狀態。因爲各組內容多無核心觀點或範疇,而且具體的著作時期也難以斷定,故而本文在疏述時主要以篇爲單位。其中若干篇的內容也雜合混成,則以篇中的片斷爲單位。出於簡明表達的需要,試分法家、兵家、輕重家、名家、農家、黃老道家、陰陽家等方向。

關於法家思想的展開,有《外言》組的《法禁》《重令》《法法》,《區言》組的《明法》《正世》,《雜篇》組的《七主七臣》《禁藏》《九守》《度地》,《管子解》組的《明法解》等。細讀又各有側重:

(一)強調法規的絕對至上。《法法》説:"法者,民之父母也。"①《禁藏》説:"法者,天下之儀也。"②《任法》説:"故明王之所恒者二:一曰明法而固守之,二曰禁民私而收使之。此二者,主之所恒也。"③《明法解》還説:"合於法則行,不合於法則止。"④這些已經忽略了禮制的價值意義。故而《任法》又説:"所謂仁義禮樂者,皆出於法。"⑤《法法》也説:"不爲愛民虧其法,法愛於民。"⑥把禮樂傳統的仁心愛民的內質也排除掉了。爲了佐證法規至上的現實合理性,他們提出了與時俱進的理論:"不慕古,不留今,與時變,與俗化。"⑦"天地若夫神之動,化變者也。"⑧這些已經與《商君書》的"夫錯法而民無邪者,法明而民利之也"⑨、"便國不必法古"⑩的絕對法治主義思想相同,對於《經言》組中的管子思想有了質的發展。

(二)強調君王的絕對權威。在管子的思想中,自然維護了君王的地位和權力,但是並未絕對化,尚有貴族民主的意味。管子後學從實行刑法的需要出發,特別推崇君位獨尊,故而反復強調"勢"的問題:"凡人君之所以爲君者,勢也。"⑪"權勢者,人主之所獨守也。"⑫這是任"勢"一派的思想。君位的絕對權勢表現爲對於法規的絕對調控,也自然要求有駕馭臣下的手段,就強調"術"的重要性。故而又説:"凡君國之重器,莫重於令。"⑬"明主操術任臣下。"⑭進而還提出調控的手段:"故明王之所操者六:生之,殺之,富之,貧之,貴之,賤之。此

①《管子》卷六《法法》,第 298 頁。
②《管子》卷十七《禁藏》,第 1008 頁。
③《管子》卷十五《任法》,第 905 頁。
④《管子》卷二十一《明法解》,第 1220 頁。
⑤《管子》卷十五《任法》,第 902 頁。
⑥《管子》卷六《法法》,第 316 頁。
⑦《管子》卷十五《正世》,第 923 頁。
⑧《管子》卷十二《侈靡》,第 728 頁。
⑨《商君書》卷三《錯法》,蔣禮鴻《商君書錐指》,第 63 頁。
⑩《商君書》卷一《更法》,第 5 頁。
⑪《管子》卷六《法法》,第 305 頁。
⑫《管子》卷十七《七臣七主》,第 998 頁。
⑬《管子》卷五《重令》,第 284 頁。
⑭《管子》卷二十一《明法解》,第 1221 頁。

六柄者,主之所操也。"①"凡先王治國之器三,……號令也,斧鉞也,禄賞也。"②這裏"勢"和"術"的思想,顯然較之《經言》中的管子思想有巨大發展。但是我們也得注意到,其還是一種治術理論,一種公開的政治措施,没有强調"藏之於胸中,以偶衆端而潛御群臣者也"③那樣的陰謀。胡朴安説:"管子之言法,與申韓之刑名不同,管子所言之法,載之太府,一切法令,俱由太府之法以生。……是非人君之所擅,得以輕重而左右之,此誠執簡之道。"④誠是。此可謂是管子思想向韓非子思想的過渡。

這裏還要注意的是,强調"法"的絶對至上與强調"君"的絶對權力在理論上是有矛盾的。《明法》的"使法擇人,不自舉也;使法量功,不自度也"⑤,顯然與《任法》的"置儀設法,以度量斷"⑥、《七主七臣》的"明王審法慎權"⑦不能統一。放到先秦思想史上來認識,這是《商君書》與《韓非子》的主要傾向不同,也是法治主義與術治主義的不同。法治主義以國家爲本位,宣導組織控制、監測總結,尚有價值理想;術治主義則以君王爲本位,强調人事控制、預察認識,只是一種工具理性:兩者是有本質差異的。在《商君書》中,"法"至高無上;而在《韓非子》中,"法"主要是用來控制臣下的手段,是"術"之一,故而説"明法而以制大臣之威"⑧。不少學者對此不察,例如金谷治説:"在《任法》篇和《明法》篇中融合了韓非派的法制思想。"⑨這是不明先秦學術思想的細流。事實上,《韓非子》對於《管子》也有批判。《五蠹》説:"藏商、管之法者家有之,而國愈貧。"⑩與"商"相並列的"管",自然是指其"法"至上的思想。

（三）對於行政體制的規劃。管子建立了軍事化的政治行政體制,《立政》篇劃分爲鄉、州、里、遊、什、伍六級。《外言》組以下繼承了這種軍政體制,明確概括爲"作内政而寓軍令",而且另設計爲"參其國而伍其鄙,定民之居",根據城鄉條件的不同分別編制。具體的"參其國"是:"制國以爲二十一鄉,商工之鄉六,士農之鄉十五。公帥十一鄉,高子帥五鄉,國子帥五鄉,參國故爲三軍。公立三官之臣,市立三鄉,工立三族,澤立三虞,山立三衡。制五家爲軌,軌有長。十軌爲里,里有司。四里爲連,連有長。十連爲鄉,鄉有良人。三鄉一

①《管子》卷十五《任法》,第 909 頁。
②《管子》卷五《重令》,第 290 頁。
③《韓非子》卷十六《難三》,《韓非子》校注組編寫,周勳初修訂《韓非子校注》,鳳凰出版社 2009 年版,第 454 頁。
④ 胡朴安《管子學案胡序》,戴瀅《管子學案》,學林出版社 1994 年版,"序"第 10 頁。
⑤《管子》卷十五《明法》,第 917 頁。
⑥《管子》卷十五《任法》,第 908 頁。
⑦《管子》卷十七《七臣七主》,第 999 頁。
⑧《韓非子》卷五《南面》,《韓非子》校注組編寫,周勳初修訂《韓非子校注》,第 132—133 頁。
⑨ 金谷治《稷下學與〈管子〉》,《管子學刊》1989 年第 3 期,第 77 頁。
⑩《韓非子》卷十九《五蠹》,《韓非子》校注組編寫,周勳初修訂《韓非子校注》,第 559 頁。

帥。”“伍其鄙”則“制五家爲軌,軌有長。六軌爲邑,邑有司。十邑爲率,率有長。十率爲鄉,鄉有良人。三鄉爲屬,屬有帥。五屬一大夫,武政聽屬,文政聽鄉,各保而聽,毋有淫佚者”。① 其基本單位也都是六級(家、軌、里、連、鄉、帥,或家、軌、邑、率、鄉、屬)。這種設計注意到了城鄉之間的差別,較《立政》篇所述更周全,其意義當“百世行之而足遵也”②。

五、兵家方向的思想展開

管子要輔助齊桓公成就霸道,自然特別重視兵家。《經言》組就提到“兵甲彊力”③、“爲兵之數”④的問題,《幼官》的五行結構中,每行的“副圖”都有關軍事,與有關政治經濟的“正圖”相配。無疑,法家追求國家富強的目標,必然重視兵家、農家,因爲用兵才能強大,重農才能致富。就《經言》組看,其不但闡述強兵對於國家安定的重要性,而且注意到軍事謀略、部隊制度、兵員訓練、器械裝備等問題。

《外言》組以下,專篇論述兵家思想的有《外言》組的《兵法》,《短語》組的《地圖》《參患》《制分》。另《內言》組的《小匡》《霸言》也有若干片斷。其中的思想展開主要有:

(一)更明確闡述了軍事活動的意義。《經言》組中已指出其是實現霸道所必需的,指出“萬乘之國,兵不可以無主”⑤,“故賢知之君必立於勝地,故正天下而莫之敢御也”⑥。管子後學進而既肯定價值所在,也指出其局限性,作了更明確的闡述:“故夫兵雖非備道至德也,然而所以輔王成霸。”⑦這對於軍事意義是一種理性的框定。而且指出其包括對外和對內兩個方面的要求:“兵者外以誅暴,內以禁邪。故兵者尊主安國之經也,不可廢也。”⑧這也是更全面的考量。當代世界各國普遍建置的國防軍與公安員警的體系,即基於這樣的認識。

(二)指出軍事行動要精於權謀。在《經言》組中,軍事尚與政治統合,作戰形式不免在“禮”的範疇內。而管子後學有的擺脫了“禮”的制約,例如《霸言》説:“令兵一進一退者,權也。……精於權,則天下之兵可齊,諸侯之君可朝也。”⑨“權”是基於功利目的的權衡分析,

① 《管子》卷八《小匡》,第 400 頁。
② 戴漪《管子學案》,學林出版社 1994 年版,第 118 頁。
③ 《管子》卷一《牧民》,第 17 頁。
④ 《管子》卷二《七法》,第 116 頁。
⑤ 《管子》卷一《權修》,第 48 頁。
⑥ 《管子》卷二《七法》,第 117 頁。
⑦ 《管子》卷六《兵法》,第 317 頁。
⑧ 《管子》卷十《參患》,第 535 頁。
⑨ 《管子》卷九《霸言》,第 480 頁。

是從具體形勢出發的隨機性處置,這强調了兵學的特殊性,是與《孫子兵法》"兵者,詭道也"①一樣的認識。

(三)系統地提出了軍事訓練的專案和要求。《七法》講到對於兵士的"政教"、"服習",只是綱領性的要求。《兵法》篇則有具體的訓練要求,概之"三官不繆,五教不亂,九章著明":"三官:一曰鼓。鼓所以任也,所以起也,所以進也。二曰金。金所以坐也,所以退也,所以免也。三曰旗。旗所以立兵也,所以利兵也,所以偃兵也。此之謂三官。有三令,而兵法治也。五教:一曰教其目以形色之旗,二曰教其身以號令之數,三曰教其足以進退之度,四曰教其手以長短之利,五曰教其心以賞罰之誠。五教各習,而士負以勇矣。九章:一曰舉日章則晝行,二曰舉月章則夜行,三曰舉龍章則行水,四曰舉虎章則行林,五曰舉鳥章則行陂,六曰舉蛇章則行澤,七曰舉鵲章則行陸,八曰舉狼章則行山,九曰舉韇章則載食而駕。九章既定,而動靜不過。"②由此可見在實戰化、規範化方面的發展,可與《孫子兵法》《孫臏兵法》相互參證。

(四)特別强調軍事地圖的重要性。《七法》講到"故兵也者,審於地圖"③,但是尚未具體規定。《地圖》則進而指出地圖對於軍事指揮的重要性:"凡兵主者,必先審知地圖。"爲"主明、相知、將能之謂參具"。並强調地圖中要標識"轘轅之險,濫車之水,名山、通谷、經川、陵陸、丘阜之所在,苴草、林木、蒲葦之所茂,道里之遠近,城郭之大小,名邑、廢邑困殖之地"④。這是對於管子學派乃至先秦軍事思想的特別貢獻。《孫子兵法》的《行軍》《地形》《九地》,《孫臏兵法》的《地葆》《雄牝城》諸篇重視軍事地形,但是都没有具體講到地圖的問題。

另規劃了軍國體制。此在上節已介述過,略。

六、輕重家方向的思想展開

輕重家相當於現代的經濟學家。《經言》組已説過"市者,貨之準也",而且"士農工商"⑤並舉,但是對於這個問題具體深入的展開主要在《輕重》組 19 篇。故而俞寰澄説:"就今本《管子》纂集關於經濟之緒論,大概'經言'中'乘馬'篇爲總綱,而'輕重'諸章爲分

---

①《孫子兵法》卷上《計篇》,楊丙安《十一家注孫子校理》,中華書局 1999 年版,第 12 頁。
②《管子》卷六《兵法》,第 319—320 頁。
③《管子》卷二《七法》,第 120 頁。
④《管子》卷十《地圖》,第 529 頁,第 532 頁,第 529 頁。
⑤《管子》卷一《乘馬》,第 84 頁,第 92 頁。

疏。"①李學勤也説:"《輕重》的不少基本思想還是與包括《乘馬》在内的《經言》一脈相承,輕重家乃管子這一學派的繼續和發展。"②另外,《短語》組的《侈靡》篇、《區言》組的《治國》篇若干片斷也有論及。其主要貢獻如下:

(一)發展出了以商業經濟爲立國之本的政治觀念。《經言》也强調商業活動的重要性,但是還處於輔助的地位。《乘馬》中,"市"也是"五者"之一,"商"在四業之末。而在《輕重》諸篇中,商業經濟被提到立國之本的地位。其認爲以税賦爲國家財政收入是下策,通過商業活動來謀取才爲上佳。所謂"輕重",就是通過商業手段增加國家財税收入,即"還穀而應穀,國器皆資,無籍於民"③、"不籍而贍國"④。由此還帶出了消費促進經濟的觀點,即"侈靡"説。《侈靡》記:"問曰:'興時化若何?''莫善於侈靡。賤有實,敬無用,則人可刑也。故賤粟米而如敬珠玉,好禮樂而如賤事業,本之始也。'""市也者,勸也,勸者所以起。本善而末事起,不侈,本事不得立。"⑤即强調市場能促進經濟的發展,從而又帶動農業和工商業的興旺發達。這個觀點在小農業經濟社會的早期是石破天驚的,如趙守正所説的"接近於近代經濟學家市場理論的邊緣"⑥。

(二)提出國家統制經濟的理論。從商業立國出發,就要求國家利用絕對權力調控一切商業活動。其中影響最大的是鹽鐵專營政策:國家專營鹽業和鑄鐵業,贏得暴利,從而獲得財税收入。所謂"官山海"⑦、"鹽鐵之策"⑧,即介述這個經濟政策,這開創了中國經濟史上的專賣制度。另外,還運用國家機器作文化宣傳以增加經濟收益。《山權數》記:"桓公問管子曰:'輕重準施之矣,策盡於此乎?'管子曰:'未也,將御神用寶。'"⑨"御神用寶"就是通過祭祀形式使之成爲寶物,從而有文化的附加值,提升其經濟價值。這該是當代所謂的文化品牌的先導。故而熊夢説:"要之管子之言經濟也,以一國爲一經濟單位,合君臣上下皆爲此經濟單位之一員,而各應其分,戮其力,以助一國經濟之發達,而挾之以與他

① 俞寰澄《管子之統制經濟》,中華鑄字製版印刷廠 1944 年版,第 4 頁。
② 李學勤《〈管子〉"乘馬"釋義》,《管子學刊》1989 年第 1 期,第 31 頁。
③《管子》卷二十一《巨乘馬》,第 1228 頁。
④《管子》卷二十二《山國軌》,第 1290 頁。
⑤《管子》卷十二《侈靡》,第 633—634 頁,第 703 頁。趙守正説:"這段文字,前人多未得其讀,校點不當。例如張文虎改'勸'爲'觀',張佩綸改'勸'爲'權',李哲明删'起'字,皆校勘之誤;諸家又都在'善'字斷句,皆點句之誤。"(《論〈管子〉經濟思想的創新精神》,《管子學刊》1987 年第 2 期,第 7 頁)
⑥ 趙守正《論〈管子〉經濟思想的創新精神》,《管子學刊》1987 年第 2 期,第 8 頁。
⑦《管子》卷二十二《海王》,第 1246 頁。
⑧《管子》卷二十二《山國軌》,第 1293 頁。
⑨《管子》卷二十二《山權數》,第 1315 頁。

國競。管子一切政治之妙用,皆基於是。"①俞寰澄也説:"惟管子獨重統制經濟,以爲立國强兵之首要。"②

（三）以"穀"爲商品貨幣調控經濟。穀物是最重要的生活需要品,故而操縱穀物,可使之具備商品貨幣的功能。《國蓄》記:"凡五穀者,萬物之主也。穀貴則萬物必賤,穀賤則萬物必貴。兩者爲敵,則不俱平。"③"主"即指作爲商品貨幣的"五穀"可以調控其它物品的價格。"敵"即反比關係,隨漲而跌。故而《山至數》説:"人君操穀幣金衡而天下可定也。"④"穀幣"是功能並列的組合詞,"穀"即"幣"。梁啓超説:"當時兼用之爲貨幣。""管子之經濟政策,不外以金穀御百物,而復以金與穀互相御。"⑤

（四）以經濟手段謀取國際霸權。即以欺詐性貿易控制別國的經濟命脈,從而掌握其政權。《輕重》認爲,"穀"作爲農業社會最重要的經濟物資,可以在國際貿易中充當霸權工具。敵國的"穀"完全依賴於我,即我控制了其經濟和政治命脈。《輕重戊》記:"桓公問於管子曰:'萊、莒與柴田相并,爲之奈何?'管子對曰:'萊、莒之山生柴。君其率白徒之卒,鑄莊山之金以爲幣,重萊之柴賈。'萊君聞之,告左右曰:'金幣者,人之所重也。柴者,吾國之奇出也。以吾國之奇出,盡齊之重寶,則齊可并也。'萊即釋其耕農而治柴。管子即令隰朋反農。二年,桓公止柴,萊、莒之糴三百七十,齊糴十錢。萊、莒之民降齊者十分之七。二十八月,萊、莒之君請服。"⑥這裏的"萊莒之謀",就是大國兼併小國的策略,其妙處在於運用"穀"這一經濟物資,敵國的民生基礎"穀"完全依賴於我,即我控制了其政治命脈。《輕重丁》的"石璧謀"、"菁茅謀"也是運用"穀"這一經濟侵略手段兼併小國的謀劃。衆所周知,那個時代的霸權主義,一般總是先軍事再政治,然後獲取巨大的經濟利益。《輕重》篇則設計了另一種通過建立經濟霸權而達到政治霸權的途徑,其對於現代的啓迪意義不言而喻。

《輕重》諸篇中,《匡乘馬》至《國準》諸篇闡述國內經濟政治。《輕重甲》以下四篇主要關於國際經濟政治,講國際霸業。末篇《輕重己》講農業經濟與祭祀組織。張固也認爲:"《輕重》諸篇分成兩組,《匡乘馬》至《國準》十二篇,就是司馬遷所説的《九府》,《輕重甲》至《輕重庚》,就是司馬遷所説的《輕重》。"⑦這當爲合理的判斷。

---

① 熊夢《晚周諸子經濟思想史》,《先秦經濟思想史二種》,知識産權出版社 2013 年版,第 164—165 頁。
② 俞寰澄《管子之統制經濟》,第 3 頁。
③《管子》卷二十二《國蓄》,第 1272 頁。
④《管子》卷二十二《山至數》,第 1342 頁。
⑤ 梁啓超《管子傳》,中華書局 1936 年版,第 75 頁,第 76 頁。
⑥《管子》卷二十四《輕重戊》,第 1520 頁。
⑦ 張固也《〈管子〉研究》,齊魯書社 2006 年版,第 376 頁。

七、名家方向的思想展開

法家要實踐的法制法規必是明確的、系統的,要求與對象相對應,即"名""實"相副,故而會發展出名家思想。《經言》組中多有"正名"的表述,例如"何謂四維? 一曰禮,二曰義,三曰廉,四曰恥"①,對於"四維"的"名"和"實"界定得清楚。但是,未曾對於"名"的問題作專門討論。②

管子後學對此也有發展,《樞言》《九守》等篇有所論述:

(一)強調"正名"的社會政治意義。《樞言》記:"名正則治,名倚則亂,無名則死,故先王貴名。"③就是說:名分正則天下治,名分不正則天下亂,沒有名分則死滅。這個名分與政治權力相對應,與孔子講的"名不正則言不順"④意義一樣。

(二)強調"名"的實踐性功能。其講"名""實"相副時的"實"不是概括的,而是具體的實踐對象。《九守》記:"修名而督實,按實而定名。名實相生,反相爲情。名實當則治,不當則亂。"⑤意即遵循名稱來考稽實際,按照實際來確定名稱。這裏"名""實"相副與否的根本在於"當"否。"當"指適宜於特定物件和需要。《説文》:"當,田相值也。"段玉裁注:"引申之,凡相持相抵皆曰當。"⑥故而又說:"名生於實,實生於德,德生於理,理生於智,智生於當。"⑦"智"是人的認識,基於實踐的特殊性要求。

對於"實"的特殊性的重視,就不能提升至形而上的一般,不能發展到邏輯理性。這是先秦名學發展的障礙所在。即使經驗理性最爲典型的《墨經》也是如此,《經上》說:"法異則觀其宜。"⑧《經下》說:"五行毋常勝,說在宜。"⑨"宜"即遵循經驗的特殊性要求,如吾淳說的"與具體性、針對性密切相關的"⑩。

---

① 《管子》卷一《牧民》,第 11 頁。
② 《幼官》有"理名實"(《管子校注》上,第 164 頁),指的是軍事行動中的信號指揮。
③ 《管子》卷四《樞言》,第 252 頁。
④ 《論語》卷七《子路》,朱熹《論語集注》,《四書章句集注》,第 142 頁。
⑤ 《管子》卷十八《九守》,第 1046 頁。
⑥ 許慎、段玉裁《説文解字段注》第十三篇下,成都古籍書店 1981 年影印,第 737 頁。
⑦ 《管子》卷十八《九守》,第 1046 頁。
⑧ 《墨子》卷十《經上》,孫詒讓《墨子閒詁》上,第 317 頁。
⑨ 《墨子》卷十《經下》,第 319 頁。
⑩ 吾淳《中國哲學的起源——前諸子時期觀念、概念、思想發生發展與成型的歷史》,上海人民出版社 2010 年版,第 541 頁。

八、農家方向的思想展開

那個時代,政治的經濟基礎是小農業生産活動。故而《牧民》説:"務在四時,守在倉廩。"[1]《權修》進而論述小農業經濟與國家富强的關係,强調"地不辟則城不固"[2]。《立政》還提到水利和適宜作物的重要性:"溝瀆遂於隘,鄣水安其藏,國之富也。桑麻殖於野,五穀宜其地,國之富也。"[3]但是《經言》組的這些所述皆爲農業政策的概論。

《外言》組以下,除了《五輔》《八觀》等篇繼續概述"務五穀"的政策外,《雜篇》組的《地員》《度地》當爲農業技術專家的著作。陳澧説:"其《地員》篇則農家者流。"[4]胡家聰説:"《度地》論除五害(水、旱、風霧雹霜、癘、蟲),而主要講治理水害,與農事緊密相關,有一套治理的作業和技術。《地員》講各種的土地對於不同農林等植物所起的作用,系古樸的生態植物學作品。這兩篇均系實踐經驗的總結,當出自農業科技的專門家之手。"[5]甚是。另外《輕重》組的《巨乘馬》《山國軌》等也有片斷涉及。學界周知,農家以農爲本,既是一種政治思想,也必然要求有農業技術方面的專長,後者更明顯爲農家方向的發展。其貢獻主要有三:

(一)對於土壤的分等級認識。《地員》開篇就説"夫管仲之匡天下也,其施七尺"[6],明示其也屬於管子思想的展開。這裏的"施"通"弛"。《周禮·小司徒》"凡征役之施捨",鄭玄注:"'施'當爲'弛'。"[7]"弛"爲測量土地的工具。黎翔鳳《管子校注》:"'弛'蓋即今量地之弓,但長短不同,故記者特舉其數。"[8]《地員》講"瀆田"、"赤壚"、"黄唐"、"斥埴"、"黑埴"五類土壤的適宜作物和種植技術要求;又講"九州之土,爲九十物。每州有常,而物有次"[9],把土壤分爲三個等級,每個等級又分六類,共十八類,把作物分爲九十種。因此宋翔鳳説:"此篇皆言地生物之數。"[10]夏緯瑛説:"敘述各種土地對於農林生産之善惡的,而其觀點則在

① 《管子》卷一《牧民》,第2頁。

② 《管子》卷一《權修》,第52頁。

③ 《管子》卷一《立政》,第64頁。

④ 陳澧《東塾讀書記》,楊志剛校點,生活·讀書·新知三聯書店1998年版,第135頁。

⑤ 胡家聰《管子新探》,第144頁。

⑥ 《管子》卷十九《地員》,第1072頁。

⑦ 鄭玄注,賈公彦疏《周禮注疏》上,趙伯雄整理,《十三經注疏(標點本)》四,北京大學出版社1999年版,第274頁,第275頁。

⑧ 黎翔鳳《管子校注》下,中華書局2004年版,第1073頁。一説作"仞"解。

⑨ 《管子》卷十九《地員》,第1100頁。

⑩ 宋翔鳳《管子識誤》,《過庭録》卷十四,中華書局1986年版,第237頁。

於土地與植物的關係上。"①此即管子學派重視農業生產的表現,是對管子"相地而衰其政"②思想的具體闡述。

(二)對於水災的重視。《經言》組講"立國都"時"必於廣川之上,高毋近旱而水用足,下毋近水而溝防省"③,講"決水潦,通溝瀆,修障防,安水藏,使時水雖過度,無害於五穀"④,對於水利已足夠重視,但是側重於工程建設。而管子後學進而特別重視其造成水災的危害性,強調有專門的單位設置,做好預防工作。《度地》指出,水、旱、風霧雹霜、厲、蟲爲"五害","五害之屬,水最爲大",因此"請爲置水官"⑤。顯然,如俞寰澄所言:"農田水利,爲管子足衣食實倉廩之根本。""蓋必水利興,而後他事有所措手。"⑥

(三)對於農時的規定。《經言》組只是大略地指出"正月,令農始作"⑦,而管子後學對於"春時"有具體的日期要求。明確"春事二十五日之內"⑧,"春十日不害耕事,夏十日不害芸事,秋十日不害斂實,冬二十日不害除田"⑨。這樣不但強調農業生產有一定的季節節律,春播、夏耕、秋收、冬藏四個環節都不能誤時,而且相應規定了"十日"或"二十日"的期限。

周群玉認爲"管子是農家"⑩,這當然不周,但是管子學派重視農業生產是肯定的。漢以後,這些思想或被儒術所吸收,或作爲勞動經驗"均歷世相延,安於鈍拙,無學之可言"⑪,故而淹沒不顯。《漢書·藝文志》所錄農家著作都已散佚,留存的早期文獻另外只有《詩經》的《七月》、《吕氏春秋》的《上農》《任地》《辯土》《審時》、《淮南子》的《齊俗訓》等,故而《管子》的這幾篇在先秦農家學史上彌足珍貴。

九、黄老道家方向的思想展開

管子以"法"補"禮",是基於現實需要的認識,歷史已證明其卓越。但是對於其政治理

---

① 夏緯瑛《管子地員篇校釋》,農業出版社 1981 年版,"序言"第 1 頁。
②《管子》卷八《小匡》,第 402 頁。
③《管子》卷一《乘馬》,第 83 頁。
④《管子》卷一《立政》,第 73 頁。
⑤《管子》卷十八《度地》,第 1054 頁、第 1059 頁。
⑥ 俞寰澄《管子之統制經濟》,第 81 頁。
⑦《管子》卷一《乘馬》,第 91 頁。
⑧《管子》卷二十一《巨乘馬》,第 1223 頁。
⑨《管子》卷二十二《山國軌》,第 1291 頁。
⑩ 周群玉《先秦諸子述略》,轉引自宋洪兵編《國學與近代諸子學的興起》,廣西師範大學出版社 2010 年版,第 365 頁。
⑪ 汪琭《讀子卮言》,華東師範大學出版社 2012 年版,第 128 頁。

論的合理性,即政治實踐的指導思想問題,《經言》没有回答。①《外言》組以下,管子後學的一派在法家學説的基礎上吸納黄老思想,顯然爲一個方向的理論創新。此即漢初大盛、後代依然津津樂道的黄老道家學派。故而馮契説:"黄老學派講'道',是給'法'提供哲學基礎。"②白奚也説:"《管子》中道法結合的黄老思想,是爲法治主張確立了形而上的根據,用道家哲學來論證法家政治。"③這個思想在《短語》組的《心術上》《心術下》《白心》《勢》,《區言》組的《内業》有集中的表達。另外《區言》組的《任法》前半篇、《輕重己》的若干片斷也有涉及。其具體表現爲:

(一)現實實踐要遵循時代的要求。這在管子後學中稱作"因","因"即因順、順從。《宙合》説:"聖人之動静、開闔、詘信、涅儒、取與之必因於時也。"④《心術下》説:"聖人因而財之,而天下治。"⑤故而司馬談《論六家要指》説:"其術以虚無爲本,以因循爲用。……有法無法,因時爲業;有度無度,因物與合。故曰聖人不朽,時變是守。虚者道之常也,因者君之綱也。"⑥即講道家實踐的關鍵在"因",因順於"道"。"道"是自然而然的形態,以"虚"爲内質,並非主觀刻意而爲,故而這種"因時"、"因物"必然"能究萬物之情",吸納各家思想。

(二)現實實踐的原則在天道規律的指導下。現實實踐的原則是以"法"爲本,法規至上,而這個"法"是天道規律的表達。故而《君臣上》説:"道也者,萬物之要也。爲人君者,執要而待之。"⑦《心術上》説:"故事督乎法,法出乎權,權出於道。"⑧《輕重己》也説:"聖人因而理之,道遍矣。"⑨這裏就吸收了老子"道"的思想,從而使原本實踐層面的法家思想提升到了形而上的高度。這一方面可認爲是法家思想發展的新階段,另一方面也可視作道家學派的新拓展。

(三)現實實踐的形態是君無爲、臣有爲。《宙合》説:"君出令佚,故立于左。臣任力勞,故立於右。"⑩《白心》説:"是以聖人之治也,静身以待之,物至而名自治之。正名自治之,奇

---

① 《經言》組的《幼官》有"務時因"一語,只是要求軍事活動的抓住戰機,並非有關歷史規律的認識。
② 馮契《管子和黄老之學》,《中國哲學》第十一輯,第 7 頁。
③ 白奚《稷下學研究——中國古代的思想自由與百家争鳴》,第 227 頁。
④ 《管子》卷四《宙合》,第 218—219 頁。
⑤ 《管子》卷十三《心術下》,第 778—779 頁。
⑥ 司馬談所論的"道家"屬於"黄老道家",不是魏晉以後通稱的"老莊道家"。參見吴光《新老學(上):莊子與莊學》,《國學新講》,浙江人民出版社 2016 年版。
⑦ 《管子》卷十《君臣上》,第 563 頁。
⑧ 《管子》卷十三《心術上》,第 770 頁。
⑨ 《管子》卷二十四《輕重己》,第 1529 頁。
⑩ 《管子》卷四《宙合》,第 211 頁。

身名廢。名正法備,則聖人無事。"①以"道"來指導社會政治,即"因時爲業","因物與合",只要合乎"用"的需要,"有法無法"、"有度無度"都可以。"法"的實踐是臣民皆循法行事,而君王雖然實質上掌控一切,"無不爲",但表現出來的是"無爲"。故而司馬談以"無爲而無不爲"來概括道家的實踐形態。胡家聰闡釋説:"簡言之,君主立法決策,諸臣分頭執行,這是在最高統治層内部的一對矛盾,其矛盾的主導方面在於君道'無爲',而以君道'無爲'制御臣道有爲,這恰是對於老子學説'道常無爲而無不爲'的新推衍。"②這裏要注意的是,君道"無爲"是建立在法規制度的完善之上的,是對法治的一種理想化描述,並不包涵"術"的成份。"術"作君王的御臣手段是實踐中不可避免的,但是在黄老道家的理論本旨中是被忽略的。故而筆者把管子學派中有關"術"的思想放在法家方向的發展一脈中去介述。

十、陰陽家方向的思想展開

《經言》組中無陰陽思想③,但是有早期的五行思想,在《幼官》《幼官圖》篇中。這兩篇内容近同,都由"五方"的"本圖"和"副圖"組成。據"五方"的内容結構安排,可知其循"五行"説無疑。其中"本圖"有關政治經濟,"副圖"有關軍事,這包括了當時社會活動的主要内容,即《霸言》説的"其所重者政與軍"④。"五方"之中,"中方"又是關於政治、軍事活動的總要,另"四方"則爲四個階段的具體活動要求,對於農業經濟的春耕秋收尤爲強調。因此"五方"不是平列的關係,而是以"中方"爲主、另"四方"爲輔的有核心的系統認識。從實踐上看,"四方"做到了,"中方"也就實現了,兩者有因果關係。

這種有核心的"五行"説,其實是戰國早期以前的一般認識。最早解述"五行"説的《洪範》篇記:"五行:一曰水,二曰火,三曰木,四曰金,五曰土。水曰潤下,火曰炎上,木曰曲直,金曰從革,土爰稼穡。潤下作鹹,炎上作苦,曲直作酸,從革作辛,稼穡作甘。"⑤這裏的"爰"應該作"於是"解。"五行"指的是農業生産過程中的五項活動,"水火木金"即用"水"灌溉,用"火"燒荒,用"木"、"金"製作農具來耕作,是條件和過程,"土(稼穡)"是目

---

①《管子》卷十三《白心》,第 789 頁。

② 胡家聰《管子新探》,第 101 頁。

③《乘馬》:"春秋冬夏,陰陽之推移也。時之短長,陰陽之利用也;日夜之易,陰陽之化也。"這是指天時季節,並非抽象的陰陽説。

④《管子》卷九《霸言》,第 468 頁。

⑤《尚書》卷十二《洪範》,顧頡剛、劉起釪《尚書校釋譯論》第三册,中華書局 2005 年版,第 1153 頁。

的和結果,相互構成一個有中心的系統①。另《國語》記:"故先王以土與金、木、水、火雜,以成百物。"②即"金木水火"四行與"土"發生關係,"土"是核心,這亦可作證。

在管子學派中,《短語》組的《四時》《五行》篇,以及《水地》、《輕重》組的《揆度》、《雜篇》組的《禁藏》《地員》片斷,對於《幼官》《幼官圖》的"五行"思想作了發展。

(一)建構了無核心的"五行"系統説。管子後學對"五行"説一個方面的發展,是建構無核心的系統説。《水地》的"五量"、"五色"、"五味",《五行》的"五聲"、"五行"、"五官",《地員》的"五粟"、"五沃"、"五位"、"五蘟"、"五壤"、"五浮"等皆爲明證。值得重視的是,這些齊於"五"的分類屬於純粹的物理性認識,與社會政治以及宇宙世界無關。學界周知,戰國晚期鄒衍的"陰陽五行"説興盛,秦漢以後尤成爲解釋世界本質、宇宙規律及社會歷史發展發展的理論模式。而《外言》以下所載,保留了原始"五行"説的另一本貌,這應該屬於其學派思想形成過程中的一個環節。

(二)發展出了早期有核心的"陰陽五行"説。管子後學的發展,最重要的是以"陰陽"爲本又吸收了"五行"説,把"五行"與"陰陽"統一起來,宣導"陰陽五行"説。《四時》説:"是故陰陽者,天地之大理也;四時者,陰陽之大經也;刑德者,四時之合也。"③其與《幼官》《幼官圖》不同的是以"陰陽"爲綱,在"四時"的闡述中,加入了"中央曰土,土德實輔四時"④一段;即以"陰陽"統攝"五行",構建了"陰陽五行"説。當然,這"五行"還是以"土"爲核心的"實輔四時:春贏育,夏養長,秋聚收,冬閉藏⑤,即白奚説的"土德的作用就是輔助、協調四時的運作。五德中土德居中,故對其餘四德似乎又有統領的作用"⑥。其依然保留著《幼官》《幼官圖》有核心的特質,屬於早期的"陰陽五行"説。

(三)開始了無核心的"陰陽五行"説。管子後學中另有把"五行"並列起來與"陰陽"相結合的認識。例如《五行》記:"故通乎陽氣,所以事天也,經緯日月,用之於民。通乎陰氣,所以事地也,經緯星曆,以視其離。"⑦這是以"陰陽"爲綱。隨後又闡述到"昔黃帝以其緩急作五聲,以政五鐘","五聲既調,然後作立五行以正天時,五官以正人位"⑧,則蘊含"五行"思想。這"五行"已爲平列關係,但是與"陰陽"尚無嚴格的對應聯繫,當屬於早期的"陰陽五

---

① 參見拙作《"五行"説由經驗性認識向先驗信念的異變》,《中國哲學史》2002 年第 2 期。
②《國語》卷十六《鄭語》,徐元誥《國語集解》,中華書局 2002 年版,第 470 頁。
③《管子》卷十四《四時》,第 838 頁。
④《管子》卷十四《四時》,第 847 頁。
⑤《管子》卷十四《四時》,第 847 頁。
⑥ 白奚《稷下學研究——中國古代的思想自由與百家爭鳴》,第 243 頁。
⑦《管子》卷十四《五行》,第 860 頁。
⑧《管子》卷十四《五行》,第 865 頁。

行”説。再如《揆度》記:“桓公曰:‘“事名二、正名五而天下治”,何謂“事名二”?’對曰:‘天策陽也,壤策陰也,此謂“事名二”。’‘何謂“正名五”?’對曰:‘權也,衡也,規也,矩也,準也,此謂“正名五”。其在色者,青黃白黑赤也;其在聲者,宮商羽徵角也;其在味者,酸辛鹹苦甘也。二五者,童山竭澤,人君以數制之人。味者所以守民口也,聲者所以守民耳也,色者所以守民目也。人君失二五者亡其國,大夫失二五者亡其勢,民失二五者亡其家。’”①這裏的“二”即“陰陽”,“五”即“五行”,“二五者”即爲“陰陽五行”説,只是尚未有秦漢以後的對應聯繫,也爲早期的“陰陽五行”説無疑。白奚説:“可見在《揆度》中,五行已與陰陽並行,難分輕重高下,共同規範著作者的思維。至此,距陰陽説與五行説的合流已經不遠了。”“陰陽與五行的合流是由《管子》實現的。”②這當爲合理的判定。

十一、本體論方面的思想成果

管子學派在闡述政治經濟問題的合理性、必然性的過程中涉及到了本體論。從邏輯表達的要求講,這部分內容宜分在各家方向的展開中介述。這裏把它集中起來單列一節,是因爲其特別具有理論意義,而且若干也難以確定爲哪一家思想所特有。這是一種簡單化的處理方法,特説明。

有關本體論的思想成果都出現在《外言》組以下,這顯然爲管子學派思想發展的表現。概括起來,主要有四個內容:

(一)“水”本體論。《經言》重農,故而重視水利建設。《幼官》的“五行”有“行秋政,水”③,已是對於水的抽象認識,但是尚未認作爲是一種本源性的存在。而在《短語》組的《水地》中,“水”被認爲是生命的本源:“人,水也,男女精氣合而水流形。”被作爲萬物之本來認識:“故曰水者何也? 萬物之本原也,諸生之宗室也,美惡、賢不肖、愚俊之所産也。”而且,以“水”爲世界萬物的價值準則:“是以水者,萬物之準也。”④如此形成了“水”本體論的觀點。

(二)“氣”本體論。《幼官》篇已經講到了“氣”:中方“治和氣”,東方“治燥氣”,南方“治陽氣”,西方“治濕氣”,北方“治陰氣”。⑤ 這尚與季節性的氣候有關,著重于自然與社會

---

① 《管子》卷二十三《揆度》,第1373頁。“人君以數制之人。味者所以守民口也”句,黎本在“制之人”的“人”前斷句,似誤。
② 白奚《稷下學研究——中國古代的思想自由與百家爭鳴》,第238頁,第235頁。
③ 《管子》卷三《幼官》,第152頁。
④ 《管子》卷十四《水地》,第815頁,第831頁,第814頁。
⑤ 《管子》卷三《幼官》,第135頁,第150頁,第154頁注7,第154頁,第157頁。黎本無“治陽氣”,趙用賢本有。已有“五行”思想,“氣”當也有五,趙本是。

政治、經濟生活的關聯認識,只是局部性的經驗概括。《外言》組以下,除了對"氣"作"道血氣"①、"寬氣而廣"②的養生方面的發展,另外作了本體論方向的論述。《内業》説:"精也者,氣之精者也。氣,道乃生,生乃思,思乃知,知乃止矣。"③"精"屬於"氣"的内質,"道"則是"氣"的表現,隨之才有"思"和"知"的認識活動。如此,"氣"即爲世界的本源。故而又説:"是故此氣也,不可止以力,而可安以德。不可呼以聲,而可迎以音。敬守勿失,是謂成德。德成而智出,萬物果得。"④這樣以"氣"爲生命與自然的本質存在,既解釋世界的本源,又用來説明人的精神和智慧的來源。

(三)"心"本體論。《經言》組講到的"心"都是心理、政治意義的,如《牧民》《版法》的"民心"⑤,《形勢》"心行者也"⑥,《立政》"以上爲心"、"百體之從心"⑦,《七法》"心術"⑧。而《外言》以下有以"心"爲宇宙本源的認識。例如《内業》説:"凡心之刑,自充自盈,自生自成。"⑨"刑"即"形",指存在的形式和表現。"自",表明是本源的,非外在的。這一點在"心以藏心,心之中又有心焉"⑩一語中更明確,"又有"的"心"是在作爲生理和心理認識的"心"之後的更根本的存在。陳鼓應説:"'心以藏心',認爲心之官中還蘊藏著一顆更具根源性的'本心'。"⑪誠是。中國文化的特徵是重實踐性的,所謂的本體認識也無不落實到社會政治領域,故而又説:"正心在中,萬物得度。"⑫《心術下》也説:"心治,是國治也。"⑬"心"是世界萬物和社會政治的根本所在。故而陳鼓應認爲"稷下道家思想的核心實則是心學"⑭。

(四)"道"本體論。《經言》旨在現實政治實踐,《乘馬》"爲之有道"⑮,《七法》"論道行理"⑯,"道"只是現實活動的價值準則。《形勢》"天之道"⑰,《幼官》"通之以道"⑱,有表達

①《管子》卷八《中匡》,第385頁。
②《管子》卷十六《内業》,第948頁。
③《管子》卷十六《内業》,第937頁。
④《管子》卷十六《内業》,第931頁。
⑤《管子》卷一《牧民》,第13頁。卷二《版法》,第125頁。
⑥《管子》卷一《形勢》,第45頁。
⑦《管子》卷一《立政》,第80頁,第81頁。
⑧《管子》卷二《七法》,第106頁。
⑨《管子》卷十六《内業》,第931頁。
⑩《管子》卷十六《内業》,第938頁。
⑪陳鼓應《管子四篇詮釋——稷下道家代表作解析》,商務印書館2006年版,第113頁。
⑫《管子》卷十六《内業》,第938頁。
⑬《管子》卷十三《心術下》,第781頁。
⑭陳鼓應《管子四篇詮釋——稷下道家代表作解析》,第41頁。
⑮《管子》卷一《乘馬》,第84頁。
⑯《管子》卷二《七法》,第112頁。
⑰《管子》卷一《形勢》,第42頁。
⑱《管子》卷三《幼官》,第139頁。

本體存在的意味,但是並未明確地闡述。《外言》組以下的本旨當然也在於現實層面,但是對於"道"的形而上存在有明確的描述。一方面,强調"道"的絶對存在,爲萬物的根本。例如《心術上》:"道在天地之間也,其大無外,其小無内。"①《白心》:"道之大如天,其廣如地,其重如石,其輕如羽。"②另一方面,又强調"道"對於現實政治和人生的絶對指導意義。例如《心術上》:"道也者,動不見其形,施不見其德,萬物皆以得,然莫知其極。"③《形勢解》:"天之道,滿而不溢,盛而不衰。明主法象天道,故貴而不驕,富而不奢,行理而不惰。故能長守貴富,久有天下而不失也。"④這些顯然是吸收了《老子》《莊子》思想後對於《經言》中的"道"的發展。

這裏要注意的是:《管子》中有關"水"、"氣"、"心"、"道"的本體論,都只是思想的萌芽而已,没有系統周密的論證,而且概念不周,相互纏繞。例如《内業》"氣,道乃生"⑤,"氣"、"道"一體。"心静氣理,道乃可止。"⑥又"心"、"氣"、"道"交合。《水地》"人,水也,男女精氣合而水流形"⑦,則"水"、"氣"關聯。故而馬非百直言"篇中使用的'道'、'精'、'氣'、'神'、'性'等字,都是同義語"⑧。另外,有關《管子》各篇與先秦諸子的思想源流關係的問題,學界多有異議。例如"心"、"氣"之論,以《内業》等爲代表的稷下道家與孟子誰影響誰?"心術"一詞,在《管子·七法》《莊子·天道》《荀子·解蔽》等都可見,其中的思想關係如何?這些在文獻不足征的條件下實不能解決,能够形成共識的是:在這個階段,諸子之間相互爭鳴又吸收融匯,促進了思想的發展。

據上文可知,作爲管子學派的著作集合,《管子》涉及到了幾乎所有的社會思想領域,而且《外言》組以下循著《經言》開啓的法治道路有多方向的展開。由此,我們可以認定其爲法家一派,《管子》一書是戰國中後期法家學派以"法"爲本又雜取各家加以發展的代表作。

[作者簡介]張涅:本名張嵎,浙江科技學院中文系教授。

---

①《管子》卷十三《心術上》,第767頁。
②《管子》卷十三《白心》,第810頁。
③《管子》卷十三《心術上》,第770頁。
④《管子》卷二十《形勢解》,第1182頁。
⑤《管子》卷十六《内業》,第937頁。
⑥《管子》卷十六《内業》,第935頁。
⑦《管子》卷十四《水地》,第815頁。
⑧馬非百《〈管子·内業〉篇之精神學説及其他》,《管子學刊》1988年第4期,第4頁。

論明代清初奴僕與舊主之法律關係

——法律改革的另一種進程[*]

李 冰 逆

李 冰 逆

提要:明代奴僕與舊主的法律關係,是當時頗受關注的社會和法律問題。明代律典的規定雖有革新傾向,却並未徹底背離唐律的法律框架。但官僚階層却在律注中提出了全新的法律解釋。而在司法裁判中,他們又背棄了自身的理論立場,做出了暗合傳統的保守裁決。官員階層扮演雙重角色的現象,展現了法律改革進程的全新範本。到了清初,改革雖繼續深入,却終止於政治的干預。影響法律改革成敗的,始終是制定、解釋和執行法律的人。

散見於明代各種史料中的奴僕,有多種多樣的名稱,如奴僕、蒼頭、家人、伴當等。不僅如此,他們在社會生活形態上也千差萬別,不一而足:有長工、義子孫,也有世代服役的奴婢;有的食宿婚配皆仰賴主家供養,有的則有其獨立的營生和住所。但就法律領域而言,這些形態各異的奴僕大致都可歸爲兩類:奴婢和雇工人①。兩者的法律地位略有不同②,但都與主人存在著等級差別。

明代由於商品經濟的發展,社會中的主僕關係發生了前所未有的變化,史料中也屢屢可見奴僕通過贖身、放免、趕逐或官斷等方式離開主家的情況。一旦他們離開主人,事實上

---

* 本文爲"教育部人文社會科學研究青年基金項目(15YJC820023)"、"教育部留學回國人員科研啓動基金資助項目"階段性成果。

① 明代在身分法律方面設定了不同於前代的特殊規定,即明確限定了奴婢的保有主體,只有功臣和三品以上官僚之家才有資格存養奴婢(參見管志道《從先維俗議》卷二"分別官民家奴婢義男因以春秋之法正主僕議"條,《四庫全書存目叢書》,齊魯書社 1995 年版,子 88—273),同時,又創設了"雇工人"法律身分,庶民、縉紳和一部分品官之家的奴僕,在法律上一律只能作爲"雇工人"處理。所以雇工人法律身分者既包含了社會中的一部分雇傭人,也包含了一部分事實上的奴僕。

② 奴婢是法定賤民,雇工人的身分性質律典却未明示。在多數犯罪中,律文都將二者同條規定,量刑都比凡人更重,但雇工人的法律地位略高於奴婢,所以量刑也比奴婢稍輕。

的隸屬關係就已經不復存在。舊奴僕與舊主之間又發生了新的社會關係,需要特定的法律予以規範。對此,不僅明代的律學著述中表達了很多相關意見,在司法裁判中也常見相關判決。可以説,對於當時的人來説,奴僕與舊主的法律關係不僅是重要的社會問題,也是重要的法律問題。學界以往雖對主僕問題多有關注,但對奴僕與舊主的關係却少有論及,因此,有必要進行全面而完整的考察。

同時,與主僕問題相關,明末清初"雇工人"律的一系列改革成爲身分法領域長期以來的焦點課題①。尤其是明末頒行的萬曆"雇工人"新題例,中日兩國的學者從多個方面對該條例進行了分析。但以往的研究基本上立足於社會經濟的角度,將法律的改革看作是社會實際變化的反映②。然而,明代社會中主僕、主雇關係的改變與發展幾乎是同步的,如果僅通過外部視角進行解讀,則難以解釋爲何在相同的社會經濟背景下,側重於規定主雇關係的"雇工人"新題例可以出臺,而針對舊主僕身分關係的法律改革却遲遲無法完成。因此,本文擬通過法律領域的内部視角尋找解答的綫索。

此外,在學界對法律改革歷史的研究中,有些闡釋模式已爲人所熟知,例如法律在社會發展的推動下水到渠成地修改成功,或者如清末修律的禮教派與法理派之爭,經過不同派系的激烈論争而最終實現革新。但明代舊主僕的法律改革却讓我們看到,法律並未因爲社會的發展而自發更新,也未形成保守與變革等陣營針鋒相對的局面。官僚階層在解釋法律和司法裁判等不同領域,扮演了不同的角色,他們解釋法律時,提出了打破傳統身分格局的新思潮,在裁判的場合,却又背離了自身的主張,堅決維護傳統型身分關係,致使改革在膠著中緩慢發展。這種法律主導者自身的複雜多重性質及由此帶來的内部矛盾與張力,在以往的研究中並未得到充分的觀察討論。這也提示出方法論上仍有檢討與突破的空間。

綜上,本文擬以明代至清初奴僕與舊主法律關係的改革進程爲觀察對象,從法制史

---

① 中日兩國學者對該課題進行了長期的研究,取得了豐碩的成果,如經君健、李文治、魏金玉《明清時代的農業資本主義萌芽問題》,中國社會科學出版社 2007 年版;經君健《清代社會的賤民等級》,中國人民大學出版社 2009 年版;[日]仁井田陞《中国身分法史》,東京大學出版會 1983 年版;[日]小山正明《明清社会経済史研究》,東京大學出版會 1992 年版;[日]重田德《清律における雇工と佃户——"主僕の分"をめぐる一考察》,《清代社会経済史研究》,岩波書店 1975 年版;[日]高橋芳郎《宋至清代身分法研究》,李冰逆譯,上海古籍出版社 2015 年版,等。

② 中國學者如李文治、經君健、魏金玉、劉永成等學者在馬克思主義理論框架下,從資本主義萌芽的角度對該條例進行了解讀,認爲新題例中強調日雇、短工以凡人處斷,體現了在經濟關係中逐步獲得了解放的短工等也獲得了法律身分上的解放。日本學者中,仁井田陞氏也深受馬克思主義理論的影響,認爲法律是社會力量關係對比的反映。在這種理論框架下,他認爲生産部門的承擔者從明末的萬曆新題例開始,至清代逐步實現了法律身分上的成長,即從"雇工人"上升爲凡人。重田德氏基本繼承了仁井田氏的研究思路和方向,但並不認同仁井田氏的結論,重田氏認爲將萬曆新題例的頒行視爲没有"主僕名分"的新型勞動力發展的結果是更爲妥當的。小山正明氏則認爲,應該將萬曆新題例以及清初的一系列"雇工人"律的修改與明末清初國家的賦役改革聯繫起來,體現了依附於主人的雇傭勞動力向獨立的小農經營轉化的過程。

的内部視角出發,以法律規定、律注解釋和司法實踐三者爲焦點,對這場改革進行觀察和闡釋。

一、明代律典:傳統框架下的片面規定

探討明代法史的基本史料,當然是《大明律》。而衆所周知,唐、宋、明三朝律又是一脈相承、輾轉變遷的。於是,我們有必要先就三代律典對舊主僕身分關係的規定作一梳理。

先看唐律。《唐律疏議》卷第十七賊盜"謀殺故夫祖父母"條:

諸妻妾謀殺故夫之祖父母、父母者,流二千里;已傷者,絞;已殺者,皆斬。部曲、奴婢謀殺舊主者,罪亦同。(故夫,謂夫亡改嫁。舊主,謂主放爲良者。餘條故夫、舊主,准此。)

疏議曰:……注云"故夫,謂夫亡改嫁。舊主,謂主放良者",妻妾若被出及和離,即同凡人,不入"故夫"之限。其"舊主",謂經放爲良及自贖免賤者。若轉賣及自理訟得脱即同凡人。"餘條故夫、舊主准此",謂"毆詈"、"告言"之類,當條無文者,並准此。[1]

又《唐律疏議》卷第二十三鬥訟"部曲奴婢詈毆舊主"條:

諸部曲、奴婢詈舊主者,徒二年;毆者,流二千里;傷者,絞;殺者,皆斬;過失殺傷者,依凡論。即毆舊部曲、奴婢,折傷以上,部曲減凡人二等,奴婢又減二等;過失殺者,各勿論。

問曰:部曲、奴婢毆詈舊主期以下親,或舊主親屬毆傷所親舊部曲、奴婢,得減凡人以否?

答曰:五服尊卑,各有血屬,故毆尊長,節級加之。至如奴婢、部曲,唯係於主。爲經主放,顧有宿恩,其有毆詈,所以加罪。非主之外,雖是親姻,所有相犯,並依凡人之法。[2]

唐律正條和疏釋對舊主僕法律關係的説法有所不同。首先,律文的正條明確規定在謀殺、毆詈等罪名上,奴僕(包括奴婢和部曲)與舊主存在法律上的等級差別,奴僕犯舊主比凡人加重處罰,舊主犯奴僕則比常人減輕處罰。但同時,又以夾注的形式,將奴僕限定爲"主放爲良者",這意味著律文正條中所論及的奴僕並非指稱全體奴僕。其次,在疏釋中,唐律進一步將離開舊主的奴僕分爲兩類:一類是與舊主已不存在法律上的等級差別、可視同凡

---

[1] 劉俊文點校《唐律疏議》,法律出版社 1999 年版,第 356 頁。
[2] 劉俊文點校《唐律疏議》,第 457—458 頁。

人的舊奴僕,包括經主轉賣和自理訟得脱者,另一類則是依然受到昔日主僕名分的制約、侵犯舊主要比凡人加重處罰的奴僕,主要指放免奴僕和贖身奴僕,因爲他們是"經主放"才得以脱賤爲良的,所以主人對其"有宿恩"。(見表一)

表一

	律典正條對舊主僕法律關係的規定	正條夾注對舊僕範圍的限定	疏釋、問答的相關解釋	
唐代	有等級差别	經主放良者	具有等級差別:放良、贖身之僕	不具有等級差別:轉賣、理訟得脱者
宋代	有等級差别	無	具有等級差別:放良、贖身之僕	
明代	視同凡人	轉賣之僕	無	

　　到了宋律,則只繼承了唐律的一個片面,僅保留了維護舊主僕關係的規定,强調舊主對奴僕的"宿恩",卻忽略了兩者恩義斷絶的情形。《宋刑統》卷二十三鬥訟律"誤殺傷(奴婢詈舊主並殺傷)"門:

　　　　諸部曲、奴婢詈舊主者,徒二年;毆者,流二千里;傷者,絞;殺者,皆斬。過失殺傷者,依凡論。即毆舊部曲、奴婢,折傷以上,部曲減凡人二等;奴婢又減二等。過失殺者,各勿論。

　　　　(問答部分與上引《唐律疏議》"部曲奴婢詈毆舊主"條的問答完全相同,不再重複引用。)①

　　宋律正條也明確規定奴僕與舊主依然存在法律上的等級差别,並且宋律並没有像唐律一樣通過夾注限定奴僕的範圍。不過,該條的問答部分與上引唐律"部曲奴婢詈毆舊主"條一字不差,同樣有"爲經主放"的條件限定,因此該條所指應理解爲經主放良的奴僕,而不包括轉賣及自理訟得脱者。對於後者應該如何處置,宋律中完全没有論及。

　　最後看明律。《大明律》中涉及奴婢與舊主關係的規定主要有以下三條。《大明律》卷十九刑律人命"謀殺故夫父母"條:

　　　　凡妻、妾謀殺故夫之祖父母、父母者,並與謀殺舅、姑罪同。若奴婢謀殺舊家長者,以凡人論。(謂將自己奴婢轉賣他人者,皆同凡人。餘條准此。)

———————

① 薛梅卿點校《宋刑統》,法律出版社 1999 年版,第 408 頁。

同書卷二十刑律鬥毆"妻妾毆故夫父母"條：

> 凡妻妾，夫亡改嫁，毆故夫之祖父母、父母者，並與毆舅、姑罪同。其舊舅、姑毆已故子孫改嫁妻、妾者，亦與毆子孫婦同。若奴婢毆舊家長，及家長毆舊奴婢者，各以凡人論。

又同書卷二十一刑律罵詈"妻妾罵故夫父母"條：

> 凡妻妾，夫亡改嫁，罵故夫之祖父母、父母者，並與罵舅、姑罪同。若奴婢罵舊家長者，以凡人論。①

明律只有正條而無疏釋和問答部分。明律的條文在形式上沿襲了唐、宋律的結構，依然將舊奴僕與舊妻妾同條規定，但在內容上，明律却與唐、宋律背道而馳，規定奴婢對舊主有謀殺、毆詈等情，並不加重處罰，而是以凡人論。"妻妾毆故夫父母"條甚至明確指出，舊主對奴婢有犯，也以凡人論處。另外，上文曾提到明代奴僕的法律身分包括奴婢和"雇工人"兩類，雖然律典中並未論及"雇工人"與舊主的關係，但明律遵循的是"舉重以明輕"的原則，作爲法定賤民的奴婢都作爲凡人處理，法律地位高於奴婢的"雇工人"自然也以凡人論處。然而，還需要注意到，明律與唐律一樣，也通過夾注的形式，對奴僕的範圍進行了限定，將其解釋爲轉賣之僕，至於唐、宋律規定與舊主具有等級差別的放良之僕等，明律則未置一詞。

　　三代相較，可以發現，明律與唐、宋律是形似而神非的。唐、宋律之所以將奴僕和妻妾歸作一類，同條處理，是因爲兩者在法律邏輯上是同質的：妻妾與夫之尊長存在著倫理關係；而奴僕受主人衣食恩惠，蒙主人賜配婚姻，聽憑使喚服役，此種恩義將主僕緊密聯繫在一起，兩者之間存在著擬制的倫理關係。法律最大限度地保障家族倫理秩序，因此，即使妻妾或奴僕因爲一些情由離開了夫家或主家，故夫尊長對妻妾的名分與舊主對奴僕的恩義都可以脫離實際上的身分關係而獨立存在，所以妻妾和奴僕侵犯故夫尊長或舊主，要承擔比凡人更重的刑罰。但明律不僅沒有強調二者的同質性，反而將二者對立規定。改嫁之妻妾侵犯舊尊長依然要比凡人加重處理，而奴僕的處理方式完全逆轉，在法律上與舊主不再具有等級差別。儘管明律夾注將規定的範圍限定爲轉賣之僕，但至少在方向上，明律沒有像唐律一樣以夾注將奴僕解釋爲經主放良者，並通過律典正條強調主僕名分的延續，而是堂而皇之地規定轉賣之僕與舊主視同凡人，著力表明主僕名分可以隨著隸屬關係的結束而消亡，這本身就暗示了明朝廷在舊主僕問題上的基本立場。衆所周知，明太祖在統治初期曾數次發佈解放奴婢的詔令，又通過創設"雇工人"法律身分限制民間的蓄奴行爲，充分顯示

---

① 懷效鋒點校《大明律》，法律出版社 1999 年版。所引三條律文分別見於第 152、169、173 頁。

出他解放奴婢的決心,明律的規定也充分體現了統治者的這種態度和政策。

　　綜上所述,唐律建構了一個邏輯完整的法律框架,分別規定了舊奴僕受與不受既往主僕名分約束的兩種情況。而宋律只保留了舊奴僕依然具有等級差別的方面,顯示出看重主僕恩義存續的態度。明律則只規定了舊僕以凡人論的情況,默示了主僕恩義的斷裂,不再強調"宿恩"。但無論如何,明律明確規定以凡人論的轉賣之僕,在唐律中也是以凡人論的,而明律也未進一步明言其他種類的奴僕應作何處理。這意味著《大明律》雖寓有新意,但並能未徹底脱離唐律的法律體系。

二、明代律注:社會動蕩下的改革思潮

　　雖然明代的律典並未完全突破唐律的體系,但有明一代律學發達,尤其是明代中期以後出現了數量衆多的律學著作,其中絶大多數的説理和闡釋,都已經完全跳出唐律的邏輯,重新定性了舊主僕之間的法律關係,邁出了法律改革的關鍵一步[1]。

　　明代律注中最突出的變化之處,首先在於對主僕之間恩義關係的解構。在唐、宋律中,恩義是舊主僕在法律上具有等級差別的重要法理基礎。高橋芳郎曾經指出,主人對於奴僕恩義的深淺,決定了"主僕名分"約束力的强弱。而恩義又是難以量化的,更遑論償還。所以只有主人對奴僕的恩義在不斷地單方積累,而奴僕則被認爲不停地從主人那裏接受恩義[2]。在這種觀念下,即使奴僕離開舊主,恩義也並不會隨著現實身分關係的解體而自動消亡,主僕名分可以脱離實體而存在,並成爲舊主僕法律上等級差別的來源。唐、宋律所言"宿恩",充分展現了舊奴僕無法擺脱的恩義羈絆。除非是主人一方主動拋棄這段恩義,比如將奴僕轉賣,或者特殊情況比如主僕對簿公堂,才能徹底斬斷主僕名分。但是這種恩義的觀念在明代的律注中發生了本質的變化。比如《大明律釋義》刑律鬥毆"妻妾毆故夫父母"條釋義有:

　　　　奴婢于家長合則有恩,散則無義。故相毆者,並以凡人論。[3]

　　《刻精注大明律例致君奇術》刑律鬥毆"妻妾毆故夫父母"條有:

---

① 明代律注中偶爾可見只有轉賣之僕才能與舊主視同凡人,其他類型的奴僕則不可如此的觀點。參見馮孜《大明律集説附例》卷七刑律鬥毆"妻妾毆故夫父母"條的注釋。(萬曆十九年博州劉氏刊本,面 568—570,日本東京大學東洋文化研究所所藏漢籍善本全文影像資料庫。)但這種觀點並不是當時的主流意見。

② 參見[日]高橋芳郎《宋至清代身分法研究》第三章。高橋氏對恩義的論述,是基於中國歷史上多個朝代的狀況作出的綜合判斷。他未注意到唐、宋與明代的差别。

③ 應檟《大明律釋義》,《續修四庫全書》第八百六十三册,上海古籍出版社 2002 年影印本,第 169 頁。

奴婢原無倫理,惟以義聚者。出居則義絕矣,故以凡論,只依良賤相毆條科。①

又《讀律瑣言》卷第二十刑律鬥毆"妻妾毆故夫父母"條:

瑣言曰:子孫之婦、妾,原有倫理者。夫亡改嫁,倫理猶存,故與舅姑同。奴婢原無倫理,徒以義聚者,出居在外,則義絕矣,故以凡論。②

在明代的律注中,主僕之間被認爲是"合則有恩、散則無義"的關係。言下之意,奴僕與主人之間的恩義並不是永久存在的,而只在奴僕於主家服役的期間存續,奴僕離開主家,恩義關係也隨之消散。按照此種解釋,轉賣之僕視同凡人也不僅因爲舊主自絕於奴僕,更重要的理由在於,主僕名分已無法獨立於現實中的身分關係而存在,法律上的等級規定便失去了立法的源泉和依據。以此邏輯推論,則無論奴僕因何種原因離開舊主,一旦離開,則不再存有任何"宿恩",應當一律視同凡人。

因此,明代律注所表達的第二個革新觀點,便是將所有舊僕都與舊主以凡人論。如上述引文所示,有些律注籠統地表達了一旦"出居則義絕矣"的觀點,出居的理由是轉賣還是放良並沒有分別。還有一些律注通過具體列舉的方式表達了相同的意見。如《鍥御制新頒大明律例注釋招擬折獄指南》卷十一刑律人命"謀殺故夫父母"條:

若奴婢謀殺舊家長者,以凡人論。(謂將自己奴婢,轉賣他人者,皆同凡人。餘條准此。若奴婢因事趕逐,或已從良,或轉賣與他人者,則義絕矣。故謀殺舊家長,以凡人論。造意者,斬。從而加功者,絞。從而不加功者,杖一百,流三千里。)③

同書卷十三刑律罵詈"妻妾罵故夫父母"條的按語:

又以奴婢罵舊家長者,以凡人論,何也。蓋奴婢賤隸,驅使之役者,本非親屬。今或趕逐出外,以於從良,或受財賣與他人爲奴,此恩絕義斷人數,故罵舊家長者,並以凡人論也。④

又《刻精注大明律例致君奇術》卷十刑律人命"謀殺故夫父母"條的夾注:

若奴婢謀殺舊家長者(因事趕逐,或已從良,則義絕矣),以凡人論(謀殺造意者,斬;言從而加功者,絞)。⑤

---

① 朱敬循《刻精注大明律例致君奇術》卷十,東京内閣文庫藏明刊本之影印本,東方史-XIII-8—17-A-2,京都大學人文科學研究所藏。

② 雷夢麟撰、懷效鋒、李俊點校《讀律瑣言》,法律出版社 2000 年版,第 393 頁。

③ 《鍥御制新頒大明律例注釋招擬折獄指南》卷十一,楊一凡主編:《歷代珍稀司法文獻》第四册,社會科學文獻出版社 2012 年版,第 373—374 頁。

④ 《鍥御制新頒大明律例注釋招擬折獄指南》卷十三,楊一凡主編:《歷代珍稀司法文獻》第五册,第 440 頁。

⑤ 朱敬循《刻精注大明律例致君奇術》卷十。

律條中明確規定了的轉賣之僕自不待言,"趕逐在外,以於從良"的奴僕,雖然在表述上與唐律中"經放爲良"頗有差異,但事實上的結果却都是奴僕不需要支付贖身銀而離開舊主。唐、宋律只强調主人出於仁慈使奴僕重歸自由者而不提主人對奴僕不滿將其趕逐的情况,明代律注則正好相反,形成了鮮明的對比。

明代的律注之所以顛覆了唐律的傳統,是因爲在明代中後期的大多數律學家的意識中,作爲主僕之間名分約束力和等級關係成立基礎的恩義觀念已經發生了本質的變化,奴僕與舊主的法律關係當然也應該有所改變。那麽,這種法律思想領域的變化又從何而來?原因必然是複雜而多樣的。但最直接的理由,可以歸結于商業經濟繁榮造成的社會中主僕關係的鬆弛。

衆所周知,明代正德朝前後,各地方志中開始頻繁出現對各類雇傭形態的記載①,雇傭的活躍和勞動力的流動對傳統的主僕關係產生了極大的衝擊。奴僕的勞動機會開始增多,不再需要緊緊依附于主人來獲得生存的環境,甚至隱隱有了與主人分庭抗禮之勢。明人家訓或文集等史料中,均流露出對這種新形勢的警覺。比如《王孟箕家訓·禦下篇》中有這樣的記述:

> 凡人家道稍温,必蓄僕婢。彼資我之養,我資彼之力,蓋相依而成人家。彼既有力,何處不可依人,而謂彼非我則無以爲生者誤也。律有入官爲奴之條。士庶之家,安得有奴?故僕曰義男,婢曰義媳,幼者曰義女,皆與己之兒媳子女同稱。雖有貴賤,非犬馬之與我不同類者。陶淵明所謂此亦人子也,可繹思矣。

> ……

> 惟工雇童稚,應門捧茶。若又稍稍難爲,明年並無肯爲工雇者。②

這與宋代家訓中對奴僕的記述足以形成鮮明對照。《袁氏世範》"治家"中有:

> 婢不厭多,教之紡績,則足以衣其身。僕不厭多,教之耕種,則足以飽其腹。大抵小民有力,足以辦衣食。而力所無施,不能自活,故求就役於人。爲富家者,能推惻隱之心,蓄養婢僕,乃以其力還養其身,其德大矣。而此輩既得温飽,雖苦役之,彼亦甘心焉。③

在宋代的記載中,主人收養奴僕是惻隱之心驅使下的仁義行爲,可以使奴僕免於顛沛流離

---

① 《歙志·風土論》中更是描述了從正德到萬曆年間商業的發展是如何逐漸改變了社會風氣的。(參見顧炎武《天下郡國利病書》鳳寧徽備録,上海古籍出版社 2012 年版,第 1025—1026 頁。)

② 王演疇《王孟箕家訓》,陳宏謀輯《五種遺規》之《教女遺規》卷下,中國華僑出版社 2012 年版,第 151—153 頁。

③ 袁采《袁氏世範》,《五種遺規》之《訓俗遺規》卷一,第 210 頁。

之苦,以力自活。在這樣的主僕關係中,主人單方面施以"大德",奴婢單方面接受恩惠,雙方社會身分上的極度不平等在法律中就演變爲主僕關係結束後"主僕名分"的依然存續。而在明代的記述中,由於勞動機會的增多,奴僕對主人有所不滿,可以比較容易地找到新工作,擺脱舊主人。因此,奴僕不再需要戰戰兢兢地應對主人,主人也不再是高高在上施恩的一方,雙方之間變成利益的結合體,主人出資,奴僕出力。奴僕社會地位的提升導致了律學家們對舊主僕關係認識的轉變,所以在律注中,雙方變成了"惟以義聚,出居義絶"的存在。雖然因爲地域和個體的差異,奴僕的境况會有所不同,但不論如何,這種新型主僕關係對整個社會的衝擊是日漸强烈且無法忽視的。《楊園先生全集》卷四十九"補農書(上)"之"運田地法"中有:

> 當時人習攻苦,戴星出入,俗柔順,而主令尊。今人驕惰成風,非酒食不能勸,比百年前大不同矣。[1]

該書成書於明末清初之際。百年前的主僕關係尚且是僕順主尊的景象,而到了明末,江南地區的奴僕竟至"非酒食不能勸"的地步,主僕關係强弱格局的改變已經躍然紙上。在奴僕地位逐漸發生改變的歷史過程中,律學家們對於社會風氣有所感、有所思,才先後做出了全新的法律解釋吧。

三、明代司法:雙重角色下的保守裁決

雖然私家律注並不能完全等同於官方的法律解釋,但明代注律的學者並不是兩耳不聞天下事的閉門書生,而大多是了解社會動態和法律知識的官僚階層,甚至如應檟、雷夢麟等人還出任過刑部的官員,他們對於律文的理解和闡釋既來源知識的習得,也來源於對實際社會生活的思考,以及整體社會觀念的潛移默化。而作爲裁判者,他們的革新解釋理應貫徹到司法實踐之中。

但耐人尋味的是,明代官員們在裁判過程中的立場與他們在律注中的主張完全相反。明代涉及舊主僕關係的判例中,舊奴僕無一例外被認爲應受舊"主僕名分"的約束,并承擔了比凡人更嚴厲的處罰。更值得一提的是,没有一例判決對這樣處理的原因進行説明,仿佛這是天經地義、順理成章的做法。

下文圍繞三類代表性的奴僕——《大明律》明確規定視同凡人的轉賣之僕、律注中認爲

---

[1] 張履祥《楊園先生全集》,中華書局 2002 年版,第 1401 頁。

應以凡人論的歸宗(出居)之僕,以及連裁判官都認定與舊主已經義絶的奴僕——與舊主争訟的三起案件,對司法裁判的狀況展開説明。

《雲間讞略》卷一"一件豪惡事"記述了轉賣之僕與舊主的一段糾葛:

> 前件審得,高忠生於蔣電,繼於張倫,而電與倫皆蔣貞廝養也。查貞曾售倫於國琦之父,則忠真琦僕耳。雖忠以吏役出居,騎牆於良賤之間,然未敢抗禮於琦也。……乃忠今日之複控者何。故緣當日許訟時,兩造親族欲爲息訟計,議忠以四十金酬琦,以忠出姓。蓋見忠靫靫不願爲乘,而又以忠爲倫繼子,非親子也,琦欲許之。而蔣貞以故主之由乘間争阻。忠又寒盟於所議之數,故議中寢。……應從衆議,仍令以四十金給琦,並斷銀三兩給貞,稍示不忘水木之意,聽忠出姓歸宗,以杜訟端。高忠刁許,應反坐。第念銀田原有影響,議約出於兩願,姑從末减。蔣貞以已賣之僕,複多翻弄,亦應並杖。①

本段判詞中包含了兩組主僕關係。一組是高忠與國琦之間頗爲曲折糾結的主僕關係,也是這篇判詞的核心構成。還有一組是高忠與蔣貞之間的舊主僕關係,雖然不是案件的焦點,却是筆者提請關注之處。高忠的生父與繼父都是蔣貞的奴僕,高忠隨繼父張倫一起被蔣貞賣給了國琦的父親,則高忠無疑是蔣貞的轉賣之僕。直接依照明律的規定,即可判斷兩者屬於凡人間的關係,更何況高忠不僅未對舊主做出謀殺、毆詈等嚴重侵犯的行爲,反而因舊主受到困擾和傷害。然而判官最終依然裁定受害的奴僕給舊主三兩銀的賠償,理由是"稍示不忘水木之意"。這個判決雖然含有安撫各方以止息訴訟的意味,但也流露出判官的心理狀態,即對於奴僕來説,哪怕是一個搬弄是非甚至要受到法律懲罰的舊主,他們也依然要對其承擔某種義務,這種義務並非來源於法律的明確規定,而是來源於裁判官的自由裁量。

再看有關歸宗(出居)之僕的裁斷。以《盟水齋存牘》目録一刻之讞略三卷"逆僕葉友文(杖)"案爲例:

> 審得葉友文以抄殺訟羅正者,激而控憲,似出萬不得已。……但羅正極稱友文是其家僕,而友文亦自言曾爲伊父管店,今已歸宗,則猶然主僕也。以僕訟主,名分之謂何,亡等甚矣。據稱,曾訟之該府,議以二十金具息,羅未肯從,故欲借憲詞爲攔抵之計耳。應仍斷二十金,准其當日管店所負,羅正此後不必再起波瀾矣。葉友文以雇工人告家長之律律之無詞。羅正以吞飽駕訟,一杖亦不可已。招詳。
>
> 察院批:據斷於羅正、葉友文,名分正而兩情服矣。依擬各贖發,庫收,繳。②

---

① 毛一鷺《雲間讞略》,楊一凡、徐立志編《歷代判例判牘》,中國社會科學出版社 2005 年版,第三册第 420 頁。
② 顏俊彦《盟水齋存牘》,中國政法大學出版社 2002 年版,第 161 頁。

在這起案件中,葉友文曾經爲羅正的父親管店,現已歸宗,屬於律注中論及的"出居"之僕,
却被認爲與舊主的後人之間具有主僕之分。葉友文歸宗的理由,判官並未加以推敲説明。
這意味著,與明代律注中將離開舊主之僕一概歸爲凡人地位的傾向相對,在訴訟中,舊奴僕
被不加區別地納入了主僕名分的調整範圍。並且,明律僅在謀殺、毆詈等事項中涉及到舊
奴婢與舊主的關係處理問題,而與訴訟相關的"幹名犯義"條則只規定了現役奴婢和雇工
人,而未規定舊奴婢,自然更不會波及舊雇工人。那麽,葉友文仍以"雇工人告家長律"論
處,只能歸結爲判官的個人裁量了。而這個裁斷同樣説明,明代官員在扮演裁判官這一角
色的時候,更偏重于保護主人——哪怕是舊主,而不是奴僕——哪怕是已經歸宗的舊僕。

　　這種傾向在《盟水齋存牘》目録一刻之翻案一卷"人命江光謙(絞改徒)"案中表現得尤
爲明顯。該案的府審判詞中,在判明昔日主僕關係時,使用了"義已絶矣"之語。明代律注
自不必説,即便在唐、宋律中,上文一再論及,奴僕與舊主具有法律等級關係的理論基礎在
於"恩義",一旦"義絶",則意味著舊主僕間已喪失繼續保持"主僕名分"的合理性和合法
性。但出乎意料的是,該案的各級裁判官却無一例外地判定義絶之僕與舊主依然存在法律
上的身分關係。

> 審得李(江)光謙一案。據縣稱,幼育于李敬白家,從李焉,其爲敬白之育子,無疑
> 也。無賴盜獻田産,敬白訟而逐之,義已絶矣。乃乘敬白死而亡人來歸,希冀分敬白所
> 有。而嫡子李向陽遂惴惴有不利於孺子之懼也,不得不挾其母之尊以臨之。光謙不
> 遜。……合照該縣原審,以辱詈家長擬配,允不爲縱……

> 分守道批。江光謙爲李敬白育奴。當時即投獻伊産,況敬白死,而視母真幾上俎
> 耳。……該廳改徒,是否蔽辜,仍候巡道示行,繳。

> 兵巡道批。江光謙盜獻主産,爲主告逐,乃複乘主故而欲冒嗣爭分嫡子之産……
> 將光謙重責四十板,依擬發獨鶴驛擺站,滿放……①

江光謙因盜獻田産被主人"訟而逐之",無論是根據唐律疏釋"理訟得脱"的標準還是明代律
注"爲主趕逐"的條件,江光謙與舊主在法律上都應視同凡人。但在該案中,"義已絶矣"的
江光謙侵犯了舊主時,經過了縣審、府審以及分守道和兵巡道的批復,各級審判機構不約而
同地將江光謙的身分和行爲定性爲"以奴欺主",而不是"凡人"相毆。並且,儘管各級裁判
機構花了很多篇幅對案件的事實認定和量刑輕重進行辨析,但對於將江光謙的法律身分認
定爲奴僕的理由却未置一詞,仿佛這種做法是完全不需要解釋的。

---

① 顔俊彦《盟水齋存牘》,第264—265頁。

　　如果説現實中主僕關係的發展促成了律學家們在學理解釋上的革新之説,那麼這種改革之意爲何不能在司法裁判中得到施行呢? 意味深長的是,主要的原因之一也恰恰與社會中主僕關係的實際情況有關。在商品經濟的推動下,奴僕不僅取得了與主人分庭抗禮的社會地位,甚至屢有奴僕反過來欺壓主人、叛離主人乃至聯合新主陷害舊主使其家破人亡等情況發生。上文江光謙的案件即是奴僕在主家時盜獻主人田産,離開主家後趁火打劫、欺壓主人的例子。清人孫之騄所撰《二申野録》中有"按明季縉紳多收投靠而世隸之,邑幾無王民矣,然主勢一衰,跋扈而去,甚有反占主田産,坑主貲財,轉獻新貴有勢,因而投牒興訟者,有司亦惟力是視而已。物極必反,以是顧六等一呼,從者猬起,回憶情狀,毛髮悚然"的記述①,充分體展現了僕強主弱的無奈現實,明末更是釀成了一發而不可收的奴變運動。奴變的來龍去脈,謝國楨在《明季奴變考》一文中説得很清楚,此處不再贅述②。在這種情況下,官僚階層在解釋法律時,作爲"理性人",不得不承認奴僕與舊主的法律關係已不同前代,但在司法裁判中,有了具體的情景,作爲主人一方的官員們難免會帶入自我想像,面對出居的奴僕和無能爲力的舊主,結合奴僕飛揚跋扈的社會現實,他們不免要打壓奴僕的氣勢,做出"此風不可長"的姿態了。

四、清初結局:政治干預下的無疾而終

　　統治的終結,使得明代未能完成一場徹底的舊主僕法律關係改革。但其進程並未因爲王朝的更迭而中斷,其原本可能發展出的結局可以從清初的情況中窺見端倪。

　　清初的律典基本沿襲了明律的內容,關於舊主僕法律關係的規定也與明律類似,只論及了轉賣之僕以凡人論。清初的律學著作則依然貫徹了明代律注的主張,認爲其他種類的奴僕亦應與舊主視同凡人。以沈之奇《大清律輯注》爲例,該書卷十九刑律人命"謀殺故夫父母"條引用了清代初期的律典條文,並附有表明作者觀點的按語:

　　　(奴婢)謀殺舊家長者,以凡人論。(謂將自己奴婢,轉賣他人者,皆同凡人。餘條准此。)

　　　律後注:……奴婢原係凡人,止以名分所係而重之,非子孫比也。既轉賣他人,得其身價,名分已無,恩義並絶,非凡人而何? 若雇工人,一日不受雇錢,即凡人矣。

---

① 參見孫之騄《二申野録》卷八"崇禎十七年甲申夏六月朔"條的夾注,楊國宜編《明朝災異野聞編年録——原〈二野申録〉》,安徽師範大學出版社2012年版,第227—228頁。

② 參見謝國楨《明清之際黨社運動考》之附録一《明季奴變考》,北京出版社2014年版,第212—239頁。

按：……轉賣之奴婢，其義已絕，故同凡論。若贖身者，亦同。①

沈之奇明確提出贖身奴婢亦與舊主視同凡人，這與唐宋律迥然不同，却與明代大多數律注的觀點一脈相承，主人的恩義不能脱離實際的役使關係而存在，無論是轉賣還是贖身之僕，都不再受主僕名分的約束。

更重要的是，這種觀念終於在地方一級的裁判中得到了體現和運用。相比明代只停留在理論層面而未能貫徹於司法的情形，無疑取得了突破性的進展。如無意外，甚至可能完成法律改革的終極目標。例如《定例成案合鐫》卷二十刑律鬥毆"家長毆開户人身死改案"中有如下記述：

康熙四十四年十月刑部議鎮海將軍馬諮稱：胡安國得家生子劉世芳銀二百八十兩開户分出各住。因向伊主討房錢出言詈駡，胡安國忿怒將世芳綁縛，用棍毆傷世芳左右肫肘等處骨碎，越十日殞命。查官員毆死開户家人律例並無正條，胡安國應照家長毆死舊奴婢者以凡人論律擬絞。②

清律"妻妾毆故夫父母"條規定，奴婢毆舊家長及家長毆舊奴婢者，各以凡人論。而所謂奴婢，律條夾注限定爲轉賣之僕。但該案中，劉世芳是贖身奴僕，如果依照唐宋律的傳統，其與舊主依然存在等級差别，而依照明代及清初律注的理論，兩者應同凡人。清代的地方官將打死贖身奴僕的舊主"以凡人論律擬絞"，是將明清律注的主張應用到了司法之中。

然而，地方官的這種判决並未得皇帝的支持。在皇帝的干預下，刑部提出劉世芳並非轉賣之僕，與舊主不能視同凡人。也許是考慮到贖身奴僕畢竟與現役奴僕有所區别，刑部最終將胡安國比照"家長毆雇工人致死者律"進行處置。

康熙皇帝之所以不能認同地方官的判决，主要是因爲清代滿洲旗人與漢人不同，旗人對主僕關係極爲看重，規定也更爲嚴格。並且，在統治初定之際，統治者必然要大力強調上下尊卑的等級秩序，而漢人社會中主僕關係日漸鬆弛的局面顯然與統治者的政治需要是背道而馳的。因此，不僅康熙皇帝不支持舊主僕一律視同凡人的司法裁决，雍正和乾隆朝更通過立法途徑重新規定了舊主僕間的身分關係。③ 雍正三年（1725）改訂的清律中，刑律人命"謀殺故夫父母"條的正文雖然與前朝没有變化，但附律的按語中增加了如下内容：

若奴婢已轉賣與他人，則主、僕之義已絕，謀殺舊家長者，以凡人謀殺律論。至贖

① 沈之奇《大清律輯注》，懷效鋒、李俊點校，法律出版社 2000 年版，第 668—669 頁。
② 孫倫輯《定例成案合鐫》，康熙五十八年（1719）吳江樂荆堂藏板刊本，第 797 面，日本東京大學東洋文化研究所藏漢籍善本全文影像資料庫。
③ 在嚴肅處理漢人主僕關係的背景下，不僅奴僕與舊主的相關法律被修改，雍正帝還諭令內閣制定嚴格約束現役主僕法律關係的法令，使之與滿人習慣劃一。參見《大清世宗憲皇帝實録》卷五十之"十一月癸丑"條。

身奴婢,係舊家長恩義,與轉賣者不同,如有謀殺舊家長者,仍依謀殺家長本律科斷。①

而乾隆五年(1740)頒行的《大清律例》中,律文正條被明確修改爲:

> 凡(改嫁)妻、妾謀殺故夫之祖父母、父母者,並與謀殺(見奉)舅、姑罪同。(若妻妾被出不用此律。若舅姑謀殺已故子孫改嫁妻妾,依故殺律)已行減二等,已傷減一等。若奴婢不言雇工人,舉重以見義。謀殺舊家長者,以凡人論。(謂將自己奴婢轉賣他人者,皆同凡人論。餘條准此。贖身奴婢,主僕恩義猶存,如有謀殺舊家長者,仍依謀殺家長律科斷。)②

從律典的變化可以看出,儘管現實中的主僕身分關係向著越發鬆弛的方向發展,律學著述和地方司法中也體現了相應的觀點和態度,但清代的統治者却堅守嚴格處理主僕關係的政治立場,通過修改律例等方式自上而下地加以推行。然而,政策的貫徹並非一朝一夕可以實現,乾隆年間仍時有地方官將贖身奴僕作爲凡人處理的情況發生。以《駁案新編》卷二十一刑律鬥毆下之"毆死贖身奴婢擬徒新例"案爲例,贖身奴僕孔正偶被舊主的後人姚彬古毆打身亡,江西司的詳文中稱:

> 查孔正偶係姚彬古家祖手放贖開户之僕,與姚彬古已無主僕名分,應同凡論。

刑部則做出了如下批駁:

> 家長之于奴婢,名分攸關,奴婢雖已贖身,並非轉賣義絶。若竟照奴婢科斷,又與現在服役者不同。……臣等伏思,旗員毆死贖身奴婢,即得比照毆死族中奴婢減等問擬,則民人自應一律比附辦理。③

從處理的結果可以看出,刑部並未嚴格遵照《大清律例》來處理,而是比照滿洲旗人的法律習慣,調整了漢人的處理辦法,使滿漢趨於統一。清初滿漢身分法的衝突和融合是一個複雜的問題,這裏不做展開討論。需要注意的是,"奴婢雖已贖身,並非轉賣義絶"的觀點,與唐律的主張不謀而合。雖然清代刑部如此裁判的本意不是爲了回歸唐律的傳統,但唐律的解釋本就是基於保護主僕關係而做出的。從這個意義上說,兩代所追求的目標是一致的,都意在維護主僕間的恩義和名分。

《駁案新編》卷二十八刑律訴訟"奴婢誣告家長"案中,刑部曾發表如下意見:

> 關言本係隻身立契,賣與竇長裕爲奴,業已服役年餘,是其主僕名分已定。嗣因欲

---

① 吳坤修等編撰《大清律例根原》卷七十四刑律人命"謀殺故夫父母"條雍正三年原律,上海辭書出版社 2012 年版,第 1195 頁。

② 田濤、鄭秦點校《大清律例》,法律出版社 1999 年版,第 426 頁。

③ 全士潮輯《駁案新編》,何勤華、張伯元、陳重業等點校《駁案彙編》,法律出版社 2009 年版,第 394 頁。

竊主母房內錢銀，被竇長裕聞知，不肯容留，雖給還文契責逐外出，而恩義未絕，名分尚
存。……自應將關言依"奴僕誣告其主，照幹名犯義本律與子孫誣告祖父母、父母同
罪"擬絞，以正厥辜。①

被舊主趕逐的奴僕也被認爲"恩義未絕"，要受到主僕名分的約束。清代刑部曾明確指出：
"總之本部辦理刑名，均依律例而定罪，用新頒律例，則仍以最後之例爲准。至律例所未備，
則詳查近年成案，仿照辦理。"②於是，在成案的指導下，地方官員的裁判被一一糾正，從明代
到清初社會和思想領域的種種積累和醞釀，在統治者的政治干預和引導下，無疾而終，奴僕
與舊主的法律關係也重新回到了唐律將舊僕一分爲二的理論框架之下。

結　論

　　上文從法律規定、律注解釋和司法裁判三個方面，對明代至清初舊主僕法律關係的改
革進程進行了考察。明代律典雖然在傾向性上與唐代有所不同，但終究沒有徹底打破傳統
的主僕關係格局。而明代社會中主僕關係的變化則給這場改革注入了糾結的元素，正是由
於主僕間形成了不同於前代的新型身分關係，律注中的革新之説才得以産生，但這種社會
關係的發展過於迅猛，又導致官僚階層在司法裁判中選擇背棄自己的法律解釋。需要指出
的是，雖然表面看來，是社會和經濟因素在左右著法律的生長，但法律並不應該僅僅被看作
是社會、經濟等方面的客觀反映。事實上，通過本文的分析可知，真正影響了這場法律改革
進程的，是制定、解釋和執行法律的官僚階層和統治者，法律領域內部的運作空間應當被充
分認知和重視。

　　另外，如果將明代舊主僕關係的法律改革與"雇工人"新題例的頒布過程做一比較，兩
者的歷史背景和社會經濟發展狀況是相同的，在思想領域，也都可以在律注中發現很多革
新觀點③。而兩場改革一敗一成，主要的區別其實在於司法領域的發展進程不同。在明代，
一方面，關於雇工人的裁判，在萬歷朝之前，已經有地方一級的官員開始在裁判中適用律注
的新思路，雖然當時被中央刑部官員所糾正，但萬歷朝時，中央官員終於順應了社會現實，
奏請修改法律，雇工人新題例得以制定④。另一方面，關於舊主僕法律關係的革新，由於官

---

① 全士潮輯《駁案新編》，第 523 頁。
② 轉引自王志强《法律多元視角下的清代國家法》，北京大學出版社 2003 年版，第 100 頁。
③ 關於明代律注中對雇工人問題的爭論，參見［日］高橋芳郎《宋至清代身分法研究》第七章第二節，第 169—171 頁。
④ 關於"雇工人"新題例頒行前司法領域的這種動向，先行研究幾乎不曾論及，筆者擬別稿論之。

員們的雙重立場,律注中的新解釋始終無法適用於司法領域。到了清代,在舊主僕的案件中,地方官員終於開始按照律注中的新解釋進行裁決,法律的生長却又被政治的干預所扼殺。這種對比充分表明,我們應該對法制史的内在研究視角給予更多的關注和運用。同時,唯有認識到法律改革過程的複雜性——既包括法律領域内部的複雜,比如官僚階層扮演雙重角色;也包括外部的複雜性,比如政治對司法的强行干預,才能對法律與其他因素相互作用和相互協調的過程做出更全面的觀察。

[作者簡介]李冰逆:四川大學法學院副教授。

《四庫全書總目》子部儒家類提要獻疑

孫 利 政

摘要:《四庫全書總目》是中國古代集大成的目録學著作。今以中華書局整理本《欽定四庫全書總目》爲底本,參校各種類型的《四庫提要》,並採用《總目》著録之典籍與提要徵引之原文獻,就卷九一至九八子部儒家類提要進行考校,共校正各類訛誤三十二則。

《四庫全書總目》是中國古代集大成的目録學著作,一直備受學者關注,對其進行考辨校訂的專著、論文也層出不窮。1997 年中華書局出版了《欽定四庫全書總目》"整理本",以殿本爲底本,以浙、粵二本爲校本,同時廣泛吸取前人校訂成果。2012 年上海古籍出版社出版了魏小虎《四庫全書總目彙訂》,以浙本爲底本,對校殿本,極力搜集 2011 年底前發表的考校成果,資料頗爲完備。然校書如掃塵,旋掃旋生,《總目》仍然存在不少問題。今以中華書局整理本《欽定四庫全書總目》爲底本,參校各種類型的《四庫提要》,並採用《總目》著録之典籍與提要徵引之原文獻,就卷九一至九八子部儒家類提要進行考校,凡排印之誤及前賢時修已訂正者從略,共校正各類訛誤三十二則。每條提要原文及按考徵引《總目》提要皆附整理本頁碼,以便按覈,並就教於方家。

1. 卷九一"《中説》十卷"條:"舊本題隋王通撰。……《周公篇》內乃云:'予遊太樂,聞《龍舟五更》之曲。'阮逸注曰:'太樂之署,煬帝將遊江都,作此曲。'《隋書·職官志》曰'太常寺有太樂署',是通於大業末年復至長安矣。其依託謬妄,亦一明證。"(第 1201 頁)

按:予,浙本、粵本、文淵閣書前提要、文瀾閣書前提要、《四庫薈要提要》及《中説》卷四《周公篇》作"子",是。該書擬《論語》,"子"即文中子。

又按:之署,文淵閣書前提要、《四庫薈要提要》作"樂署",是。《中説》卷四《周公篇》"子遊太樂"阮逸注:"樂署。""聞《龍舟五更》之曲"阮逸注:"煬帝將遊江都宮,作

此曲。"①此蓋館臣誤以"太樂樂署"連讀而刪改。以"太樂之署"解正文"太樂",故下文引
《隋書‧職官志》"太樂署"爲證,無誤,但非阮注原文。

2. 卷九一"《素履子》三卷"條:"唐張弧撰。……弧《唐書》無傳。宋晁説之《學易堂記》謂世
所傳《子夏易傳》乃弧僞作。"(第1202—1203頁)

　　按:學易堂記,當作"傳易堂記"。晁説之《嵩山文集》卷一六《傳易堂記》云:"今之號爲
《子夏易傳》者,《崇文總目》亦斥其非是,而不知其所作之人。予知其爲唐張弧之《易》
也。"②《總目》卷一"《子夏易傳》十一卷"條稱"晁説之《傳易堂記》又稱:'今號爲《子夏傳》
者,乃唐張弧之《易》'"(第4頁),可爲本證。考晁説之好友劉跂有《學易堂記》,《直齋書録
解題》卷一七"《學易集》二十卷"條云:"朝奉郎東平劉跂斯立撰。……晁景迂誌其墓,比孫
明復、石守道之徒。爲文無所不長,《宣防宫賦》、《學易堂記》,世傳誦之。"③"景迂"即晁説
之號。二人至交,篇名相近,提要殆由此誤記。

3. 卷九二"《正蒙初義》十七卷"條:"國朝王植撰。……至所稱張伯行註出於他人之假名,非
所自註,云得諸伯行面言,亦足資考訂也。"(第1205頁)

　　按:"非所自註"之"註",浙本、粵本、文淵閣書前提要、文津閣書前提要、文瀾閣書前提
要、《文溯閣四庫全書提要》作"著",是。《正蒙初義》書前《臆説》云:"張注,大宗伯儀封張
伯行孝先甫著,然余嘗面質之,宗伯曰:'非我所爲,他人假我之名者耳。'"④

4. 卷九二"《公是先生弟子記》四卷"條:"宋劉敞撰。……乾道十年,豫章謝諤得之於**劉文
潚**,付三衢江溥重刊。"(第1206—1207頁)

　　按:劉文潚,當作"劉文潛"。《公是弟子記》卷末謝諤跋:"乾道八年,諤客游豫章。九月
十日,都運劉司業文潛見邀夜話,偶出此爲贈,蓋蜀中善本,得之甚珍,留寄旅舍。既而歸省
復來,二十六日道過臨江,而使君江郎中叔源留飲富壽堂,因語及之,使君欣然即欲鋟版,且
云:'去替雖近,亦當辦此。'十月一日至新吴,即發篋封寄。"⑤趙希弁《讀書附志》"《公是先

---

① 王通《中説》,《景印文淵閣四庫全書》第696册,上海古籍出版社1987年版,第544頁。
② 晁説之《嵩山文集》,《四部叢刊續編》影抄本。
③ 陳振孫撰,徐小蠻、顧美華點校《直齋書録解題》,上海古籍出版社1987年版,第512—513頁。
④ 王植《正蒙初義》,《景印文淵閣四庫全書》第697册,第421頁。
⑤ 劉敞《公是弟子記》,《景印文淵閣四庫全書》第698册,第471頁。

生弟子記》一卷”條云：“謝艮齋得之於劉司業焞，以遺清江守江溥刻之。”①劉文潛即劉焞，陳騤《南宋館閣錄》卷七：“劉焞，字文潛。成都人。趙逵榜進士及第。治《春秋》。（乾道）六年六月除（著作佐郎），七年三月爲國子司業。”②又“乾道十年”當作“乾道八年”，《彙訂》已發③。

5. 卷九二“《上蔡語録》三卷”條：“宋曾恬、胡安國所録謝良佐語，朱子又爲删定者也。……據朱子後序稱：‘初得括蒼吳任寫本二篇，皆曾天隱所記。’”（第1209頁）

　　按：二篇，浙本作“一篇”。《上蔡語録》卷後朱熹跋云：“熹初得友人括蒼吳任寫本一篇，後得吳中版本一篇。三家④之書，皆温陵曾恬天隱所記。”⑤魏小虎、梅爽據此校從浙本⑥。然作“一篇”，則提要“皆”字於義無取。檢《文溯閣四庫全書提要》“初得括蒼吳任寫本二篇”作“初得括蒼寫本、吳中版本二篇”，據此疑《總目》提要“吳任寫本”下或脱“吳中版本”四字。

6. 卷九二“《明本釋》三卷”條：“宋劉荀撰。……惟明《文淵閣書目》、《國史經籍志》有之，蓋其書在宋不甚顯，元明間始行於世也。楊士奇、焦竑皆作‘《明本》二卷，劉荀撰’。”（第1213頁）

　　按：二卷，文津閣書前提要、《文溯閣四庫全書提要》、聚珍版書前提要作“三卷”，是。楊士奇《文淵閣書目》卷一：“劉荀《明本》一部，三册。”⑦焦竑《國史經籍志》卷四：“《明本》三卷，劉荀。”⑧

7. 卷九二“《麗澤論説集録》十卷”條：“宋呂祖謙門人雜録其師之説也。……黎靖德所編《語類》，以論祖謙兄弟者別爲一卷（第一百二十二卷），其中論祖謙者凡三十一條，惟‘病中讀《論語》’一條，稍稱其善。‘答項平甫書、與曹立之書’一條，稱編其集者誤收他文。其餘

① 晁公武撰，孫猛校證《郡齋讀書志校證》，上海古籍出版社1990年版，第1145頁。
② 陳騤《南宋館閣錄》，《景印文淵閣四庫全書》第595册，第452頁。
③ 魏小虎《四庫全書總目彙訂》，上海古籍出版社2012年版，第2852頁。
④ 三家，朱熹《晦庵先生朱文公文集》卷七五《謝上蔡語録後序》作“二家”，是。
⑤ 謝良佐《上蔡語録》，《景印文淵閣四庫全書》第698册，第591頁。
⑥ 魏小虎《四庫全書總目彙訂》，第2857頁；梅爽《〈四庫全書總目〉殿本與浙本差異研究》，南京大學2013年碩士學位論文，第59頁。
⑦ 楊士奇《文淵閣書目》，《景印文淵閣四庫全書》第675册，第136頁。
⑧ 焦竑《國史經籍志》，《續修四庫全書》第916册，上海古籍出版社2002年版，第383頁。

三十條,於其著作:詆《繫辭精義》者二,詆《讀詩記》者二,詆《大事記》者五,詆《少儀外傳》者一,詆《宋文鑑》者五,詆《東萊文集》者三。其餘十一條則皆詆其學問。"(第 1213—1214 頁)

　　魏小虎《彙訂》:"三十一條除去'病中讀《論語》'一條、'答項平甫書、與曹立之書'一條,應爲二十九條,不當云'其餘三十條'。下文所列舉合計亦爲二十九條。"①

　　按:凡三十一條,文淵閣書前提要、文津閣書前提要、《文溯閣四庫全書提要》作"凡三十二條",是。據筆者統計,《朱子語類》卷一二二論呂祖謙語凡三十二條②,去"病中讀《論語》"及"答項平甫書、與曹立之書"兩條,則爲三十條。其中《詆讀詩記》者一條,爲第十三條;《詆大事記》者六條,爲第十六至第二十一條;詆其學問十二條,爲第一至第七條、第九條、第十條、第十四條、第十五條及第三十二條,餘條目與提要所云合。

8. 卷九二"《子思子》一卷"條:"宋汪晫編。……《孔叢子》'仲尼曰:"由乎心,心之精神是謂聖,推教究理不以疑',此書引之,'聖'字下多一'區'字,'疑'字上多一'物'字。"(第 1215 頁)

　　按:推教,文淵閣書前提要、文津閣書前提要、《文溯閣四庫全書提要》作"推數",是。《子思子·外篇·無憂》:"仲尼曰:'由乎心,心之精神是謂聖區,推數究理不以物疑。'"③《孔叢子·記問》亦作"推數"④。"數"、"理"同義,則提要"教"爲"數"之形誤明甚。

9. 卷九二"《邇言》十二卷"條:"宋劉炎撰。……是書分十二章,曰《成性》、《存心》、《立志》、《踐行》、《天道》、《人道》、《君道》、《臣道》、《今昔》、《經範》、《習俗》、《志見》。……書中《君道》篇第一條、第二條,《習俗》篇第十一條,《志見》篇第九條,寵瀼注俱有脱誤。"(第 1215 頁)

　　按:君道臣道,文淵閣書前提要作"君臣",均誤,當作"君臣治道"四字。《邇言》卷七爲《君臣》,首云:"君道莫大於建中,臣道莫先於守正。"⑤卷八爲《治道》,首云:"治天下有常道。"⑥諸本提要文有訛脱。

① 魏小虎《四庫全書總目彙訂》,第 2870 頁。
② 黎靖德編《朱子語類》,《景印文淵閣四庫全書》第 702 册,第 492—497 頁。
③ 汪晫編《子思子全書》,《景印文淵閣四庫全書》第 703 册,第 494 頁。
④ 題孔鮒《孔叢子》,《景印文淵閣四庫全書》第 695 册,第 319 頁。
⑤ 劉炎《邇言》,《景印文淵閣四庫全書》第 703 册,第 527 頁。
⑥ 劉炎《邇言》,第 530 頁。

又按：經範，文淵閣書前提要、文津閣書前提要、《文溯閣四庫全書提要》作“經籍”，是。《卮言》卷十爲《經籍》①，内容爲關於典籍之問答。提要下文兩引《經籍》篇，可證此“範”字爲筆誤。

又按：君道篇，文淵閣書前提要作“治道篇”，是。《卮言》卷八《治道》第一條注：“此段‘不始’至‘法在其中’文理欠通，疑有闕誤。”②第二條注：“‘生斯生財生民斯也’八字間有脱誤，似不成文。”③此即提要所本。

10. 卷九二“《先聖大訓》六卷”條：“宋楊簡撰。……其**嘉泰二年擬陛辭劄子**稱：‘臣願陛下即此虚明不起意之心以行，勿損勿益，自然無所不照。’”（第1218頁）

按：嘉泰二年，當作“嘉泰四年”。楊簡《慈湖遺書》附録錢時《寶謨閣學士正奉大夫慈湖先生行狀》云：“**嘉泰四年**，賜緋魚袋，朝散郎，權發遣全州。**將陛辭，擬二劄**。其一言：……臣願陛下即此虚明不起意之心以行，勿損勿益，自然無所不照。”④此蓋提要所據，則“二年”爲“四年”之誤明甚。

11. 卷九三“《性理大全書》七十卷”條：“明胡廣等奉敕撰。……廣等所採宋儒之説，凡一百二十家，其中自爲卷帙者，爲周子《太極圖説》一卷，《通書》二卷，張子《西銘》一卷，《正蒙》二卷，邵子《皇極經世書》七卷，朱子《易學啓蒙》四卷，《家禮》四卷，蔡元定《律吕新書》二卷，蔡沈《洪範皇極内篇》二卷，共二十六卷。自二十七卷以下，捃拾群言，分爲十三目：曰‘理氣’，曰‘鬼神’，曰‘性理’，曰‘道統’，曰‘聖賢’，曰‘諸儒’，曰‘學’，曰‘諸子’，曰‘歷代’，曰‘君道’，曰‘治道’，曰‘詩’，曰‘文’。”（第1224—1225頁）

按：提要所述“周子《太極圖説》一卷”至“蔡沈《洪範皇極内篇》二卷”共二十五卷，非“二十六卷”。《性理大全書》自二十六卷以下分爲理氣等十三目。提要偶疏。

12. 卷九三“《呻吟語摘》二卷”條：“明吕坤撰。……**外篇分九門**：曰世運，曰聖賢，曰品藻，曰治道，曰人情，曰物理，曰廣喻，曰詞章。”（第1230頁）

按：提要所述“世運”至“詞章”凡八門，脱“天地”一門。《呻吟語摘》卷下爲外篇，分九

① 劉炎《卮言》，第542頁。
② 劉炎《卮言》，第530頁。
③ 劉炎《卮言》，第531頁。
④ 楊簡《慈湖遺書》，《景印文淵閣四庫全書》第1156册，第931—932頁。

門,首即"天地"①。文津閣書前提要"曰世運"上有"曰天地"三字,當據補。

13. 卷九三"《人譜》一卷《人譜類記》二卷"條:"明劉宗周撰。……《人譜類記》二卷:曰體獨篇,曰知幾篇,曰凝道篇,曰考旋篇,曰作聖篇,皆集古人嘉言善行,分類録之以爲楷模。"(第1231 頁)

　　按:《人譜類記》"知幾篇"下爲"定命篇"②,"定命篇"下爲"凝道篇",此脱。文淵閣書前提要、文津閣書前提要"曰知幾篇"下有"曰天命篇"四字,當據補。

14. 卷九五"《家語正義》十卷"條:"國朝姜兆錫撰。……其四十四篇之次,則從葛鼐本,以《正論》與三《典禮》篇爲卷九,以《本姓》、《終記》與《七十二弟子》篇爲卷十。"(第1238—1239 頁)

　　按:典禮,浙本作"問禮",魏小虎校從殿本③,梅爽校從浙本④。"典"、"問"二字俱非,當校作"曲"。清雍正十一年寅清樓刻本《家語正義》卷九爲"《正論》第三十八、《曲禮子貢問》第三十九、《曲禮子夏問》第四十、《曲禮公西赤問》第四十一"四篇,目録"卷九"下自注:"此下二卷,汲古閣本以《七十二弟子》、《本姓》、《終記》、《正論》四篇爲卷九,以三《曲禮》篇爲卷十,今按葛鼐本正之。"⑤則殿本"典"爲"曲"之形訛。浙本所見蓋已誤作"典禮",已覺其誤,故據"子貢問"、"子夏問"、"公西赤問"改作"問禮",似是實非。

15. 卷九五"《太極繹義》一卷《通書繹義》一卷"條:"明舒芬撰。……(謂)'火烈金剛,水緩土柔,性之所以相近;火散金道,木上火下,習之所以相遠',皆與先儒之説不同,亦往往有難通之處。"(第1241—1242 頁)

　　按:土柔,當作"木柔";火下,當從浙本、粵本作"水下"。明萬曆四十八年刻《梓溪文鈔》本《太極繹義》卷下:"以五行之生言之,則金生於火也,火性烈而金性剛;木生於水也,水性緩而木性柔。此則一理之賦,所謂性相近也。然水行也而向於下,木止也而向於上,火散也而向於無,金遒也而向於有,此則土之所爲,所爲氣禀之拘也。"⑥書前崔桐《太極繹義論》

---

① 吕坤《呻吟語摘》,《景印文淵閣四庫全書》第 717 册,第 64 頁。
② 劉宗周《人譜類記》,《景印文淵閣四庫全書》第 717 册,第 191 頁。
③ 魏小虎《四庫全書總目彙訂》,第 2929 頁。
④ 梅爽《〈四庫全書總目〉殿本與浙本差異研究》,第 62 頁。
⑤ 姜兆錫《家語正義》,《四庫全書存目叢書》影印本,齊魯書社 1997 年版,子部第 1 册,第 85 頁。
⑥ 舒芬《太極繹義》,《四庫全書存目叢書》影印本,子部第 1 册,第 639 頁。

引謂"火烈金剛,水緩木柔,性之所以相近;火散金遒,木上水下,習之所以相遠也"①,此即提要所據。

16. 卷九五"《近思録集解》十四卷"條:"國朝李文炤撰。是編取朱子之説散見各書者,附於《近思録》各條之下。……前有綱領數條,末附**《感應詩解》**一卷,《訓子詩解》一卷。**《感應詩》**見《朱子大全集》。"(第1245頁)

　　按:提要兩"感應詩"俱當作"感興詩"。南京圖書館藏清雍正十二年四爲堂刻《宋五子書》本《近思録》扉頁題"太極　通書　西銘　正蒙　近思録　感興詩　訓子詩",惜闕《感興詩》和《訓子詩》。考李文炤《恒齋文集》卷二《宋五子目次記》:"《太極圖説解》。拾遺。《通書解》。拾遺,并周子著。《西銘解》。拾遺。《正蒙》。集解,并張子著。《近思録》。集解,周程張子書,朱子輯。附《感興詩》。解。《訓子詩》。解,并朱子著。"②同卷《感興詩解記》:"愚按感興者,有感於外而興會於中也。蓋朱子之晚年德崇業廣而發此篇,以敘其志焉。"③考朱熹《晦庵先生朱文公文集》卷四有《齋居感興二十首》④,李氏蓋爲之疏解也。則提要"感應"爲"感興"之誤明甚。

17. 卷九五"《從政名言》二卷"條:"明薛瑄撰。瑄有《讀書録》,已著録。案瑄《年譜》,宣德元年四十,服闋至都,上章願就教職。宣宗特擢爲御史,尋差監沅州銀塲。"(第1250頁)

　　按:"宣德元年四十"之"四十",浙本、粤本作"四月"。中華書局整理本、《彙訂》⑤皆校從浙、粤二本,非是。提要所稱"瑄《年譜》"當指楊鶴《薛文清公年譜》,《總目》卷六〇已著録(第828頁)。考明萬曆張銓刻本《薛文清公年譜》"宣宗宣德元年丙午先生三十八歲"條云:"春正月,葬教諭公于南坡塋,以齊淑人祔。如滎陽省母。"又"二年丁未先生三十九歲在滎陽"條云:"冬十二月戊寅,祭告高曾祖考妣。先生既免喪,朝命屢降,**將如京師**,取道還里,以是日拜辭先壟。"又"三年戊申先生四十歲如京師"條云:"先生**至都,上章願就教職**,以卒所學。會上思振風紀,**擢御史。……尋差監沅州銀塲。**"⑥薛瑄三十七歲時喪父,宣德元年春正月下葬,二年冬十二月免喪。至宣德三年,薛瑄至都,擢御史,尋差監沅州銀塲,時年四

① 舒芬《太極繹義》,第613頁。
② 李文炤撰,趙載光校點《李文炤集》,嶽麓書社2012年版,第31—32頁。
③ 李文炤撰,趙載光校點《李文炤集》,第33頁。
④ 朱傑人等主編《朱子全書》(修訂本),上海古籍出版社、安徽教育出版社2010年版,第20冊,第360—363頁。
⑤ 魏小虎《四庫全書總目彙訂》,第2958頁。
⑥ 楊鶴、楊嗣昌《薛文清公年譜》,《四庫全書存目叢書》影印本,史部第84冊,第742—743頁。

十歲。故殿本"四十"不誤,前"宣德元年"當爲"宣德三年"之誤記。浙本殆覺宣德元年薛
瑄年三十八,故臆改"四十"作"四月",又未細核年譜,遂有此誤。

18. 卷九六"《耿子庸言》二卷"條:"明耿定向撰。……是編爲所著語録。凡七篇,首《繹
經》,次《冲言》,次《輯聞》,次《比弦》,次《學筌》,次《牧要》,次《切偲》。"(第 1260 頁)

　　按:冲言,當作"悱言"。明萬曆二十六年劉元卿刻本《耿天臺先生文集》卷一一《庸言
序》云:"篇凡七。首《繹經》。經,常道也。以我證經,匪經博我,故曰繹。繹已弗獲,寧無悱
乎? 悱,冀我發也。故次《悱言》。厥聞匪博,厥悱弗發,故次《輯聞》。"①又《文集》卷八《紀
言上》有《誹言》凡二十四章②,卷九《紀言下》有《輯聞》凡十九章③,疑或《庸言》之第二、第
三篇。

19. 卷九六"《王門宗旨》十四卷"條:"明周汝登編。……首載汝登自序云:'首稱宗者,明爲
千聖之嫡嗣也。數門人語附見,而概系之王門者,統於宗無二旨之義也。'"(第 1263 頁)

　　按:"首稱宗者"之"首",明萬曆余懋孳刻本《王門宗旨》書前周汝登自序作"旨"④,是。
"旨稱宗"與書名"宗旨"及提要下文"宗無二旨"相應。提要殆涉上文"首載"而誤。

20. 卷九六"《真儒一脈》無卷數"條:"明吳桂森編。……《千頃堂書目》載桂森著述二種,
《江南通志》載四種,皆無是書。殆偶然鈔録,當時未著於世耶?"(第 1267 頁)

　　按:《千頃堂書目》載吳桂森著述凡四種,依次爲卷一易類《周易像象述》五卷、書類《書
説》,卷二三禮類《曲禮説注釋》和卷一一儒家類《息齋筆記》二卷⑤。乾隆《江南通志》卷一
六三《人物志·儒林》載其傳云:"吳桂森字叔美,無錫人。從顧憲成、高攀龍講學東林書院。
萬曆丙辰歲貢,廷試歸。學《易》於錢一本,受所著《像象管見》,廣其意,作《像象述》、《像象
金針》、《易説》、《談易隨問》。"⑥提要所謂"《江南通志》載四種"即據此。檢《江南通志》卷
一九〇《藝文志》著録吳桂森著述凡六種:《周易像象述》、《談易隨問》、《書經説》、《曲禮
註》、《註釋春秋大全》及《真儒一脈》⑦。提要所云不確。

---

① 耿定向《耿天臺先生文集》,《四庫全書存目叢書》影印本,集部第 131 册,第 280 頁。
② 耿定向《耿天臺先生文集》,第 226—230 頁。
③ 耿定向《耿天臺先生文集》,第 238—242 頁。
④ 周汝登《王門宗旨》,《四庫全書存目叢書》影印本,子部第 13 册,第 547 頁。
⑤ 黄虞稷撰,瞿鳳起、潘景鄭整理《千頃堂書目》,上海古籍出版社 1990 年版,第 10、23、41、310 頁。
⑥ 黄之雋等編纂,趙弘恩監修《江南通志》,《景印文淵閣四庫全書》第 511 册,第 682 頁。
⑦ 黄之雋等編纂,趙弘恩監修《江南通志》,《景印文淵閣四庫全書》第 512 册,第 517、520、522、524、532 頁。

21. 卷九六"《求仁録》十卷"條："明潘平格撰。平格字用徵，慈谿人。"（第 1271 頁）

　　按：用徵，當作"用微"。清康熙五十六年毛文强等刻本《潘子求仁録輯要》書前毛文强序稱"余同鄉潘用微先生"①，又其《潘先生傳》稱"先生姓潘，諱平格，字用微"②，另書前鄭性序，其《南溪偶刊》題爲《潘用微先生求仁録序》③，皆可證提要"徵"爲"微"之形誤。

22. 卷九七"《考正晚年定論》二卷"條："國朝孫承澤撰。……考《晚年定論》初出之時，羅洪先致書守仁，所辨何叔京、黄真卿二書，已極爲明晰。是書特申而明之，大旨固不出羅書之外。"（第 1272 頁）

　　按：羅洪先，當作"羅欽順"。明正德十三年（1518），薛侃、歐陽德等將王守仁的《古本大學》、《朱子晚年定論》刊刻，並編入《傳習録》中行世，寄贈羅欽順。十五年，羅欽順寫下了《與王陽明書》（見羅欽順《困知記》附録），中云："又詳《朱子定論》之編，蓋以其中歲以前所見未真，爰及晚年，始克有悟，乃於其論學書尺三數十卷之内，摘此三十餘條，其意皆主於向裏者，以爲得於既悟之餘，而斷其爲定論。斯其所擇宜亦精矣，第不知所謂晚年者，斷以何年爲定？羸軀病暑，未暇詳考，偶考得何叔京氏卒於淳熙乙未，時朱子年方四十有六，爾後二年丁酉，而《論孟集註》、《或問》始成。今有取於答何書者四通，以爲晚年定論。至於《集註》、《或問》，則以爲中年未定之説。竊恐考之欠詳，而立論之太果也。又所取《答黄直卿》一書，監本止云'此是向來差誤'，别無'定本'二字。今所編刻，增此二字，當别有據。而序中又變定字爲舊字，却未詳本字同所指否？"④《總目》卷九三"《困知記》二卷《續記》二卷《附録》一卷"條云"（羅欽順）嘗與王守仁書，辨《朱子晚年定論》，於守仁顛倒年月之處，考證極詳"（第 1227 頁），即指此書。舊鈔本《考正晚年定論》卷二引羅書謂"羅文莊整菴駁晚年定論書曰"⑤云云。羅欽順號整菴，諡文莊；羅洪先號念菴，亦諡文莊⑥，提要殆由此誤記。又"黄真卿"當從浙本、粤本作"黄直卿"，梅爽已發⑦。

① 潘平格《潘子求仁録輯要》，《四庫全書存目叢書》影印本，子部第 19 册，第 562 頁。
② 潘平格《潘子求仁録輯要》，第 564 頁。
③ 鄭性《南溪偶刊》，《四庫未收書輯刊》第捌輯，北京出版社 2000 年版，第 27 册，第 590 頁。
④ 羅欽順《困學記》，《景印文淵閣四庫全書》第 714 册，第 359 頁。
⑤ 孫承澤《考正晚年定論》，《四庫全書存目叢書補編》影印本，第 95 册，第 24—26 頁。
⑥ 《明史·羅欽順傳》："羅欽順，字允升，泰和人。……自號整菴。年八十三卒，贈太子太保，諡文莊。"《明史·羅洪先傳》："羅洪先，字達夫，吉水人。……隆慶初卒，贈光禄少卿，諡文莊。"明顧鼎臣《明狀元圖考》卷三"狀元羅洪先"條云："羅洪先字達夫，號念菴，江西吉水人。……父見一寺有棺七口，命僧以俸金瘞於寺側，及得一子，即號曰念菴，言一念之善也。"
⑦ 梅爽《〈四庫全書總目〉殿本與浙本差異研究》，第 37 頁。

23. 卷九七"《學言》三卷"條："國朝白允謙撰。……此書皆其講學之語,上卷五十九條,下卷六十條,又《續》一卷,凡八十一條。"（第1273頁）

　　按:六十條,當作"六十四條"。清康熙刻本《學言》於卷下自注條數,卷上自注"五十九條",卷下自注"六十四條"①,續卷自注"八十一條"。檢《學言》卷下亦六十四條。提要即據自注而言,則"六十"下脱"四"字明甚。

24. 卷九七"《存治編》一卷"條："國朝顔元撰。是書爲其《四存編》之三。大旨欲全復井田、封建、學校、徵辟、肉刑及寓兵於農之法。"（第1275頁）

　　按:肉刑,當作"宮刑"。肉刑包括墨、劓、剕、宮、大辟五種刑罰,清時猶存墨和大辟兩種刑罰,顔元倡議恢復宮刑。清康熙刻本《存治編·宮刑》專論當復宮刑,末云:"封建必復宮刑,不封建亦必復宮刑也。惟願爲政者慎用之耳。至肉刑之五,墨、辟今猶用之,劓、剕二刑不復可也。"②則顔元的觀點並非全面恢復肉刑的五種刑罰,而通篇詳論當復宮刑,故以名題。則提要統言"肉刑",不確。

25. 卷九七"《續近思録》二十八卷"條："國朝鄭光羲撰。光羲字夕可,無錫人。是編前集十四卷,采薛瑄、胡居仁、陳獻章、高攀龍四人之説,後集十四卷,采王守仁、顧憲成、錢一本、吳桂森、華貞元及其父儀曾六人之説。前有光羲自序云:'不有朱子,孔子之道不著;不有高子,朱子之道不著。朱子依然一孔子,高子依然一朱子。朱子功不在孟子下,高子功不在朱子下。'"（第1276頁）

　　按:鄭光羲,當作"鄭若羲"。《兩江第一次書目》:"《續近思録》,無錫鄭若羲輯,四本。"③清末高鑅泉輯《錫山歷朝書目考》卷十亦載鄭若羲《續近思録》④。此書雖未見傳本,然盧文弨《常郡八邑藝文志》卷六載《續近思録自序》⑤,作者作"鄭若羲",提要下文所引序"不有朱子"云云與《自序》合。考《鄭氏續修大統宗譜》卷四《廟前支世表》載鄭儀曾有子三人,依次名若舜、若羲、若旦⑥,參以兄弟之名,則當以"若羲"爲是,提要"光"蓋"若"之誤字。

---

① 白胤謙《學言》,《四庫全書存目叢書》影印本,子部第19册,第914頁。
② 顔元《存治編》,《四庫全書存目叢書》影印本,子部第20册,第375頁。
③ 吳慰祖校訂《四庫採進書目》,商務印書館1960年版,第34頁。鄭若羲,吳慰祖改作"鄭光羲",誤。
④ 高鑅泉輯《錫山歷朝書目考》,《無錫文庫》本,鳳凰出版社2011年版,第180頁。
⑤ 盧文弨《常郡八邑藝文志》,《續修四庫全書》第917册,第606—607頁。
⑥ 鄭炳泉編《鄭氏續修大統宗譜》,民國三十年(1941)誦芬室重校翻刻《雜劇三集》本。

《清史稿·藝文志》著録"《續近思録》二十八卷,鄭光羲撰"①,乃襲提要之誤而未察。

又按:提要稱鄭若羲"字夕可"有誤。《鄭氏續修大統宗譜》卷四《廟前支世表》:"鄭若羲,字玉粟,號夕可。"②《梁溪詩鈔》:"鄭正誼若曦,字玉粟,號夕可。"③則其字當爲"玉粟","夕可"乃其號。

26. 卷九七"《王學質疑》一卷《附録》一卷"條:"國朝張烈撰。……是書攻擊姚江之學,凡分五篇,一辨性即理之説,一辨致知格物之説,一辨知行合一之説,一爲雜論,一爲總論。"(第1281頁)

按:性即理,當作"心即理"。清鈔本《王學質疑》首篇爲"心即理也",論述"心即理"説。如首章云:"問:'朱子以爲事事物物皆有定理,似與先生之説相戾。'先生曰:'於事事物物上求定理,是義外也。至善是心之本體,祇是明明德到至精至一處便是。然亦未嘗離事物。'"④"心即理"爲陸、王學派的基本命題,與程、朱學派"性即理"的基本命題不同。張烈所稱"王學質疑",本篇即對王陽明"心即理"的反對,如"今直求諸心而欲事理之無不盡,雖大賢不能也"⑤云云。則提要"性"爲"心"之音誤亦明。

27. 卷九七"《萬世玉衡録》四卷"條:"國朝蔣伊撰。伊字謂公,常熟人。康熙癸丑進士。"(第1282頁)

按:謂公,浙本作"渭公"。司馬朝軍、梅爽據《欽定大清一統志》卷五七、《鄭堂讀書記》、《國朝御史題名》等書校從浙本⑥。考彭紹升《二林居集》卷一六《故提督河南學政按察使附使蔣公事狀》:"公諱伊,字謂公,世居蘇州常熟縣。"⑦熊賜履《莘田蔣公墓志銘》(蔣伊《條奏疏稿》附):"君姓蔣,諱伊,字謂公,別號莘田。"⑧《事狀》、《墓志銘》俱稱"字謂公",必有所據,當從殿本。

---

① 《清史稿》,中華書局1977年版,第4327頁。
② 鄭炳泉編《鄭氏續修大統宗譜》,民國三十年誦芬室重校翻刻《雜劇三集》本。
③ 顧光旭輯《梁溪詩鈔》,清嘉慶元年(1796)刻本。關於鄭若羲之生平、世系,可參考何光濤《清初戲曲家鄭瑜生平及其著述獻疑》(《古籍整理研究學刊》2013年第5期)、吳秀明《清初戲曲家鄭瑜家世、生平、著述考》(《浙江藝術職業學院學報》2016年第4期)二文。
④ 張烈《王學質疑》,《四庫全書存目叢書》影印本,子部第23册,第82頁。
⑤ 張烈《王學質疑》,第82頁。
⑥ 司馬朝軍《中華書局〈欽定四庫全書總目〉整理本校記》,《人文論叢》2013年卷,第371頁;梅爽《〈四庫全書總目〉殿本與浙本差異研究》,第37頁。
⑦ 彭紹升《二林居集》,《續修四庫全書》第1461册,第428頁。
⑧ 蔣伊《條奏疏稿》,《叢書集成初編》第924册,商務印書館1935年版,第21頁。

28. 卷九七"《正修録》三卷《齊治録》三卷"條："國朝于準撰。……《正修録》所採凡一百三十八家之言,不分門目。"(第1282頁)

　　按:一百三十八家,當作"一百五十八家"。清康熙刻本《正修録》三卷,前帙採宋濂溪(濂)至蔡虚齋(清)五十八家,中帙採王塘南(時槐①)至陳興霸(孝威)六十二家,後帙採孫夏峰(奇逢)至尤西川(時熙)三十八家,凡一百五十八家。提要"三"蓋"五"之訛壞。

29. 卷九八"《小學稽業》五卷"條："國朝李塨撰。……卷二爲食食、能言、六年教數、方名、七年別男女、八年入小學教讓、九年教數目、十年學幼儀諸條。"(第1284—1285頁)

　　按:數目,當作"數日"。清光緒五年定州王氏謙德堂刻《畿輔叢書》本《小學稽業》目録及卷二作"九年教之數日",首云:"鄭注曰:'朔望與六甲也。'"②取自《禮記·内則》"九年,教之數日",鄭玄注:"朔望與六甲也。"③數日即計算月之朔望和用干支計日之法,與卷二實際内容相合。

30. 卷九八"《近思續録》四卷"條："國朝劉源渌撰。源渌字崑石,自號直齋。"(第1286頁)

　　按:崑石,當作"崑右"。清雍正刻本劉源渌《讀書日記》書前其門人陳舜錫《劉直齋先生墓誌銘》云:"先生姓劉氏,諱源渌,字崑右,直齋其號也。"④又門人張在辛《直齋劉先生別傳》云:"聞長者言劉崑右先生克敦孝友,至性過人。"⑤又同里後學馬長淑《劉直齋先生傳》云:"先生諱源渌,字崑右,號直齋。"⑥則提要"石"爲"右"之形訛。

31. 卷九八"《朱子晚年全論》八卷"條："國朝李紱編。……大旨謂陳建之書與朱子之論,援據未全,且語録出門人所記,不足爲據。乃取朱子正、續、別三集所載,自五十歲至七十一歲與人答問及講義、題詞之類,排比編次,逐條各附考證論辨於下,以成是書。"(第1287頁)

　　按:五十歲,當作"五十一歲"。《翁方綱纂四庫提要稿》:"紱是書則又譏陳(建)、孫(承澤)二家之書於朱子之論援據未全,爰斷自朱子五十一歲至七十一歲,此二十年中與人答

---

① 清康熙刻本中帙王塘南下自注:"先生名家屏,字忠伯,大同山陰人,隆慶戊辰進士,仕至東閣大學士,卒諡文端。"按:此注誤。"塘南"爲王時槐號,所録勵學語見王時槐《友慶堂合稿》等。王家屏號對南,非塘南。
② 李塨《小學稽業》,《四庫全書存目叢書》影印本,子部第25冊,第5頁。
③ 孔穎達《禮記正義》,阮刻《十三經註疏》本,中華書局1980年版,第1471頁。
④ 劉源渌《讀書日記》,《四庫全書存目叢書》影印本,子部第26冊,第585頁。
⑤ 劉源渌《讀書日記》,第581頁。
⑥ 劉源渌《讀書日記》,第579頁。

問,及講義題詞等。"①又翁方綱録其《凡例》首條云:"按朱子年七十一歲,定以三十歲以前爲早年,以三十一歲至五十歲爲中年,以五十一歲至七十一歲爲晚年。此書所録,皆在朱子五十一歲以後。"②翁氏又録卷一"書三十三首"下原注:"南軒之卒在淳熙七年,時朱子五十一歲,故所編《晚年全論》以此書爲始。"③皆與今存清雍正十三年無怒軒刻本《朱子晚年全論》合。則提要"五十"下脱一"一"字。

32. 卷九八"右儒家類三百七部,二千三百六十九卷(内二十部無卷數),皆附存目。"(第1293頁)

　　按:二千三百六十九卷,浙本作"二千四百七十三卷"。魏小虎校云:"(殿本)實際著録二千四百六十七卷。"④據筆者統計,《總目》子部儒家類存目殿本、浙本均著録圖書307部,其中20部無卷數。至於卷數,殿本凡2469卷,浙本凡2473卷,詳目如下:

殿本、浙本子部儒家類存目一至四卷數統計表

單位(卷)	存目一	存目二	存目三	存目四	總計
殿本	580	969	470	450	2469
浙本	580	969	466	458	2473

　　其中存目一、存目二殿本、浙本著録的每種圖書卷數都完全一致,兩者卷數的差異出現在存目三和存目四,原因有二:第一,"《朱子爲學考》三卷"和"《理學疑問》四卷",殿本著録在存目三"《朱子聖學考略》十卷"後,而浙本著録在存目四"《躬行實踐録》十五卷"後,當然,這對最終的總卷數没有影響。第二,存目三"《存人編》",殿本著録爲"一卷",浙本著録爲"四卷";存目四"《讀書小記》",殿本著録爲"三十卷",浙本著録爲"三十一卷",因而最終的總卷數浙本比殿本多四卷。據統計殿本實際著録"二千四百六十九卷",魏校非是。

[作者簡介]孫利政:南京大學文學院博士研究生。

---

① 翁方綱撰,吴格整理《翁方綱纂四庫提要稿》,上海科學技術文獻出版社 2005 年版,第 479 頁。
② 翁方綱撰,吴格整理《翁方綱纂四庫提要稿》,第 477 頁。
③ 翁方綱撰,吴格整理《翁方綱纂四庫提要稿》,第 478 頁。
④ 魏小虎《四庫全書總目彙訂》,第 3063 頁。

北京大學國學研究院大事記

（2019 年 1 月—6 月）

2 月 20 日

國學研究院在大雅堂會議室召開《國學研究》編委會。主編袁行霈教授、特約編委許逸民及編委吳同瑞、樓宇烈、張學智、閻步克、程郁綴、劉玉才、錢志熙、高崇文、王小甫、王邦維等出席了會議。國學院秘書長耿琴及國學院學生助理郭洋辰、楊尚輝出席了會議。與會編委對第 43 卷擬用稿件進行了熱烈的討論，集中對其中的三篇文章提出了修改意見。袁行霈先生最後表示，本刊將加大稿件審讀的力度，確保文章質量。會議提議，由鄧小南老師負責下一卷的組稿工作，辦一期歷史學研究專號。

3 月 1 日

國學院博士生班開始授課。課程分爲"中國古代專書研讀"與"中國傳統文化研討"。本學期的"中國古代專書研讀"由北京大學哲學系王中江老師授課，主要講授《老子》研讀，涉及到其中的概念分析、版本考察以及思想探索等方面。"中國傳統文化研討"則由北京大學文、史、哲、考古各學科學養深厚、德高望重的優秀學者作爲授課老師，爲博士生培養提供了最優秀的師資隊伍。國學院是一個高端跨學科研究平台，爲學生提供了廣闊的學術視野。

3 月 30 日

國學院舉行 2019 年度博士研究生招生面試。經過中文、歷史、哲學三個院系的初評與筆試，共有 5 名同學進入面試階段。30 日上午，由袁行霈、葛曉音、吳同瑞、鄧小南、張學智、閻步克六位教授組成的面試小組對考生逐一進行了面試。經過會評，最後確定録取 5 名考生爲國學研究院 2019 級博士研究生。耿琴、程蘇東參加了招生組織工作，楊尚輝、郭洋辰同學擔任面試秘書。

6 月 20 日

國學研究院在大雅堂召開《國學研究》第 44 卷編委會。主編袁行霈先生主持了會議。特邀編委許逸民先生匯報了該卷的審稿和編輯情況，該卷爲"文選學研究專號"，傅剛老師擔任該卷的執行主編。《國學研究》編委吴同瑞、蔣紹愚、高崇文、錢志熙、王小甫、張學智、李四龍出席了會議。國學院秘書長耿琴、北京大學出版社編輯徐邁及學生助理郭洋辰、楊尚輝出席了會議。

6 月 26 日

北京大學國學研究院袁行霈院長與中華書局學術著作中心俞國林主任多次溝通，擬合作出版《國學研究》。目的是爲了保證《國學研究》出版時間、約稿、審稿及學術質量提升問題，並就出版時間、《國學研究》封面版面設計、資助經費等問題進行了多次的聯絡和協商，擬從第 44 卷起正式出版。

徵稿啟事

一、本刊由北京大學國學研究院主辦。

二、本刊爲綜合性學術刊物,旨在弘揚中華民族優秀的傳統文化,倡導實事求是的學風,鼓勵在學術問題上大膽探索,努力創新。

三、本刊登載有關中國傳統文化的學術論文,跨學科的綜合研究與各學科的專題研究並重。内容涉及以下學科:古代文學、近代文學、古代文論、文字學、音韵學、訓詁學、目録學、版本學、校勘學、古代史、近代史、史學史、敦煌吐魯番學、思想史、哲學史、宗教史、法律思想史、政治思想史、經濟思想史、軍事思想史、科技史、美學史、倫理學史、文化史、考古學、中外文化比較研究、中外文化交流史等。

四、來稿請嚴格按照本刊所登"書寫格式"的要求一律用中文繁體書寫,務請認真核對引文及參考文獻,并請附中文提要一份,提要限二百字以内。引文及參考文獻差錯若超過五處,或未按"書寫格式"要求的,一律退稿。

五、本刊熱誠歡迎國内外學者賜稿。

六、來稿均由編委會送呈校内外至少兩位具有權威性的學者審閲,審稿人寫出審稿意見書,編委會逐一討論決定是否采用。撰稿人與審閲人之姓名互不透露。

七、編委會對準備采用之稿件有删改權,或提出修改意見,退作者自行修改,或徑作必要的編輯加工。如作者不願删改,請事先説明。

八、稿件如涉及版權問題由作者負責。

九、來稿如被采用,將及時通知作者。若半年後仍未收到采用通知,作者可自行處理。

十、來稿請注明姓名、工作單位、通信地址、電話及傳真號碼,以便聯繫。

十一、請勿一稿多投。

十二、本刊自 2002 年起,每年出版兩卷,每卷約四十萬字。

十三、來稿刊出後,贈刊物一册、抽印本十册。稿酬從優。

十四、來稿請寄:

　　　郵編 100871

　　　北京市海淀區頤和園路 5 號北京大學大雅堂(原化學北樓)

　　　《國學研究》編輯部　收

　　　電話:010-62758984

　　　E-mail:ggxybgs@ pku. edu. cn

《國學研究》編輯委員會

2020 年 5 月

來稿書寫格式

一、采用繁體書寫,字體規範。避免繁簡混用以及僅借助繁簡轉換工具簡單轉換。

二、基金項目、致謝語等以"＊"標注於文章題目之下。作者姓名、單位(詳細到院系)、職稱置於文末。

三、各章節或内容層次的序號,一般依一、(一)、1、(1)……順序表示;個別專業可依該專業的習慣排列。

四、一律使用新式標點符號。

(一)除破折號、省略號各占兩格外,其他標點符號各占一格;

(二)書籍、文件、報刊、文章等名稱,均用書名號《　》;

(三)書名和篇名連用時,中間加間隔號,例如:《史記·趙世家》;

(四)書名或篇名之中又含有書名或篇名的,後者加單角括號〈　〉,例如:《從水滸戲看〈水滸傳〉》;

(五)正文中的引文用雙引號"　";如果引文中又有引文,後者用單引號'　'。

五、正文每段第一行起首空二格;文中獨立段落的引文,首行另起空四格,回行空二格排齊。獨立段落的引文首尾不必加引號。

六、第一次提及帝王年號,須附加公元紀年,不必出"公元"二字,例如:漢武帝元狩二年(前121),宋仁宗皇祐五年(1053)。以後再次出現本年號,不必附加公元紀年。

七、所有圖表必須清晰,并標明編號,例如:圖一,圖二……或表一,表二……;同時須在正文第一次提及時,隨即列出,或注明圖表編號,如:(見圖一),(見圖二)……或(見表一),(見表二)……圖内文字請用繁體。

八、注釋采取頁下注形式,注釋號碼用阿拉伯數字表示,如:①、②……

九、注釋號碼位置規定如下:注各句者,注釋號碼置於各句標點符號前;注引文者,如引文爲完整段落,則注釋號碼置於句號、引號之後。

十、注釋應采用下列格式:

(一)引用古籍,應標明著者、書名、版本、卷數,例如:

毛裿《初唐四子集》卷四　,明崇禎十三年(1640)張燮、曹佺刻本。

王夫之《唐詩評選》卷二,民國間《船山遺書》本。

(二)引用專書及新版古籍,應標明著者、書名、章節或卷數、出版社及出版年、頁碼,例如:

朱自清《詩言志辨·賦詩言志》,《朱自清全集》第六册,江蘇教育出版社 1990 年版,第 144 頁。

任繼愈主編《中國佛教史》第三卷第一章第二節,中國社會科學出版社 1988 年版,第 22—25 頁。

王叔岷《古籍虛字廣義》,臺北:華正書局 1990 年版,第 430 頁。

胡震亨《唐音癸籤》卷四,上海古籍出版社 1981 年版,第 29 頁。

孫詒讓撰,王文錦、陳玉霞點校《周禮正義》,中華書局 2013 年第 2 版,第 10 頁。

Joseph Needham, *Science and Civilization in China*, Volume Ⅱ. Cambridge: Cambridge University Press, 1956, pp. 10-13.

(三)引用期刊論文,應標明期刊名、年代卷次,例如:

聞一多《東皇太一考》,《文學遺産》1980 年第 1 期。

張岱年《中國古代哲學中關於德力、剛柔的論争》,《國學研究》第一卷,北京大學出版社 1993 年版。

(四)引用報章論文,應標明報章名稱、發行日期和版面,例如:

錢仲聯《清詩簡論》,《光明日報》1983 年 12 月 27 日第 3 版。

(五)注釋不避重複,勿用"同上書"、"同前注"、"同注幾"等形式。徵引文獻,首次出注時需詳細著録,再次出注時則省去出版機構、出版時間、刊物名和刊期等。作者不須標注朝代,外國作者前加方括號標示國籍。